중국 민생 70년

중국학
총 서
06

從饑寒交迫走向美好生活: 中國民生70年: 1949-2019   鄭功成 等著

Copyright © 2019 by Hunan Education Publishing House
Korean copyright © 2023 by Minsokwon Korea
ALL RIGHTS RESERVED
B&R Book Program

이 책의 한국어판 출판권은 Hunan Education Publishing House(湖南教育出版社)와의 독점 계약으로 한국 민속원에 있습니다. 저작권법에 의해 한국 내에서 보호를 받는 저작물이므로 민속원과 협의없이 무단전재와 무단복제를 금합니다.

중국 민생 70년
1949-2019

배고픔과 추위에서 더 나은 삶으로

정공청鄭功成 지음
체리蔡利·한정은韓正恩 옮김

민속원

머리말

민생이란 글자 그대로 국민의 생계와 생활의 필요를 뜻한다. 국민이 먹고 사는 문제를 걱정하지 않도록 해주는 것이 초보 수준의 민생이라면, 중급 수준의 민생은 국민이 소박하나마 물질적 여유를 누리며 살 수 있도록 해주는 것이다. 이보다 더 높은 수준의 민생은 행복한 삶에 대한 요구를 충족하고 더 나아가 누구나 자유와 풍요를 누리며 사는 발전 단계가 될 것이다. 그러므로 한 나라가 발전해 온 과정을 살펴볼 때, 민생은 가장 순수한 관점이자 가장 설득력 있는 근거가 된다. 국가의 근본은 국민이고, 국민이 행복을 추구하며 삶의 복지를 향상할 수 있는가 그렇지 못한가가 한 나라와 사회의 발전 정도를 가늠하는 핵심 지표이기 때문이다. 인류사회의 발전 경험에서 보듯이, 민생이 민심의 방향을 결정했고, 민심의 방향이 국운의 성쇠를 결정했다. 이것은 동서고금의 진리이다.

중국은 세계사에서 유일하게 단절을 겪지 않고 5천 년의 역사와 문명을 이어온 문명대국이자, 근대 100년 동안 침략과 지배의 치욕을 겪었으며 그 이후 70년 동안 간난신고의 노력을 통해 부강과 부흥을 이루어낸 국가이다.

1949년 이전까지 굶주림, 유리걸식, 문맹대국, '동아시아의 병자' 같은 적나라한 말들이 꼬리표처럼 중국 국민의 삶을 따라다녔다. 1949년 10월 1일, 중화인민공화국의 수립과 함께 중국 역사는 뿌리 깊은 빈곤을 벗어나 번영과 부흥의 새로운 장을 펼칠 수 있게 되었다. 1949년부터 2019년에 이르기까지, 70년의 힘겨운 모색과 고군분투, 70년의 웅장한 도약과 눈부신 성과는 중국 국민이 굶주림과 가난에서 벗어나 행복한 삶을 추구하는 삶의 변화에서 집약적으로 드러난다. 70년 동안, 중국의 절대 빈곤율이 90%에서 1.7%로 하락했고, 80%가 넘던 엥겔계수가 30% 이하로 떨어졌다. 국민의 교육 수준도 비약적으로 발전하여 문맹국의 꼬리표를 떼고 고등교육의 보편화를 실현했다. '동아시아의 병자'로 불리던 보건의료 상황도 이제 건강한 장수長壽 국가로 변모했다. 취업과 근로 환경도 지속적으로 발전했다. 농사가 전부였던 상황에서 다양한 일자리 기회들이 생겨났고, 사회보장도 소수의 특권에서 보편적 복지로 바뀌었다. 획기적인 주거 여건 개선과 주택 보급, 가정 책임이던 양로와 보육이 사회적 책임으로 전환되었고 지속적인 법제도 개선을 실현했다. 70년에 걸친 민생의 거대한 변화와 발전을 통해, 중국 국민의 복지와 권리가 부단히 확립되어 온 과정을 뚜렷이 엿볼 수 있다.

오늘날, 중국은 발전의 첫발을 내딛던 단계에서 부강과 풍요의 단계로, 다시 새로운 시대를 향해 나아가고 있다. 민생 분야에 여전히 불평등의 문제와 개선해야 할 부분들이 존재하고, 권리 보장과 개선을 향한 국민의 요구가 나날이 높아지고 있다. 하지만 새로운 시대에 맞추어 수립된 국가 현대화 전략과 실현 방안을 통해서, 모든 국민이 풍요하고 자유롭게 살 수 있는 새로운 발전 단계를 향해 한 걸음씩 나아갈 것이다. 2019년 10월 1일, 시진핑 주석이 건국 70주년 경축 행사에서 이렇게 밝혔다. "70년 전 오늘, 마오쩌둥 동지께서 바로 이곳에서 세계를 향해 중화인민공화국의 수립과 중국 인민이 떨쳐 일어섰다는 사실을 장엄히 선포하셨습니다. 이 위대한 사건이 근대 이후 100여 년 동안 뿌리 깊었던 빈곤과 나약함, 멸시와 비운의 역사를 철저히 뒤바꾸었고, 중국이 위대한 부흥의 장엄한 길로 들어섰습니다. 오늘, 사회주의 중국이 세계의 동쪽에서 의연히 일어섰습니다. 어떤 힘도 우리의 위대한 조국을 흔들지 못할 것이며, 어떠한 힘도 중국 인민의 전진하는 발걸음을 막지 못할 것입니다." 중국 특색의 사회주의제도의 부단한 개선 그리고 국가의 통치체제와 통치능력의 안정적 발전에 힘입어, 국가발전과 미래의 더 나은 삶에 대한 중국 국민의 자신감은 어느 때보다 충만하다!

이 책에서 중국 민생이 발전해 온 과정에 대한 객관적 고찰과 분석을 통해 전면적이고 체계적으로 신중국 건국 이후 민생의 변화를 살펴보려고 한다. 이를 통해 중국의 장엄한 발전과정에 대한 역사적 이해와 더욱 진일보한 연구에 미력이나마 도움이 되고자 한다. 책에 서술된 평가와 제안은 저자의 시각과 주장으로, 부족한 점이 있다면 여러 독자의 가르침을 구한다.

전체적인 서술 구조, 기본적 사고와 주요한 관점은 저자가 틀을 잡고 제시한 것이다. 각 장의 초고 저자는 다음과 같다. 제1장과 6장은 중국 런민대학 정공청鄭功成 교수가 서술을 맡았으며, 제2장과 4장은 중산대학 펑자이원 彭宅文 교수, 제3장과 7장은 중국 런민대학 양쥔楊俊 교수, 제5장과 8장은 중국 런민대학 루취엔魯全 교수가 각각 서술을 맡았다. 각 장의 초고가 완성된 후, 정공청 교수가 초고를 통합 및 정리했다. 이 책에 실린 사진과 도표는 후난교육출판사가 제공해주었다.

후난교육출판사의 큰 도움에 감사를 전한다! 이 책의 편집과 출판을 도와준 차오요우밍 편집장과 편집부 관계자들께도 감사의 마음을 전한다!

중화인민공화국 건국 70주년과 위대한 조국의 밝은 미래를 향해 이 책을 바친다!

2019년 11월 8일
정꽁청

차
례

머리말 _004

01 총론 :
중국 민생 70년의 거대한 변화

1. 서론: 왜 민생인가 — 014
2. 질적인 도약: 중국 민생 70년의 발전과 변화 — 022
3. 근간: 중국 민생 발전의 기본 바탕 — 053
4. 소결 — 073

02 빈곤과의 전쟁 :
생존의 위기에서 전면적인 소강사회를 향한 전진

1. 신중국 수립 초기 30년의 탈빈곤 전쟁 — 080
2. 개혁개방 이후 빈곤과의 전쟁 — 090
3. 빈곤과의 전쟁 주요 성과와 기본 경험 — 116
4. 빈곤과의 전쟁 앞에 놓인 도전과 미래 발전 — 139

03 교육 :
문맹대국에서 고등교육 보편화 시대를 열다

1. 신중국 교육제도의 확립과 초기 30년의 발전 — 148
2. 개혁개방 이후의 교육제도 개혁 — 163
3. 교육발전의 주요 성과 및 기본경험 — 183
4. 교육 발전에 존재하는 문제와 향후 방향 — 195

04 보건의료 :
'동아시아의 병자'에서 건강한 장수長壽의 나라로

1. 신중국 보건의료제도의 수립과 발전   206
2. 개혁개방 후 보건의료제도의 개혁과 확대   224
3. 새로운 시대, 보건의료제도의 개혁과 완비   242
4. 보건의료 발전의 성과, 경험 그리고 전망   263

05 노동과 취업 :
땅만 파던 농부에서 어엿한 직장인으로

1. 신중국 수립 초기 30년간의 노동과 취업   280
2. 노동과 취업 개혁의 40년   301
3. 노동과 일자리 발전의 주요성과   328
4. 노동과 일자리가 직면한 도전과 미래   340

06 사회보장 :
소수의 특권에서 전 국민 복지로

1. 전통적인 사회보장제도의 수립과 발전:
   저소득 복지국가   349
2. 개혁개방 후 사회보장제도의 전면적 개혁   362
3. 중국 사회보장의 발전성과와 제도개혁의 경험   378
4. 중국 특색의 사회보장체계의 본격적인 확립   387

07 주택 :
대대로 살던 낡은 시골집이 번듯한 주택으로

1. 신중국 주택 제도의 수립과 그 이후 30년의 발전   404
2. 개혁개방 이후의 주택 제도 변혁   410
3. 주택제도 개혁과 발전의 성과   423
4. 주택제도가 직면한 도전과 발전 방향   432

08 양로와 육아 :
가정 책임에서 다원적인 공동 책임으로 전환

1. 신중국 수립 후 초기 30년의 양로 및 보육정책의 발전   440
2. 개혁개방 이후의 양로와 보육사업 발전   458
3. 새로운 시대의 양로와 보육사업   476
4. 양로 및 보육사업의 발전 성과와 전망   483

01

인류사회의 발전과정을 살펴보면 국민의 필요가 사회의 발전과 진보의 원동력이 되었지만, 구체적인 민생의 요구는 처한 시대, 사회발전 단계와 밀접한 관련이 있다. 민생의 수준은 통상적으로 한 나라나 지역의 경제사회 발전과 그에 상응하는 제도 확립에 따라 달라진다. 낙후된 사회일수록 민생의 요구가 기본적인 단계에 머물고, 먹고 사는 문제를 어떻게 해결하느냐가 국가와 사회가 해결해야 할 주된 과제가 된다. 이에 비해, 발전된 사회일수록 민생의 요구 수준도 높아져서 끊임없이 커지는 민생의 요구에 얼마나 부응하느냐가 위정자爲政者의 당면과제이다. 따라서, "민생의 요구는 대개 국가발전과 사회 진보에 따라 부단히 높아지며, 기존의 민생문제를 해결하면 다시 새로운 민생문제가 출현한다. 경제사회가 발전할수록 민생문제의 함의와 외연도 따라서 확장된다. 이것은 거스를 수 없는 객관적 법칙이다."

총론 :
중국 민생 70년의 거대한 변화

1. 서론: 왜 민생인가

사회제도의 우열은 국민이 동의하는가 동의하지 않는가, 지지하는가 그렇지 않은가에 달려있다. 또한 국민의 동의와 지지를 얻을 수 있느냐는 민생의 발전 여부에 달려있다. 국민에게 무엇보다 중요한 것이 다름 아닌 삶이기 때문이다. 자고이래로 민생을 돌보지 않은 사회제도가 국민의 광범위한 인정과 지지를 받은 일이 없고, 생활의 결핍을 돌보지 않은 통치체제가 국가의 장기적인 안녕과 민생의 지속적인 개선을 이룬 예가 없었다. 따라서, 민생의 발전은 사회제도와 통치체제의 우열을 가늠하는 핵심적인 평가지표가 되었다. 민생의 안정 여부가 민심의 향배를 결정하고 민심의 향배가 국가 운영의 성패를 결정하며, 이는 인류의 발전과정이 보여주는 역사의 논리이다.

세계사를 종從으로 살펴보면, 지난 100여 년 동안 독일, 미국, 구舊소련의 경험에서 제도와 민생 그리고 민생과 국가 운영의 밀접한 연관성을 찾아볼 수가 있다. 그중에서, 1871년에 수립된 독일제국은 자본주의 세계에서 상대적으로 낙후된 나라였다. 자본주의제도 자체가 가진 결함과 자본가의 탐욕으로 인해 노동자들은 억압, 산업재해, 온갖 질병에 시달리며 비참한 지경에 내몰렸다. 노사갈등이 첨예해지면서 노동자들은 자신들의 비참한 운명을 바꾸기 위해 격렬하게 저항했는데, 이것이 노동운동의 시작이었다. 철혈재상 비스마르크의 가혹한 탄압도 노동자 계급의 강렬한 저항을 억누르지 못했다. 탄압이 먹히지 않자 비스마르크 정부는 새로운 국가통치 수단을 택할 수밖에 없었다. 즉, 1880년대에 사회주의적 속성을 가진 현대적 의미의 사회보험제도를 도입하여 자본가에게 노동자를 위한 사회보험료 납부 의무를 지운 것이었다. 동시에 노동자들에게는 상응하는 산업재해, 질병 치료 그리고 양로보험 등 법적 권익을 부여했다. 이러한 제도들이 노동자의 복지를 증진하는 효과를 발휘하면서 첨예하게 대립하던 노사갈등이 타협과 협력으로 바뀌었고, 독일은 신속하게 강대국으로 부상할 수 있었다. 이때부터 사회보험제도가 모든 자본주의 국가에 널리 도입되었다. 현대적 의미의 사회보장제도 확립은 전통적인 자본주의 국가 통치체계의 중대한 변화였다. 독일을 포함하여 자본주의 국가들의 실천적 경험이 증명하듯, 사회주의적 요소를 지닌 사회보장제도가 국가통치의 주요한 수단이 되면서 비로소 첨예했던 계급 갈등이 완화되었고 자본주의 제도의 소멸을 피할 수 있었다. 1776년에 건국한 미국이 세계 유일의 '패자霸者'로 부상한 후, 1929~1933년에 심각한 경제위기가 발생했다. 주가 폭락에 이어 은행의 연이은 도산, 생산시설 가동 중단, 기업 파산, 노동자 실업으로 이어지며 민생이 파탄에 빠졌고, 위기는 곧바로 유럽과 전 세계로 확산되었다. 대공항은 인류사회가 직면한 가장 광범위하고, 가장 오래 지속되었으며, 가장 파괴력이 컸던 경제위기로 인식된다. 당시에 후버 대통령이 자본주의 제도가 망할 지경이라고 했던 탄식은 당시에 시장이 작동하지 않던 재앙적인 상황을 단적으로 보여준다. 1933년에 루스벨트가 대통령에 취임한 후 정부의 시장 개입을 주요 수단으로 하는 뉴딜정책을 전면에 내세웠다. 그는 금융 분야 구조조정을 단행하고 독과점을 제한했다. 한편으로는 의회에 대해 연방긴급구제법 통과와 연방긴급구제기구 설립을 촉구하며 각종 구호물품을 각 주洲로 신속히 수송했다. 이듬해에는 '단순

구제' 방식을 노동의 기회를 부여하는 방식으로 전환하여 실업자들에게 공공사업에 참여하여 일할 기회를 제공했고, 그들이 자존감을 갖고 스스로 일어설 수 있도록 도왔다. 1935년에는 사회보장법, 노동관계법, 공공사업법 등 법제도를 통해 뉴딜정책의 성과를 공고히 했다. 루스벨트의 뉴딜정책은 자본주의 국가의 정부가 경제와 거시정책 조절에 개입하는 메커니즘을 형성했다. 자유주의를 지향하는 정부가 방임적 역할에서 벗어나 빈사 상태에 놓인 자본주의제도를 구하는 적극적인 역할로 전환한 것이다. 세계 최초의 사회주의 국가로서 1922년부터 1991년까지 69년간 존속했던 소련은 일찍이 사회주의제도와 통치방식을 통해 경제 기적을 창조하며 미국에 필적하는 초강대국이 되었다. 하지만 소련 공산당은 집권 당시의 초심을 잃었고, 이로 인해 관료 특권층이 형성되었다. 고도의 집중적인 계획경제도 효율성이 떨어졌다. 국가는 강해졌지만, 민생이 그에 상응하여 개선되지 못했기 때문에 국민의 불만이 지속적으로 누적되었다. 고르바초프 시대에 서방국가의 기대에 부응하여 정치경제 개혁을 추진했지만, 소련은 이미 국민에게 외면당하는 막다른 길로 접어들고 말았다. 세 나라 가운데 독일과 미국은 현대적 사회보장제도와 정부의 시장 개입을 성공적으로 이루어냄으로써 자본주의제도의 소멸을 피했다. 반면에 소련은 사회주의 실천 과정에서 한때 성공을 거둔 적도 있었지만, 초심을 잃고 사회주의와 괴리된 개혁을 추진하다가 붕괴의 길로 접어들었다. 이러한 사례를 통해서 국가 제도와 통치체제가 민생과 내재적 연관성이 깊다는 것을 알 수 있다.

중국은 자고이래로 '민생'과 '국가정책'을 동일선상에 두고 민생문제를 국가발전과 불가분으로 인식해왔다. '민위방본民爲邦本 본고방녕本固邦寧'(백성이 나라의 근본이니 근본을 튼튼히 하면 나라가 편안해진다. _역자주)이 유가적 통치 사상의 핵심이었다. 중국 역사상 일어났던 농민의 난은 모두 통치자가 민생을 도탄에 빠뜨린 것이 직접적인 원인이었다. 결국 왕조의 교체를 가져왔을 뿐 아니라 민심 불안, 인구 급감, 민족적 재앙이라는 엄청난 결과를 초래했다.

역사를 통해 민생의 중요성과 통치자가 민생을 중시해야 할 이유를 분명히 알 수 있다.

1840년에 아편전쟁 발발, 제국주의 열강의 침략 그리고 청淸 조정의 부패로 중국 국민의 삶이 수렁에 빠졌다. 1911년에 일어난 신해혁명으로 1,000년 동안 지속된 봉건제도가 무너지고, 자산계급이 중심이 된 중국국민당이 세운 민국정부가 정치의 역사에 등장했다. 중국국민당이 비록 완전한 의미에서의 근대 민족민주혁명을 시도하며 민족 발전과 진보의 길을 모색했지만, 제국주의와 대지주, 매판 자본 그리고 관료 세력들은 자신들의 이익에 반하는 민주공화제도를 용납하지 않았다. 국민당 정부도 지주, 자본가, 신진 관료세력의 대변자로 전락하면서 국민의 이익은 뒷전으로 밀려나고 말았다. 이 시기에 나라는 사분오열의 구태와 군벌이 난립했고, 루쉰이 말한 것처럼 '성곽에 폭군의 깃발이 펄럭이는' 상황을 벗어나지 못했다. 설상가상으로 일본제국주의의 침략이 민족적 대재앙을 가져왔다. 겨우 명맥만 유지하는 나라에서 굶주림과 가난에 허덕이는 국민의 삶이 당시 민생의 실상이었다. 불과 30여 년 만에, 국민당은 민심의 지지를 완전히 상실한 채 타이완으로 밀려났다. 이에 반해, 중국 공산당은 작은 불씨가 들판을 사르듯 전국적인 인민의 지지를 받으며 신중국을 탄생시켰다. 100여 년의 중국 근대사가 민생과 민심의 내재적 연관성, 정권의 선택과 국가발전의 중요성을 다시 한번 확인시켜준다.

1949년 10월 1일, 중화인민공화국의 수립은 중국 역사의 새 장이 열리는 순간이었다. 앞서 열린 중국인민정치협상회의 제1차 전체회의 개막사에서 마오쩌둥 주석은 중국과 세계를 향해 이렇게 선포했다. "우리가 지금 하는 일이 인류 역사에 기록될 것이며, 이는 인류 전체의 4분의 1을 차지하는 중국인들이 이제 일어섰다는 것을 보여주는 것입니다. 우리 민족은 이제 평화와 자유를 사랑하는 세계 모든 민족의 대범주에 편입되어, 용기 있고 근면한 자세로 우리 자신의 문명과 행복을 창조해 나갈 것입니다." 이후의 70년은 웅

변이 아닌 사실로써 당시의 비전을 하나하나 현실로 만든 시간이었다.

　신중국 수립 초기, 정부는 토지개혁을 통해 농민들에게 실질적인 수혜가 돌아가도록 했고, 또한 도시주민들을 위해 공유제 하의 집단노동, 집단 분배 방식 그리고 노동보험 등 일련의 사회보장제도를 도입하여 생활을 안정시키고 고질병처럼 뿌리박힌 생활고를 신속히 해결하여 전 국민의 지지를 받았다. 또한 산업체계를 구축하고 8만여 개의 댐과 대량의 인프라 시설을 건설했다. 개혁개방 이후에는 경제건설의 기틀을 마련하는데 전력을 기울였다. 하지만 벤치마킹할 수 있는 사회주의 경제 건설의 실제 사례가 전무全無했고 여기에 더해 서방국가의 장기적 봉쇄로 중국은 스스로에 기대어 고군분투해야만 했다. 처음 10여 년 동안, 여러 분야에서 신속한 발전과 성공을 거두었다. '초영간미超英趕美(영국을 추월하고 미국을 따라잡는다는 의미 _역자주)'가 당시에 '중국몽中國夢'이 되었다. 성공을 향한 조급함과 맹목적인 전진을 좇는 분위기 속에서 정치가 모든 것을 압도했다. 이것이 한동안 경제건설에 부정적인 영향을 초래했다. 전국 인구가 급격히 증가하여 1949년 5억 4,000만 명에서 1980년 10억 명을 넘어섰고, 이 때문에 민생 개선이 이루어지지 못했다. 생산과 공급 부족이 당시 중국 사회의 일상적인 상황이었다. 빈곤 발생률이 대폭 감소하기는 했지만, 1970년대 말까지 인구의 약 30%가 빈곤 상황에 놓여 있었다. 1980년대 이후 소련의 붕괴, 동유럽 국가들의 투항, 서방 자본주의 국가들의 승전가 등 격변하는 국제정세 속에서, 중국은 운명을 가를 중대한 선택의 기로에 섰다. 중국은 개혁개방을 선택했고 그것은 국가의 운명과 국민의 복지를 좌우하게 될 선택이었다. 결과적으로 이 선택은 옳았다.

　개혁개방 초기에 양식표, 기름표, 고기표, 부식표, 옷감표가 국민의 생활필수품이 되었고, 심지어 사탕, 떡, 성냥, 비누까지도 표가 있어야만 얻을 수 있었다. 여러 세대가 흙집과 초가집, 대잡원大雜院에서 한데 모여 살았고 자전거, 손목시계, 재봉틀, 라디오는 사치품이었다. 프랑스 드골 공항에서 매시간 60대의 비행기가 이착륙하던 시기에, 베이징 서우두 공항은 겨우 2대가 이착륙했다. 일본 도쿄의 대형 쇼핑몰에 50만 개에 달하는 상품들이 진열되어 있었을 때 베이징의 왕푸징 백화점에 진열된 상품은 2만 2,000개에 불과했다. 낙후된 경제 상황, 부족한 물자, 어려움에 빠진 민생, 이 모든 상황 속에서 중국은 경제건설을 위해 개혁개방을 단행했다. 또한 점진적인 개혁과 대외 개방 전략을 통해 효율적인 시장경제 수단이 기존의 계획경제 수단을 대체했다. 사회 생산력이 극대화되고, 국민의 노동 의욕을 효과적으로 고취했다. 경제발전이 40여 년간 지속되었을 뿐 아니라 지금도 성장하고 있다. 그중에서 2002~2010년 기간에 중국 경제 규모가 프랑스, 이탈리아, 영국, 독일, 일본을 잇달아 제치고 세계 2위로 우뚝 섰다. 이와 동시에, 정부는 '적게 거두고 많이 주는' 정책을 통해 국가발전의 성과가 민생에 골고루 미치도록 했다. 이는 국민의 생활 형편이 뚜렷하게 개선되는 결과로 나타났다. 국가 경제와 민생의 발전적 결합을 통해, 중국은 세계 2위의 경제대국으로 안착했고 저소득 국가에서 중상위 소득 국가의 대열에 합류했다. 무엇보다 인상 깊은 변화는 13억의 인구가 먹고 살기도 빠듯한 결핍상태를 벗어나 물질적 풍요, 수준 높은 교육, 충분한 일자리, 나날이 발전하는 사회보장제도, 부요한 정신문화로 대표되는 샤오캉 사회로 진입했다는 사실이다.

굶주림과 가난을 탈피하고 샤오캉 사회를 실현하기까지 중국의 민생 발전이 세계의 주목을 받았지만, 국민의 삶에 대한 동경과 민생의 요구가 계속 높아지고 있다. 행복한 삶을 향한 국민의 동경과 요구를 어떻게 만족시킬 것인가가 중국이 마주한 새로운 시대적 사명이다. 이러한 배경 속에서, 2012년 11월에 개최된 제18기 전인대에서, 시진핑 주석은 취임 일성으로 이렇게 강조했다. "국민의 행복한 삶에 대한 동경이 우리가 분투노력해야 할 목표입니다. 민생 보장과 개선은 종착점이 없습니다. 부단하게 이어지는 새로운 출발점이 있을 뿐입니다." 2017년 10월에 열린 제19기 전인대에서 시 주석은 다음과 같이 강조했다. "사람의 문제가 한 정당, 한 정권의 성격을 가늠하는 시금석이라는 것을 반드시 명심해야 합니다. 국민이 행복한 삶을 영위하는 것이 우리의 일관된 노력의 목표입니다. 국민의 이익을 최우선 순위에 놓고, 개혁과 발전의 성과가 더 많이 더 공평하게 모든 국민에게 돌아가도록 해야 합니다." 인간의 보편적인 요구를 물질적 요구와 정신적 필요로 나눈다면, '물질문화에 대한 요구'와 '행복한 삶에 대한 요구'가 새로운 시대를 맞아 시진핑 정부에게 주어진 두 가지 키워드일 것이다. 이러한 구분은 중국의 특정한 정치 언어에서 비롯된 것이지만, 물질적 요구와 정신적 요구를 동일선상에 두는 것은 인간의 태생적 요구와도 전적으로 부합한다. '행복한 삶에 대한 요구'는 당연히 '물질적·문화적 요구'를 의미하지만, 이는 한층 발전되고 개방적인 특징과 더불어 '물질적·문화적 요구'의 지속적인 향상을 내포한다. 이는 인간의 자유로운 포괄적 발전에 필요한 모든 요구를 실현하는 과정에서 구체적으로 드러난다. 따라서 물질문화적 요구에서 행복한 삶을 향한 요구에 이르기까지 중국의 민생 목표가 한 단계 진일보했음을 말해준다. 이런 신념을 기반으로 중국은 새로운 시대로 접어들었다. 전체적으로, 신중국 70년의 발전과정은 중국 공산당이 인민과 함께 사회주의의 길을 모색해온 위대한 역사의 과정이자, 열강의 압박을 딛고 일어나 부강한 나라로 변모해 온 역사적 여정이었다. 또한 이것은 굶주림과 가난의 생존 위기에서 먹고사는 문제에 이르기까지, 다시 전면적인 샤오캉 실현의 미래를 향해 나아가는 역사의 연장선이다. 마오쩌둥 시대에서 덩샤오핑 시대로, 다시 장쩌민 시대에서 후진타오 시대로, 지금의 시진핑 시대에 이르기까지 중국이 발전해온 과정이 결코 순탄하지 않았고 현재도 많은 도전에 직면해 있다. 하지만 중국 정부는 줄곧 민생을 중심에 두었고 이에 따라 국민의 삶의 수준이 전반적으로 향상되었다. 이는 개혁개방 이후 30년 동안 쌓은 토대와 개혁개방에서 비롯된 혁신이 있었기에 가능했다. 2012년 이후부터 중국은 발전의 성과와 혜택이 더욱더 민생에 파급될 수 있도록 빈곤과의 전쟁을 추진해왔다. 이제 모든 국민이 부요하게 사는 전면적인 샤오캉 사회로의 진입을 현실로 마주하고 있다. 앞으로 중국이 중국 특색의 사회주의 노선과 중국 특색의 민생보장제도를 지속적으로 보완하고 제19기 전인대 보고에서 제시한 합리적인 자원 분배가 관철된다면, 모두가 함께 잘 사는 민생의 목표가 실현될 날이 머지않을 것이다.

2. 질적인 도약:
   중국 민생 70년의 발전과 변화

　　큰 틀에서 볼 때, 중국 민생 70년이 걸어온 길은 굶주림과 가난을 벗고 여유로운 삶을 향해 전진해온 역사적 여정이다. 굶주림과 가난에 시달리던 보편적 생존의 위기 속에서도 수십 년의 노력을 거쳐 10억이 넘는 인구의 먹고사는 문제를 해결했고, 그 후 다시 수십 년의 고군분투 끝에 10억이 넘는 인구가 물질적인 풍요 다시 말해 샤오캉 생활을 영위할 수 있게 되었다. 이제 새로운 시대를 맞아 한층 더 높은 삶의 지경으로 큰 걸음을 떼기까지, 유구한 역사를 가진 인구대국은 뿌리 깊은 가난과 열악한 여건 속에서 고군분투, 개혁개방 그리고 경제발전의 공유를 통해 기적을 창조해왔다.

　　본 장은 1949~2019년 중국 민생 70년 격변의 상황을 담고 있다. 중국 민생의 전체적인 발전과정, 소득향상과 빈곤율의 변화, 엥겔계수와 소비구조의 변화, 건강과 교육 여건의 발전과 변화, 교통과 정신문화 생활의 발전 추이 등 여러 관점에서 구체적인 빈곤퇴치의 성과, 교육, 의료와 위생, 노동과 취업, 사회보장, 주거환경, 양로와 보육사업의 발전과정을 기술했다.

1. 한 장의 도표로 본 중국 민생의 발전과정

오늘날의 시각에서 보면 민생과 관련된 영역은 매우 광범위하다. 작게는 먹거리 보장, 다음으로는 의식주 개선, 더 나아가서 물질생활과 정신문화 생활에 대한 모든 요구를 포괄한다. 민생 발전의 변화를 관찰하려면 구체적인 정책 실행과 국민 생활의 세세한 분야에 주목해야 한다. 하지만 종합적인 발전상을 파악하지 못하면 전체적인 과정과 객관적인 규율을 볼 수가 없고 얻어진 결론도 어느 한쪽으로 경도되기 쉽다. 또한 신중국 수립 70년의 전체적인 발전과정을 단절적으로 보아서는 안 되며 민생 70년의 발전과정도 단절적으로 판단해서는 안 되기 때문에, 종합적인 평가지표 체계를 구축할 필요가 있다. 이렇게 해야만 거대한 인구 규모를 가졌고, 70년 동안 극단적인 빈곤에서 번영과 발전이라는 엄청난 변화를 실현한 나라의 민생 발전을 객관적으로 볼 수가 있고 내재된 발전의 규율을 도출해낼 수 있다.

이를 위해, 2017~2018년 동안, 중국민생보장평가지표TF팀이 40여 개 대학과 국가급 연구기관의 전문가 및 국가통계국 관련 전문가 60여 명 그리고 국가통계국 관련 책임자들의 의견을 수렴하여 민생 발전 수준을 평가하는 지표체계를 구축했다. 연구팀이 확립한 지표체계는 종합 부문, 노동 일자리 부문, 의료 및 위생 부문, 국민 교육 부문, 사회보장 부문 등 5대 지표를 포함하고 있으며, 1인당 GDP, 엥겔계수, 1인당 평균 가처분소득, 1인당 평균 소비, 평균기대수명, 빈곤발생률, 노동참여율, 1인당 평균 의료비 수준, 성인 문맹률, 1인당 평균 교육 연수, 연금 및 의료 보험 비율, 1인당 평균 주택 점유 면적 등 60개에 이르는 민생 및 민생과 밀접한 관련이 있는 2차 지표를 포함하고 있다. 이 가운데, 5대 지표의 가중치는 각각 35%, 15%, 15%, 15%, 20%이며, 모든 2차 지표들은 각기 민생에 미치는 영향 정도 및 역치閾値에 따라 가중치를 정했다. 그리고 연구팀은 정부에서 공식적으로 발표한 통계를 근거로 하여 1949년에서 2017년 동안에 중국 민생의 전체적인 발전 상황에 대

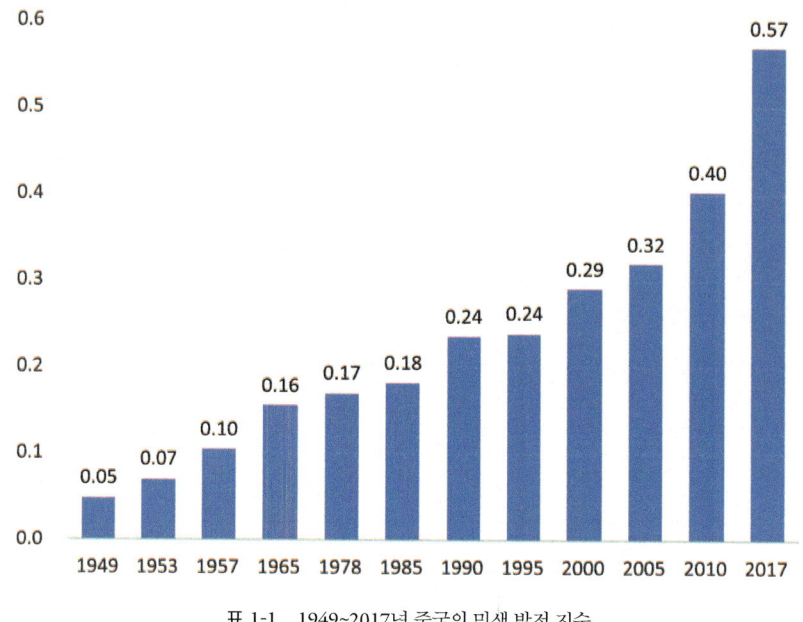

표 1-1　1949~2017년 중국의 민생 발전 지수

해 평가했는데, 평가 결과를 표 1-1에서 볼 수 있다.

표 1-1은 중국 민생 보장 평가지표 체계와 각 지표의 가중치에 따라 도출된 객관적인 결과이며, 1949년부터 2017년까지 중국 민생 발전 수준의 향상 과정을 전체적으로 보여준다. 1949년 신중국이 수립될 당시, 전체 인구 대비 극소수의 자본가 계층, 지주와 관료 계층을 제외한 5억 명이 넘는 국민이 굶주림과 가난으로 생존 위기에 처해 있었다. 굶주리며 유리걸식하는 사람들의 수를 헤아리기 힘들 정도였다. 당시의 민생발전지수가 0.05에 불과했다. 이렇게 만연된 극단적 빈곤은 국민들로 하여금 중국 공산당이 세운 새 정부에 대해 기대감을 갖게 했다. 중국 공산당은 정권 수립 후, 이재민과 실직 노동자들을 구제하기 위해 대대적인 행동에 나섰고 동시에 강력한 조치를 통해 지난 정권이 남긴 악성 인플레이션을 해소하고 물가를 안정시켰다. 농촌에서 토지개혁을 추진하고 도시지역에서는 사회주의 건설을 위한 사회보장제도를 수립했다. 이러한 노력을 통해 노역에 시달리던 국민의 생활도 기본적

인 보장을 받을 수 있게 되었다. 1957년에 중국 민생발전지수가 0.1에 도달했는데 신중국 수립 후 불과 8년 만에 민생의 발전 수준이 두 배로 높아졌다는 의미였다.

그 후, 누적된 빈곤을 신속히 개선하기 위해 새로운 모델의 사회주의국가 건설, 중공업 발전 그리고 대규모 인프라 건설이 중요한 발전 방향이 되었다. 국민들은 '허리띠를 졸라매는' 희생정신으로 경제건설에 나섰고, 국익과 집단주의 정신이 당시의 시대정신이 되었다. 하지만 이런 노력에도 민생의 발걸음은 더디기만 했다. 1957년부터 1980년대까지 30년 동안 민생발전지수가 겨우 배로 증가하는데 그쳤다. 개혁개방 시대에 들어선 후, 이전에 다져진 기반위에서 생활환경을 개선하고자 하는 국민적 노력이 더해져 민생 개선이 빠르게 진행되었다. 1990년대 민생발전지수가 0.24에 도달했다. 10억이 넘는 인구가 먹는 문제를 해결하고 도시와 농촌의 주민들이 일부나마 여유 있는 생활을 할 수 있게 되었다. 21세기에 들어선 후, 민생의 발전 속도가 눈에 띄게 빨라져서, 민생발전지수가 2005년에 0.32, 2010년에는 0.4, 2017년에는 더욱 가파르게 상승하여 0.57로 높아졌다. 13억이 넘는 인구가 점차 풍요한 생활을 영위할 수 있게 되었고 중위 소득 계층이 꾸준히 확대되었다. 그중에서도 물질적 풍요와 더불어 다양한 정신문화 생활을 누리는 인구가 날로 증가했다. 최근 몇 년 사이에 대대적으로 추진된 빈곤퇴치운동에 힘입어 농촌의 절대빈곤과 지역적 빈곤 현상이 완전히 해소되었다. 전면적인 샤오캉 사회 건설 목표로 가는 길에 놓인 마지막 장애물이 머잖아 제거될 것이다. 이는 중국 70년 민생발전사史에서 두 번째 역사적 도약이다. 더욱 고무적인 것은, 제19기 전인대 이후 기본적인 현대화 실현에서 전면적인 현대화 실현이라는 '두 단계' 전략목표가 확정되었다. 중국 국민이 앞으로 행복하고 여유로운 삶의 새로운 시대를 맞게 된다는 것을 의미한다. 이는 중국 민생 발전의 세 번째 역사적 도약이 될 것이다.

2. 소득증가와 빈곤 발생률의 변화

소득증가는 민생 개선의 기본 요건이다. 소득이 없으면 생계도 보장할 수 없기 때문이다. 마찬가지로 소득이 증가하지 않으면 생활이 개선될 수가 없다. 신중국 수립 이후, 중국 국민의 1인당 평균가처분소득이 1949년 49.7위안에서 2018년 28,228위안으로 증가했고, 명목소득은 566.6배 증가했으며, 물가 요인을 제외한 실질소득은 59.2배 증가하여 연평균 6.1% 증가했다. 10억 인구를 가진 중국이 70년 만에 전 국민의 생활 수준과 삶의 질을 완전히 변화시킬 수 있었던 것은 바로 소득의 지속적인 증가 덕분이다. 또한 경제발전이 가져온 가처분 사회자산이 증가했고, 사회주의 제도하에서 모든 국민이 경제발전의 성과를 누릴 수 있도록 소득분배제도를 마련하려고 노력했기 때문이다. 요약하자면, 중국 국민의 소득증가는 주로 노동과 취업 그리고 노동의 대가 증대, 사회보장 재분배의 강화 그리고 사업 및 자산소득의 증대에 기인한다.

1) 취업 발전, 노동의 대가 증대

1949년, 농촌인구가 전체 총인구의 90%를 차지했던 것과는 대조적으로 구舊 중국 시기의 군인, 공무원, 교사 그리고 공장 노동자 등 900만 명을 포함하여 도시 거주 인구는 10%에 불과했다. 90% 이상의 노동자, 다시 말해 농민들은 날이 밝자마자 들에 나가고 밤이 늦어서야 쉬는 열악한 상황에 놓여 있었다. 신중국 수립 후, 자력갱생과 분투 노력이 시대의 언어가 되었고, 정부도 일자리 창출을 위해 안간힘을 기울였다. 하지만 당시는 산업 기반이 취약하고 도시에서 고용을 창출할 수 있는 여지가 제한적이었기 때문에, 대부분의 노동자가 농업에 종사할 수밖에 없었다. 개혁개방과 함께 산업화와 도시화가 빠르게 진행되면서 농촌의 노동력이 대거 도시로 이동하여 일자리를 찾았고, 정부도 일자리 우선 전략을 수립했다. 2019년에 일자리 정책이 국가 3대 거시정책 중 하나로 격상되어 정부의 최우선 민생 목표에 편입되었다. 70년 동안 중국의 취업 인구가 확대되었고 취업구조와 취업의 질도 꾸준히 개선되었다. 통계에 의하면, 전국적으로 취업자 수가 1949년 1억 8,000만 명에서 2018년 7억 8,000만 명으로 증가하여 3.3배 확대되었다(같은 기간 인구는 1.6배 증가했다). 이 가운데, 도시 취업이 27.3배 증가했다. 대략 6년 만에 도시의 취업자 수가 1,300만 명 이상 새로 증가했는데, 해마다 1949년의 도시 전체 취업자 수만큼 증가한 셈이다. 취업구조 측면에서, 1949년 도시 취업자 수가 전체 취업자에서 차지하는 비중이 8.5%였는데, 2018년에 이 지표가 56% 상승했다. 3차 산업 취업자 수는 1952년 9.1%에서 2018년 46.3% 증가했다. 이와 함께, 노동자의 소득도 계속 증가했다. 개혁개방 이전에 도시 노동자의 평균임금이 비교적 완만하게 증가하여, 1952~1978년 전체 노동자의 평균임금이 매년 445위안에서 615위안으로 증가했다. 이는 38.2% 증가한 것인데, 물가 요인을 제외하면 실질 증가폭이 10.3%였다. 개혁개방 이후에 도시 취업자의 평균임금이 빠르게 증가했다. 2018년 전국 도시의 연간 비非민영기관(정부기관, 국유기업-역자주) 취업자의 평균임금이 82,461위안으로 1978년의 134배에 달했다. 연평균 13.0% 증가한 수치이다. 물가 요인을 제외하면 실제로 18.3배 증가한 것으로 연평균 실질 증가율은 7.7%이다. 농촌에서는 농민이 토지를 도급받은 후에 자율적으로 경작할 수 있게 되면서 농가소득이 빠르게 향상되었다. 농촌의 잉여 노동력이 대거 도시로 이주하여 2차, 3차 산업에 종사함으로써 농사일보다 더 높은 소득을 얻었는데, 이는 농촌 소득증가의 원천이 되었다. 통계자료를 보면, 2018년 중국 농민공 수가 2억 8,836만 명에 달하고, 농민공 평균소득은 3,721위안으로 전해에 비해 6.8% 증가했다. 도시의 비非민영 기관 취업자 평균임금의 54%가 넘었다. 노동자의 충분 취업과 근로소득의 부단한 증가가 도시와 농촌 주민의 생활이 지속적으로 개선될 수 있는 든든한 버팀목이 되었다. 자세한 내용은 5장에 나와 있다.

2) 국민 사회보장, 재분배의 지속적 확대

분배는 초기에 필연적으로 효율성을 추종하기 때문에, 태생적 차이, 기회의 차이, 기능의 차이 심지어 성별이나 지역 차이 등에 의해 모두가 보편적인 평등을 보장받을 수는 없다. 특히, 자본, 기술 그리고 자산소득 격차에서 비롯된 차이가 더욱 확대되기 일쑤다. 만약 재분배의 노력이 없으면 사회는 불가피하게 빈부 양극화가 나타난다. 따라서 사회적 재화의 재분배 기제인 사회보장제도가 특히 중요하다. 국민당 정부 시기에 사회보험 관련 입법을 시도한 적이 있었지만, 사회보험제도를 확립하지 못했다. 그나마 기존의 복지제도도 관료계층의 특권을 유지하는 수단에 불과했고, 일반 국민은 심각한 자연재해를 당해도 정부의 구제를 받을 수가 없었다. 1949년 신중국 수립 후, 신생 정부 앞에는 정부의 구제만을 기다리는 700만 이재민과 400만에 달하는 도시의 실업 문제가 가로놓여 있었다. 이에 정부는 신속하게 대규모 재난지원 및 실업자 구제정책을 시행했다. 그 후 불과 몇 년 만에 도시주민을 대상으로 한 노동보험제도와 국비의료제도, 그에 상응하는 복지제도가 수립되었다. 농촌에도 5보제도(의, 식, 주, 의료, 장례 _역자주), 협력의료제도, 기초교육 복지제도가 마련되어 일반 국민들이 중앙정부나 지역의 다양한 복지를 보장받게 되었다. 잘 알려져 있듯이, 신중국 수립 후 30년 동안 정부 주도의 사회보장 혜택이 주로 도시주민에게 집중되었는데, 그 비중이 전체 인구의 20%에 못 미쳤다. 농촌에서는 집체소유제하에서 농민의 상호부조적 성격을 띤 초급보장체계가 확립되기는 했지만, 정부의 보장제도가 주로 도시주민의 차지가 되었다. 약 40년에 이르는 개혁과 발전을 거쳐서 사회보장제도가 모든 국민이 경제발전의 성과를 함께 누릴 수 있는 기본적인 경로가 되었다. 2009년 이전까지 양로보험 가입자 수가 2억5,000만 명(노령연금 수령자 포함)에 못 미쳤는데, 이는 15세 이상 인구의 23% 정도였다. 2012년에 모든 노인이 노령연금을 받는 시대가 열렸다. 2018년에는 전국적으로 양로보험 가입자 수가 9억4,290만 명에 달했고, 노령연금 수령자 수는 2억7,700만 명에 달했다. 전국적인 의료보험제도 시행이라는 목표가 기본적으로 실현되어 가입률 95%를 유지할 수 있게 되면서 질병으로 인한 국민 부담이 크게 경감되었다. 종합적인 사회구조제도가 확립되었고, 대규모 보장성 주택 건설을 통해 저소득층의 주거 문제를 기본적으로 해결했다. 노인, 어린이 그리고 장애인을 대상으로 한 복지사업도 적극적으로 추진되었다. 이러한 사회보장제도는 도시주민의 이전소득 비중이 점차 늘어나는 효과를 가져왔다. 통계에 의하면, 1964년부터 2018년까지 중국의 도시주민 평균 순이전소득이 4.5%에서 17.8%로 높아졌다. 농촌 주민의 순이전소득이 평균가처분소득에서 차지하는 비중이 2018년에 20.0%에 달했다. 중국의 사회보장제도 개혁과 발전이 일궈낸 기적이 국민 복지의 확대가 중국 특색 사회주의제도의 기본 속성이라는 사실을 단적으로 보여준다. 자세한 내용은 6장에 기술되어 있다.

3) 사업 및 자산소득의 지속적 증가

개혁개방 이후, 노동의 대가와 사회보장의 전이지급(사회보장 재정의 불균형 문제를 해결하기 위해 중앙정부가 지방정부에게 부분적으로 사회보장 재정을 사용할 수 있도록 한 제도 _역자주)에 의한 평균 복지 소득이 꾸준히 증가하고, 주민의 저축도 지속적으로 증가하여 재테크를 통한 소득 창출이 가능해졌다. 예를 들어, 창업투자, 자영업, 주택임대 그리고 1980년대에 만들어진 국채, 90년대를 전후하여 탄생한 주식, 2000년 이후에 출현한 공모펀드, 2010년 이후 보급되기 시작한 인터넷 재테크 등이 있었다. 재테크를 통해 사업소득과 자산소득을 늘릴 수 있게 되면서 이것이 도시와 농촌 주민들의 주요한 소득원이 되었다. 통계에 의하면, 1964~2018년 중국의 도시주민 평균임금이 평균가처분 소득에서 차지하는 비중이 90.9%에서 60.6%로 하락한데 반해, 평균 사업성 소득이 2.9%에서 11.3%로 증가했고 평균 자산소득도 1985년의 0.5%에서 2018년 10.3%로 증가했다. 농촌의 경우, 1956년에 노동점수제(노동한 만큼 노동의 보수와 일용품을 분배받는 일종의 노동보수제도 _역자주)에 의한 농가소득이 평균가처분소득에서 차지하는 비중이 62.4%, 평균 사업소득은 23.3%였다. 2018년에는 임금소득의 비중이 41%로 낮아지고 사업소득은 오히려 36.7%로 높아졌다. 사회보장 등 전이성 소득은 20%로 자산소득의 증가폭이 2.3%였다.

사업 및 자산소득이 도시와 농촌 주민들의 중요한 소득원으로 자리 잡은 것에서 소득원의 다양화가 이미 진행되고 있었다는 사실을 알 수 있다.

4) 도농 간, 지역 간 소득격차의 축소

도시와 농촌의 주민소득이 보편적으로 증가한 것과 더불어 도농 간 주민소득 격차, 지역 간 소득격차가 꾸준히 축소되었다. 그 가운데, 도시와 농촌 주민의 평균 가처분소득 격차가 1956년 3.33배에서 2018년 2.69배로 줄었고, 도시주민의 평균 가처분소득이 가장 높은 성省과 가장 낮은 성省 간 격차가 2000년 2.5배에서 2018년 2.33배로 낮아졌다. 농촌 주민 평균 가처분소득의 경우, 가장 높은 성省과 가장 낮은 성省의 격차가 4.39배에서 3.45배로 낮아졌다. 이것은 소득분배의 형평성이 꾸준히 증대되고 있다는 것을 의미했다.

주민소득 증가와 자산 축적 속도가 빨라지면서 가계 자산의 포트폴리오에도 큰 변화가 있었다. 하이퉁 증권의 관련 통계에 따르면, 2018년 기준으로 중국 국민의 총자산 규모가 465억 위안에 달하고, 그 가운데 주택 등 부동산이 약 70%, 금융자산이 약 30%를 차지했다. 금융자산 가운데, 예금이 72억 4,000만 위안, 보험과 은행에 의한 자산관리위탁이 각각 19억 3,000만 위안, 18억 2,000만 위안이고, 주식 보유 8억 8,000만 위안, 펀드투자 7억 3,000만 위안, 신탁수익 6억 5,000만 위안, 채권 보유 8,000만 위안이었다. 도시와 농촌 주민의 자산 보유 구조에서 주택 등 부동산이 차지하는 비중이 지나치게 높은데, 이는 도농 주민들의 거주 여건이 개선되었으며 집을 가장 중요한 재산으로 여기는 중국인의 전통적 인식을 보여준다. 분명한 것은 절대다수의 도시와 농촌 주민들이 자기 소유의 주택을 보유하면서 앞으로 가정

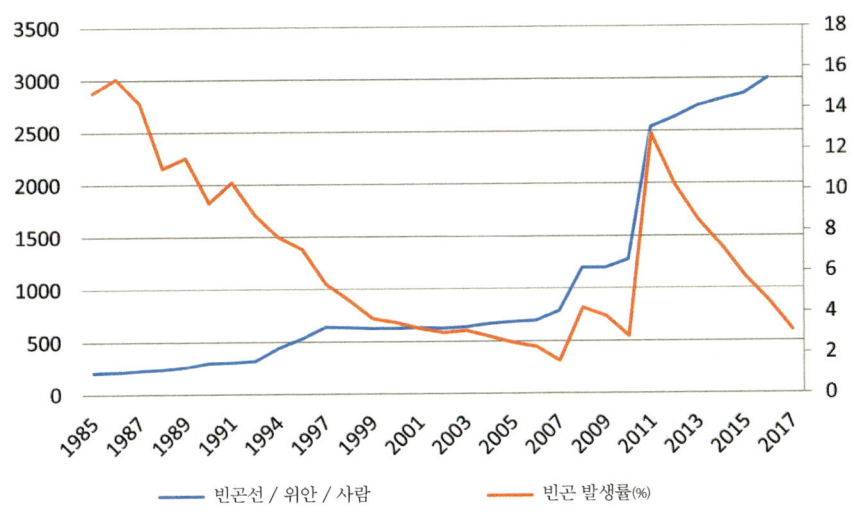

표 1-2   1985~2017년 농촌 빈곤선과 빈곤 발생률

주: (1) 1978년을 기준으로, 1978~1999년 기간은 농촌지역 빈곤 기준, 2000~2007년은 농촌지역 절대빈곤 기준 (2) 2008년을 기준으로, 2000~2007년 농촌지역은 저소득기준, 2008~2010년은 농촌빈곤기준. (3) 2010년 기준은 새로 확정된 농촌빈곤기준. (4) 본 표의 1985~1999년 농촌 빈곤지원 기준, 빈곤인구, 빈곤발생률은 국무원 빈곤지원담당부처 제공 자료. (5) 2000~2017년의 빈곤인구, 빈곤발생률 통계는 국가통계국의 〈2018 중국통계연감〉 자료. 빈곤선 기준은 국가통계국 〈중국농촌빈곤측정보고〉 자료.
자료출처: 정공청, (독) 볼프강 슐츠, 〈글로벌 사회보장과 경제발전 관계:회고와 전망〉, 중국노동사회보장출판사, 2019년, 90쪽.

자산의 포트폴리오에 새로운 변화가 일어나게 될 것이라는 사실이다.

소득의 지속적 증가와 소득격차의 해소가 가져온 직접적인 효과는 도시와 농촌의 생활수준 향상과 빈곤 발생률의 급격한 하락으로 나타났다(표 1-2).

중국의 현행 농촌 빈곤선 기준(2010년 기준 1인 연평균 2,300위안)에 의하면, 1978년부터 2018년까지 농촌의 절대빈곤 인구가 7억7,000만 명에서 1,660만 명으로 감소했고, 빈곤 발생률은 97.5%에서 1.7%로 하락했다. 상세한 내용은 2장에 나와 있다.

특별히 주목할 점은 제18기 전인대 이후 정부의 탈빈곤 정책 추진에 있어 가장 열악한 지역으로 꼽히던 중서부의 빈곤 지역에서 괄목할 만한 성과를 거두었다는 점이다. 열악한 자연환경과 폐쇄적인 교통 상황으로 인해 역

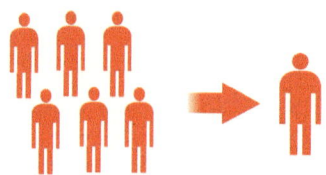
중국의 빈곤 인구가 2012년의 9,899만 명에서 2018년 1,660만 명으로 감소하여, 6년 만에 8,000만 여 명이 감소했으며, 연속 6년 동안 평균 매년 1,300만여 명이 줄었다.

동부지역 9개 성省과 도시 중에서 국가 기준의 빈곤인구가 없는 곳이 8개 지역에 이른다. 이 8개 성省에는 베이징, 톈진, 상하이, 장쑤, 저장, 광둥, 푸젠, 산둥이 포함된다.

832개 빈곤 현縣 중에서, 2016년에는 28개, 2017년에는 125개, 2018년에는 약 280개 현縣이 빈곤의 오명을 벗었다. 832개 빈곤 현縣 가운데 50%가 빈곤의 오명에서 벗어났다.

2013년에 12만 8,000개 빈곤마을이 취약계층 정보 데이터베이스를 구축했고, 2018년 말 기준 2만 6,000곳이 아직 남아있다.

표 1-3 제18기 전인대 이후 중국 탈빈곤 정책의 성과

자료출처: 〈인민일보〉 2019년 4월 18일

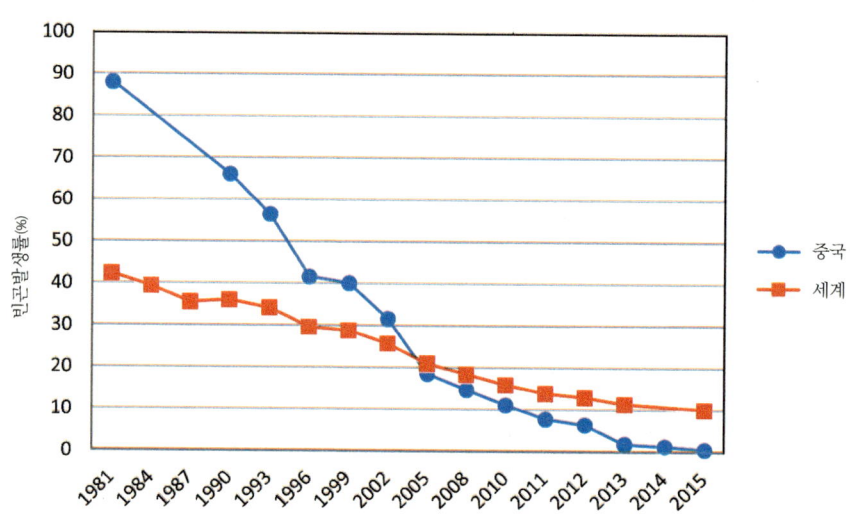

표 1-4 1981~2015년 중국 빈곤 발생률과 글로벌 비교

자료출처: 〈70년을 말한다 '농민 1인당 소득 70년 만에 40배 늘고 7억 명이 빈곤 탈출'〉, 지에미엔 신문, 2019년 9월 16일. https://www.jiemian.com/article/3490626.html

사적으로 빈곤이 뿌리 깊게 남아있던 이들 지역에서 불과 몇 년 사이에 천지가 개벽할 만한 변화가 일어났다. 해마다 감소한 절대빈곤 인구가 1,300만 명이 넘었는데, 지난 수십 년 동안 진행된 빈곤퇴치정책에 힘입어 '아픈 가시'처럼 박혀있던 문제들도 장차 완전히 해소될 날도 머잖았다. 인구 13억의 중국이 절대빈곤과 지역적 빈곤 상황에서 벗어나게 될 것이다.

3. 엥겔계수와 소비구조의 변화

민생의 관점에서 볼 때, 소비구조는 한 나라 혹은 한 지역의 생활 수준과 질을 가늠하는 종합지표이다. 이는 국민의 소득수준과 구매 능력에 의해 결정되고, 또한 삶의 질에 대한 국민의 요구와 만족도에 따라 달라진다. 국민의 생활환경이 어떠냐는 결국 소비구조와 그 변천 과정에서 드러난다. 따라서 신중국 수립 후 70년 동안 소비구조의 변천을 살펴보면 중국의 민생이 굶주림과 빈곤에서 벗어나 여유로운 삶을 향해 발전해온 맥락을 읽을 수가 있다.

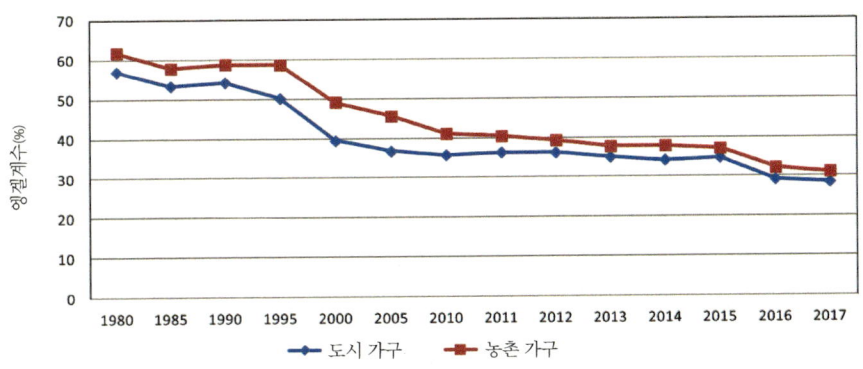

표 1-5   1980~2017년 중국 도시와 농촌 가정 엥겔계수

주: 엥겔계수(Engel's coefficient)는 식료품 지출 총액이 개인 소비지출 총액에서 차지하는 비중을 말한다. 가정이나 개인의 소득이 적을수록 생존에 필요한 식료품 지출이 가정이나 개인의 소득에서 큰 비중을 차지한다는 것이 핵심 내용이다.
자료출처: 국가통계국, 역대 국민경제 및 사회발전 통계 공고.

민생수준을 평가할 때, 엥겔계수(식료품비 지출÷가정소비총지출)는 한 나라나 지역 주민들의 생활 수준과 상황을 가늠하는 지표로 통용된다. 엥겔계수가 클수록, 즉 식료품 지출이 많을수록 한 나라나 지역 또는 가정이 빈곤하다는 것을 의미한다. 반대로, 식료품 소비의 비중이 낮을수록 생활이 여유롭다는 의미이다. 유엔식량농업기구(FAO)는 각국의 소비 습관과 엥겔계수에 근거하여 국가나 지역의 삶의 질에 대한 상대적인 기준을 제시했다. 이에 따르면 지수가 60% 이상이면 절대빈곤, 50~60%는 근근이 생활을 이어가는 수준, 40~50%는 샤오캉 생활, 30~40%는 부유한 생활, 30% 이하는 지극히 부유한 생활을 의미한다. 1949년 신중국 수립 시기에, 중국의 도시와 농촌지역 주민의 엥겔계수는 각각 80%-90%에 달했다. 국가통계국 자료에 의하면, 1981년 중국 도시주민의 엥겔계수는 56.7%, 농촌지역은 59.9%로 근근이 살아가는 수준에 속했다. 2000년에는 각각 39.4%, 49.1%, 2010년에는 각각 35.7%, 41.1%로 나타났다. 이는 21세기에 들어선 이후 10년 동안 중국이 전체적으로 샤오캉 단계에 진입했으며 갈수록 많은 국민이 여유로운 생활 수준으로 진입했다는 것을 의미한다. 2017년 중국의 엥겔계수가 29.3%이며, 이 중에서 도시는 28.6%, 농촌은 31.2%였다. 세계적인 범주에서 보면 전체적으로 '부유한' 생활 수준에 도달했으며, 일부 국민은 '지극히 부유한' 생활 수준에 진입했다. 위의 <표 1-5>에서 이 사실을 확인할 수 있다. 2018년, 전국 엥겔계수가 다시 28.4%로 하락했는데, <표 1-6>에 나타나 있다.

　　신중국 수립 초기에 중국 도시와 농촌지역 주민들의 소비수준이 매우 낮았기 때문에 식료품 비용이 지출의 대부분을 차지했다. 1956년, 전국적으로 1인당 평균 소비지출이 겨우 88위안에 불과했고 1978년에는 151위안으로 다소 증가했다. 개혁개방 이후, 경제가 빠르게 발전하고 도시와 농촌의 생활수준이 높아지면서 소비지출도 함께 증가했다. 2018년에 전국 1인당 평균 소비지출이 1만9,853위안이었는데, 이는 1978년과 비교하여 19.2배 증가한 것이다. 소비지출의 대폭 증가는 필연적으로 소비구조의 질적인 향상을 가져왔는데, 이는 중국 민생의 질이 동반 상승하는 것으로 나타났다.

　1949년에 삶이 굶주림과 가난에 내몰렸던 때부터 1970년대에 이르는 동안, 중국 민생 발전의 목표는 오로지 먹고사는 문제를 해결하는 것이었다. 도시주민들은 안정적인 일자리와 소득이 생기면서 일반적으로 먹고사는 문제를 해결할 수 있게 되었다. 하지만 농촌은 여전히 생산성이 낮은 '하늘만 바라보는 농사'에 의존했고 먹고사는 문제를 걱정해야 하는 지역이 대부분이었다. 굶주림과 가난에 시달리는 생활이 일상이었다. 이 시기에 자동차, 시계, 재봉틀이 부유한 도시 가정의 상징이었는데 농촌지역 주민들에게는 꿈도 꿀 수 없는 것들이었다. 따라서 이 시기에 주민의 소비구조는 기본적으로 인구 증가와 더불어 식료품 소비 위주였다. 1980년대에 접어들어, 농촌에서 도급책임제가 전면 시행됨에 따라 농촌 주민들의 생산력이 극대화되었고 생활환경도 빠르게 개선되었다. 절대다수의 농민들이 먹고사는 문제를 벗어날 수 있게 된 것이다. 굶주림에 시달리는 상황이 기본적으로 해소되고 스스로 생활 여건을 개선하는 농민들도 나타나기 시작했다. 하지만 소비구조는 여전히 비교적 단조로웠다. 도시의 경우, 주민 생활이 향상되어 TV, 냉장고, 세탁기, 녹음기 등 가전제품을 소유하는 것이 부의 상징이었고, 오토바이가 부유한 도시주민들이 갖고 싶어 하는 물건이 되었다. 1980년대 중반부터 자동차가 도시 가정의 생활 속으로 들어오기 시작했지만, 95% 이상이 운수업에 종사하는 화물차였다. 일찍감치 부유해진 사람들도 자가용은 꿈도 꿀 수 없었다. 계획경제하에서 관官 중심의 제약 때문이었다. 당시에 전국적으로 자가용이 4천 대에 불과했고 생산량도 수요를 따라가지 못했다. 1960년대에서 80년대까지 급속한 인구 증가 속에서 중국인의 삶의 목표는 줄곧 먹고사는 문제를 해결하는 것이었는데, 80년대에 접어들어 이 목표가 빠르게 실현되었다. 1990년대에는 소수의 빈곤지역과 비非빈곤지역 내 빈곤계층을 제외하면, 대부분의 사람들이 샤오캉 생활의 범주에 들어오기 시작했다. 소비구조도 점차 뚜렷한 변화가 일기 시작하여 몇 년 만에 완전히 새로운 국면에 접어

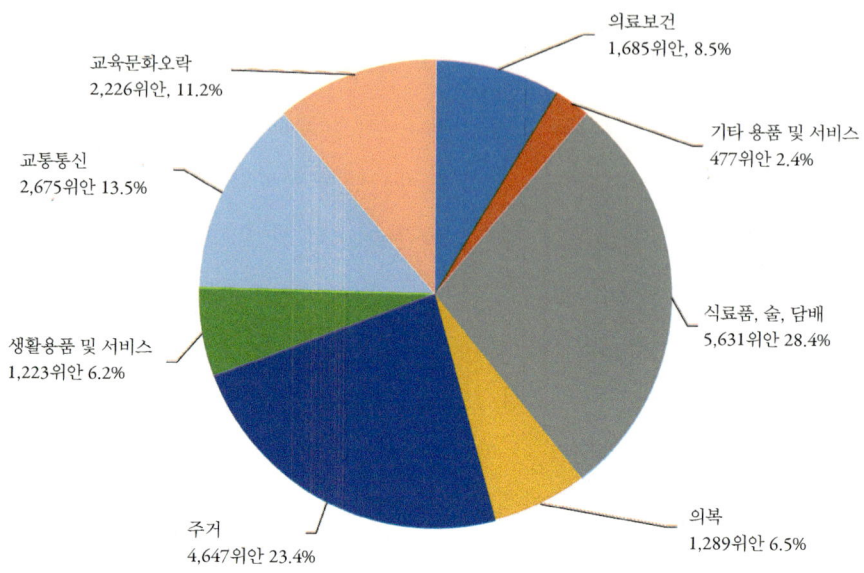

표 1-6   2018년 중국 국민 1인당 평균소비 지출 및 구성

자료출처: 국가통계국 〈중화인민공화국 2018년 국민경제와 사회발전통계공보〉, 인민일보, 2019년3월1일.

들었다. 〈표 1-6〉은 이러한 변화를 사실적으로 보여준다.

오늘날, 가전제품이 이미 보편적인 생활용품이 되었고 자동차, 정보통신, 여행 등이 도시와 농촌 주민의 주된 소비 대상이 되었다. 2018년 기준으로 중국의 도시와 농촌 평균 100가구당 자동차, 칼라TV 보유량이 각각 41대, 121.3대로 나타났고, 농촌지역의 경우 각각 22.3대, 116.6대로 나타났다. 통계에 의하면, 2018년 말 전국 휴대전화 보급률이 100명당 112.2대, 모바일 인터넷 사용자는 13억565만 명에 달했다. 국내 여행객 수는 연인원 55억 4,000만 명, 국내 거주 국민 가운데 개인적인 이유로 해외로 출국한 사람 수가 연인원 1억5,520만 명, 타이완, 홍콩, 마카오를 방문한 여행객 수는 연인원 9,919명에 달했다.

주택 부문을 보면 1949년 무렵에 유리걸식하거나 움막 같은 집에서 대대로 모여 살아야 했지만, 이제는 쾌적한 자가自家 거주의 시대로 나아가고 있다. 1950년, 전국 도시주민 1인당 평균 주거 면적이 4.5m²였다. 그 후 인구가 급증하고 주택분배제도가 시행되면서 주택 부문 투자가 심각한 부족 현상을 나타냈다. 1978년에 도시주민 1인당 평균 주거 면적이 6.7m²였는데, 전국의 주요 도시들이 주택난에 직면해 있었다. 약 40년 특히 최근 20년 동안의 발전을 거치면서, 도시주민의 주거 여건이 크게 개선되었다. 2015년에 진행한 조사에 의하면 주택 보유율이 95.4%에 달했고, 19.7%의 가구가 2채 이상의 주택을 보유했다. 2018년, 도시주민 1인당 주택건축 면적이 37㎡로 선진국 평균(33㎡)을 웃돌았다. 정부는 저소득 빈곤가구에 대해 보장성 주택을 공급하고 도시와 농촌에서 주거 용도로 사용되는 천막과 위험 주택들을 개보수하는 사업을 대대적으로 진행했다.

상술한 수치들은 도시와 농촌의 소비구조가 단순한 식료품 소비에서 벗어나 의식주 등 다양한 분야에서 양적인 발전에 도달한 후 다시 삶의 질에 대한 추구로 크게 바뀌고 있다는 것을 보여준다. 이것이 중국 민생 발전의 생생한 모습이다.

4. 건강과 교육 부문 발전과 변화

건강이 없으면 가진 것이 아무리 많아도 삶이 고통스럽다. 마찬가지로 지식이 없으면 발전의 가능성과 그에 따른 안정적인 소득을 기대하기가 어렵다. 따라서 건강과 교육은 한 나라의 민생 발전을 가늠하는 매우 중요한 지표이다. 민국시대에 중국은 서양 열강으로부터 '동아시아의 병자'로 불렸고, 전체 인구 대비 80%에 달하는 문맹 인구가 당시에 중국이 문맹 대국이었던 현실을 여실히 보여준다. 신중국 수립 후 중국은 이러한 굴욕의 역사를 철저히 다시 써가기 시작했다. '동아시아의 병자'가 건강한 장수長壽의 나라로, 문맹국이 고등교육의 보편화를 향해 발전하고 있다.

1) 국민 건강의 질적 향상

신중국이 수립되던 시기, 도시는 물론이고 농촌지역의 보건의료 서비스가 모두 매우 열악했다. 총인구 5억4,167만 명, 출생률 36%, 사망률 20%, 평균수명은 35세에 불과했다. 신중국 수립 이후 1950년대에 걸쳐서 전국적으로 보건의료사업이 빠르게 추진되어 약 90%의 국민이 노동보험, 공적의료 그리고 농촌합작의료 등 이른바 3대 의료보장제도의 적용을 받을 수 있게 되었다. 농촌지역의 의료와 의약품 부족 현상이 눈에 띄게 개선되었고, 모든 국민이 비록 초보적이나마 보건의료서비스를 보장받았다. 특히 개혁개방 이후에 추진된 보건의료사업과 새로운 국민의료보장제도에 힘입어 전국적으로 의료비가 전체 GDP에서 차지하는 비중이 1978년 3%에서 2017년 6.3%로 증가했다. 이러한 노력은 국민의 신체 건강 수준의 지속적인 향상을 가져왔다. 평균수명이 1949년 35세에서 1981년 66.52세로 늘어났으며, 2018년에는 77세로 늘었다. 임산부 사망률이 10만명 당 18.3명으로 하락했고 유아 사망률은 6.1%로 하락했다. 이 지표들은 중국이 '동아시아의 병자'로 불리던 오명의 역사를 씻고, 더 나아가 주요 건강지표도 전반적으로 중상위 소득 국가의 수준을 앞질렀다는 것을 보여준다. 이에 관한 자세한 내용은 4장에 상세히 나와 있다.

특히 주목할 점은 2009년에 '전 국민 기본보건의료 서비스 실현'을 위해 국무원이 새로이 의료개혁을 단행했다. 이는 모든 국민이 의료보험의 적용을 받는 중요한 제도적 바탕이 되었다. 2009년부터 2018년까지 10년 동안, 전국 보건의료 예산이 연평균 14.2% 증가했고, 개인 의료비 지출은 10년 전의 37.5%에서 28.7%로 하락했다. 2009년부터 2017년까지, 전국적으로 인구 1,000명당 병상 수가 3.3개에서 5.7개로 증가했고, 인구 1,000명당 유자격 의료인 수는 1.8명에서 2.4명으로 증가했다. 또한 전국의 현縣마다 기본적으로 1~2곳의 공립병원이 세워졌다. 농촌지역 마을마다 위생원, 위생실이 만들어졌다. 이를 통해 도시와 농촌 주민 84%가 15분 이내에 병원이나 위생실에 도착할 수 있게 되었다. 최근 10년간 진료 환자의 증가는 중국 보건의료사업의 발전을 보여주는 종합 평가지표이다. 통계를 보면. 2009년에 인구수 13억3,474만 명, 의료기관 진료 환자 수 연인원 54억 8,800만 명, 입원 환자 수 1억 3,256만 명이었다. 2018년에는 인구수 13억 9,538만 명, 의료기관 진료 환자 수 연인원 83억 800만 명, 입원 환자 수가 2억5,453만 명이었다. 10년 만에 진료 환자 수 4.54% 증가, 진료 환자 연인원 51.4% 증가, 입원 환자 수는 92% 증가했다. 연간 1인당 평균 진료 횟수가 4.11회에서 5.95회로 증가했고, 연간 입원률은 9.93%에서 18.24%로 증가했다. 이 수치들은 중국의 도시와 농촌 주민들의 의료서비스에 대한 요구와 건강 수준이 현저히 높아졌다는 것을 보여준다.

기존의 성과들을 바탕으로, 2019년 7월 당중앙정치국은 <건강중국행동 2019~2020년>을 심의 통과시켰다. 이는 '건강한 중국' 정책의 본격적인 시행을 의미했다. 이 액션플랜은 질병 예방과 건강 촉진이라는 두 가지 핵심과제를 중심으로 건강 지식 보급, 적절한 식습관과 운동 캠페인, 심리 건강 등 15개 중요 항목으로 세분화된 시행방안이었다. 기존에 질병 치료 위주에서 국민 건강 촉진으로 정책의 중심이 전환했다. 정책목표는 다음 두 단계로 설정되었다. 첫 번째 단계는 2022년까지 경제사회 각 관련 분야를 아우르는 건강정책과 제도를 기본적으로 수립하고, 전 국민의 건강에 대한 의식 수준 향상과 건강한 생활습관을 신속히 보급하는 단계이다. 구체적으로는 심혈관계 질환, 암, 만성 호흡기 질환, 당뇨병 등 중대 만성질병 발병률의 상승세를 억제하고, 주요 전염병, 심각한 정신장애, 지역성 질병과 직업병을 효과적으로 관리하여 장애나 사망의 위험성을 줄임으로써, 국민 건강을 현저히 개선하는 것이 목표였다. 두 번째 단계는 2030년까지 전 국민의 건강에 대한 인식 강화, 건강한 생활 습관 보급, 국민 건강에 영향을 미치는 주요 요인에 대한 효과적 관리, 주요 만성질환에 의한 조기 사망률 감소, 1인당 평균 건강기대수명 향상, 국민의 주요 건강지표 수준을 고소득 국가 수준으로 끌어올리는 등 목표를 기본적으로 실현하는 것이다. 이를 통해 중국인의 건강 수준이 꾸준히 높아져 선진국 평균 수준에 도달하거나 앞설 것으로 기대된다.

2) 문맹의 나라에서 고등교육 대중화 시대로

교육은 국민이 사회적으로 성장하는 기초이자 국가발전의 근본이다. 하지만, 신중국이 수립되던 시기에 전국의 문맹률이 80%, 초등학교 입학률이 20%에 불과했으며 고등교육기관 재학생 수가 겨우 11만 7,000명이었다. 교육은 극소수 사람들의 독점물이었다. 1950년대에 전국적으로 일기 시작한 문맹퇴치운동과 그 이후의 도시와 농촌 기초교육 발전에 힘입어 문맹률이 39%로 낮아졌다. 개혁개방 이후 실시된 9년제 의무교육정책으로 국민교육이 빠르게 정상궤도에 진입했다. 2018년 전국 문맹자 수가 15세 이상 인구의 5% 정도였는데, 주로 산간 외곽지역에 집중되어 있었다. 2018년 기준으로 전국의 학교 수 51만 8,800곳, 재학생 수 2억 7,600만 명, 교사 수 1,672만 8,500명으로 단계별 교육의 규모 면에서 세계 1위 수준에 올랐다. 같은 해, 취학 전 교육기관 총입학률 81.7%, 9년 의무교육은 94.2%, 중고등학교는 88.8%였다. 이에 비해 고등교육기관 총입학률은 1978년 2.7%에서 2012년 30%에 도달했고, 2015년에는 40%에 이르러 고등교육 대중화 시대로 진입했다. 2018년에 다시 48.1%로 높아져서 중상위 소득 국가 평균을 앞질렀다. 〈표 1-7〉은 중국의 각 급 교육기관 입학률의 증가 추세를 보여준다. 신중국의 교육 70년은 '문맹의 나라'라는 명에를 완전히 벗은 역사이자 고등교육 대중화의 시대로 나아온 시간이었다. 자세한 내용은 3장에 나와 있다.

세계적으로 평균 교육 연한은 국민의 교육 수준과 노동력의 질을 가늠하는 핵심 지표이다. 전반적인 교육 수준이 세계 중상위 수준에 진입하면서 중국인의 평균 교육 수준도 전례 없이 높아졌다. 통계에 의하면, 1982년 고등

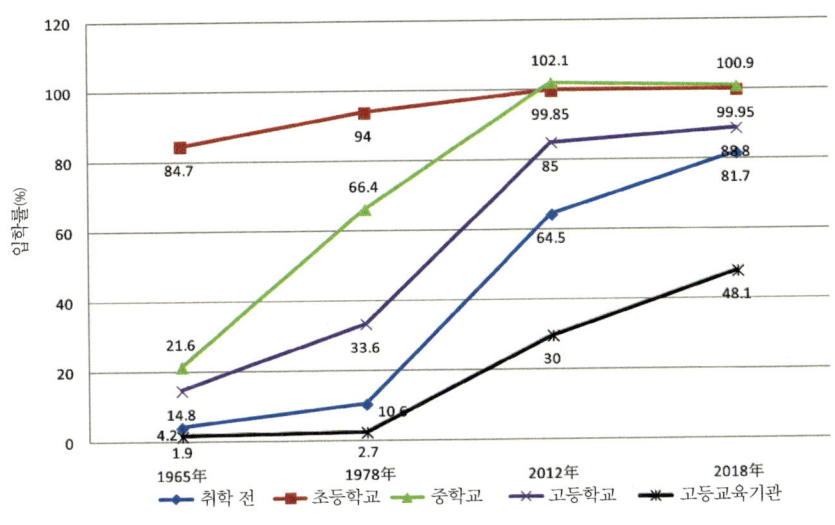

표 1-7 1949~2018년 중국의 단계별 교육기관 입학률

자료출처: 중국교육과학연구원, 〈누구에게나 빛날 수 있는 시간이 주어진다〉, 〈광명일보〉, 2019년 9월 11일.

학교 이상 교육을 받은 인구가 총인구의 7.2%였고, 1990년에는 9.4%, 2000년에 14.7%, 2010년 22.9%, 2018년에는 다시 29.3%로 높아졌다. 특히 전문대학 이상 교육을 받은 인구의 비중이 1982년에 0.6%에 불과했지만, 1990년에 1.4%, 2000년 3.6%, 2010년 8.9%, 2018년에는 13%로 높아졌다. 이는 중국 경제가 앞으로 더욱 높은 교육적 소양을 갖춘 국민에 의해 견인될 것이라는 의미이다. 더 많은 노동인구, 더 좋은 취업 기회, 더 많은 노동의 대가를 뜻하며 민생의 근간이 더욱 단단해질 것이라는 의미이기도 하다. 중국 경제가 지속적인 발전을 이룸에 따라 '인구 보너스'가 양적인 형태에서 질적인 형태로 바뀌게 될 것이다.

15세 이상 인구의 평균 교육 연한도 근본적인 변화가 발생했다. 전체적으로 교육 수준이 중졸에서 고졸로 바뀌고, 노동 인구의 평균 교육 연한이 고등학교 2학년 수준에 도달했다. 특히 주목할 점은 2017년 신규 노동인구의 교육 연한이 13.3년에 달했고, 평균적으로 대학교 1학년 이상 수준을 나

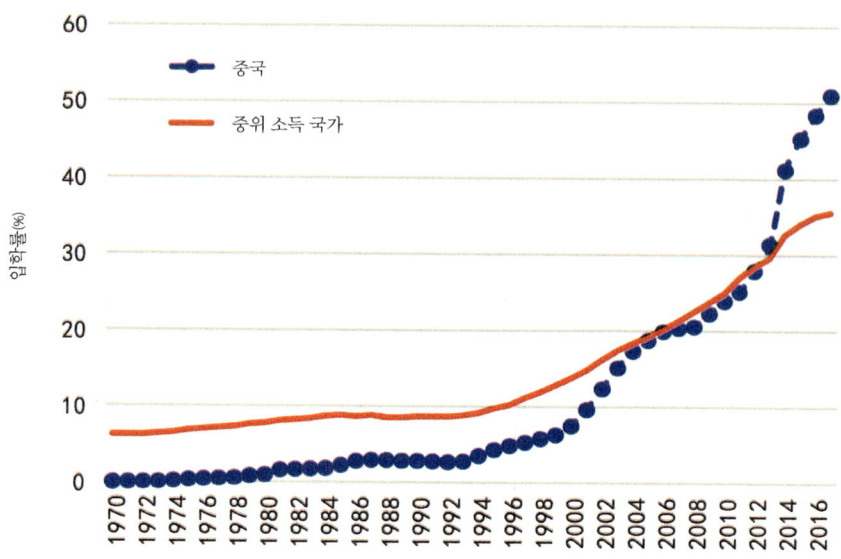

표 1-8 중국과 소득 중위 국가 평균 고등교육기관 입학률 비교

자료출처: 세계은행 DB, https://data.worldbank.org.cn/indicatoro

타냈다. 중국의 고등교육 대중화가 가져온 결과이며, 국민의 전체적인 교육 수준이 안정적으로 높아지고 있다는 것을 보여준다. <표 1-8>은 최근 50년간 중국의 고등교육 발전 현황과 세계적인 비교 상황을 나타낸다. 그 가운데, 2005년에 중국 고등교육기관 입학률이 소득중위권 국가의 평균 수준에 도달한 후에 2014년부터 소득중위권 국가의 평균 수준을 추월하기 시작했으며, 2017년에는 격차가 10%p 이상 벌어졌다.

현재, 전국 평균 경제활동인구의 평균 교육 연수가 10년을 넘었는데 이는 세계 평균보다 높다. 신규 노동력의 평균 교육 연수가 13년 이상으로 중진국 평균에 육박하고 개발도상국들 가운데 상위권에 올랐다. 교육 부문의 전체적인 발전이 중국 민생의 지속적인 발전 기반을 공고히 해주었다.

5. 교통과 정신문화 발전 및 변화

'의식주행'이 4대 기본 민생 요구로 일컬어진다는 점에서 '행行'의 중요성을 짐작할 수가 있다. 그리고 정신문화 생활을 어떻게 영위하느냐가 국민 생활의 품격과 질을 보여주는 객관적인 지표이다. 이는 한 나라의 응집력과 생명력의 근원이라고도 할 수 있는데, 삶의 문제를 해결하고 민생의 수준을 높이는 정신적 지향성을 제공해주기 때문이다. 신중국 수립 이후 70년 동안, 교통수단이 주로 두 다리에 의지하던 상황에서 이제는 다양한 현대적 교통수단을 편리하게 이용할 수 있게 되었고, 정신문화 생활도 봉건적 미신이 성행하던 상황에서 다채롭고 풍부한 현대문명으로 바뀌었다. 이 두 영역에서 이룬 괄목할 만한 변화 덕분에 중국의 민생수준과 질이 한 단계 더 높아질 수 있었다.

1) 교통수단의 변화: 도보에서 편리한 현대적 교통수단으로

가고 또 가니 임과 생이별이라
서로가 만 리 멀리 떨어져 하늘 저편에 있구나
길은 험하고 까마득하니 만날 날을 어찌 알리
북쪽 땅의 말은 북풍에 기대고, 월나라의 새는 남쪽 가지에 둥지를 트네
이별한 날이 멀어질수록 허리띠는 나날이 헐거워지는데
뜬구름 밝은 해를 가리고, 떠도는 님은 돌아올 기색이 없구나
님 그리는 이 몸은 늙어가고 세월은 홀연히 저물어 가네
날 버렸다 원망치 않을 테니 부디 몸조심 하소서

이 시는 중국『고시古詩 19수』중의 첫 수이다. 먼 길을 떠난 남편을 향한 여인의 절절한 그리움을 노래한 시지만, 걷거나 마차를 타고 다니던 시대에

먼 길을 떠난다는 것은 생사生死의 이별이었다는 사실을 엿볼 수가 있다. 이에 비해 오늘날은 고속도로와 고속열차가 전국으로 뻗어있고 비행기를 타고 여행을 떠나거나 자동차로 이동하는 것이 일상이 되었다. 촉蜀으로 가던 길은 더 이상 험하지 않고 산과 강이 가로막혀 있지도 않다. 그야말로 백 리가 지척이고 천 리 먼 거리에서도 대화를 나누는 시대가 되었다. 편리해진 교통은 신중국 수립 이후, 특히 21세기 이후의 거대한 성과이자 중국 민생 개선과 경제사회의 빠른 발전을 보여주는 객관적인 지표이다.

중국의 교통 상황을 돌아보면, 민국 시기에 교통이 어느 정도 개선되었다고 볼 수 있다. 돈과 권력을 가진 사람들의 전유물이던 가마와 마차가 점차 사라지고 인력거와 자전거가 그 자리를 대신했다. 도시에 버스와 전차가 다니고 도로와 철도 교통도 발달했다. 하지만 이러한 것들은 대도시에 국한되어 있었다. 일반 국민들은 여전히 두 다리를 의지하여 다녔고 산지에 사는 사람들은 대대로 세상과 동떨어진 채로 살았다. 자연재해로 터전을 잃고 어쩔 수 없이 구걸하러 나오거나 타지로 떠나는 경우를 제외하면 그 생활 반경이 10km를 넘지 못했다.

신중국 수립 이후, 교통이 국가발전계획에 포함되면서 처음 30년간 큰 발전이 있었다. 1950년대에 도시에 버스가 다니기 시작했지만 도로나 차량 등 여러 가지 제약으로 인해서 버스는 여전히 시민의 주요한 이동수단이 아니었다. 이런 상황에서 자전거가 또 하나의 교통수단으로 등장했다. 통계에 따르면, 1950년에 1,000명당 자전거 보유 수량이 0.038대였는데, 1952년에 0.58대, 1956년에 1.14대로 늘었다. 1957년에 전국 23개 도시의 2,615가구를 대상으로 실시한 조사에 따르면, 20세 이하 노동자 117만 명 가운데 13.68%가 자전거를 가지고 있었고, 21~25세 977만 명 노동자 중에서 20.57%, 26세-30세 888만 명 노동자 중에서 20.16%가 자전거를 가지고 있었다. 40세 이상 노동자 중에서는 17.2%가 자전거를 보유하고 있었다. 수도인 베이징 외곽 농촌지역의 경우, 100가구 당 자전거 보유 수량이 1956년에

13대, 1957년에는 16대였다. 1950년대에 도시와 수도 베이징 외곽의 농촌지역에서는 자전거가 여전히 소수의 소유물이었다는 것을 알 수 있다. 1950년대 중국 대부분 지역에서 도보가 기본적인 이동수단이었다. 이후, 정부가 철도건설을 추진하기 시작하면서 대도시에서 지하철이 건설되었다. 1965년 7월 1일, 베이징 철도 1기 착공식이 거행되었다. 4년 3개월의 건설 기간을 거쳐서 1969년 10월 1일에 처음으로 지하철이 운행을 시작했다. 하지만 열차나 지하철을 타고 이동하거나 출퇴근하는 사람들은 여전히 소수에 불과했다. 개혁개방 초기, 도시인의 이동 수단은 여전히 도보, 자전거, 버스였다(베이징 등 몇몇 대도시에서는 지하철을 이용할 수 있었다). 자전거가 점차 보편적인 이동수단이 되면서 중국이 '자전거 천국'으로 불리었다. 하지만 장거리 이동은 여전히 매우 불편했는데, 고속도로가 아예 없었고 일반도로 상황도 매우 열악했다. 더욱이 장거리 운행 차량은 물론이고 철도도 부족하기는 마찬가지였다. 장거리 정류장과 철도역은 늘 사람들로 북적였고 앉은 사람보다 서 있는 사람이 훨씬 많은 것이 일상적인 모습이었다. 1984년 2월, 국무원이 〈개별 농가와 농가 공동의 자동차, 배, 트랙터 구매 및 운영에 관한 규정〉을 발표했는데, 이것은 개인이 차량이나 선박을 운송수단으로 구매하는 것을 허용하되 화물운송으로 국한한 정책이었다.

1990년대 이후, 중국인의 이동 여건과 이동 방식에 질적인 변화가 일어났다. 도시에서 오토바이나 차량이 일상화되고 농촌에서는 자전거가 보급되기 시작했다. 90년대 중반부터 일반국민들의 삶 속으로 들어오기 시작한 자가용이 21세기에 접어들면서 보편화되었다. 고속도로, 고속철도, 민간항공 등 교통 여건이 비약적으로 발전한데 따른 변화였다.

1984년 6월, 중국 최초의 고속도로인 선양-다롄 간 고속도로가 개통되었지만, 1984년에서 1989년까지 5년간 전국의 고속도로 이용 차량의 주행거리가 300km에도 미치지 못했다. 그러다가 20세기 말부터 1만km로 급증했다. 21세기로 접어들어 고속도로 건설이 빠르게 추진되었다. 교통운수부 통계에 따르면, 2018년 말 기준, 전국의 고속도로 주행거리가 14만km를 돌파했는데 총 주행거리로는 세계에서 제일 길다. 현재, 전국적으로 97%에 달하는 인구 20만 이상 도시 및 지방 행정 중심지에 고속도로가 뻗어있다. 고속도로는 도로교통의 골간으로 농촌지역 도로의 빠른 발전을 이끌었다. 제18기 전인대 이후에 전국적으로 '4호농촌로四好农村路(건설, 관리, 유지, 운영이 양호한 도로_역자주)'라고 불리는 도로가 본격적으로 건설되어 5년 동안 1,275만km의 도로가 새로 놓였다. 또한 지방 소도시와 농촌지역에는 총연장 400만km에 달하는 도로가 건설되었다. 2017년 말, 전국 도로 총연장이 개혁개방 초기의 약 89만km에서 477만 3,500km로 증가했으며, 1km²당 도로밀도가 9.27km에서 49.72km로 증가했다.

2007년 음력 설 기간에 시속 200-250km에 달하는 고속열차 '둥리주'가 후닝(상하이-난징), 후항(상하이-항조우) 철로에서 첫 운행을 시작했다. 2008년 베이징 올림픽 개막 하루 전, 시속 350km의 징진(베이징-텐진) 고속철이 개통되었다. 이는 중국에서 고속철 시대의 본격적인 도래를 의미했다. 징진 고속철이 개통된 후 10년 동안, '사종사횡四縱四橫(베이징-상하이와 베이징-홍콩 간 고속철도, 베이징-하얼빈 고속도로, 항조우-푸조우 자동차 전용도로_역자주)'이 완성되었다. 현재 전국적으로 '팔종팔횡八縱八橫'의 웅대한 계획이 추진되고 있다. 20년 전 베이징에서 상하이까지 기차로 12시간이 걸렸는데, 지금 고속철은 4시간이면 도착한다. 베이징에서 텐진까지는 30분이면 도착한다. 2018년 말 기준, 전국 고속철 총연장이 2013년의 1.1만km에서 2.9만km로 증가했다. 이는 전 세계 고속철 총연장의 3분의 2가 넘는다. 이로써 중국이 세계적으로 고속철 연장이 가장 길고 운송밀도가 가장 높으며 가장 조밀한 고속철망을 가진 나라가 되었다. 고속철 교통은 전국 180개 지방도시, 370여 개 소도시의 편리한 이동수단이 되었다. 2018년 중국의 철도교통 여객운송량이 이미 연인원 33만 7,000명에 달했는데, 이 가운데 고속철 여객운송량이 연인원 20만 500명에 달한다. 이것은 아프리카, 유럽, 오스트레일리아의 모든 인구를 한

번에 운송하는 것과 맞먹는다.

항공산업의 경우, 개혁개방 전까지 항공노선이 제한적이었고 항공기는 더더욱 그러했다. 일반 국민들에게 비행기는 남의 나라 얘기에 불과했고 비행기를 타고 이동한다는 것은 특권의 상징이었다. 개혁개방 이후 국민경제의 지속적인 성장으로 민간항공업도 획기적으로 발전했는데, 특히 21세기로 접어든 후 한층 빠르게 성장했다. 2018년 말 기준, 전국적으로 운영 허가를 받은 공항이 235곳에 이른다. 이 가운데 여객 운송량이 천만 명에 달하는 공항이 37곳, 3천만 명에 달하는 공항이 10곳이다. 베이징 서우두 공항은 2018년 말 기준으로 여객 운송량이 연인원 1억 명을 넘어섰다. 2019년 9월 25일 정식 개항한 베이징 다싱 국제공항은 세계 최대 여객터미널로서 세계적인 기적으로 불린다. 중국은 이미 베이징, 상하이, 광저우 등 글로벌 허브공항, 성省급 도시와 중점도시를 잇는 공항 그리고 기타 간선 공항들이 연결된 항공교통망을 구축했다. 2018년, 국내 항공노선이 총 3,420개 노선(홍콩, 마카오 노선 포함), 여객 운송량은 연인원 6억 1,000만 명에 달했다. 이와 동시에 해외 항공노선을 아우르는 항공 교통망도 점차 완비되고 있는데, 2018년 기준으로 이미 786개 국제 항공노선이 들어와 있다. 비행기가 일반 국민들의 보편적인 이동수단 가운데 하나로 자리 잡았다.

대중교통 환경이 괄목할 만한 변화를 이룬 것과 함께 자가용도 보편적인 교통수단이 되었다. 2018년 기준, 전국 자동차 보유량이 1억 3,451만 대에 달했는데, 이 가운데 자가용이 1억 2,589만 대를 차지했다. 도시와 농촌의 100가구당 자동차 보유량은 각각 41대, 22.3대였다.

교통여건과 교통수단의 비약적인 발전으로 사람들의 이동 속도가 현저히 빨라져서 어디든 마음만 먹으면 떠날 수 있게 되었다. 여행과 레저가 나날이 국민의 생활 속으로 들어왔고, 주말이나 공휴일에 가족들이 자동차로 여행을 떠나는 생활이 일상적인 삶이 되었다. 통계에 의하면, 2018년 중국 국내 여행객 수가 연인원 55만 4,000만 명, 해외로 나가는 여행객 수는 연인원

1억 6,199만명에 이른다. 이 가운데 개인적 이유로 해외로 나가는 경우가 연인원 1억 5,502만명이고, 홍콩, 마카오, 타이완으로 가는 여행객은 연인원 9,919만명에 달했다. 현대화된 교통수단과 시설이 중국인의 삶의 반경을 넓혔을 뿐 아니라 이제 전국 어디든, 세계 곳곳으로 나갈 수 있는 삶의 여건을 만들어 주었다. 그 덕분에 민생의 질도 전방위적으로 향상되었다.

2) 정신문화 생활: 단조로운 농목업 시대에서 다양한 현대문명의 시대로

신중국 수립 시기에 중국은 '문맹대국'이었고 도시의 규모도 제한적이었다. 인구의 90%가 농촌에 살면서 지극히 낙후된 농경에 종사하며 기본적으로 농업과 목축업 시대에 머물러 있었다. 사람들의 정신문화 생활도 열악할 수밖에 없었기 때문에 도시나 농촌 할 것 없이 미신이 성행했다. 민생 수준도 대개 먹고사는 문제를 해결하는 선에 머물러 있었다. 1949년 9월 21일, 중국 정치협상회의 제1차 전체회의에서, 마오쩌둥 주석은 개막식에서 이렇게 말했다. "경제건설의 절정기가 도래함에 따라서 필연적으로 문화건설의 절정기가 나타나게 될 것입니다. 중국인이 문화인이 아닌 것으로 인식되던 시대는 이미 지나갔습니다. 우리는 장차 고도로 문화적인 민족으로 세계에 모습을 드러낼 것입니다." 이러한 신념에 입각하여 정부는 대대적인 문맹퇴치사업을 벌였다. 식자율을 높여 국민의 정신문화 수준을 높이려는 노력이었다. 이와 동시에 미신을 타파하고 적극적으로 현대적 계몽운동을 추진하여 정신문화 생활을 개선했다. 신속한 도시화에 힘입어(1-9참고) 수억 명에 달하는 농민이 공업과 서비스업 노동자로 탈바꿈했고 인구의 대다수가 도시 거주민이 되었다. 또한 TV 등 현대적인 미디어, 인터넷, 휴대폰이 신속히 보급되면서 도시와 농촌주민들이 현대문명을 받아들이고 다양한 정신문화 생활을 누릴 수 있는 여건이 마련되었다.

산업화, 도시화의 빠른 진전으로 사회발전 속도도 빨라져 중국은 전통적인 농촌사회, 농업문명에서 벗어나 산업문명, 도시문명으로 대변되는 현대문

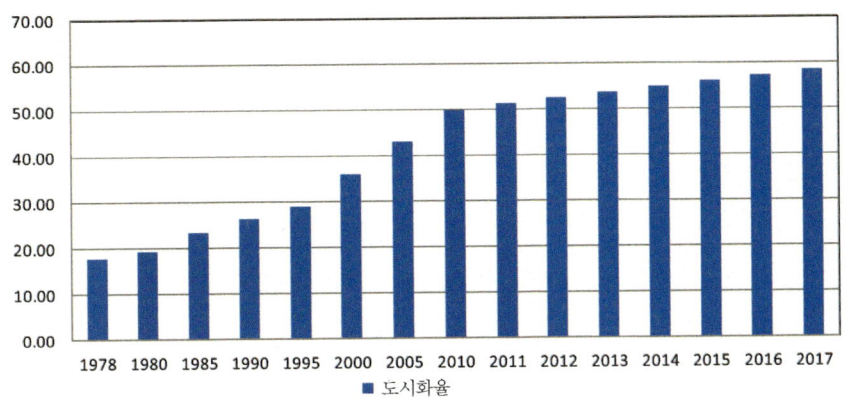

표 1-9 1978~2017년 중국 도시화율 발전 추이

자료출처: 국가통계국 〈2018 중국통계연감〉, 중국통계출판사, 2018년판.

명 사회로 진입했다. 신중국 수립으로 노동자들이 억압, 착취, 고된 노동에서 벗어났다면, 개혁개방은 획일적이고 집단적인 체제의 속박에서 벗어나는 두 번째 해방을 안겨주었다. 다시 말해서 계획경제 시대에 '단위에 속한 개인', '집체 속 개인' 등 관계에 종속된 삶에서 독립적으로 직업을 선택하고 자유롭게 이동하는 '자유인', '사회인'으로 변화했다. 자유롭게 이동할 권리와 생활수준의 지속적인 향상은 필연적으로 정신문화에 대한 요구를 불러일으켰다. 이에 따라 정부는 다양한 정책수단을 통해 국민의 정신문화적 삶의 수준을 향상시켰다. 신중국 수립 70년 동안 민생의 발전과정은 정신문화 생활이 단조롭고 결핍되었던 상황에서 풍부하고 다채롭게 전환되는 과정이기도 했다. 국민들이 정신문화적 서비스를 누리는 과정과 방식도 날로 다양해졌다.

　글을 읽을 줄 아는 국민의 수를 예로 들면, 신중국 수립 시기에 인구의 80%가 문맹이었고 글을 읽는 것은 문화 엘리트들의 전유물이었다. 1950년 대에 문맹퇴치와 교육정책이 효과를 거두면서 정신문화의 영역도 점차 확충되었지만, 문학작품이 문화혁명 관련 작품들이 주를 이루고 출판업이 발전된 것도 아니었기 때문에 다양한 간행물이 나올 수가 없었다. 개혁개방 이후, 출판업의 빠른 발전에 힘입어 문화상품도 점차 다양해졌다. 하지만 20세기 말까지 여전히 종이책을 중심으로 한 오락성 간행물들이 대부분을 차지하다가 점차 경제, 재테크, 컴퓨터 등 실용적인 간행물들이 등장하며 국민의 큰 호응을 받았다. 21세기로 접어든 후, 문화와 미디어가 다양화되면서 사람들의 독서 취향도 다양해졌다. 독서가 오락적 흥미 위주에서 자기개발을 위한 독서로 발전했다. 2012년, 제18기 전인대 보고서에서 '전 국민 책읽기 운동'을 확정하고 이를 문화강국으로 가는 중요한 정책으로 삼았다. 2016년 12월, 국가신문출판총국이 〈전 국민 독서 '13차5개년' 발전계획〉을 발표하면서 중국이 독서의 시대로 진입했다. 유네스코의 통계에 의하면, 2015년 중국의 문맹률이 3.6%로 떨어졌고, 성인 문맹인구도 과거 20년 동안에 1억 3,000만 명 감소했다(70% 감소). 같은 기간 정신문화 상품의 공급도 큰 폭으로 늘어났다. 2018년까지 전국적으로 출판사 580여 곳, 연간 출간도서 50만 종, 출판물 수량이 100억 권에 이르렀고, 이는 각각 1950년의 42.7배, 37.1배에 달했다. 정기간행물은 10,139종, 출판 수량 22억 9천만 권으로, 각각 1950년의 34.4배와 57.3배에 달했다. 전자출판물의 빠른 발전으로 디지털 독서가 새로운 트렌드가 되었는데, 2019년 4월 제5차 중국 디지털 독서대회에서 발표된 〈2018년 중국 디지털 독서 백서〉에 의하면, 2018년 기준으로 중국의 디지털 도서 이용자 수가 4억 3,200만, 1인당 디지털 독서량은 12.4권에 달했다.

공공문화서비스 부문의 경우, 계획경제 시기에는 공공시설이 제한적이었고 그나마 대부분 도시에 국한되어 있었다. 도시주민들은 공공도서관, 문화관, 영화관 등 문화적 혜택을 누리며 거주지의 공공기관이 운영하는 문화시설이나 노동자 구락부 등에서 실시하는 다양한 문화행사에 참여할 수 있었다. 하지만 농촌주민들은 공공문화 서비스를 거의 누리지 못했다. 이 시기에 영화는 아주 가끔 누리는 문화자원에 불과했는데, 공공기관들이 정기적으로 순회 상영하는 방식으로 농촌에서 영화를 상영했다. 개혁개방 이후에 공공문화시설이 꾸준히 늘어났는데, 중앙정부의 주도하에서 각급 지방정부들이 적극적으로 공공문화시설을 대중에 개방했다. 공공문화 서비스 보장법, 공공도서관법 그리고 박물관조례 등 법제도를 마련하고, 정부가 공공문화 서비스를 구매하는 제도를 만들어 전국 공공도서관, 문화관, 박물관, 기념관 그리고 일부 과학기술관 등 문화시설들을 일반 국민들에게 무료로 개방했다. 2008년부터 무료개방제도를 실시한 이래 각종 공공문화시설 이용자 수가 확연히 증가했다. 2015년 1월, 중국공산당 중앙판공청과 국무원 판공청이 〈현대적 공공문화 서비스체계 확립에 관한 의견〉을 발표하고, 국민의 기본적인 문화권익 보장정책을 적극적으로 시행했다. 또한 〈국가 기본 공공 문화서비스 지도 표준(2015~2020년)〉을 발표했는데, 각급 정부가 국민들에게 제공해야 할 기본적인 공공문화서비스 항목과 시설 여건, 인력배치 등에 관해 구체적인 규정을 제시하고 필요한 재정을 지원했다. 각급 정부의 강력한 추진에 힘입어 전국적으로 31개 성(구·시)이 구매해야 하는 공공 문화서비스 목록을 완성했다. 2018년 기준, 전국적으로 도서관 3,176곳, 문화관 3,326곳, 문화센터 4만 1,138곳을 설립하고 비교적 양호한 공공 문화서비스 네트워크를 일차적으로 구축했다. 통계에 의하면, 2018년 전국 공공도서관의 소장 도서가 10억 3,700만 권(1인당 평균 0.74권), 공공도서관 연면적이 1,595만 9,800m^2(1만 명 당 114.4m^2), 연인원 이용자 8억 2,000만 명에 달했다. 독자들을 위한 다양한 활동도 연간 17만 9,000회 개최되었고 참가자가 연인원 1억 명에 달했다. 각급 문화센터의 연면적이 4,284만 700m^2(1만명 당 306.95m^2)에 달했으며, 219만 4,800차례의 활동을 진행하여 연인원 7억 1,000만 명이 참여했다. 이와 동시에 정부는 일반 국민들이 문화서비스를 누릴 수 있도록 공공문화서비스를 확대했다. 통계에 따르면, 2018년 다양한 문화예술공연단이 농촌지역에서 178만 8,200회 공연을 펼쳤는데, 연인원 7억 7,900만 명의 농촌 주민들이 공연을 관람했다. 정부가 진행한 공익 공연이 16만 1,000회, 관람객 수는 1억 3,000만명에 달했으며, 전국적으로 광장댄스 공연이 6,225회, 참가자 수가 209만 4,000명에 달했고 연인원 4,206만 명이 공연을 관람했다. 이외에도 일선 지역에 문화서비스센터 건설을 추진하여, 2019년 상반기까지 전국 48만 3,672곳의 종합문화서비스센터가 완공되었다.

현재 정신문화 생활에 대한 국민의 요구 수준이 전반적으로 높아지고 있다. 현대문명의 성과를 공유하는 것뿐만 아니라 정신문화 생활 창작에도 매우 적극적이다. 제19기 전인대 보고서에서 "국민의 더 나은 삶에 대한 기대에 부응하여 풍부한 정신적 토양을 만들어야 한다"고 밝힌 것에서도 알 수 있다. 새로운 시대를 맞아 중국인의 정신문화 생활 수준이 더 높은 단계로 발전하고 있다.

3. 근간: 중국 민생 발전의 기본 바탕

    70년 동안 민생의 괄목할만한 변화는 발전의 방향과 주요 정책들이 정확했다는 것을 보여주는 증거이다. 그 이면에는 중국 특유의 경험이 존재한다. 오늘날 중국의 민생 부문이 거둔 성취는 굳건한 공산주의 신념, 국민의 행복한 삶을 위한 중국 공산당의 강력한 지도력, 그리고 모든 국민의 행복과 풍요한 삶을 추구하는 사회주의제도, 국가발전과 민생 개선을 추진해온 정부의 정책 능력, 지난한 노력을 통해 자신의 운명을 개척하고 더 나은 삶을 영위하고자 하는 국민의 내재적 동력이 바탕이 되었다. 따라서, 중국이 최근 70년 동안에 이룩한 성과는 결코 우연이 아니다. 국가 상황에 맞는 발전의 길, 사회제도 그리고 장기적인 계획을 과감하게 행동으로 옮길 수 있는 강한 실천력이 가져온 필연적인 결과이다.

1. 정치적 안정: 견고한 중국 공산당의 초심과 리더십

동서고금을 막론하고 정국이 불안한 나라에서 민생이 지속적으로 개선된 사례를 찾아보기 어렵다. 근대에 들어와서 중국이 참담한 고난을 겪어야 했던 근본 원인은 국민이 열등하거나 퇴보해서가 아니라 통치자들이 부패했기 때문이었다. 신중국이 수립되기 전 100여 년 동안, 서양 열강의 침략으로 중국은 나라다운 나라가 되지 못했고 민생은 도탄에 빠졌다. 하지만 이보다 더 실제적인 이유는 무능하고 부패한 청나라 조정이었다. 이들이 나라를 빈곤과 참혹한 상황으로 내몰았다. 민국 시기에, 국민당이 비록 진일보한 목표를 가지고 출발했지만, 이들은 쑨원 선생이 창당 때에 부르짖었던 초심을 잃어버렸고 민생주의는 처음부터 구현되지 못했다. 인구가 많은 나라에서 군벌이 할거하며 국민은 모래알처럼 분열되었고, 수적으로 열세인 일본군을 맞아 제대로 저항조차 하지 못했다. 결국 14년간 지속된 전쟁에서 사상자 3천만 명이라는 참혹한 대가를 지불하고 승리를 거두었다. 더욱이 전쟁을 끝내기까지 미국, 소련의 참전이 결정적인 도움이 되었다. 중국의 근대사가 남긴 쓰라린 교훈은 강력한 지도력과 정치적 안정 위에 나라가 굳건히 서야 하며, 이것이 국가발전과 민생 개선의 선결 요건이라는 사실을 깨닫게 되었다는 사실이다.

중국의 민생이 지난 70년간 거둔 획기적인 성과는 무엇보다도 중국 공산당의 견고한 초심과 강력한 리더십에 기인한다. 국민을 위해 일하고 국민의 행복을 추구하는 근본정신을 시종일관 지켜왔기 때문이다. 창당 초기에 중국 공산당은 무산계급 다시 말해 노동자와 농민을 위해 일해야 한다는 점을 분명히 했다. 1945년, 제7기 전인대에서 마오쩌둥 주석은 다음과 같이 밝혔다. "공산당원의 일거수일투족은 인민대중의 최대 이익에 부합해야 하며, 인민대중에 대한 옹호를 최고의 지표로 삼아야 한다는 것을 분명히 알아야 합니다." 이것이 중국 공산당의 기본 지침이 되었다. 제18기 전인대 이후, 시진핑 주석은 변치 않는 초심을 강조하며 "국민의 행복한 삶을 지향하는 것이 우리의 목표"라고 밝혔다. 또한 "국민을 최우선에 두는" 정신은 "국민을 위해 최선의 노력을 다하는" 초심과 맞닿아 있다고 강조했다. 중국 공산당은 집권당으로서 이러한 취지를 행동으로 실천하며 구체적인 제도와 정책으로 현실화시켰다. 10억이 넘는 인구를 가진 개발도상국이 대규모 산업화와 도시화를 진행하는 과정에서 다른 나라에서 흔히 발생했던 '슬럼화' 현상이 발생하지 않았다. 극소수의 최빈곤 농촌지역에 거주하는 국민들도 국가의 강력한 탈빈곤 정책하에서 기본적인 생활을 보장받고 삶의 질을 꾸준히 개선했다. 국가 경제가 발전하는 과정에서 모든 국민이 샤오캉의 삶(중하위 수준의 복지-역자주)을 누리고 더 나아가 풍요한 삶을 영위하는 꿈을 꿀 수 있게 되었다. 이러한 객관적인 사실들이 중국 공산당이 전체 국민의 행복을 추구하는 정당이라는 사실을 보여준다. 한편으로, 중국 공산당은 강력한 리더십을 발휘해 왔다. 신중국 수립 이후, 중국은 타이완을 제외한 모든 지역에서 통일을 이루었다. 중국 공산당은 집권당으로서 중국 내 모든 민족을 하나로 응집시키는 거대한 구심점이 되었다. 각자 자기 이익을 좇아 모래알처럼 흩어져 있던 상황을 같은 목표를 향해 움직이는 바둑판같은 상황으로 새롭게 바꿔놓았다. 국가에 대한 인식, 대승적 사고, 장기적인 이익이라는 의식이 국민들의 마음에 깊이 자리 잡았다. 세계적 위기와 심각한 재난을 만날 때마다 효과적으로 대응하여 위기를 기회로 바꾸었다. 70년의 힘겨운 실천의 과정에서 실수도 있었지만, 중국 공산당은 스스로 오류를 깨닫고 바로 잡았다. 자기 혁명을 통해 뼈를 깎는 노력으로 폐단을 척결하고 국가발전의 강력한 리더십을 발휘했다. 예를 들어, 계획경제 시기의 '문화대혁명'이 국가발전과 민생 개선에 직접적인 타격을 미치자, 제11차 3중전회에서 혼란을 불식하고 개혁개방의 새로운 국면을 열었다. 개혁개방 후에 심각한 부패 문제에 직면했을 때, 제18기 전인대 이후 엄격한 자정自淨운동과 반부패 투쟁을 통해 부패한 고위 관리들을 대대적으로 척결했다. 이를 통해 상황을 근본적으로 전환하고 국가발전의 사명감을 새로이 확립했다.

70년 동안, 중국 공산당의 강력한 리더십이 있었기에 세계적인 위기와 변화 앞에서도 신중국이 우뚝 설 수 있었고 큰 재난과 위기 속에서도 국민과 일체가 되어 난관을 헤쳐 나올 수 있었다. 그렇지 않았다면 국내외적 역경과 큰 재난이 닥쳤을 때 민생마저 위태로워졌을 것이다. 설령 난관을 극복한다 해도 가진 자는 더 부유해지고 가난한 자는 더 가난해지는 양극화 현상이 필연적으로 출현했을 것이다. 자본을 장악한 소수가 중국 경제사회의 주도권을 쥐고 결정하는 상황이 되었을 것이다. 이런 상황에서 중국 공산당은 역사의 선택이자 인민의 선택이었다. 모든 국민의 행복을 실현하기 위해 보여준 강력한 실천력과 리더십은 다른 어떤 조직이나 세력도 대체할 수 없으며 중국 민생의 부단한 발전과 도약을 위한 견고한 정치적 버팀목이다.

2. 제도적 우위: 공동의 부와 중국 특색의 사회주의

신중국은 국민의 행복을 위해 중국 특색의 사회주의의 길을 선택했다. 70년 동안 부단한 탐색과 발전을 거치며 나날이 성숙한 발전적 면모를 세계에 드러냈다. 사회주의 제도의 본질은 공동의 부를 추구하는 것이며, 공동의 부는 보편적인 민생 개선과 향상을 지표로 한다. 공동의 부를 추구할 때 모든 국민의 삶에 대한 요구를 만족시키고 발전을 이룰 수 있다. 공동의 부를 실현함으로써 비로소 사회주의와 더 높은 단계의 공산주의 목표에 이를 수 있다. 따라서 중국이 민생의 부단한 발전과 공동의 부를 실현하는데 모든 제도와 정책 설계의 초점을 맞춘 것은 당연했다.

70여 년의 발전과정을 되돌아보면, 사회주의에 대한 인식과 공동의 부 실현은 하나의 목표이면서 동시에 점진적인 과정을 요구하는 목표였다. 중국은 신중국 수립 초기부터 다 함께 잘 사는 것을 목표로 했다. 신중국 수립 이후 신민주주의에서 사회주의로 가는 과도기에 접어들었다. 1953년 6월 개최된 중앙정치국 확대 회의에서, 마오쩌둥 주석이 처음으로 과도기의 노선을 제시했다. 1955년 10월, 마오 주석은 '자본주의 공·상업의 사회주의 개조를 위한 좌담회'에서 이같이 언급했다. "지금 이러한 제도와 계획을 단행함으로써, 우리는 해마다 부유하고 강해지게 될 것입니다. 해마다 더욱 부유하고 강해진 우리를 볼 수 있게 될 것입니다. 하지만 이 부는 공동의 부이며, 이 강함은 공동의 강함입니다. 모두가 각자의 몫을 가지고 있습니다." 1956년 4월, 소련공산당 연구회의에서, 마오 주석은 "무엇보다 중요한 것은 마르크스-레닌주의의 기본 원리를 중국 혁명과 건설이라는 구체적인 현실과 접목시키는 것입니다. 민주혁명 시기에, 우리는 큰 대가를 치른 후 비로소 이러한 결합을 성공적으로 이루고 신민주주의 혁명의 승리를 쟁취했습니다. 지금은 사회주의 혁명과 건설의 시기입니다. 우리는 두 번째 결합을 통해 중국식 사회주의의 길을 건설할 방법을 모색해야 합니다." 제8기 전인대 정치보고서를 수정 보완하는 자리에서, 마오 주석은 "나라마다 사회주의 제도의 구체적인 발전 과정과 표현 방식이 천편일률적일 수는 없습니다. 중국은 아시아 국가이고 또한 대국입니다. 따라서 우리는 민주혁명 과정에서 자신만의 여러 특색을 가지고 있습니다. 사회주의 개조와 사회주의 건설 과정에서도 자신만의 여러 특색을 가지고 있습니다. 그뿐만 아니라 장차 사회주의 사회를 건설한 이후에도 자신만의 다양한 특색이 계속 존재하게 될 것입니다." 신중국의 근간을 세운 마오쩌둥 주석이 생각하는 국가발전의 길이 함께 잘 사는 중국 특색의 사회주의 건설이라는 것을 알 수 있습니다. 비록 이 길이 깊은 탐색과 불가피한 실수가 동반되었지만, 공동의 부를 추구하는 사회주의의 본질은 바뀌지 않았다.

　　개혁개방 이후, 등샤오핑 주석이 제12기 전인대 개막식 연설의 서두에서 이렇게 밝혔다. "마르크스주의의 보편적인 진리를 중국의 구체적인 현실에 접목하여 우리 자신만의 길을 가야 하며, 중국 특색의 사회주의를 건설해야 합니다." 이때부터 중국 특색의 사회주의가 중국 사회제도를 규정하는 개념이 되었다. 사회주의의 본질과 민생 문제에 관해 등샤오핑 주석은 "가난한 것은 사회주의가 아닙니다. 사회주의는 가난을 소멸해야 합니다. 생산력을 발전시키지 않고 국민의 생활 수준을 높이지 못하면 사회주의라고 할 수 없습니다", "사회주의의 본질은 생산력을 고취하고 착취를 배격하며 양극화를 해소하는 것입니다. 최종적으로는 공동의 부에 도달해야 합니다. 만약 우리의 정책이 양극화를 가져온다면, 우리는 실패한 것입니다. 만약 새로운 자산계급을 탄생시켰다면, 우리는 정말로 사도邪道로 접어든 것입니다"라고 강조했다. '먼저 부유해지는 것'과 '함께 부유해지는 것'의 관계에 관해서 그는 1978년 12월 이렇게 밝혔다. "경제정책에 있어, 일부 지역, 일부의 기업, 일부의 노동자와 농민들이 부지런한 노력으로 성취를 거두고 먼저 다소 많은 소득을 얻고 잘 사는 것을 허용해야 한다고 생각합니다. 일부의 사람들이 먼저 잘 살 수 있게 되면 그것이 시범적인 영향력을 발휘하게 될 것입니다. 이것이 이웃으로, 다른 지역으로, 다른 기업으로 파급되어 학습될 것입니다. 이런 식으로 전체 경제가 파도처럼 계속 앞으로 발전해 나갈 것이고 모든 국민이 비교적 빨리 잘 살 수 있게 될 것입니다. 함께 잘 사는 문제에 대해 우리는 개혁 초기부터 이야기해왔고, 앞으로 언젠가 이것이 핵심과제가 될 것입니다. 소수만 잘 살고 대다수가 가난해지는 그런 것이 아닙니다. 사회주의가 가진 최대의 강점은 바로 함께 잘 사는데 있습니다. 이것이 사회주의의 본질을 보여주는 단면입니다." 그의 이론 속에서, 일부의 사람들이 '먼저 부유해지는 것'은 단계적인 전략일 뿐이며, '함께 잘 사는 것'이 최종목적이라는 것을 알 수 있다. 그는 '양극화'를 '실패'로 규정하고, 새로운 자산계급을 탄생시키는 것을 '사도邪道'로 보았다. 사회주의의 본질에 대한 깊은 인식을 알 수 있다.

시진핑 주석은 사회주의가 추구하는 공동의 부에 대한 마오쩌둥과 덩샤오핑 주석의 인식을 계승·발전시켰다. 2012년 12월, 허베이성省 푸핑현縣의 빈곤구제업무 시찰에서 그는 이렇게 강조했다. "빈곤을 제거하고, 민생을 개선함으로써 공동의 부를 실현하는 것이 사회주의의 본질적인 요구입니다."
2015년 10월, 제18차 5중전회에서, 시 주석은 '천하를 다스림에 있어 반드시 선공先公해야 하며, 공公이 천하를 태평하게 합니다'라고 밝혔다. 더욱 많은 국민이 개혁과 발전의 성과를 누리는 것이 사회주의의 본질이며, 이것이 사회주의 제도의 우월성이라는 의미였다. "가난한 것은 사회주의가 아닙니다. 만약 빈곤한 지역이 오랫동안 빈곤하고 오랫동안 그것이 바뀌지 않고 주민의 삶이 눈에 띄는 변화가 없다면, 그것은 사회주의 제도의 우월성을 구현하지 못한 것입니다. 또한 그것은 사회주의도 아닙니다." 민생, 특히 빈곤 문제 해결에 대한 일련의 발언들은 사회주의의 본질을 지키고 더 나아가 개혁개방 이후 경제건설 일변도였던 상황을 바로잡아야 한다는 취지의 말이었다. 분야별 소득격차와 계층 간 빈부격차가 고착화되는 현상을 바로잡아야 한다는 것이었다. 새로운 시대를 맞이하서 '누구를 위한 발전인가', '누구에 의한 발전인가', '누가 발전의 성과를 누릴 것인가'하는 문제들에 대해 이론적 해결책을 제시한 것이자, 동시에 '어떤 길을 가야할 것인가'하는 질문에 대한 답이었다. 따라서 국민이 중심이 되어 모두가 잘 사는 발전의 길을 가는 것은 새로운 시대를 맞은 중국 특색의 사회주의 발전에 대한 실천적, 정치적 규정이자 민생 발전을 현실화하기 위한 근본적인 규정이다.

　　상술한 내용에서 알 수 있듯이, 중국은 70년 동안 좌절과 부침을 겪으면서도 시종일관 사회주의적 공동의 부를 추구해왔다. 일정 시간 동안에 분야별로 어느 정도 민생의 격차를 용납하되 이러한 격차를 해소하려고 노력해왔다. 부의 양극화나 계층의 고착화를 용납하지 않았다. 따라서 민생을 우선할 수밖에 없었다. 공공서비스의 공급 확대를 통해 서비스의 공유 수준을 높이고 공공서비스의 균등화를 추진해야 했다. 또한, 국민의 소득분배 방식을 조정하고 적극적인 재분배를 통한 합리적인 소득분배, 사회보장제도를 개선하여 사회적 약자가 빈곤을 벗어나 자립할 수 있도록 맞춤형 지원을 모색해야 했다.

공동의 부의 추구는 중국 특색 사회주의의 본질이다. 이것이 각급 정부가 민생의 발전을 위해 전력투구해야 할 목표가 되었다. 이를 통해 국민의 생활과 복지가 지속적으로 향상될 수 있었다. 예를 들어 농업세를 전면 폐지하고, 도시와 농촌의 기초연금보험과 기초의료보험 제도를 전면 시행하는 등 다양한 사회사업을 강력하게 추진했다. 결과적으로 도시와 농촌주민의 삶의 부담이 실질적으로 경감되고 이전소득의 비중이 꾸준히 높아졌다. 국민의 문화생활을 예로 들면, TV와 라디오 방송, 영화, 출판업 그리고 공공문화서비스를 적극적으로 발전시키는 것 외에도 문화 향유를 주요한 정책목표로 정했다. 2016년, 문화부와 재정부가 베이징, 상하이, 톈진, 충칭 등 45개 도시를 선정하여 '도농 주민 문화소비 시범사업'을 진행했다. 2018년 9월, 당정이 발표한 〈소비제도와 체계 정비 및 국민의 소비 잠재력 활성화에 관한 의견〉에서, 도시와 농촌의 문화소비를 촉진하기 위한 시범사업 확대와 효과적인 모델 확립을 제시했다. 이어서 국무원 판공실이 〈소비제도와 체계 정비 시행 방안(2018~2020년)〉, 〈주민의 문화와 여행 소비 능력 활성화에 관한 의견〉을 발표했다. 우한대학교 연구팀의 통계에 따르면, 2017년 중앙정부와 지방정부가 45개 문화소비 시범사업 도시에 투입한 자금이 약13억 3,900만 위안, 직접적인 문화소비에 사용된 금액이 약 900억 위안에 달했다. 이 가운데 시범도시 주민들이 실제로 지출한 금액이 약 739억 위안, 직접적인 문화소비 비중이 1 : 54.52였다. 2018년, 각급 정부의 재정에서 투입된 금액이 누계 약 18억 3,800만 위안, 직접적인 문화소비로 이어진 금액이 약 737억 위안이었다. 이 가운데 시범도시 주민들이 실제로 지출한 금액이 약 730억 위안으로 직접적인 문화소비 비중이 1 : 39.71이었다. 26개 시범도시의 구체적 통계에 의하면, 이 정책에 대한 주민들의 만족도가 94.2%였다. 이러한 민생정책이 문화와 여행에 영향을 미쳐 국민의 문화생활이 실질적으로 향상되었다. 정부가 민생 개선을 위해 지출한 재정이 민생의 획기적인 발전을 이룬 주된 요인임을 알 수 있다.

신중국 70년이 이룩한 기적은 중국 국민이 선택한 발전의 길이었으며, 5천 년 문명의 역사를 가진 역사 대국의 선택이었다. 또한 중국 특색 사회주의의 강한 생명력과 활력을 보여주는 증거이다.

3. 지속적인 경제발전: 민생 개선을 위한 풍부한 물질적 기초

경제발전과 민생 개선은 내재적 연관성이 있기 때문에 경제발전이 없으면 민생 보장이나 개선을 위한 물질적 여건이 마련될 수 없다. 반면, 경제발전을 통해 민생 보장과 개선에 필요한 물질적 여건이 갖춰졌다면, 민생 개선이라는 최종 효과를 거두기 위해 관련 제도가 마련되어야 한다. 하지만 경제발전이 무엇보다 중요한 기초여건이라는 점은 의심의 여지가 없다. 중국 민생 70년의 발전과 실천이 이 불변의 진리를 입증한다.

아편전쟁 이후에 중국의 경제성장이 오랫동안 제자리걸음이었고, 중국 경제가 세계에서 차지하는 비중과 세계 평균 대비 1인당 GDP도 계속 하락했다. 신중국 수립 전까지 두 지표 모두 기초 수준으로 떨어졌다. 국제적인 통계와 비교하면, 1913~1950년에 세계 GDP의 연평균 성장률이 1.82%인데 반해 중국은 -0.02%였다. 같은 기간 동안 인구가 비교적 빠르게 늘어났기 때문에 중국의 1인당 GDP도 20.5%나 큰 폭으로 하락했다. 신중국 수립 후, 이러한 상황이 근본적으로 바뀌었다. 통계에 의하면, 1952~1978년 기간, 중국의 1인당 GDP 실질 성장률이 4.4%로, 당시에 고소득 국가로 분류되던 나라들의 증가세(4.3%)보다 다소 빨랐다. 하지만 세계 평균(4.6%)보다는 여전히 낮았다. 이 시기 중국 경제와 국민 생활 수준을 종적으로 비교해보면 매우 큰 변화가 있었지만, 횡적으로 비교하면 여전히 세계 수준에 미치지 못했다. 따라서, 30년 전 중국 국민이 느꼈던 성취감과 안정감은 주로 이전 시대의 압박에서 벗어났다는 해방감에서 비롯된 것이었다. 끊이지 않던 전란과 나라의 운명에 대한 절망에서 벗어나 희망, 강한 열정 그리고 희생정신으로 사회주의 건설과 민생 영역에서 큰 진전을 이루었지만, 전체적으로는 여전히 더디기 그지없었다. 개혁개방 후, 계획경제를 폐지하고 효과적인 시장경제 체제를 도입하면서 중국 경제가 빠른 성장을 지속했다. 1986년에 GDP가 1조 위안을 돌파했고, 2000년에는 10조 위안의 문턱을 넘어섰으며 2010년에는 41조 위안에 달했다. 이때부터 중국은 세계에서 두 번째로 큰 경제 대국으로 자리매김했다. 2016년, 2017년, 2018년, 중국의 GDP가 해마다 70조 위안, 80조 위안 그리고 90조 위안으로 성장했다. 이는 신속한 민생 개선에 풍부한 물질적 기초가 되었다. 자연스레 높은 생활 수준에 대한 국민의 요구에 부응할 수 있는 능력을 갖추게 되었다.

표 1-1   1950~2018년 중국 국내총생산(GDP) 성장률(단위%)

성장률	23.4	19	18.3	30.3	9.4	5.6	16.5	6	32.2	19.5
연도	1960	1961	1962	1963	1964	1965	1966	1967	1968	1969
성장률	5.4	-31	-10.1	9.5	17.6	20.4	17.3	-9.6	-4.2	23.8
연도	1970	1971	1972	1973	1974	1975	1976	1977	1978	1979
성장률	25.7	12.2	4.5	9.2	1.4	11.9	1.7	10.7	11.7	7.6
연도	1980	1981	1982	1983	1984	1985	1986	1987	1988	1989
성장률	7.8	5.2	9.1	10.9	15.2	13.5	8.8	11.6	11.3	4.1
연도	1990	1991	1992	1993	1994	1995	1996	1997	1998	1999
성장률	3.84	9.18	14.24	13.96	13.08	10.92	10.01	9.3	7.83	7.62
연도	2000	2001	2002	2003	2004	2005	2006	2007	2008	2009
성장률	8.43	8.03	9.08	10.03	10.09	11.31	12.68	14.16	9.63	9.21
연도	2010	2011	2012	2013	2014	2015	2016	2017	2018	
성장률	10.45	9.3	7.65	7.7	7.4	6.9	6.7	6.9	6.6	

자료출처: 국가통계국 홈페이지

〈표 1-1〉은 신중국 수립 이후 연도별 경제 성장률로서 과거 30년 동안 국민경제의 전체적인 발전 상황을 보여준다. 하지만 뿌리 깊게 남아있던 상

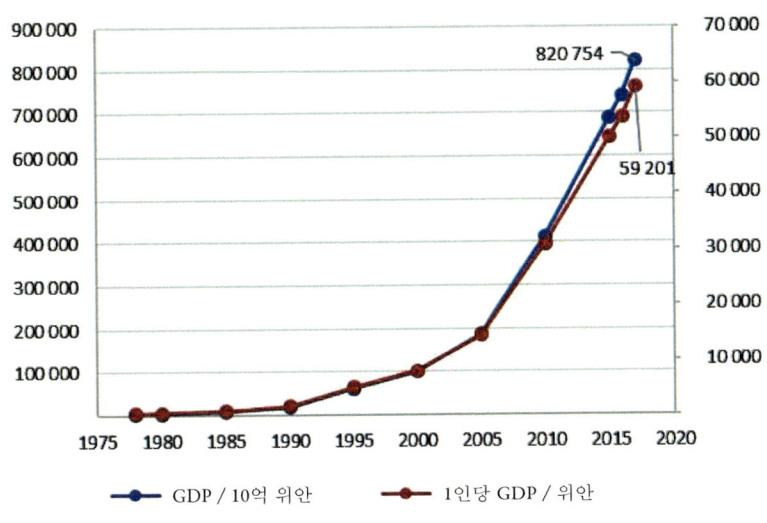

표 1-10 1978~2017년 중국 GDP와 1인당 국민소득 증가 추이

자료출처: 정공청, (독) 볼프강 슐츠, 〈글로벌 사회보장과 경제발전 관계:회고와 전망〉, 중국노동사회보장출판사, 2019년, 67쪽.

명하복식의 계획경제 체제가 생산성의 향상을 제약했기 때문에 전체적인 발전이 더디고 기복도 심했다. 예를 들어, 1953년에 경제 성장률이 30.3%에 도달했다가 1961년에는 -31%로 급감했다. 이는 1950년대 중엽에 이르는 동안 민생이 크게 개선되었지만, 60년대를 전후하여 민생이 극도의 어려움에 직면했다는 것을 의미한다. 개혁개방 이후에 국민경제가 지속적인 고도성장을 이루었고(표 1-10) 이와 맞물려 민생도 큰 폭으로 개선되었다. 특히 최근 몇 년 동안 GDP가 해마다 한 단계씩 상승하며 민생 발전의 보폭도 한층 빨라졌다. 경제발전과 민생 발전의 상관성을 여실히 보여준다.

민생 개선은 국가의 발전 상황, 관련 제도의 수립과 불가분의 관계에 있다. 계획경제 시기에 민생 개선이 더디게 진행되었는데, 이는 저임금을 바탕으로 한 산업화 정책(농민들의 이익을 희생시키는 방식)과 사회주의식 발전의 길을 찾는 과정에서 드러난 정책 실패와 직접적인 관련이 있다. 예를 들어 1958년은 대풍년이 들고 그해의 경제 성장률도 매우 높았지만, 정부가 과도하게 식량을 징발하고 '일대이공一大二公(인민공사의 규모를 확대하고 집단화 수준을 높인다는 의미 _역자주)'을 추진하면서 '한솥밥 먹기' 운동을 전개했다. 이는 심각한 식량 낭비와 국민의 생활이 급속히 악화되는 결과를 낳았다. 개혁개방 후, '파이'의 크기를 키우는데 집중하느라 '파이'를 나누는데 소홀했던 시기가 있었다. 이에 더하여 개인의 책임을 강화한 사회보장개혁, 주택개혁 그리고 교육개혁이 전국적으로 추진되었다. 이 때문에 1990년 중후반에 접어들어 도시와 농촌의 삶이 급격히 위축되고 빈곤 인구가 증가했다. 이는 소비 부진으로 이어졌고 국민경제 발전에도 악영향을 미쳤다. 1998년에 정부는 '2가지 확보(정리해고된 국유기업 노동자들의 기본생활 보장과 국유기업 내 노동자 재취업 서비스센터 설립을 골자로 하는 정책 _역자주)'와 '3가지 보장선 제도(정리해고된 노동자의 기본생활 보장, 실업보험, 도시주민 기초생계보장을 골자로 하는 제도 _역자주)'를 강력하게 추진했다. 이것이 도시와 농촌의 먹고사는 문제를 해결하는데 중요한 역할을 했다. 또한 취업과 소득증대 우선 정책에 힘입어 국민의 생활 수준이 현저히 개선되었다. 약 10여 년 동안 지속된 민생 개선을 위한 공적 투입 확대와 민생 발전에 힘입어 중국인의 삶이 질적인 발전을 추구하는 새로운 단계로 진입했다.

표 1-2 2007~2017년 중국의 공공예산 지출(단위: 억 위안)

연도	일반 공공 예산 수입	사회보장 및 취업 지출	보건의료 및 계획출산 지출	교육지출	지출 합계	예년 비교%
2008	61 330.35	9 795.92	4 178.76	9 010.21	22 984.89	19.77
2009	68 518.30	9 164.21	4 951.10	10 437.54	24 552.85	6.82
2010	83 101.51	9 130.60	5 333.37	12 550.02	27 013.99	10.02
2011	103 874.43	11 109.40	6 429.51	16 497.33	34 036.24	25.99
2012	117 253.52	12 585.52	7 425.11	21 242.10	41 252.73	21.20
2013	129 209.64	14 490.54	8 279.90	22 001.76	44 772.20	8.53
2014	140 370.03	15 968.85	10 176.80	23 041.71	49 187.36	9.86
2015	152 269.23	19 018.69	11 953.18	26 271.88	57 243.75	16.38
2016	159 604.97	21 591.45	13 158.77	28 072.78	62 823.00	9.75
2017	172 592.77	24 611.68	14 450.63	30 153.18	69 215.49	10.17

자료제공: 국가통계국, 〈2018 중국통계연감〉, 중국통계출판사, 2018년.

70년간 걸어온 발전의 과정이 경제발전이 민생 개선에서 매우 중요하다는 사실을 입증한다. 따라서, 새로운 시대에도 중국은 지속적인 발전을 첫 번째 과제로 정하고 더 많은 사회적 재화를 창출하기 위해 노력할 것이다. 이를 위해서 경제의 중고속 성장을 유지하는데 전력을 기울일 것이다. 이와 동시에, 소득분배제도의 개선, 노동의 대가 확대, 사회보장제도 개선, 도시와 농촌의 자산소득 증대 그리고 세수 조정을 통한 소득분배 레버리지 기능의 적극적인 역할 등 더욱 많은 발전의 성과가 공평하게 민생에 돌아가도록 노력할 것이다.

4. 국가의 통치: 목표와 계획의 확립에서 실천적 행동까지

사람이 목표가 없으면 먼 길을 돌아가고, 목표가 없는 국가는 번성할 수가 없다. 그리고 목표가 세워지면 합리적인 계획과 지속적인 실천이 뒷받침되어야 한다. 그렇지 않으면 목표는 헛된 꿈에 불과해진다. 중국 역사에서 나라는 황제의 것이었고 황권의 유지가 무엇보다 주된 관심사였다. 하지만 무능하고 변변찮은 황위 계승자가 등장하면 결국 백성의 삶이 도탄에 빠지고 왕조의 교체가 일어났다. 현대에 접어들어 선진국들도 주기적으로 닥치는 경제위기를 피하지 못했다. 최근 10여 년 동안에도 경제성장 동력 약화와 사회 위기에 직면하여 장기적인 계획의 부재 또는 장기적인 계획은 있으나 정당과 국가지도자가 바뀌면서 발전계획이 좌초되는 상황을 보아왔다.

신중국 수립 후 70년 동안, 지속적인 발전과 민생이 비약적으로 개선될 수 있었던 중요한 원인은 명확한 전략적 목표를 가지고 국가발전과 정책의 실천 방향이 제시되었기 때문이다. 또한 목표를 다시 5개년 계획과 연도별 계획으로 세분화하고, 세대를 잇는 부단한 노력을 거쳐 목표를 현실로 바꾸었다. 이것은 중국에서 국가통치 행위가 거둔 중요한 성취이다. 70년의 여정을 돌이켜보면 중국의 발전 목표와 계획은 상대적으로 모호한 거시전략에서 출발하여 점차 분명하고 구체적인 실천으로 이어졌다.

1) 계획경제 시기의 '4가지 현대화' 목표와 '두 걸음' 전략

신중국 수립 후, 마오쩌둥 주석은 국가의 번영과 부강, 모든 인민이 잘 사는 사회주의 목표를 수립하고 이어서 '4가지 현대화', '두 걸음' 전략 그리고 기본적인 로드맵을 제시했다. 1949년 3월에 개최된 제7차 2중전회에서 마오 주석은 농업국가를 벗어나 산업국가를 지향하는 '위대한 사회주의 국가' 건설 구상을 발표했다. 1954년 9월, 마오쩌둥 주석은 제1기 전인대 1차 회의 개막식에서 다음과 같이 밝혔다. "몇 차례의 5개년 계획을 실천하는 동안 중국은 산업화와 현대적 문화국가로의 위대한 변모를 이룰 것입니다." 이 회의에서, 저우언라이 총리는 정부업무보고에서 "현대화된 산업, 현대화된 농업, 현대화된 교통운수업 그리고 현대화된 국방"을 강력히 추진할 것을 천명했다. 이것은 신중국의 국가지도자들이 처음으로 '4가지 현대화' 목표를 밝힌 것이었다. 1964년 말부터 1965년 초에 걸쳐 열린 제3기 전인대 1차회의에서 '4가지 현대화'를 국가발전을 위한 전략목표로 정식 상정하고, 동시에 20세기가 끝나기 전에 '4가지 현대화'를 투트랙으로 진행한다는 내용의 안건을 통과시켰다. 첫 번째 트랙은 독립적이고 비교적 완비된 산업 시스템과 국민경제 시스템을 확립하는 것이고, 두 번째 트랙은 농업, 공업, 국방 그리고 과학기술 분야 현대화를 추진하는 것이었다. 이를 통해 세계 선진국 대열에 들어서는 것이 목표였다. 이러한 목표와 투트랙 전략이 이미 1966년부터 시작되었지만 안타깝게도 '문화대혁명'으로 인해 중단되었다. 1975년 1월, 저우언라이 총리는 정부 업무보고에서, "금세기 내에 농업, 공업, 국방 그리고 과학기술 현대화를 전면 실현하여 국민경제를 세계 선진대열에 들어서도록 만들겠습니다"라고 재차 천명했다. 이 시기를 되돌아보면, '1차 5개년'계획을 수립하고 민생이 크게 개선되는 성과를 거두었지만 '2차'에서 '5차'에 이르는 5개년' 계획 기간 동안에 여러 가지 문제에 직면하면서 민생 개선의 성과가 제한적이었다. 비록 산업 체계, 교육사업, 보건의료사업 등에서 장족의 발전을 거두었고 국민의 생활수준도 지속적으로 향상되었지만, 빠른 인구 증가와 '문화대혁명'의 영향까지 겹치면서 1960년대 말부터 70년대에 이르는 동안 현대화의 진전이 현저히 둔화되었다. 민생 개선도 소기의 목적을 달성하지 못했다.

2) 개혁개방 후의 '세 걸음' 전략과 '두 개의 100년' 목표

1978년 제11차 3중전회의 개최로 개혁개방의 서막을 열었다. 등샤오핑 주석은 중국 사회주의 건설에 대한 이전 시대의 경험과 교훈의 기초 위에서 20세기 말 '4대 현대화' 전략을 중심으로 하는 새로운 국가발전 전략을 수립했다. 1982년 10월에 개최된 제12기 전인대에서 1981년부터 20세기가 끝나는 20년 동안 공업과 농업의 연간 총생산을 두 배로 끌어올린다는 '2배' 목표를 확정했다. 같은 해 10월, 등샤오핑 주석은 '두 걸음' 전략을 바탕으로 한 중장기 발전 목표를 밝혔다. 첫 번째 걸음은 20년 안에 4배 실현, 두 번째 걸음은 30~50년 안에 선진국 수준에 근접하는 것이었다. 그 후에 다시 '세 걸음' 전략이 나왔는데, 1987년 10월에 열린 제13기 전인대에서 '세 걸음' 현대화 전략을 확정했다. 구체적인 내용은 다음과 같다. 국가의 GDP를 1980년 대비 2배 늘여서 먹고사는 문제를 해결하는 것이 첫 번째 걸음이었다. 당시에 이 목표가 기본적으로 실현되었다. 두 번째 걸음은 20세기 말까지 1인당 GDP를 중위권 국가 수준으로 끌어올려 비교적 풍요한 생활과 기본적인 현대화를 실현하는 것이었다. 제15기 전인대에서 장쩌민 주석은 정치보고에서 다음과 같이 밝혔다. "우리의 목표는 앞으로 10년내에 GDP를 2000년 대비 2배로 늘여서 더욱 부유한 삶과 비교적 완전한 사회주의 시장경제체계를 실현하는 것입니다. 그 이후 다시 10년, 즉 공산당 창당 100년이 되는 시기에 더욱 발전된 국민경제, 더욱 잘 갖춰진 제도를 확립할 것입니다. 21세기 중엽 건국 100년이 되면 기본적인 현대화를 실현하여 부강한 민주 문명의 사회주의 국가를 건설할 것입니다." 제16기, 17기, 18기 전인대를 거치면서, '세 걸음' 전략과 '두 개의 100년' 목표 및 실천 내용들이 더욱 내실화되었다. 30여 년에 걸친 노력을 통해 국가발전의 발걸음이 가속화되었고 국민의 먹고 사는 문제와 삶이 기본적인 부유한 단계에 이르는 성과를 조기 달성했다. '세 걸음 목표'가 앞으로 전면 실현될 것이다.

3) 새로운 시대의 국가 현대화 '두 걸음' 전략

제18기 전인대 이후 신속한 발전을 거듭하며 당초에 정한 국가발전 목표가 빠르게 달성되고 주요한 사회적 갈등들도 전환기를 맞았다. 2017년 10월 제19기 전인대 기간에 진행된 정부보고에서 시진핑 주석이 사회주의 현대화 강국의 시간표와 로드맵을 제시했다. 보고서에서 제시한 전면적인 사회주의 현대화 강국 전략에 입각하여 새로운 두 단계 전략과 '두 걸음' 전략목표가 수립되었다. 첫 단계는 2020년까지 전면적인 소강사회를 건설하는 것이었다. 전면적인 소강사회의 기초 위에서, 그 후 15년에 걸쳐 중국식 사회주의 현대화를 실현하는 것이 두 번째 단계이다. 이는 다시 '두 걸음'으로 나뉘는데, 첫 번째 걸음은 2020년에서 2035년까지 기본적으로 사회주의 현대화를 실현하는 것이다. 그리고 두 번째 걸음은 2035년부터 21세기 중엽까지 부강하고 민주적이며, 문명화된 조화로운 사회주의 현대화 강국을 건설하는 것이다. 시진핑 주석이 제시한 두 단계 전략과 '두 걸음' 전략 청사진은 새로운 시대에 따라 새로운 국가발전 방향과 민생 발전의 요구를 담고 있다. 개혁개방 초기 등샤오핑 주석이 제시한 '세 걸음' 전략목표와 비교하면 시대의 변화에 맞춰 '기본적인'이란 표현이 삭제되었다. 이것은 현대화를 향해 나아가는 과정에서 새로운 민생 발전전략의 수립이라는 의미가 있다.

4) '5개년 계획'- 국가전략 목표의 틀 속에서 구체적인 중기 목표 설정

발전과정에서 지속적으로 추진해온 '5개년 계획'을 통해 국가발전전략이 점진적이고 구체적으로 현실화되었다. 계획경제 시기에 '1차 5개년 계획'이 나름대로 성공적으로 추진되어 산업 체계와 산업화의 기초가 마련되었다. 점진적인 국민 생활 수준 향상, 문화와 교육 분야의 발전 그리고 도시와 농촌의 공공위생과 개인위생 개선 등 성과를 거두었다. '2차 5개년', '3차 5개년', '4차 5개년', '5차 5개년' 기간을 거치며 다소 편차가 있었지만, 국가의 지속적인 발전이라는 전체적인 전략 방향이 일관되게 유지되었고 공업과 농업 등 분야에서도 현저한 성과를 거두었다. 그 이전까지 다소 개선되었던 국민의 생활이 비교적 현저히 개선되었다. 개혁개방 후, 1982년 12월에 개최된 제5기 전인대 5차 회의에서 '6차 5개년' 계획이 통과되었다. 이것은 '1차 5개년' 계획에 이어진 비교적 완전한 5년의 발전계획이자 국민경제가 안정적이고 건강한 발전궤도로 진입하게 된 첫 번째 5개년 계획이었다. 이 기간에 국민의 삶이 눈에 띄게 개선되었고 도시의 경제활동인구가 3,500만 명을 넘어섰다. 도시와 농촌의 소비수준도 빠르게 제고되어 전국적으로 식량, 식용유 이외에 기타 생필품 배급표가 기본적으로 사라지고 생필품이 공급되었다. '7차 5개년' 기간에 전국 대부분 지역에서 먹고사는 문제가 해결되었고, 교육, 문화, 위생, 체육 등 영역별 사회사업이 비교적 큰 발전을 이루었다. 도시와 농촌의 주민소득과 소비수준 향상, 소비구조의 다양화 등 소강사회를 향해 점차 나아가기 시작했다. '8차 5개년' 기간에 식량과 식용유 배급표도 역사의 뒤안길로 사라졌다. 이는 생산과 공급 상황이 호전되고 기본적인 민생보장이 이루어졌다는 것을 보여주는 지표이다. '9차 5개년' 기간에 물자 부족 현상이 사라지고 국민의 생활이 전체적으로 중위 수준에 도달했다. '10차 5개년' 기간에 도시와 농촌주민의 생활이 한층 더 개선되었다. '11차 5개년'은 개혁개방 후 도시와 농촌주민의 소득 증가 속도가 가장 빨랐던 기간이었다. 농업세가 전면 폐지되고 사회보장체계가 점차 완비되었으며 국민의 삶이 눈에 띄게 향상되었다. '12차 5개년' 기간에 도시화 비율이 50%를 넘어섰고 공공서비스 체계가 기본적으로 확립되었다. 지속적인 신규 일자리 증가, 국민생활 수준의 질적인 개선 등 성과를 거두었다. 2016년 3월, 제12기 전인대 4차 회의에서 통과된 '13차 5개년' 계획에서 발전의 공유라는 개념이 구체적으로 확립되고 생활의 질도 전체적으로 향상되었다.

종합적인 관점에서 볼 때, 신중국 100년의 거대한 청사진이 마오쩌둥 시대에 처음으로 확정되고 덩샤오핑 시대에 와서 한층 내실화되었으며, 시진핑 주석의 시대에 이르러 더욱 구체화되었다. '4가지 현대화' 실현에서 현대적인 강국 건설에 이르기까지, 70년의 간난신고 속에서 중국의 국가발전 전략이 끊임없이 수정을 거듭했지만 현대화된 사회주의 강국 건설과 모두가 잘 사는 나라를 만들겠다는 목표는 일관성 있게 유지되었다. 특히 '6차 5개년' 계획부터 '13차 5개년' 계획에 이르는 40년은 세계적으로도 보기 드문 사례가 되었다. 세계적으로 이렇듯 장기간에 걸쳐 국가의 부강과 국민의 행복이라는 거대한 목표를 위해 노력해 온 사례를 찾아보기 어렵다. 이뿐만 아니라 중국의 5개년 계획은 통상적으로 5년에 한 번씩 넘어가는 정부의 임기와 맥을 같이 하는데, 이는 지도자 교체와 정부 교체로 인해 국정의 방향이 중단되거나 좌초되지 않고 연속성 있게 추진될 수 있는 제도적 보장이 되었다. 국정 방침의 연속성과 경제사회 발전의 지속성을 실현할 수 있었고 더 나아가 민생의 지속적인 발전을 추진할 수 있었다. 이것은 국가적인 소중한 경험이다.

5) 고군분투: 근면과 희생으로 얻은 삶의 변화

국민의 적극적인 참여와 희생이 없이는 국가발전이 있을 수 없고 민생의 개선도 있을 수 없다. 신중국 출범 이후 70년은 국민의 노력과 희생정신이 국가발전과 민생 개선의 원동력이었다는 사실을 여실히 보여주었다.

신중국 수립 초기는 정부 주도로 벌어진 사회주의 건설 참여를 독려하는 운동의 절정기였다. '1차 5개년 계획'이 거둔 획기적인 성과는 전 국민적 노력의 결과였다. 그 후, '다칭 정신'(다칭 유전 개발의 공로자 왕진시가 보여준 불요불굴의 정신 _역자주), '다자이 정신'(60년대에 자연환경의 악조건을 극복하고 농업 생산성을 향상시킨 다자이 지역의 농법과 정신 _역자주), '홍치취 정신'(홍치취는 60년대에 중국 허난성에 만들어진 인공수로인데, 오로지 정과 망치로 만든 수로였기 때문에 고군분투의 상징이 되었다 _역자주) 등 국가와 사회를 위해서 개인의 이익을 따지지 않는 희생정신이 계획경제 시기의 시대적 특징이었다. 이러한 운동이 현저한 민생 개선을 가져오지는 못했지만, 신중국 건설과 발전의 역사에서 빛나는 한 페이지로 자리했다.

개혁개방 이후, 계획경제 체제의 속박에서 벗어나면서 생산력이 크게 증대되었다. 일부 지역을 우선 발전시키는 정책 방향에서부터 생산 요소별 사회적 부의 분배에 이르기까지, 세제개혁과 사회보장제도 개혁 등 정책의 변화가 국민의 노력을 이끈 내재적 동력이었다. 지난 20여 년 동안, '5+2'(주 5일 근무, 2일 법정 공휴일) 근무제와 '낮+밤'(밤에도 일한다는 의미이다-역자주) 근무 형태가 보편화되고 야근은 일종의 선택이 되었다. 삶의 환경을 개선하고자 하는 노력, 그리고 '대중창업, 만중혁신'에서 보여준 지혜가 중국이 부강한 나라의 대열에 들어선 진정한 힘이었다. 모두가 함께 참여하고, 함께 책임지고, 함께 누리는 삶이 민생 발전과 사회 진보의 동력이었다.

이외에도, 중국인의 인내와 헌신 정신도 국가발전의 원동력이었다. 계획경제 시기에 왕진시王進喜를 비롯한 유정탐사 요원들이 보여준 '20년 일찍 죽더라도 유정을 발굴하고야 말겠다'는 정신, 천융구이陳永貴를 비롯한 농민들이 열악한 자연환경에 맞서 자력갱생을 이룩한 성과, 낙후된 농촌지역의 교육과 보건위생 발전에 헌신했던 지식청년들, 수리시설 확충과 인프라 건설을 위해 기꺼이 노동력 동원에 참여했던 수많은 농민들, 이들이 모두 신중국 건설의 드라마를 써내려 간 주인공들이었다. 개혁개방 후, 경제 개혁을 위해서 수많은 국유기업 근로자들이 일자리를 떠나야 하는 대가를 지불했고 수많은 농민공들이 흘린 피땀이 신속한 산업화와 도시화를 만들어냈다. 부모가 일자리를 찾아서 도시로 떠난 후 농촌에 남겨져야 했던 아이들은 부모의 보살핌 속에서 살 수 있는 시간을 희생했다. 이들의 희생이 없었다면 중국의 개혁은 결코 성공하지 못했을 것이다.

중국이 거둔 성공은 중국 국민의 고군분투, 수많은 사람들의 희생으로 얻어진 값진 결과였다. 이 사실을 모르고는 중국 70년의 발전을 이해할 수 없고 보편적인 민생 향상과 '공동의 부'를 실현하기 위해 걸어온 과정도 이해할 수 없다.

4. 소결

중국은 이미 새로운 시대로 들어섰다. 전면적인 소강사회의 비전이 조만간 현실이 될 것이며, 국가의 발전도 현대화 강국 실현의 궤도에 안착했다. 세계은행 2019년 국가소득별 기준에 의하면 1인당 국민소득이 12,375달러 이상이면 고소득 국가인데, 2018년 중국의 1인당 국민소득이 1만 달러에 육박했다. 앞으로 약 3년 후, 세계 전체 인구의 19%를 차지하는 중국이 고소득 국가 대열에 들어서게 될 것이다. 하지만 민생 개선에는 끝이 없고 민생의 발전도 끝이 있을 수 없다. "민생 보장과 개선은 종착점이 없으며, 다만 끊임없는 출발점이 있을 뿐이다."

중국의 민생 수준이 역사적인 도약을 이루었지만, 국민은 여전히 더욱 양질의 삶을 원한다. 2012년 12월 15일, 시진핑 주석이 제18차 중앙정치국 상무위 대외기자회견에서, "우리 인민들은 삶을 뜨겁게 사랑하며, 더 나은 교육, 더 안정적인 직업, 더 만족스러운 소득, 더 믿을만한 사회보장, 더 높은 수준의 보건의료 서비스, 더 편안한 주거 여건, 더 아름다운 환경을 기대합니다. 자녀들이 더욱 잘 자라서 일을 더 잘하고 더 잘 살기를 기대합니다. 만족한 삶에 대한 인민들의 바람이 바로 우리가 노력하는 목표입니다"라고 밝혔다. 2017년 7월 26일, 성省급 주요 간부들이 참여한 심포지엄 개막식에서 행한 연설에서 시 주석은 "더욱 풍부한 정신문화 생활"의 필요성을 언급했다. 제19기 전인대 업무보고에서, "인민의 양질의 삶에 대한 요구와 물질문화 생활에 대한 요구가 한층 높아졌을 뿐 아니라, 민주, 법치, 공평, 정의, 안전, 환경 등 분야에 대한 요구도 날로 증가하고 있다"고 강조했다. 새로운 시대의 민생은 높은 수준의 발전을 추구해야 하며 국민의 눈높이에 맞게 앞으로도 계속 노력해야 한다는 것을 강조한 것이다.

다른 한편으로 민생에서 시급히 해결해야 할 불균형의 문제가 존재한다. 첫째, 지역 간 불균형, 도시와 농촌 간 불균형, 사회계층 간 불균형이 여전히 크다. 예를 들어 지역별로 보면, 베이징, 상하이, 톈진 등 대도시들이 이미 고소득 국가의 발전 수준에 진입했고 연해 지역과 동부 지역도 마찬가지이다. 이에 비해 서부의 낙후지역은 여전히 중하위 소득 수준 심지어 저소득 수준에 머물러 있다. 도시와 농촌 간 격차를 보면, 호적제도의 장벽과 공공자원 분배 불균형 등으로 인해 비교적 큰 편차가 존재한다. 2017년 전국 도시주민 가처분소득이 농촌주민의 2.7배였다. 사회계층 간 격차를 보면, 국민의 생활여건이 보편적으로 개선되었지만 계층 간 소득격차가 여전히 크게 벌어져 있다. 지니계수가 오랫동안 0.4 이상 높은 수치를 기록하고 있고, 2008년 전국의 국민소득 격차를 나타내는 지니계수가 0.491이었다. 2009년 이후 매년 하락하고 있지만, 2015년에 0.462로 다소 낮아졌다가 2017년에 다시 0.467로 상승했다. 이러한 사실들은 중국이 앞으로 지역 간, 도농 간 균형 발전에 더욱 힘을 쏟아야 하며, 기본적인 공공서비스의 균등화와 사회계층 간 사회보장 수준의 격차를 신속히 축소해야 한다는 사실을 보여준다. 합리적인 노동의 대가 보장, 선진적인 세수 등 정책을 통해서 민생 수준이 더욱 공평한 보편적 발전을 이룰 수 있어야 한다. 둘째, 사회보장과 기본적인 공공서비스 발전이 여전히 충분하지 않다. 예를 들어 20%의 유아들이 유아원 교육을 받지 못하고 있고, 일선 근로자들의 보수가 여전히 현저히 낮은 수준이다. 중대 질환자의 생활고, 건강보장 서비스 부족, 요양서비스의 양적 부족과 구조적 불균형, 대도시의 비싼 주택가격과 집세 등 문제들이 산적해 있다. 거동이 불편한 노인들, 빈곤인구, 장애인 등 취약계층들에 대한 충분한 지원이 절실하고, 극빈곤 지역의 탈빈곤정책이 제자리를 잡아야 한다.

제19기 전인대에서 발표한 정부보고서는 중국의 현대화 강국 발전의 청사진이자 이 청사진을 현실화하기 위한 로드맵이다. 국민의 기대에 대한 총체적인 대답이라고 할 수 있다. 이 청사진에 따르면, 2020년부터 21세기 중엽까지 두 시기로 나뉜다. 첫 번째 시기는 2020년부터 2035년까지로, 전면적인 소강사회 건설의 기반 위에서 향후 15년 안에 사회주의 현대화를 기본적으로 실현하는 단계이다. 이 기간에 중국은 경제력과 과학기술력에서 선도적인 국가로 발돋움하게 될 것이다. 둘째, 국민의 평등한 참여권과 발전권에 대한 보장, 법치국가, 법치정부, 법치사회 구현, 각 부문별 제도의 내실화, 국가의 법리체계와 법리능력의 현대화를 기본적으로 실현할 것이다. 셋째, 사회의 문명 수준이 새로운 단계로 도약하고 문화 소프트파워가 현저히 강화되며, 중화문화의 영향력이 더욱 커질 것이다. 넷째, 더욱 여유로운 생활, 중산층의 증가, 도시와 농촌의 발전 격차 및 생활 수준 격차 해소, 기초 공공서비스의 보편화를 통해 다 같이 잘 사는 나라로 착실히 걸음을 내디딜 것이다. 다섯째, 현대적인 사회 운영 시스템이 기본적으로 형성됨으로써 활력과 질서가 넘치는 사회로 거듭날 것이다. 여섯째, 생태환경이 근본적으로 개선되어 살기 좋은 국가 건설의 목표가 기본적으로 실현될 것이다. 두 번째 시기는 2035년부터 21세기 중엽까지로, 기본적인 현대화의 기초 위에서 또 다시 15년의 노력이 이어지는 기간이다. 이 기간에 중국은 부강하고 민주적인 문명과 조화로운 사회주의 현대화 강국으로 거듭날 것이다. 중국의 물질문명, 정치문명, 정신문명, 사회문명, 생태문명이 전면적으로 향상되고, 통치체계와 통치능력의 현대화가 실현될 것이다. 종합 국력과 국제적 영향력은 물론

2019년 10월 1일, 베이징 천안문 광장에서 거행된 중화인민공화국 수립 70주년 경축행사에서 불꽃놀이가 펼쳐지고 있다.

이고, 모두가 함께 잘 사는 목표가 기본적으로 실현될 것이다. 중화민족이 세계 민족의 숲에서 우뚝 서게 될 것이다. 기본적인 현대화 실현에서 전면적인 사회주의 현대화 강국 건설에 이르기까지 민생이 언제나 가장 중요한 위치에 있다.

제19기 전인대 보고에서 국가발전 책략이 확정되었는데, 민생 보장과 복지 향상을 근본 목표로 설정했다. 구체적인 내용은 다음과 같다: 민생의 어려움과 문제점 해결, 사회적 공정 실현, 자녀 양육과 교육체제 확립, 노인 요양과 질병 치료, 주택 문제 해결, 취약계층 지원 등 각 분야에서 지속적인 성과를 내야 한다. 강력한 탈빈곤 정책을 추진한다. 모든 국민이 발전의 과정에서 함께 결실을 나누고 함께 잘 사는 사회를 만든다. 살기 좋은 중국 건설, 혁신적이고 안정된 사회를 건설한다. 구체적인 정책 방향은 다음과 같다: 민생 보장은 국민의 가장 큰 관심사이자 가장 현실적인 문제이다. 따라서 최선의 노력을 기울여 지속적이고 안정적으로 추진해야 한다. 모두가 책임을 다하고 함께 누릴 수 있어야 하며, 제도 개선을 통해 소기의 목표를 실현해야 한다. 공공서비스 체계 개선과 국민의 기본생활 보장을 위해 노력하며, 행복한 삶에 대한 국민적 요구에 귀를 기울인다. 공평하고 정의로운 사회 확립, 효과적인 사회 관리와 안정된 사회질서 구축을 위해 노력한다. 이를 통해 국민이 성취감, 행복감, 안정감을 확실히 체감할 수 있고, 이것이 지속적으로 유지될 수 있도록 해야 한다. 새로운 시대적 발전에 힘입어, 중국 국민의 삶이 더욱 질적인 삶의 단계로 진입하게 될 것이다.

02

빈곤은 민생이 위기에 처해있다는 외적 표시이고, 빈곤퇴치는 유엔이 정한 전 지구적 목표이다. 신중국 출범 후 70년 동안, 중국은 빈곤인구 감소, 빈곤 정도 완화 그리고 다함께 잘 사는 길을 국정 운영의 중요한 목표 가운데 하나로 삼아왔다. 개혁, 변화 그리고 발전을 통해 산업화와 도시화를 지속적으로 추진하고 낙후된 농업국가에서 사회주의 공업국가로 탈바꿈했다. 또한 경제성장을 통해 국민의 소득수준과 삶의 질적 향상, 빈곤인구의 감소를 실현했다. 다른 한편으로는 일련의 빈곤퇴치 중장기 계획을 통해 낙후지역의 인프라 건설과 공공서비스의 보편화를 적극적으로 추진했다. 또한 정치체제의 우위와 민간 자원을 적극적으로 활용하여 구제 위주의 취약계층 지원에서 개발 중심의 지원으로 전환했고, 다시 맞춤형 지원으로 전환함으로써 중국 상황에 맞는 농촌 빈곤퇴치와 인프라 건설을 추진했다. 지역별 빈곤 문제 해결과 절대적 빈곤 상황을 완화하고, 더 나아가 전면적인 소강사회 건설을 위한 기반을 다졌다. 신중국 수립 이후의 70년은 눈부신 성과를 이룬 역사적인 과정이었다. 특히 개혁개방 이후 7억이 넘는 인구가 빈곤에서 벗어났으며, 이로써 낙후지역에서 대물림되던 가난의 굴레를 벗어났을 뿐 아니라 국제사회의 빈곤퇴치 운동에도 기여했다.

빈곤과의 전쟁 :
생존의 위기에서 전면적인 소강사회를 향한 전진

1. 신중국 수립 초기 30년의 탈빈곤 전쟁

　　신중국 출범 초기, 정부는 한시적으로 구제정책을 시행하여 빈곤을 완화하고 사회안정을 도모했다. 이를 통해 생산 활동의 회복과 정치적 토대를 마련했다. 공업, 상업 및 농업 분야에서 사회주의 개조와 소유제도 개혁을 추진하여 생산수단의 불평등한 소유구조를 해소했다. 이는 국가의 산업화 전략에 든든한 버팀목이 되었고, 동시에 생산 발전과 소득 개선의 제도적 토대가 되었다. 인민공사 시기에 농촌주민에 대한 사회보장 책임을 정부가 직접 지지는 않았지만, 농촌집체경제의 기반 위에 세워진 초급단계의 사회보장체계가 농민의 생존위기와 의료부족 문제를 실질적으로 해소하는데 일조했다. 또한, 인민공사 시기에 진행된 농경지 수리시설 구축이 농촌의 장기적인 발전에 토대가 되었다.

1. 신중국 수립 초기: 생존위기, 사회안정 그리고 구호정책

신중국이 수립된 1949년, 전국의 도시지역 실업인구가 474만 2,000명, 실업률이 23.6%에 달했다. 정부는 다양한 고용안정 정책을 시행했는데, 정부기관 노동자와 관료자본주의 기업의 노동자들에 대해 '안고 가는 정책'을 시행하는 한편 민간부문에 대해서는 '노사 양방향 지원정책'을 실시했다. 실직자 구제를 위해 '공공사업을 통한 일자리 창출', '자력 취업' 등 방법으로 실직자의 생활 안정을 도모했다. 또한 일자리 모집, 일자리 알선, 자력 취업 등 다양한 방식을 연계하여 고용을 확대했다. 1952년에 도시지역 실업인구가 376만 6,000명으로 감소했고, 실업률은 13.2%로 하락했다. 1차 5개년 계획이 순조롭게 진행되면서 취업상황이 호전되었는데, 1차 5개년 계획이 끝난 1957년에 도시 실업률이 5.9%로 감소했다.

일자리를 보장하는 것 외에도 정부는 생존위기 문제를 완화하기 위해 사회구제정책을 적극적으로 펼쳤다. 신중국 수립 초기, 제국주의 국가들의 약탈, 구정권의 부패 그리고 장기적인 전쟁의 상처로 인해 도시는 이재민, 난민 그리고 부대에서 이탈한 군인들, 실업자들, 즉각적인 도움이 절실한 사람들로 넘쳐났다. 통계에 의하면, 1949년 전국적으로 실직한 공장 노동자, 수공업자 그리고 화이트칼라 노동자들의 숫자가 400만 명이 넘었고, 이외에도 반半실업 상태에 처한 사람들이 많았다. 이렇듯 심각한 문제 앞에서 사회구제는 사회안정과 탄생한 지 얼마 되지 않은 신중국 정부의 기반을 공고히 하는 데 무엇보다 중요했다. 당시에 열악한 재정 상황에서도 막대한 자금과 식량을 풀어서 대규모 도시구호사업을 펼쳤다. 초보적 통계에 의하면, 1952년 전국 152개 도시지역에서 일상적 장기적으로 구호 혜택을 받은 인구가 120만여 명이었고, 겨울철에 한시적으로 구호를 받은 인구는 150만여 명이었다. 일부 도시의 경우, 사회구호를 받은 인구가 도시 전체 인구의 20%를 차지했고, 심지어 40%에 달하는 도시도 있었다. 특히 실업구제와 관련하여 정부는 구제정책들이 제대로 시행될 수 있도록 다양한 지시사항을 발표했다. "1950년 9월 말 기준, 전국적으로 실직한 공장노동자 122만 231명, 실직한 화이트칼라 노동자 18만 8,261명으로 합계 140만 8,492명에 달했다. 이외에, 반(半)실업상태 인구 25만 5,769명, 잠재적 실업인구가 12만 472명이었다. 다양한 구제대책의 혜택을 받은 인구를 살펴보면, 공공사업 일자리 취업 7만 8,955명, 자력 취업 7만 4,798명, 귀향 노동자 6만 2,922명, 구제지원금 수령자 40만 5,775명, 직업훈련 참가자 2만 3,157명, 일자리 알선 8만1,458명으로 합계 72만 6,635명에 달했다. 절반 이상의 실업인구가 구제 혜택을 받았다. 전국총공회의 통계에 의하면, 전국 각 지역에 구제지원금 287억 9,200만 위안, 구제식량 1억 4,220만 kg이 지급되었다." 대대적인 도시구제사업과 생산지원사업이 실시되면서 사회가 빠르게 안정되었고 도시주민의 생활도 정상궤도에 올랐다.

농촌의 경우, 농민들이 집과 토지를 분배받은 후 많은 취약계층 농민들의 생활이 개선되었다. 하지만 일부 농촌 지역들은 여전히 주거불안과 노동력 상실, 자연재해까지 겹치는 어려움에 빠져 있었다. 1949년에 농촌이 심각한 자연재해를 입어 전국적으로 이재민이 4,500여만 명에 달했고, 그중에서 800여만 명이 식량 부족에 시달렸다. 각급 지방정부가 가난한 농민들을 지원하기 위해 적극적인 구제사업을 펼쳤다. 신중국 수립 초기 3년 동안, 정부에서 지급한 구제지원금이 10억 위안이 넘었고, 1950년 한 해에만 전국적으로 지급된 겨울 의복이 688만 벌에 달했다. 농촌지역에서 펼쳐진 사회구제사업은 주민의 생활 안정과 생산활동 회복에 중요한 역할을 했다.

2. 농업과 공상업 부문 사회주의 개조, 생산발전 및 빈곤해소

출범 초기에 제국주의 국가들의 봉쇄에 맞서 신중국 정부는 신속한 산업화와 국가 건설 그리고 지속적인 전쟁 위협에 대응하기 위해 중공업 발전을 골자로 하는 경제발전전략을 채택했다. 자본이 부족한 상황에서 자본력을 요구하는 기술 집약형 중공업을 발전시키기는 역부족이었다. 따라서 중공업 우선 발전전략에 필요한 자본을 축적하고 여건을 갖추기 위해서, 행정력을 통해 사회자원을 배분하는 계획경제 체제를 도입했다.

1950년대 50묘(약1만평)의 토지를 취득한 농민이 웃고 있는 모습

사회주의 계획경제 체제를 운영하기 위해서, 국민당 통치시기에 형성된 방대한 관료자본을 몰수하고 공영경제에 입각한 강력한 국유경제를 수립했다. 다른 한편으로는 농업, 자영업, 민간수공업의 생산수단 사유제에 대해 사회주의 개조에 착수했다.

이 가운데, 1950년 토지개혁을 단행하여 전국적으로 경작지 43%와 지주, 향신鄕紳 계급이 소유하고 있던 가축과 생활자원을 몰수하여 가난한 무산계급 농민들에게 분배했다. 토지의 재분배는 생산자원의 불평등한 점유를 해소하고 농민들이 적극적으로 토지 경작에 나설 수 있는 동기를 부여했다. 이는 농업 생산성 회복, 농가 소득증대 그리고 빈곤 완화의 성과를 가져왔다.

신속한 산업화와 더불어 정부는 농업 부문에서도 사회주의 개조를 단행했다. 1953년, 〈농업생산협동조합에 관한 결정〉에서 향후 수년 안에 전국적으로 농업합작사를 설립한다는 계획을 발표했다. 그 후, 20여 명의 농민을 회원으로 하던 소규모 합작사들이 200여 명의 회원을 거느린 고급농업생산합작사로 재편되었다. 1956년 말, 전국적으로 90%의 농가가 고급합작사에 가입했다. 고급합작사의 핵심은 토지와 생산자원의 소유권을 사유제에서 집단소유제로 전환하고, 함께 일하고 노동에 따라 분배하는 방식으로 자원을 공유화하는 것이었다. 고급합작사가 전국적으로 설립되면서 농업부문의 사회주의 개조도 완성되었다. 비록 인민공사의 집단소유제와 집단노동제가 훗날 생산의욕 저하를 초래했지만, 이러한 집단소유제를 통한 소득 재분배는 노령, 질병, 장애로 인해 일하기 어려운 농민들에게 실질적인 도움이 되었다. 또한 집단노동을 통해 농경지의 수리시설 인프라를 건설했는데, 이는 농업의 장기적인 발전이라는 측면에서 중요한 의미가 있었다.

1953~1957년 1차5개년 기간 동안 중국 사회의 총생산이 평균 11.3% 증가하고 공업과 농업부문 총생산액은 연평균 10.9% 증가했으며, 국민소득은 연평균 8.9% 증가했다. 1953년부터 1980년까지 이어진 다섯 차례의 5개년 계획은 가장 빠른 성장세와 가장 효과적인 발전 성과를 기록한 기간이었다. 토지개혁과 농업부문 사회주의 개조를 거치면서 농업의 생산성이 현저히 발전했다. 주요 농작물의 생산량도 해마다 증가했다. 단위면적 생산량이 1949년 1헥타르 1,035kg에서 1957년 1헥타르에 1,470kg으로 증가하여 단위면적 생산량이 약 42% 증가했다. 면화는 1949년에 1헥타르 165kg에서 1957년 285kg로 증가하여 단위면적당 생산량이 약73% 증가했다. 유지류의 단위면적당 생산량은 약 6.3% 증가했다. 농업 생산성의 회복과 발전은 농민들에게 보편적인 소득증대를 가져다주었다. 농가의 평균소득을 비교가격으로 환산하면(1950년=100), 1952년 49.35위안에서 1957년 57.62위안으로 증가하여 16.8% 증가했다. 1957년 도시가정의 평균소득이 185.97위안에 달했다. 소비 부문의 경우, 전국 평균 소비수준이 1952년 66위안에서 1957년 81위안으로 증가하여 22.7% 상승했다. 이 가운데 농민의 평균 소비수준이 14.8% 향

상되었고, 비非농민 평균 소비수준은 25.6% 향상되었다.

3. 계획경제 시기 빈곤 문제와 도농지역 사회보장제도

계획경제 시기에, 중국은 상존하는 빈곤위기에 대응하기 위해 도시와 농촌에서 각기 다른 사회보장제도를 채택했다. 도시지역에서 시행된 사회보장제도는 단위제를 기초로 빈곤계층에 대한 구제정책을 펼쳤다. 농촌지역 사회보장제도는 인민공사제도를 기반으로 농촌 집체경제 체제를 구축했는데, 농촌5보제와 합작의료제가 핵심이었다.

도시지역 사회보장제도는 공유제 기업과 집체소유제 기업들의 저임금정책으로 유발된 빈곤 위기에 대응하기 위해 설립된 제도였다. 저임금은 봉급 생활자들의 생필품 구매력을 크게 약화시키고, 소득감소나 소득단절 등 위기 대응능력 감소를 가져왔다. 이러한 배경하에서 도시지역 노동자를 대상으로 하는 노동보험제도와 복지제도가 점차 확립되기 시작했다. 1951년, 국무원이 <중화인민공화국 노동보험 조례>를 공포했는데, 이것은 중국에서 사회보험제도가 구축되기 시작했다는 신호였다. 노동보험조례는 노동자 처우에 대해 5가지 규정을 명시했다. 노동 중 부상과 장애 발생, 질병, 비非노동 부상, 장애 발생 시 처우, 현장 노동자와 직원 및 그들의 직계 가족 사망 시 처우, 노후 처우, 자녀 출산 및 교육 관련 처우 다섯 가지 영역으로 나뉘었다. 이는 중국에서 양로보험, 의료보험, 재해보험, 출산 및 육아보험 제도가 일차적으로 수립되었다는 것을 의미했다.

노동보험 이외에도 단위별로 복지체계가 개선되었다. 단위의 복지체계는 주로 노동자 전체를 대상으로 한 집체복지와 개인복지 두 부분으로 나뉘었다. 집체복지는 다시 생활복지와 문화복지로 나뉘었다. 생활복지는 직원식당, 직원병원, 직원욕실, 직원숙소, 유치원, 어린이집, 이발소 등이 포함되었다. 문화복지는 모임, 열람실, 영화관, 노후생활센터, 체육관 등이 포함되었다. 개인복지는 주로 유급휴가와 복리후생 지원이 포함되었다(예를 들어 주택 지원금, 어려움에 처한 직원 지원, 교통비 지원, 목욕과 이발비 지원, 위생비 지원 등이 있었다). 계획경제 시기의 각 단위들은 빈곤에 처한 구성원들을 돕는 구제사업에 적극적으로 참여했다. 대개 평생고용제를 시행했기 때문에, 직원이 어려움에 처했을 때 직접적인 지원책임을 졌고 직원들도 자신이 어려움에 직면했을 때 단위가 해결해주기를 기대했다.

단위 소속이 아닌 도시주민에 대해서는 지방정부가 사회적 구제체계를 수립했다. 구체적인 지원 대상은 다음과 같다. ① 일정한 직업이나 고정소득이 없거나 노동능력 상실 등으로 인해 어려움에 처한 일반 빈곤가구 ② 전쟁이나 정치운동에 참여한 특수취약계층. 예를 들어 상기 이유에 속하는 퇴직자, 국민당을 탈당한 자, 귀국 화교, 양심적인 '우파분자', 질병이나 공적인 업무로 장애를 얻은 농촌 청년활동가 등이었다. 1953년, 지역별로 구제지원금 지급에 관한 통일된 기준이 없어서 지원금액을 정확히 파악하지 못하는 상황을 해결하기 위해 내무부가 전국 도시별 지원기준을 마련했다. 1956년에 〈도시 취약가구의 구제 기준 조정에 관한 통지〉를 발표하고, 구제 기준을 일괄적으로 정하는 대신 도시의 빈곤 가구가 기초생활을 유지할 수 있게 한다는 원칙 하에서 각 지역이 자율적으로 기준을 정하도록 했다.

농촌지역에서는 농업합작사가 추진되었다. 특히 전국에 인민공사가 건립된 이후에 노동능력이 있는 농민들이 집단노동에 참가하는 집체경제를 구축하고, 이를 바탕으로 생활고, 고령, 질병, 사망 등에 대해 기본적인 보장을 받을 수 있게 했다. 하지만 노동능력이 없는 고아, 장애인, 유아 및 기타 무의탁자들은 집체경제의 '5보제도'를 통해 생활의 도움을 받았다. 이 시기에 농촌지역 구제사업의 가장 큰 업적이 '5보제도'를 확립한 것이었다. 1956년 6월 제1기 전인대 3차 회의에서 채택된 〈고급 농업 생산합작사 시범 규정〉에서 다음과 같이 확정했다: 농업 생산합작사는 노동력의 부분적 상실 혹은 완전 상실, 무의탁 노인, 고아, 장애인, 질환자 등 구성원에 대해 생산 활동과 생활면에서 적절한 분배와 돌봄 지원을 제공하여 의식주를 보장하고, 아동의 교육과 노인의 장례에 대한 책임을 짐으로써, 이들이 출산과 육아, 사망과 장례를 의탁할 수 있는 여건을 마련한다." 생활 기반이 취약한 노인, 무의탁자, 장애인에게 식량과 의복, 연료를 지원하고 아동의 교육과 노인의 사후 보장을 규정한 것이다. 그래서 '5보제도'라는 약칭으로 불렸고, '5보'의 혜택을 받는 농가를 '5보 가구'라고 불렀다. 이때부터 5보제도는 중국 농촌의 중요한 사회적 구제제도가 되었다. 또한, 독거노인이 돌봄에서 소외되는 문제를 해결하기 위해 전국 각지에 경로원을 세우기 시작했다. 1958년의 통계에 따르면, 당시에 전국 농촌에서 '5보' 혜택을 받은 인구가 413만 가구 519만 명이었다. 또한 각 지역에 15만 곳의 경로원이 세워졌고 300만 명이 넘는 노인들이 돌봄 지원을 받았다.

'5보제도' 외에도 농촌합작의료원이 인민공사 체제하의 농촌 집체경제를 기반으로 세워지기 시작했다. 집체경제 내에서 소득 재분배와 상부상조를 통해 빈곤 위기와 의료비용 문제에 대응했다.

4. 인민공사 체제하의 농촌 공공사업과 빈곤감소

인민공사의 토지 및 생산자원 집단소유제와 노동에 따른 분배제도, 그리고 공적 축적을 기반으로 한 농촌의 공공사업 발전체계가 구성원들의 공동 위기대응 및 소득 재분배에 긍정적인 역할을 했다. 또한 농촌 기초교육, 농업 인프라, 농업기술 보급 등 농촌의 공공사업 발전을 가져왔다. 이 시기에 마련된 인프라와 공공사업이 계획경제 시기의 농업발전과 농촌발전에 버팀목이 되었을 뿐 아니라 개혁개방 후에 농업생산과 소득증대에도 큰 힘이 되어주었다.

농경지 수리시설 건설을 보면, 1950년대부터 70년대 중반까지 정부는

하남성 홍기紅旗 운하

인민공사 체제를 기반으로 전국적으로 대규모 농촌 인프라 건설을 추진하여 농촌의 관개시설과 교통여건을 획기적으로 개선했다.

농촌 금융 지원 상황을 보면, 1978년에 이미 전국에 6만 곳에 이르는 인민공사급 금융기관과 35만 곳의 지점으로 구성된 농촌금융서비스 체계가 구축되었다. 농촌금융체계의 구축으로 농촌주민들에게 기본적인 금융서비스를 제공할 수 있게 되면서 농업생산력 증대와 농민의 소득 향상에도 일조했다.

농업기술 보급의 경우, 인민공사 체계를 기반으로 농업기술 보급망이 구축되어 농민들에게 농업기술을 지원했다. 각 지역에 수만 곳의 농업기술보급소가 설치되고 농기계 보급망이 거의 모든 농업생산조직에 구축되었다. 기술 보급을 통해 실용적인 농업기술이 전국 농촌지역에 보급되어 영농기술력이 높아지면서 빈곤을 해소하는 효과를 가져왔다.

농촌 교육 부문에서는 인민공사 체계가 농촌 교육 발전의 구심점 역할을 했다. 전국 농촌마다 기본적으로 생산대대가 운영하는 초등학교, 공사가 운영하는 중학교, '지역위원회'가 운영하는 고등학교 교육체계가 확립되었다. 또한 '정부보조금 + 공사 공공경비 지원'을 골자로 하는 교육재정 모델이 구축되었다. 비록 교원 역량의 제약으로 인해 당시 농촌의 교육수준 향상에 한계가 있었지만, 당시에 국가의 재정 능력이 열악했던 상황에서 정부와 집체조직이 공동으로 재정을 부담하는 방식으로 대규모 농촌교육사업을 진행했고 마침내 '문맹대국'의 오명을 벗어날 수 있었다.

2. 개혁개방 이후 빈곤과의 전쟁

개혁개방 이후, 중국은 경제발전 전략을 계획경제에서 시장경제 체제로 전환하고, 도시와 농촌 이원화 경제에서 현대적인 시장경제로 탈바꿈했다. 이를 통해 생산성을 극대화했다. 경제의 지속적인 고속 성장은 부의 증대뿐만 아니라 낙수효과를 통해 도시와 농촌의 소득증대와 현저한 빈곤 감소 효과를 가져왔다. 지역발전 불균형 문제와 지리적 제약으로 발전에서 소외된 벽지의 외곽지역에 대해서 1980년대 중반부터 체계적인 탈빈곤 정책을 시행했다. 초기의 탈빈곤 전략은 지역발전 정책 위주로 진행되었는데, 인프라 건설과 산업 지원정책이 영농 기계화와 비농업 인구의 취업에 집중되었다. 2001년부터 탈빈곤 전략의 초점이 사회정책의 범주에 편입되어 교육, 의료 등 인적 자원의 투자 확대를 통한 빈곤 감소에 맞춰졌다. 2011년부터 맞춤형 탈빈곤 전략을 수립하고, 2020년까지 절대빈곤 완전 해소를 목표로 빈곤지역 뿐만 아니라 빈곤 농가를 대상으로 일련의 사회정책이 시행되었다.

1. 경제체제 개혁과 빈곤문제 해소(1978~1985년)

1978년 말에 개최된 제11차 3중전회에서 신중국 수립 이후 경제와 사회 발전의 경험 및 교훈을 돌아보고 총체적 평가가 진행되었다. 또한 당시 심각한 경제 상황에서 경제건설을 향후 국가의 정책 목표로 채택했다. 이후 정부는 각 방면에서 대대적인 개혁을 단행했다. 이 시기에 농촌지역에서도 일련의 중요한 개혁이 추진되어 농촌 경제발전과 빈곤 완화 등 효과를 거두었다.

1) 농가 도급책임제

농촌 도급책임제가 농가의 자발적인 참여에서 국가의 정책 차원으로 확대 시행되었다. 이 제도는 과거 농가의 생산활동 참여를 독려하는 방식을 벗어나 정부와 농민의 관계 재설정을 가져왔고, 이를 통해 농업생산력과 농가

2018년 11월 22일, 개혁개방 40주년을 기념하여 베이징국가박물관에서 거행된 대규모 전시회에 전시된 농가의 도급책임제 증서 '생사각서'와 기념 조각상.

소득이 획기적으로 향상되었다.

1978년 11월 24일 저녁, 안후이성省 평양현 샤오강 마을 서쪽 끝자락에 사는 농부 옌리화의 작은 초가집에 18명의 농민이 모였다. 마을 전체의 운명이 걸린 비밀회의가 이곳에서 열린 것이다. 18명의 농민들은 마을 내 토지를 도급제로 분할한다는 내용의 '생사각서'에 서명했다. 농가 생산 도급책임제의 시작이었다.

1982년 1월 1일, 정부가 〈전국 농촌 공작회의 개요〉를 비준했는데, 이것은 소단위 도급정액제, 전문 도급생산제, 개인생산도급제, 농가생산도급제, 조별생산도급제, 작업조생산도급제 등을 포함하여 농촌에서 시행되는 각종 책임제에 관한 내용이 담긴 문건이었다. 이름은 달랐지만 모두 사회주의 집체경제의 생산책임제였다. 그 후, 정부는 농가도급책임제를 지속적으로 정비하고 농촌이 빈곤과 낙후의 오명을 벗어날 수 있도록 다양한 생산방식을 도입했다. 농가 생산 도급제의 골자는 토지를 농민에게 도급해주면 농가가 자율적으로 경작하는 방식이었다. 농가는 계약에 따라 매년 일정 비율의 공제금(일반적으로 10% 정도)을 집체조직에 내고, 적립금, 공적자금 그리고 관리비 명목의 세금을 제한 후 농산물 공출 임무를 완수하면 나머지 농산물을 농가가 소유하거나 처분할 수 있었다. 이렇게 국가와 집체조직에 일정량을 낸 후 나머지를 모두 소유할 수 있도록 한 새로운 제도가 농가에 더 많은 재량권을 부여해주었다. 명확한 책임과 단순한 운영방식으로 인해 농업 생산성도 눈에 띄게 높아졌다.

농가 도급책임제는 농업생산과 농촌의 조직 운영방식을 크게 변화시켰다. 첫째, 농가도급책임제가 기존의 인민공사 체제, 집체조직의 합산경영제도, 평등에 입각한 분배제도를 모두 대체했다. 둘째, 농가의 도급책임제가 보편화되면서 인민공사의 '정사합일政社合一(정치권력과 집체소유제가 하나라는 개념 _ 역자주)' 체제가 붕괴되고 정사분립이 현실화되었다. 인민공사는 이제 더 이상 농촌의 기초정치조직이 아니었고 농촌 인민정부가 그 자리를 대신했다. 생산대대와 생산소대는 각각 농촌주민위원회와 농촌소조로 바뀌었다. 농촌주민들이 더욱 자율적으로 생산 활동과 일자리를 결정할 수 있게 되면서 농촌의 잉여 노동력이 비농업 분야에 종사할 수 있게 되었다.

2) 농산물 가격과 생산유통 관리정책 변화

농산물 가격결정 체계, 기존의 집단 구매와 집단 유통관리체계를 개혁하는 것이 농업 부문 제도개혁의 핵심이었다. 가격결정 체계와 유통체계 개혁으로 농업 부문의 잉여 자원 전환과 농산물시장이 발전했다. 이것은 농업생산 시장화의 기반이었다.

계획경제 시기에 농업 부문의 잉여 자원을 중공업 분야로 유입하기 위해 정부가 공산품과 농산물 가격을 책정했다. 하지만 가격결정의 경우, 정부가 정한 농산물 가격이 시장가격보다 낮았고 따라서 농민들이 농사로 소득을 올릴 수가 없었다.

농민의 생산 의욕을 불러일으키기 위해 정부는 곡식과 면화 등 주요 농산물의 수매가격을 큰 폭으로 올려서 농산물 가격체계가 점차 시장성을 회복할 수 있게 했다. 1979년에 곡물, 유지류, 마, 돼지, 소, 양, 생선, 달걀, 사탕수수, 사탕무, 누에고치 등 주요 농산물의 수매가격이 대폭 인상되었고, 전국적으로 농부산물 가격지수가 한 해 전에 비해 22.1% 높아졌다. 농산물 가격 인상의 혜택이 고스란히 농민들에게 돌아갔다.

농산물 가격관리 방식이 바뀌면서 1978~1985년 동안에 농산물 가격 인상으로 얻은 농가의 수익이 2,494억 2,000만 위안에 달했다. 농사에 투입된 자재 가격 상승분 1,236억 8,000만 위안을 제하면 실수익이 1,257억 4,000만 위안으로 당시 농가 실소득 증가분의 15.5%에 달했다.

농산물 가격 인상과 더불어 정부는 농산물 판매와 유통체계에 대해서도 일차적인 개혁을 단행했다. 농산물 일괄수매의 경우, 정부가 일괄수매하는 농산물 종류를 축소하고 협의판매 범위를 확대했다. 농산물 유통에 있어서도 도시와 농촌 이원화 체계를 폐지하고 정부가 관리하는 곡물, 면화, 유지류를 제외한 모든 농부산물의 도농 간 거래를 허용했다. 또한 대도시에 농부산물 거래시장을 만들었다. 이외에도, 시장진입 통제를 폐지하고 국유기업이 일괄적으로 관리하던 분야에 농민들이 진입할 수 있도록 허용했다. 농민들이 개인 혹은 단체로 상업, 요식업, 수리, 서비스업 그리고 운수업에 종사할 수 있게 된 것이다.

농지제도 개혁을 통해 농민의 생산 의욕을 극대화하고 식량생산 증대와 생활개선을 이루었다. 공산품 및 농산물 가격정책과 가격결정체계의 시장화는 농가 소득향상으로 이어졌다. 향진기업(농촌지역에 세워진 기업-역자주)의 발전으로 농촌의 산업화와 도시화가 이뤄졌다. 호적제도 완화는 농촌의 잉여 노동력이 도시로 나가서 임금소득을 얻을 수 있는 길을 열었다. 이에 따라, 비농업 분야 취업소득이 농가소득에서 중요한 부분을 차지했다. 농업소득과 임금소득의 증가는 농가소득의 지속적인 향상을 가져왔다. 농가의 1인당 평균 순소득이 1979년 160.7위안에서 1985년에 397.6위안으로 1.5배 증가했는데, 가격 상승 요인을 뺀 실질 소득이 87.23% 증가하여 연평균 11.02%의 성장률을 나타냈다. 보편적인 소득증대로 빈곤인구가 현저히 감소했다. 당시 중국의 국가 빈곤선 기준(1978년 기준)에 근거할 때, 1978~1985년 농촌지역 빈곤 발생률이 30.7%에서 14.8%로 낮아졌고, 빈곤인구도 2억 5,000만 명에서 1억 2,500만 명으로 50% 줄었다. 매년 평균 감소세가 9.43%로, 해마다 평균 1,786만 명이 감소했다.

2. 빈곤현縣 개발정책(1986~2000년)

농가 도급책임제를 축으로 하는 농촌개혁은 농민의 노동 의욕을 고취시켜 보편적인 농가소득 증대를 가져왔다. 하지만, 농촌개혁이 진행되면서 소득증대 효과가 점차 약화되고 낙후지역의 농가소득이 정체하는 현상이 나타났다. 더욱이 농촌 집체경제를 기반으로 세워진 농촌 '5보제도'와 협력병원 제도가 집체경제라는 조직기반이 사라지면서 빠르게 쇠퇴하기 시작했고, 결과적으로 농민이 어떠한 보장도 받을 수 없는 처지에 놓였다. 정부는 성장과 발전의 과정에서 나타나는 빈곤문제에 대응하기 위해 지역발전정책을 핵심으로 한 개발형 빈곤지원 전략을 시행했다. 빈곤현縣에 대한 개발정책은 1986~1993년까지 시행된 개발형 빈곤 대응책과 1994~2000년까지 시행된 '87탈빈곤 지원 계획(당시 8천만 명에 달하는 빈곤 농민의 먹고 사는 문제를 7년 안에 해결한다는 의미 _역자주)' 두 단계로 추진되었다

1) 개발형 빈곤 대응 방안 구축

1986년부터 농촌개혁과 경제체제의 시장화를 통한 농민의 소득증대 효과가 점차 감소하고, 빈곤의 양상도 보편적 빈곤에서 계층별, 지역별 빈곤으로 바뀌었다. 정부는 지역개발을 통한 탈빈곤 대책, 즉 개발정책을 검토하기 시작했다. 1986년 4월, 제6기 전인대 4차 회의에서 빈곤지역의 탈빈곤 방안을 〈국민경제와 사회발전 7차 5개년계획〉에 반영했다. 이것은 탈빈곤 개발 프로젝트가 정식으로 정부의 정책 로드맵에 포함되었다는 것을 의미했다.

1987년 10월 30일, 국무원은 〈빈곤지역 경제개발사업 강화에 관한 통지〉를 발표했는데, 전국적으로 빈곤벨트 내에 있는 18개 빈곤현縣을 대상으로 지원기준을 확정하고 일련의 대책을 내놓았다. 이 정책성 문건은 정부가 시장화로의 전환 과정에서 발생한 빈곤 문제 해결에 적극적으로 나섰다는 의미였다.

탈빈곤 정책의 효율성을 높이기 위해, 정부는 빈곤인구가 집중되어 있는 현縣을 탈빈곤사업의 기본목표 단위로 설정했다. 1985년 전체 현縣의 1인당 평균 순소득이 150위안 이하인 현이 국가급 빈곤현으로 지정되었다. 소수민족 자치현과 혁명노병 거주구역에 대해서는 그 기준을 200위안으로 상향하

고, 주요 혁명노병 거주구역과 일부 가축 방목지역은 300위안으로 높였다. 1986~1993년, 전국적으로 331개 현顯이 국가급 빈곤지원현으로 확정되었다. 또한, 정부는 당장 먹고사는 문제조차 해결하기 힘든 절대빈곤 인구를 탈빈곤 사업의 주요 대상으로 정했다. 빈곤인구의 숫자는 통상적으로 절대빈곤선을 기준으로 구분했다. 처음에 중국 농촌지역 절대빈곤 산출기준은 관련 기관이 6만 7,000 농가를 대상으로 조사한 소비지출조사 결과, 즉 1985년 농촌 1인당 평균소득 206위안을 산출기준으로 했다. 그 후, 매년 물가 변동에 맞추어 이 기준도 조정되었다.

이 시기 정부의 빈곤계층 지원정책의 핵심은 주로 빈곤 지역에서 시장경제를 발전시키는 것이었다. 국무원이 발표한 <빈곤 지역 경제 개발 업무 강화에 관한 통지>에서도 빈곤지역 개발은 주로 현지의 자원우위를 활용한 상품경제 발전에 있다고 밝혔다. 농업과 양식업 분야의 먹고사는 문제 해결은 자급 실현이 출발선이었다. 하지만 장기적으로 볼 때, 소농경제의 자급 생산에 치우쳐서 상품경제와 결합하지 못하고 단조로운 산업구조가 바뀌지 않으면, 결국 근본적으로 빈곤을 벗어나기가 힘들다. 상품경제 발전과 산업구조의 업그레이드는 자신이 가진 자원을 기반으로 시장 지향적으로 전환해야 가능하다. 전통적인 산업구조를 벗어나 새로운 산업을 발전시키고 일자리를 제공함으로써 더욱 많은 소득을 창출할 수 있어야 한다. 따라서 이 시기의 탈빈곤 정책은 농업 현대화와 산업화를 핵심으로 하는 지역개발정책이 될 수밖에 없었다.

1980년대 중엽부터 시작된 농촌의 개발형 탈빈곤사업이 한층 다각적인 참여와 분화로 이어졌다. 1986년에 국무원 산하에 빈곤지역개발소조가 설치되었는데, 주된 임무는 탈빈곤사업 참여자를 조직화하여 지역개발에 참여하도록 하는 것이었다. 정부는 빈곤현을 맞춤형 탈빈곤 사업의 기본단위로 정하고, 국가급 빈곤현에 대해 특별자금(탈빈곤 특별대출, 공공근로 그리고 재정발전자금)을 지원했다. 이 가운데, 탈빈곤 특별대출은 농가와 기업의 농업 대출 및 산업 대출 프로그램이었고, 공공근로사업은 빈곤지역의 잉여 노동력을 인프라 건설에 투입하는 사업이었다. 또한 재정발전자금은 빈곤현에 다양한 지원을 해주는 사업이었다. 지방 차원에서는 빈곤인구가 많은 성省과 현縣에 탈빈곤 개발 지도소조를 설치하고, 중앙정부가 지방정부에 대해 추가자금을 지원했다.

이 시기의 개발형 탈빈곤 정책 연구가 훗날 개발형 탈빈곤 정책 설계에 많은 경험을 제공해주었고 후속으로 추진된 다양한 정책에도 큰 영향을 주었다. 이 중에서, 지역개발정책 위주로 지원사업이 추진된 것은 시장 메커니즘의 허점을 보완하고 낙후된 농촌지역에 인프라 건설 및 발전 자금을 지원하는데 취지가 있었다. 또한 지역별로 빈곤층에 대한 자금지원 효율성을 높여 빈곤인구 집중지역에 지원이 이루어질 수 있도록 하기 위해서였다.

8년간의 지속적인 노력 끝에, 1993년 말 기준 1억 2,500만 명에 달하던 농촌 빈곤인구가 8,000만 명으로 감소했고 농촌 빈곤발생률이 14.8%에서 8.7%로 하락했다(1978년의 빈곤기준으로 산출).

2) '87탈빈곤 지원 계획'

정부 주도로 개발형 탈빈곤 프로젝트가 체계적으로 시행되었지만, 1991년부터 빈곤인구 감소 추세가 현저히 둔화되기 시작했다. 정부의 탈빈곤 지원사업이 집중적으로 추진되었던 592개 빈곤현에 여전히 빈곤 인구가 존재했다. 주로 중서부 지방의 산악지대, 황무지, 고냉지대, 고원지역, 풍토병 발병률이 높은 지역 그리고 상수원 지역 등지에 빈곤인구가 분포해 있었는데, 대부분 혁명 노병들이나 소수민족 집단 거주 지역이었다. 이전의 탈빈곤 사업에 비해서 이 지역의 먹고사는 문제 해결이 더욱 쉽지 않았다. 이에, 정부는 1994년 2월 28일부터 3월 3일까지 제1차 전국 탈빈곤 개발사업 회의를 개최하고 20세기가 끝나는 남은 7년간 탈빈곤 개발사업 종합계획을 수립했다. 국무원이 4월 15일 〈국가87탈빈곤지원계획〉을 발표했다. 1994년부터

2000년까지 7년 동안 인적·물적 자원과 재정 그리고 사회 각 부문의 역량을 동원하여 농촌지역의 8,000만 명에 달하는 빈곤인구의 생계 문제를 기본적으로 해결하는데 총력을 기울였다.

'87탈빈곤 지원 계획'의 시행은 이전에 개발형 탈빈곤 정책을 통해 축적한 실험적 경험이 국가전략 차원으로 격상되었다는 것을 의미했다. 따라서 정부는 빈곤현을 대상으로 지역 맞춤형 개발정책을 강력하게 추진했다. 이를 위해서, 1994년 빈곤현의 기준과 범위를 재정립하고 592개 국가급 빈곤현을 지정했다. 그 기준을 보면, 1992년 기준 1인당 평균소득이 400위안 미만인 현들이 새로 편입되었고, 1986년에 이미 국가급 빈곤현에 포함된 현들은 1992년 기준 1인당 순소득이 700위안 미만이면 국가급 빈곤현의 자격이 유지되었다. 이 기준에 따르면, <국가87빈곤지원계획>에 포함된 중점 지원 빈곤현은 592개로, 27개 성省, 자치구, 직할시에 분포해 있었다. 국가 중점 지원 빈곤현의 수가 비교적 많았던 지역을 살펴보면, 윈난(73개), 산시(50개),

1998년, 허난성省 빈곤지원사업 대상 지역 중 하나였던 쑹현縣에서 마을 지도자들이 외지에서 초빙한 채소작물 기술 지도원과 이야기를 나누고 있다. 쑹현縣은 탈빈곤 사업의 선봉에 섰던 모범지역이었다.

구이조우(48개), 쓰촨(43개), 간쑤(41개) 지방이었다. 그 수가 비교적 적었던 지역은 광둥(3개), 저장(3개), 지린(5개), 하이난(5개), 티베트(5개) 지방이었다. 이를 지역별로 묶어보면 빈곤현들이 주로 18개 빈곤지역에 집중되어 있었다는 것을 알 수 있다.

'87탈빈곤지원계획'은 개발형 탈빈곤 방침을 일관되게 유지했다. 정부의 지원에 힘입어 빈곤 지역의 지방정부와 주민들이 적극적으로 시장의 수요에 맞게 영농기술을 발전시키고 현지의 자원을 활용한 상품 생산에 힘을 쏟았다. 먹고사는 문제 해결은 물론이고 더 나아가 경제적 자립을 위해 노력했다.

목표 달성을 위해 탈빈곤 개발정책은 주로 다음과 같은 방식으로 진행되었다. (1) 자원우위와 시장수요에 기반하여 경쟁력 있는 제품을 개발했다. 특화된 제품 생산과 발전을 추진함으로써 일정한 규모의 생산단지 또는 지역에 특화산업을 육성했다. (2) 무역, 산업, 농업의 통합, 생산과 판매를 하나로 연계하여 경제적 역량을 키웠다. 개발 프로젝트를 추진하는 과정에서 외적으로는 시장 간 연계 안으로는 농가 간 연계를 추진함으로써 농작물 생산 전 단계, 생산 과정, 생산 후 단계의 체계적인 서비스를 제공하고, 농민들이 빈곤에서 벗어나 경제적으로 안정을 얻을 수 있도록 유도했다. (3) 영농기업을 운영할 수 있는 여건을 갖추지 못한 빈곤 마을은 자발적으로 상부상조하고 투자환경이 비교적 양호한 다른 지역으로 가서 2, 3차 산업에 종사할 수 있도록 지원했다. (4) 빈곤지역과 발달지역의 간부 간 교류와 경제기술협력을 확대했다. (5) 빈곤현이 먹고사는 문제 해결을 위해 기업을 설립하도록 지원함으로써 지역 재정 여건을 개선했다. (6) 공유제 경제, 개인 및 민간경제 그리고 지분소유제에 대해 과감한 조치를 단행했다. (7) 빈곤층 장애인들이 재활할 수 있도록 도왔다.

이 목표를 실현하기 위해서 정부는 다양한 탈빈곤 모델을 개발했다. 이러한 정책 설계는 이어진 개발형 탈빈곤 계획의 중요한 정책수단이 되었다. (1) 빈곤탈출의 책임: 성省 정부의 책임을 명시함으로써 지방정부의 책임자가 탈빈곤 사업의 총체적 책임을 지게 했다. (2) 맞춤형 탈빈곤 대책: 동서 지역 간 연계를 통한 탈빈곤 지원방안을 마련했다. 베이징, 텐진, 상하이 등 대도시들과 광둥, 장쑤, 저장, 산둥, 랴오닝, 푸젠 등 비교적 발달된 연해 지역의 성省들이 서부 지역의 빈곤한 성省 또는 지역과 결연하여 경제발전을 도왔다. (3) 유관 기관별 빈곤지원 사업: 모든 탈빈곤 사업에 대해서 유관 기관별 임무와 책임을 명시했다. (4) 지정형 연계 사업: 중앙정부기관, 지방정부기관 그리고 여건을 갖춘 기업 등이 각각 사업 단위가 되어 적극적으로 빈곤현과 연계를 맺고 빈곤지원사업을 펼쳤다. 해당 지역의 빈곤 문제가 해결될 때까지 임의로 관계를 해제할 수 없었다. (5) 세수혜택: 국가가 지정한 소수민족 집중지역과 변경지역의 가난한 마을들이 기업을 설립하는 경우에 세수 혜택이나 세금 환급을 해주었다.

  탈빈곤 개발정책과 관련하여 빈곤지역의 지방정부에게 무엇보다 중요한 것은 중앙정부의 자금지원이었다. 자금지원은 주로 성省 내에 있는 빈곤현의 숫자와 빈곤인구의 수 그리고 지방정부의 협상력에 따라 결정되었다. 1997년부터 시행된 이른바 '4도성四到省' 원칙에 따라, 중앙정부가 몇 가지 기준을 바탕으로 탈빈곤 사업 자금을 각 성省에 배분했다. 이 중에서 빈곤인구의 가중치가 가장 높았다. 기타 주요 요인으로 농민 1인당 순소득, 현지의 경제자원, 1인당 GDP 그리고 정책조정 요인이 있었다. '87탈빈곤지원계획' 시행 기간에 중앙정부의 탈빈곤 자금지원에는 탈빈곤 특별대출, 공공근로사업 그리고 재정발전자금 및 추가 편성된 탈빈곤 재정이 포함되었다. 탈빈곤 특별대출과 추가 편성된 탈빈곤 재정은 주로 빈곤지역의 다양한 사업에 투자되었다. 빈곤지역의 경제성장을 촉진하고 빈곤계층이 직접적인 수혜를 받을 수 있게 하는 것이 목표였다. 1994~2000년 기간에 중앙정부가 탈빈곤 지원에 투입한 자금이 누계 1,240억이었는데, 중앙정부의 연간 예산지출의 5~7%에 해당하는 규모였다. 1997년 이후 탈빈곤 정책에 투입된 자금 규모가 대폭 증가하여 1996년 111억 위안에서 1997년 179억 위안으로 늘었다.

다양한 부문에 걸친 노력 덕분에 2000년 말 '87계획'의 목표가 기본적으로 실현되고 탈빈곤 개발정책이 현저한 성과를 거두어 2억이 넘는 농촌 빈곤인구의 먹고사는 문제를 해결했다. 농촌에서 먹고사는 것조차 힘들었던 인구가 1978년 2억 5,000만 명에서 2000년 3,000만 명으로 감소했으며, 농촌의 빈곤발생률이 30.7%에서 약3%로 하락했다(1978년 빈곤선 기준).

'87계획'에 따라 설계했던 동서 지역이 연계한 탈빈곤 협력과 기관별 지정 연계 방안이 후에 진행된 모든 탈빈곤 정책 설계에 큰 영향을 주었다. 하지만 정책 설계가 주로 인프라 건설과 산업발전에 집중되어 있었기 때문에 사회 정책적인 관점의 접근이 부족했다. 전형적인 지역발전정책이었다. 하지만 이는 훗날 탈빈곤 개발정책에 사회정책을 도입하고 인적자원에 대한 투자의 중요성을 인식하게 해준 중요한 경험이 되었다.

3. 빈곤촌村 종합개발 지원정책(2001~2010년)

'87계획'에서 얻은 중요한 경험을 바탕으로 정부는 새로운 '농촌 탈빈곤 개발 요강(2001~2010년)'을 시행했다. 1990년대에 중국의 농촌 빈곤인구가 감소하고 빈곤인구가 서부지역에 집중된 특징이 있었다. 하지만 서부지역의 빈곤인구가 점차 빈곤현縣이 아닌 빈곤촌村에 분포했다. 국가통계국의 빈곤 기준에 의하면, 농촌지역 빈곤발생률이 2002년에 이미 3% 아래로 떨어졌지만 분포의 특징 면에서 중요한 변화가 발생한 것이다. 빈곤인구의 집중도 측면에서 볼 때 생계가 어려운 빈곤인구가 분산 분포하는 추세가 두드러졌다. '87계획' 기간 동안에 592개 국가급 빈곤현縣에 농촌 빈곤인구의 70% 이상이 거주했고, 이들 지역의 빈곤발생률이 30%였다. 당시에 이 592개 현縣의 빈곤인구 54%만이 탈빈곤 중점 지원사업의 대상이 되었는데 이들의 빈곤발생률이 9%였다. 이것은 중국 빈곤인구의 분포에 새로운 특징이 나타났다는 것을 의미했는데, 촌(자연촌락 포함)을 단위로 집중분포하는 양상이 나타난 것이다. 더욱이 빈곤촌은 빈곤현縣 뿐만 아니라 다른 지역에서도 일정한 발생률을 보였다. 이러한 빈곤인구 분포의 새로운 특징은 빈곤현縣을 겨냥한 개발형 탈빈곤 정책의 효율성이 떨어진다는 것을 의미했다. 즉, 빈곤현縣을 단위로 한 지역개발정책이 빈곤현縣 내의 빈곤촌과 빈곤인구에게 실익이 돌아가는지 여부를 보장할 수 없다는 것을 의미했다. 맞춤형 정책의 효율성이 떨어지면 탈빈곤 자금지원의 효율성과 정책 효과에 영향을 미칠 수밖에 없었다.

2001년 6월 13일, 국무원이 〈중국 농촌 빈곤지원 개발 요강(2001~2010년)에 관한 통지〉를 발표했는데, 이때부터 중국의 탈빈곤 개발정책이 빈곤촌에 대한 종합적인 개발 지원이라는 새로운 단계로 진입했다.

농촌 빈곤인구 분포의 변화에 따라 정부는 2001년 중점지원현縣의 선별 방법을 재조정하고, 기존의 국가중점지원빈곤현縣 명칭을 국가빈곤지원개발사업중점현縣으로 바꾸었다. 이 592곳 국가빈곤지원개발사업중점현縣이 주로 중서부 지역 21개 성省과 시市에 집중되어 있었는데, 모두 소수민족 거주지, 혁명노병 거주지, 변경지역 그리고 극빈지역들이었다. 592개 현縣에 거주하는 절대빈곤인구가 전국 빈곤인구의 61.9%를 차지했다. 〈87계획〉 시행 초기에 확정된 592개 국가급 빈곤현縣이 전국 농촌지역 빈곤인구의 72.6%였다. 이 빈곤현縣들에 대한 지속적인 지원이 이루어지면서, 2000년 말 무렵 중서부 지역에 분포하던 빈곤인구가 점차 빈곤현縣을 벗어나 빈곤촌村으로 흩어지는 양상이 나타났다. 정부는 빈곤인구에 대한 맞춤형 지원을 강화하기 위해 〈중국농촌 빈곤지원 개발요강(2001~2010년)〉에서 빈곤지원개발의 구체적 조치들을 명시했다. 국무원 빈곤지원부처의 지휘 하에 각급 지방정부들이 공동으로 참여하는 방식으로 전국적으로 14만8천 곳 중점촌村을 지정했는데, 전국 빈곤인구의 76%가 포함되었다. 국가빈곤지원개발사업중점현縣과 중점촌村을 확정하는 것과 함께, 정부는 농촌빈곤기준을 새로이 조정했다. 새로운 빈곤기준은 1978년 빈곤기준에서 정한 차상위 계층의 빈곤위기와 생계위기에 주목했다. 1997년의 식량빈곤선을 근거로 식비가 전체 생활비의 60%를 차지하는 지점을 새로운 빈곤기준으로 정하고, 2000년에 정식 공표했다. 2000년에는 1978년 빈곤기준 책정방법에 따라서 농촌빈곤선이 625 위안이었다. 하지만 새로 책정된 빈곤기준에 의하면 빈곤기준이 865 위안이었다. 빈곤기준의 상향은 빈곤대책에 대한 정부의 임무가 더 중요해졌다는 것을 의미했다.

탈빈곤 지원을 완수하기 위해 정부는 빈곤지원개발정책의 방점을 빈곤촌村에 두고, 개발형 빈곤지원정책을 기초로 사회정책을 접목시켰다. 정책설계의 측면에서 볼 때, 이 단계의 탈빈곤 정책수단은 다음과 같은 특징이 있었다.

1) 맞춤형 빈곤지원체계의 혁신

선택과 집중 원칙에 입각하여 정부는 빈곤 인구가 집중되어 있는 중서부 소수민족 거주 지역, 혁명노병 거주지역, 국경지역과 극빈지역을 핵심적인 빈곤지원 및 개발지역으로 삼고, 이 네 지역을 빈곤지원개발사업중점현縣으로 확정했다. 동부와 중서부 기타지역의 빈곤지역들은 각 지방정부가 지원책임을 맡았다. 기존의 빈곤지원 정책과 달리 새로운 빈곤지원 및 개발정책은 빈곤촌村을 기본단위로 설정했다. 정부는 중서부 지역에서 592개 빈곤지원개발중점현縣을 확정짓고 동시에 전국의 모든 촌村을 사업대상으로 한 맞춤형 지원을 추진했다. 빈곤촌村을 기본적인 맞춤 지원 단위로 정함으로써, 중점현縣에 속하지 않는 빈곤촌村에 대해서도 지원이 이루어졌다. 모든 촌村을 맞춤형 지원 대상으로 하여 주민들의 광범위한 참여, 연도별 순차적 계획 시행, 단계별 투자 및 순차적 지원 등 방식으로 진행했다. 이는 다음과 같은 특징으로 요약된다. 첫째, 빈곤촌 주민들이 절실히 필요로 하는 실질적인 문제 해결에 초점이 맞춰졌고, 이를 통해 주민들이 직접적인 수혜를 받을 수 있었다. 둘째, 빈곤계층 주민들의 적극적인 역할을 이끌어냈다. 셋째, 각 영역별 자원과 역량을 포괄적으로 운영하여 시너지 효과를 발휘했다.

2) 빈곤지원 메커니즘의 혁신

정부는 농촌지역의 인프라 건설과 산업발전 정책을 강력하게 추진하는 것과 함께, 유동적이고 유연한 지원방식을 채택했다. 해당 요강에서도 지역별 특징과 상황에 맞는 작물과 양식업을 발전시키는 것이 빈곤지역 주민의 소득증대와 빈곤문제 해결에 효과적이라고 명시했다. 정부는 빈곤지역의 시장성 있는 특용작물과 양식업을 지원하는데 역량을 집중했다. 빈곤지역의 농작물 재배와 양식업 발전은 소득증대가 주된 목적이었다. 따라서 우선 기술 발전을 바탕으로 품종 개량, 품질 향상, 효율성 제고에 힘을 쏟아야 했다. 둘째, 생태환경 개선을 원칙으로 생태환경의 보호와 발전, 지속 가능한 발전을 실현해야 했다. 셋째, 빈곤 농가가 농작물 재배와 양식업을 하도록 지원하되 시장의 수요와 농민의 자발적인 생산과 권리를 존중했다. 이와 동시에, 정부는 농민들이 도시로 나가 일할 수 있도록 지원하고 거주 환경이 열악한 지역의 주민들을 이주시키는 것이 탈빈곤에 중요하다고 판단했다. 정부는 빈곤지역 노동력의 대규모 이동이 안정적으로 이뤄지도록 직업훈련을 강화하고 순조로운 이주를 위해 다양한 조치를 취했다. 발전된 연해지역, 대도시 및 주요 도시들이 빈곤지역의 노동력을 적극적으로 흡수했다. 다른 한편으로 자발적인 이주가 안정적으로 이루어질 수 있도록 유도했다. 열악한 생활여건과 빈약한 자연환경에 놓인 극빈계층에 대해서는 경작지를 삼림이나 초지로 환원하고 이들을 이주시켜 정착할 수 있도록 지원했다. 정부는 새로 발표한 요강에 도시와 농촌 간 인구이동이 빈곤지원에서 중요한 부분이라고 명시하고, 농촌주민들이 더욱 용이하게 도시로 이주하여 새로운 일자리 기회를 얻도록 노력을 집중했다. 인프라 건설, 산업발전 및 시장 지향적인 빈곤지원, 농민들에 대한 직업훈련 그리고 도시로 이주한 농민의 소득 창출이 이 시기 빈곤지원정책의 주된 내용이었다.

3) 인프라 건설과 인력자원 투자 병행

　빈곤한 농촌지역의 인프라 확충은 생태환경을 개선하고 낙후된 경제·사회·문화적 상황을 점차 바꿔 놓았다. 정부는 초보적인 수준의 여유로운 삶을 실현하는 것 외에도 인력자원 투자를 통해 농촌주민의 취업능력과 소득창출 능력을 높이는데 힘을 기울이기 시작했다. 주민들의 종합적인 소양, 특히 기술과 문화적 소양을 끌어올리는 것이 빈곤인구의 경제수익 증대와 빈곤탈출을 위한 주된 요건이었다. 따라서 농민들을 대상으로 한 교육과 훈련이 빈곤지역 개발의 주요 사업으로 확정되었다. 기초교육을 강화하여 빈곤인구의 교육수준을 전반적으로 향상시키고, 농민들이 실용기술을 익힐 수 있도록 농업·기술·교육의 결합, 일반교육, 직업교육 그리고 평생교육의 연계, 각종 직업기술학교와 다양한 유형의 단기 기술훈련 등을 진행했다.

　2001~2010년 기간에, 상술한 빈곤지원 개발정책 외에도 사회보장정책이 농촌지역으로 확대되었다. 모든 국민이 사회보장정책의 혜택을 받을 수

2004년 7월, 푸젠사범대학의 화학소재학과 교수와 학생들이 자비로 간쑤성甘 국가급 빈곤현 딩시定西의 '희망초등학교'에서 '빈곤지원과 교육활동'을 펼치고 있다.

있도록 한다는 목표로 다양한 개혁이 추진되었는데, 이는 빈곤을 감소시키는 효과를 가져왔다. 이 가운데, 2003년부터 농촌협력병원이 새롭게 보급되기 시작했다. 2007년에는 농촌 기초생활보장제도가 전면 시행되었고, 2009년에는 농촌주민들을 대상으로 양로보험 시범사업이 시작되었다. 이 모든 것들이 농촌주민들의 기본 소득보장과 의료비 그리고 노후보장에 대한 걱정을 덜어주는 역할을 했다.

4. 취약 농가에 대한 맞춤형 빈곤지원전략(2011년부터 현재까지)

제18기 전인대 이후, 정부는 빈곤지원개발사업과 전면적인 소강사회 건설에 우선순위를 두고, 빈곤지원사업을 '4가지 전면전략'에 포함시켰다. 빈곤지역 주민들이 신속히 빈곤을 벗어날 수 있도록 하는데 주안점을 둔 것이다. 구체적으로 살펴보면, 빈곤지원과 탈빈곤이 전면적인 소강사회 건설의 중요한 일환이었기 때문에, 이를 국민경제와 사회발전의 중점전략으로 격상시켰다. 그리고 거시경제 여건 변화와 기존의 빈곤지원개발사업의 경험을 바탕으로, 빈곤지역 개발을 통한 탈빈곤에 중점을 두었던 기존의 지원개발모델을 근본적으로 수정했다. 정부는 빈곤지원개발 모델을 혁신하여 빈곤농가에 대한 정교한 지원, 정교한 탈빈곤 정책을 새로운 기본방침으로 확정했다. 정교한 탈빈곤 전략은 종합적인 빈곤지원개발사업에 맞게 개선된 방안이었다.

그중에서도, 2011년부터 실시된 <중국 농촌 빈곤지원 개발 요강(2011~2020년)>에 따라, 빈곤지원정책의 체계가 지역발전정책 주도에서 지역발전정책과 사회정책을 병행하는 방향으로 바뀌었다. 2013년 말부터 구체화되기 시작한 빈곤지원전략과 이에서 비롯된 빈곤과의 전쟁은 정교한 지원 메커니즘과 지원 조치들 그리고 책임제 등 측면에서 혁신적이었다.

1) 〈중국 농촌 빈곤지원개발 요강(2011~2020년)〉과 사회정책의 역할

〈중국 농촌 빈곤지원개발 요강(2001~2010년)〉의 시행 경험과 빈곤인구 분포의 특징에 대한 과학적 분석에 기초하여, 2011년 12월에 정부가 〈중국 농촌 빈곤지원개발 요강(2011~2020년)〉을 발표하고 혁신적인 빈곤지원정책을 시행했다. 이 가운데, 주요한 혁신정책은 다음과 같다.

첫째, 소강생활(부유한 단계로 가는 중간 단계의 생활 수준-역자주)의 요구에 맞게 농촌의 빈곤기준을 상향했다. 개혁개방 이후, 중국은 적극적으로 빈곤 탈출을 위한 개발사업을 추진해왔다. 특히, 〈87탈빈곤지원계획〉(1994~2000년)과 〈중국 농촌 빈곤지원 개발 요강(2001~2010년)〉을 시행하여 큰 성과를 거두었다. 2010년을 기준으로 빈곤지원 기준을 성인 1인당 평균소득 1,274위안으로 잡았을 때 전국 농촌의 빈곤인구가 2,688만 명으로 감소했고, 농촌인구에서 차지하는 비중이 2.8%로 낮아졌다. 이 빈곤기준은 극빈곤과 절대빈곤 해결을 목표로 2000년부터 적용된 기준이었기 때문에, 시대에 뒤떨어진 측면이 있었다. 따라서 정부는 '2010년 빈곤기준'을 마련했다. 바로 현행 농촌 빈곤기준인데, 2010년을 기준으로 하여 1인당 2,300위안으로 책정했다. 이것은 생계 걱정 해소와 '3가지 보장(기본교육, 기본의료, 주택)'을 연계한 기본생활기준이었다. 빈곤기준의 상향 이후 이전 기준으로 2,688만 명이던 빈곤인구가 새 기준 적용 후 16,567만 명으로 늘어났고, 빈곤발생률은 2.8%에서 17.2%로 높아졌다. 빈곤기준의 상향은 정부가 빈곤 지원에 대한 책임을 재조정하고, 빈곤지원책이 극빈곤 해결에서 기본적인 생활보장으로 전환했다는 것을 의미했다.

둘째, 정밀한 빈곤지원으로 정책방향을 전환함으로써 일반적인 빈곤현縣과 빈곤촌村에 대한 지원이 장기간 심각한 빈곤에 처한 지역에 대한 지원으로 바뀌고, 지역 맞춤형에서 빈곤가구 및 사람에 대한 맞춤형 지원으로 바뀌었다. 중국에서 빈곤지원사업이 처음으로 시행될 당시에 빈곤지역이 18개 지역으로 정해졌다가 이후에 592개 빈곤현縣으로, 다시 2001년부터 2010년까지 10년 동안에 148,200개 빈곤촌村으로 세분화되었다. 면面에서 점點으로 변화해온 30년간의 빈곤지원정책이 이들 지역의 빈곤 상황을 철저하게 바꿔 놓았다. 하지만 시장화 과정에서 비롯된 지역발전 불균형이 생활여건, 교통 여건, 경제 등 지역 간 발전 격차를 더욱 벌어 놓았다. 일반적인 지역발전 정책이나 생산성 향상만으로는 빈곤 탈출이 불가능했다. 이러한 상황에서, 정부는 빈곤 상황이 비교적 심각한 극빈곤 지역을 빈곤과의 전쟁 핵심지역으로 정하고, 고질적인 지역발전 격차 문제 해결을 위한 방안을 내놓았다. 극빈곤 지역에 대한 지원을 정책 우선순위에 두고, 교육, 위생, 문화, 취업, 사회보장 등 민생 부문의 지원을 강화했다. 아울러 지역 특화산업을 육성하고 인프라 건설을 가속화하는 한편, 생태환경 건설과 생태보호, 발전을 가로막는 병목 현상 해결, 기본적인 공공서비스의 균등화를 통해 낙후성을 근본적으로 일신했다.

위에서 기술한 것처럼 맞춤형 지원으로 방향을 수정한 것 외에도, 지역별 맞춤형 범주에 빈곤 농가도 포함시켰다. 빈곤지원 기준에 못 미치는 농가를 지원사업의 주요 대상으로 정하고 지원 대상 판단 체계를 만들었다. 지원 대상자 카드발급(지원 대상자의 자료 데이터베이스 구축)과 입체적인 관리를 통해 효과적인 지원이 이루어질 수 있도록 했다. 이는 빈곤가정에 대해 후속적인 정밀한 지원체계를 구축하는 기초가 되었다.

셋째, 개발형 탈빈곤 정책을 지속적으로 펼치는 한편 빈곤지역에 기본적인 공공서비스 체계가 자리 잡을 수 있도록 사회보장정책의 기초보장기능을 강화했다. 우선, 정부는 개발형 탈빈곤 정책과 사회보장제도를 연계해야 한다는 판단하에 개발형 탈빈곤 정책과 농촌 기초생활보장제도를 효과적으로 연계시켰다. 개발형 탈빈곤 정책을 빈곤 탈출의 주요한 경로로 정하고 노동능력이 있는 지원 대상자들이 스스로의 노력으로 빈곤에서 벗어날 수 있도록 유도했다. 사회보장을 생활고 해결의 기본방안으로 하는 사회보장체계를 점진적으로 구축했다. 〈중국 농촌 빈곤지원 개발 요강(2011~2020년)〉에 따라

2020년까지 지원 대상자들의 기본적인 생활고 해결, 의무교육과 기본의료 보장 및 주거안전 보장 목표를 확정했다. 또한 농촌의 농업생산 인프라를 대대적으로 개선하고 빈곤지역의 기본공공서비스 균등화를 포함하여 사회보장 지원 인프라를 구축하겠다고 발표했다. 요강에 따르면, 빈곤지역의 농민 순소득을 전국 평균수준 이상으로 끌어올리고 기본공공서비스의 주요 부문을 전국 평균수준에 맞춤으로써 발전 격차가 더 벌어지는 것을 막는 것이 핵심이었다.

2001년에서 2010년까지 실시된 농촌 빈곤 지원개발 요강과 달리, <중국 농촌 빈곤 지원개발 요강(2011~2020년)>은 농지 정리와 수리시설, 특화농업, 식수 안전, 농업과 주거, 전력, 교통 등 인프라를 구축하는 것 이외에도, 주택건설, 교육, 보건의료, 공공문화, 사회보장, 인구 및 자녀 양육 등 기본공공서비스 관련 계획들이 대거 포함되었다.

2) 정교한 빈곤지원 전략과 빈곤과의 전쟁

2013년 11월, 시진핑 국가주석이 후난성省 상시를 시찰할 때 처음으로 정교한 빈곤지원에 관한 구상과 이를 농촌 탈빈곤 전략의 근간으로 확대 시행한다는 계획을 밝혔다. 정교한 빈곤지원의 가장 기본적인 내용은 빈곤가정과 빈곤인구에 대해 직접적인 지원이 이루어지고, 빈곤에 처한 사람과 빈곤의 원인을 찾아내어 다양한 경로로 맞춤형 도움을 주는 것이다. 이를 통해 빈곤가정과 개인이 직면한 다양한 빈곤 요인을 제거하고 빈곤가정 스스로 일어설 수 있도록 지속적으로 지원하는 것이다.

2014년 초, 중앙당 판공청과 국무원 판공청이 <혁신적인 농촌 빈곤지원 개발사업의 지속적인 추진에 관한 의견>을 발표하고, 전국적으로 빈곤지원 사업을 진행하기 위한 혁신적인 실천계획과 정교한 지원체계 구축방안을 제시했다. 이때부터 중국의 빈곤지원정책이 정교한 지원 단계로 진입했다. 이에 따라, 정교한 판별, 정교한 도움, 정교한 관리 그리고 정교한 심사 등 정교

2018년 11월 14일, 후난성湘 상시에 사는 묘족 여성이 화려한 자수가 놓인 전통의상을 입고 '정교한 지원'이 가져다준 변화에 대해 이야기하며 활짝 웃고 있다.

함이 요구되는 네 가지 분야를 확정했다.

    정교한 지원의 기초가 되는 정교한 판별이란, 일정한 방법으로 빈곤선 이하 상황에 놓인 가정과 사람을 찾아내고 이들이 빈곤에 처한 주된 요인을 찾는 것을 의미했다. 빈곤지원카드 발급사업을 진행하는 것이 지원체계 구축의 첫 번째 과제였다. 지원카드 발급 체계를 구축함으로써, 향후 더욱 정교한 빈곤 상황 파악, 정교한 빈곤 원인 분석, 도움이 필요한 곳에 대한 더욱 정교한 판단, 명확한 책임 소재와 조치를 진행할 수 있게 되었다. 이는 빈곤 관리와 평가를 위한 기반이 되었다. 농촌주민의 소득과 소비에 관한 세밀한 정보가 부족했기 때문에, 정교한 판별을 위해서 지역별로 다양한 방식의 논의와 종합적인 평가방법을 도입했다. 2014년부터 전국적으로 2,948만 가구와 8,962만 빈곤 인구를 파악한 후 이들에 대해 지원카드를 발급하고 지원정보 체계를 구축했다. 빈곤가정의 가족 구성, 자원 상황, 소득원 및 소득수준, 빈곤원인과 지원 조치 등에 대해 통계작업을 진행했다.

정교한 판별을 기반으로 빈곤가구의 빈곤 원인에 따라서 정확한 지원, 즉 빈곤의 주된 원인을 제거하고 기본적인 생활을 영위할 수 있도록 도움을 주었다. 이를 기반으로 빈곤가구 스스로 일어설 수 있는 능력을 가지고 탈빈곤을 이루도록 했다. 마을에 파견된 지원담당자와 간부가 빈곤가구와 한 조가 되어 경제활동, 생활 기반, 자녀 학업, 취업 등에 필요한 도움을 주고 1대1로 정교한 도움을 제공했다.

정교한 관리란 모든 빈곤인구의 등록, 카드발급, 빈곤가정의 기본상황, 빈곤 원인과 필요한 지원 조치 등 상세한 정보를 수시로 업그레이드하는 것을 의미했다. 빈곤 상황의 변화에 근거하여, 매년 빈곤가정과 빈곤인구 실태를 조사하여 도움이 필요한 곳에 최대한 도움이 미치도록 했다. 정교한 관리는 주로 정교한 판별과 관리, 지원 자금 관리 그리고 빈곤가구, 빈곤촌, 빈곤현에 대한 전체적인 지원 과정을 관리하는 것이다. 또한 마을에 상주하면서 도움을 주는 것도 포함되었다.

정교한 심사란 우선 카드발급이 정확하게 이루어졌는지 여부와 지원효과에 대한 심사와 평가를 진행하는 것을 말하며, 지원사업의 유효성을 판단함으로써 빈곤가구가 진정한 빈곤 탈출을 이루도록 하는 것이다. 또한 지방정부의 빈곤지원사업 성과에 대해 심사하여 빈곤지역을 관할하는 지방정부가 빈곤지원과 민생 개선을 우선순위에 두도록 유도했다. 양적인 심사를 통해 빈곤현縣에 대한 평가, 각급 행정부문과 빈곤지원사업의 성과에 대해 평가하고, 빈곤마을 상주 지원팀 제도를 기반으로 마을 지도자들과의 협력 및 인센티브 제도를 구축하여 빈곤마을의 지도자들이 지원사업에 적극적으로 참여하도록 유도했다.

2015년 6월, 시진핑 주석이 '6가지 정교한 지원방안'을 지시하고, '지원대상 선별, 지원프로그램 시행, 자금지원, 찾아가는 정책, 지원 요원 배치, 탈빈곤 효과' 등 6가지 정교한 지원방안을 강조했다. 이 지원방안이 정교한 지원이 이루어지는 본질적인 요건이었다. '6가지 정교한 지원방안'이 담보되면

'누구를 지원하고, 어떻게 지원하고, 누가 업무를 진행하여 진정한 빈곤탈출을 이룰 것인가'의 문제를 해결할 수가 있다. 정교한 지원전략과 '6가지 정교한 지원방안'을 현실화하기 위해, 각급 정부는 일련의 지원체계와 지원모델을 혁신했다. 2015년 11월 29일, 중앙당과 국무원이 <빈곤과의 전쟁 승리를 위한 결정>을 발표하고, <중국 농촌 빈곤지원 개발 요강(2011~2020년)>을 기본으로 하는 정교한 빈곤지원전략과 시행방안을 마련했다. 정교한 빈곤지원과 정교한 탈빈곤을 기본전략으로 하여 빈곤지역 개발과 경제사회발전 상호 연계, 정교한 지원과 빈곤지역 개발 연계, 빈곤지역 개발과 생태보호 접목, 빈곤지역 개발과 사회보장 접목, 상시적이고 확실한 방안 구축 등을 통해 빈곤과의 전쟁에서 반드시 승리해야 한다고 강조했다.

<빈곤과의 전쟁 승리를 위한 결정>에 입각하여, 정부는 전면적인 빈곤탈출을 위해 7대 탈빈곤 제도 및 제도별 세부 목표를 확정했다. 과거의 지역개발형 탈빈곤 정책과 달리, 7대 탈빈곤 제도는 빈곤 농가를 대상으로 한 사회정책을 주된 탈빈곤 방안으로 내세웠다. 7대 탈빈곤 제도의 핵심 내용은 다음과 같다.

첫째, 특화산업 발전을 통한 빈곤 탈출이다. 이를 위해 우선 빈곤촌과 빈곤가구가 여건에 맞는 농작물 재배와 양식업, 전통 수공업 등을 발전시키도록 유도했다. 빈곤 마을마다 '1촌1품목'을 정하고, 빈곤 농가가 특화농업단지 조성에 참여하는 농민합작사와 핵심 기업을 육성했다. 빈곤농가의 조직적인 참여와 역할을 유도하여 빈곤 농가가 이익을 창출할 수 있는 메커니즘을 만들었다.

둘째, 노동력 활용을 통한 빈곤 탈출이다. 취업에 필요한 맞춤형 훈련을 위해 노동력의 이동, 훈련, 투입을 원활히 하고 각 부문의 훈련자원을 종합적으로 활용했다. 직업기능 향상 프로그램과 빈곤 농가 교육훈련 프로그램을 적극적으로 시행하여 기업의 역량과 직업교육을 연계했다. 빈곤가정의 자녀들이 직업학교와 공업기술학교에 입학하여 적어도 한 가지 이상 기능을 익히도록 도왔다. 도시에서 1년 이상 일한 농촌 빈곤 농가의 구성원에 대해 해당 지방정부가 상응하는 지원책임을 지고 우선적으로 기본공공서비스를 제공했다. 또한 도시에서 취업할 수 있는 능력을 갖춘 빈곤 농가의 구성원이 도시의 일원으로 살아갈 수 있도록 필요한 절차를 보장해주었다.

셋째, 타지역 이주를 통한 빈곤 탈출이다. 주거여건과 생태환경이 열악하거나 자연재해 빈발지역에 거주하는 빈곤 가구에 대해 신속히 이주사업을 진행하는 방안이다. 도시화 개발, 타지역 이주자에 대한 빈곤지원 계획 수립, 여건을 갖춘 지역에 산업단지 조성 등을 빈곤계층 지원과 연계함으로써, 신속히 이주와 취업을 진행하고 현지 주민들과 동등한 기본공공서비스를 받을 수 있도록 했다.

넷째, 생태보호와 연계한 탈빈곤이다. 국가의 휴경休耕 및 삼림환원, 천연림 보호, 방호림 구축, 사막화 방지, 습지보호와 복원, 산비탈 경작지 종합 구획, 목초지 환원, 수변 생태환경 복원 등 중요한 생태 프로젝트를 시행할 때 빈곤지역의 주민들이 참여하여 이윤을 창출할 수 있도록 했다. 빈곤지역의 생태환경 복원사업을 시행하여 생태기능 전환에 따른 지원을 늘리고 생태환경 복원과 보상에 투입되는 자금을 활용하여 해당 지역의 취약계층을 삼림보호원 등 생태환경 감시요원으로 채용했다.

다섯째, 교육을 통한 빈곤 탈출이다. 교육을 통한 탈빈곤사업은 빈곤가정의 자녀들이 공평하게 양질의 교육을 받을 수 있게 함으로써 빈곤의 고리를 끊는데 주안점을 두었다. 학령전 교육지원제도를 구축하여 농촌의 빈곤가정 자녀들이 취학 전 교육을 받을 수 있도록 돕고 농촌 학생 영양개선사업을 점진적으로 추진했다. 빈곤지역 농촌에 초등학교를 건립하여 기본적인 교육여건을 개선하고 기숙학교 건립을 적극적으로 추진하여 의무교육률을 끌어올렸다. 고등학교 교육을 확대 보급하고 빈곤지원카드 발급 가정의 자녀들에 대해 고등학교 학비를 면제해주었다. 또한 고교에 진학하지 못한 중학교 졸업생에게는 중등직업교육을 받을 수 있도록 학비와 부대비용 면제 혜택을 주었다.

여섯째, 의료보험과 의료구조제도를 활용한 빈곤 탈출이다. 건강지원 프로그램을 실시하여 빈곤계층이 기본적인 보건의료서비스를 받을 수 있도록 하고, 질병으로 인한 빈곤이나 질병으로 인해 또다시 빈곤상태로 돌아가지 않도록 도왔다. 신형 농촌합작의료제도에 가입한 빈곤계층의 납부 비용을 정부 재정에서 보조해주었다. 빈곤계층을 대상으로 신형 농촌합작의료와 중대질환보험제도가 시행되면서 모든 빈곤지역의 외래진료비를 의료보험통합기금에서 보전해 주었다. 이를 통해 빈곤계층의 실제 중대질병 의료비 부담을 덜어주었다. 신형 농촌합작의료와 중대질환보험제도의 비용 지원을 받은 후에도 자기 부담금을 내기 어려운 경우, 의료구제, 임시구제, 자선구제 등 다양한 지원을 강화하여 빈곤계층의 부담금 전액을 지원했다.

일곱째, 농촌 기초생활 보장제도를 통한 빈곤 탈출이다. 농촌 기초생계비 제도를 개선하여 경제활동을 지원하고 취업만으로는 빈곤에서 탈출하기 어려운 가구에 대해 정책적으로 보장해주었다. 성省 정부 차원의 농촌지역 기초생계보장을 강화하고 기초생계보장 수준이 낮은 지역은 점차 국가지원 기준으로 끌어올렸다. 또한 농촌의 기초생계보장제도와 개발정책을 효과적으로 접목할 수 있는 방안을 신속히 마련했다. 농촌지역 기초생계보장 가구에 대한 실사를 통해 지원기준에 부합하는 모든 빈곤가정이 기초생계보장을 받을 수 있도록 노력했다.

2017년, 제19기 전인대에서 전면적인 소강사회 건설을 위해 정교한 탈빈곤 정책을 반드시 승리해야 할 3대 전쟁 가운데 하나로 명시했다. 탈빈곤 과제를 보면, 2018년부터 2020년까지 3년 동안 전국의 농촌지역 빈곤인구가 약 3,000명에 달했는데, 이 중 질병이나 장애로 인한 빈곤 비중이 높았다. 3년 안에 탈빈곤 목표를 실현하는 것은 결코 쉬운 일이 아니었다. 2018년 6월 15일, 중앙당과 국무원이 〈빈곤과의 전쟁 3년 작전 방침에 관한 의견〉을 발표하고, 전면적인 빈곤과의 전쟁을 선포했다.

이에 따라, 2020년까지 탈빈곤 성과를 확실히 얻기 위해서 산업발전을 통한 탈빈곤, 타지역으로의 이주를 통한 탈빈곤, 생태 보상을 통한 탈빈곤, 교육발전을 통한 탈빈곤, 사회보장을 통한 탈빈곤 등으로 나누어 지역 상황에 맞게 종합적인 시책을 마련하고 절대빈곤 농가가 빈곤에서 벗어날 수 있도록 지원했다. 또한 빈곤현縣이 빈곤의 굴레를 벗어날 수 있도록 돕고, 빈곤지역 농가의 평균가처분소득 증가폭을 전국 평균 이상으로 끌어올렸다. 빈곤지역의 주요한 기본공공서비스 지표를 전국 평균 수준에 근접하도록 노력했는데, 주요 내용은 다음과 같다. 빈곤지역 내의 행정촌村에 아스팔트 도로 건설, 빈곤촌村 전력 공급, 빈곤가구의 주택 및 용수 안전문제 해결, 빈곤촌村의 거주환경 청결 및 위생, 빈곤으로 인한 의무교육 중퇴 문제 해소, 빈곤계층에 대한 기본양로보험, 기본의료보험, 중대질병보험 전면 실시, 철저한 기초생계보장 등이 포함되었다. 이외에, 극빈지역, 혁명노병 거주지역, 소수민족 거주지역 그리고 변경지역의 환경 개선, 중대 빈곤지역의 탈빈곤 과제 조기 실현 등이 있었다.

<중국 농촌 빈곤지역 개발 요강(2011~2020년)>에서 정교한 빈곤지원전략에 이르기까지, 다시 빈곤과의 전쟁 3년 작전에 이르기까지, 이 시기 빈곤지원 개발정책의 체계는 기존의 지역개발정책을 기반으로 빈곤층의 상황에 맞게 사회 정책적 탈빈곤 효과에 초점을 맞추었다. 이에 따라서, 정교한 빈곤지원제도 또한 지역별 맞춤 지원에서 빈곤가구/빈곤인구에 대한 정교한 지원으로 전환하고 지원의 정확도와 효율성을 강화했다. 빈곤농가를 위한 정교한 취업, 주택, 교육, 의료, 사회구제 정책들이 빈곤 농가의 탈빈곤을 돕는 중요한 수단이 되었다.

3. 빈곤과의 전쟁 주요 성과와 기본 경험

신중국 수립 70년 동안, 중국 정부는 시종일관 강한 국력, 잘 사는 국민을 국가발전의 목표로 삼았다. 개혁과 발전을 통해 경제체제의 궤도와 발전전략을 전환하고 국민의 소득수준을 보편적으로 향상시켰다. 또한 빈곤지역과 빈곤농가에 대한 개발형 탈빈곤 정책과 사회정책과 연계한 탈빈곤 정책을 통해 빈곤 농가들이 빈곤에서 탈출할 수 있었다. 중국의 빈곤지원정책은 제도의 융합과 정책의 확대라는 뚜렷한 특징을 지니고 있다.

1. 빈곤과의 전쟁과 주요 성과

신중국이 출범할 당시 중국은 가진 것 없는 낙후한 농업국가, 누적된 가난 속에 허덕이는 국민경제 그리고 국민이 모두 가난한 나라였다. 70년 동안, 탈빈곤 사업의 성과는 우선 개혁과 발전 속에서 이룬 경제성장, 구조의 전환 그리고 이로 인한 보편적인 소득증대와 복지 개선으로 집약된다. 이러한 기초 위에서 정부는 빈곤지역과 빈곤농가에 대한 개발형 빈곤지원과 사회정책형 빈곤지원을 통해 시장 메커니즘의 부족한 점을 보완하고 낙후된 지역의 경제성장과 빈곤농가의 소득개선을 추진했다.

1) 산업화, 시장화, 도시화의 빈곤퇴치 효과

신중국 수립 70년 동안 산업화를 통해서 중국은 낙후한 농업국가에서 발전된 산업강국으로 변모했고, 시장화를 통해서 비교우위 전략을 기반으로 지속적이고 신속한 경제성장과 국민소득 개선을 실현했다. 그리고 도시화를 추진하여 노동력의 도시 이동을 기반으로 하는 기본적인 공공서비스 체계를 구축할 수 있었다. 산업화, 시장화 그리고 도시화 전략과 시행은 시장 메커니즘에 활력을 불어넣었고 보편적인 소득향상을 가져왔다. 이는 중국이 신속하게 빈곤퇴치를 이룰 수 있었던 기반이었다.

첫째, 지속적인 경제성장과 부단한 국력 성장이 빈곤을 벗어날 수 있는 물질적 기초가 되었다. 신중국 출범 시기에 중국의 경제 기반이 매우 취약했다. 1952년 GDP가 불과 679억 위안, 1인당 GDP는 119위안이었다. 1978년 GDP가 3,679위안으로 증가하여 세계 경제에서 차지하는 비중이 1.8%, 11위였다. 개혁개방 이후, 중국 경제가 빠르게 발전하여 2000년 GDP가 10조 위안을 돌파하고 세계 6위의 경제대국이 되었다. 2010년에는 41조 2,119억 위안으로 일본을 제치고 세계 2위로 우뚝 섰다. 2018년에 90조 309억 위안에 이르러 세계 경제에서 차지하는 비중이 16%에 근접했다. 불변가격으로 환산하면 2018년 GDP가 1952년에 비해 174배 증가했으며, 이는 연평균 8.1%의 성장이었다. 이 중, 1979~2012년 동안, 연평균 9.9%의 빠른 성장세를 유지했는데, 같은 기간 세계 경제 평균 성장세보다 7.0%p 높았다. 새로운 시대를 맞아 경제구조의 전환과 질적인 발전을 추구한 결과, 2013~2018년 기간에 경제가 연평균 7.0% 성장하여 같은 기간 세계 평균 2.9%보다 확연히 높은 성장률을 기록했다. 기간을 좀 더 길게 잡으면, 1979~2018년 동안 연평균 성장률이 9.4%로 같은 기간 세계 평균 2.9%보다 훨씬 높았다. 세계 경제 성장에 대한 연평균 기여도는 약 18%로 미국의 뒤를 이어 세계에서 두 번째였다.

이와 동시에, 중국의 1인당 국민소득도 큰 폭으로 향상되었다. 세계은행 통계에 의하면, 1962년 중국의 1인당 국민소득이 70달러였고, 1978년에도 200달러에 불과했다. 하지만 개혁개방 이후, 1인당 국민소득 수준이 크게 높아졌다. 2018년에 9,470달러에 달하여 1962년보다 134.3배 성장했다. 1인당 국민소득과 세계 평균 간 격차가 점차 축소되어, 1962년에 세계 평균의 14.6%였던 것이 2018년에 세계 평균의 85.3%에 달하며, 1962년보다 70.7% 높아졌다. 장기적인 고속성장과 강한 경제력이 빈곤 문제 해결의 든든한 기반이 되어주었다.

둘째, 산업화로 인해 산업구조와 취업구조의 변화가 일어났다. 낙후한 농업국가가 산업국가로 변모하고 농민들의 직업이 바뀌었다. 신중국의 수립이 산업화의 서막을 열었다고 볼 수 있는데, 1950~70년대에 초보적이나마 비교적 완전한 산업체계를 구축했고, 이후의 산업화에 소중한 기반을 마련했다. 개혁개방 이후, 중국의 산업화가 비약적인 발전단계로 진입했다. 산업 부가가치가 1952년의 120억 위안에서 2018년 30조 5,160억 위안으로 증가했다. 이를 불변가격으로 환산하면 970.6배 증가하여 연평균 11.0% 성장한 것이다. 1952년, 1차, 2차, 3차 산업별 부가가치가 GDP에서 차지하는 비중이 각각 50.5%, 20.8%, 28.7%였으며, 농업부문이 83.5%의 취업인구를 흡수했다. 1978년, 1차, 2차, 3차산업 부가가치가 각각 27.7%, 47.7%, 24.6%였으며, 농업부문의 취업인구 흡수율이 70.5%였다. 개혁개방 이후, 경제체제의 전환이 더한층 추진되면서 사회주의 시장경제 체제가 점차 확립되고, 생산성 향상과 강력한 산업구조 재편이 이루어졌다. 제18기 전인대 이후, 중국 경제는 새로운 단계로 들어섰다. 경제구조의 전략적 전환이 빠르게 추진되면서 3차 산업이 눈에 띄게 발전했다. 2018년, 1차, 2차, 3차산업의 부가가치 비중이 각각 7.2%, 40.7%, 52.2%, 취업 비중은 각각 26.1%, 27.6%, 46.3%였다. 이 가운데 3차 산업의 부가가치와 취업 비중이 각각 1952년에 비해 23.5%p, 37.25%p 상승했다. 중국의 산업화와 이로 인한 비非농업화가 농촌주민의 실질적인 소득수준 향상에 기여했다.

셋째, 시장화 개혁과 수출주도형 발전전략의 접목이 취업 기회의 확대를 가져왔을 뿐 아니라 이중적인 소유구조의 약화 및 노동자 소득증대를 가져왔다. 신중국 수립 초기부터 개혁개방 전까지, 중국의 소유구조는 기본적으로 단일적인 공유제 경제였다. 1978년, 산업의 총부가가치에서 국유기업이 77.6%, 집체기업이 22.4%를 차지했다. 11차 3중전회 이후, 중국은 시장화로의 전환을 추진하여 사회주의 시장경제 체제를 확립했다. 이는 비非공유제 경제발전의 서막이 되었다. 국유기업이 확대 발전하는 가운데, 민간경제와 사기업들이 점차 사회주의 시장경제의 중요한 구성요소로 등장했다. 2018년, 일정 규모 이상 기업 중에서 민간기업의 숫자가 절반이 넘었는데, 자산규모, 매출액 및 총이윤의 비중이 모두 20% 이상을 차지했다. 비非공유제 경제의 발전이 주로 중국의 노동원가 우위에 기반을 둔 수출주도형 경제에 집중되었다. 시장화가 지속되면서 비非공유제 경제가 도시주민 일자리의 주된 통로가 되었다. 1978년, 도시의 취업인구 9,514만 명 중에서 자영업 부문 취업자는 15만 명에 불과했고, 대부분의 취업이 국유기업과 집체기업에 집중되었다. 개혁개방 이후, 비非공유제 경제 취업자 수가 빠르게 증가했다. 2018년, 도시의 비非공유제 경제 영역 취업자 비중이 1978년의 0.2%에서 83.6%로 높아졌는데, 이 중에서 도시 민간기업과 자영업 취업자 수가 각각 1억 3,592만 명과 1억440만 명으로, 전체 도시 취업자 수의 32.1%, 24.0%를 차지했다. 시장화로의 전환이 경제성장과 일자리 확대를 가져왔고 노동자들이 취업을 통해 소득을 증대시킬 수 있게 되었다는 의미였다.

넷째, 시장 지향적 소득분배제도 개혁이 시장의 활력과 노동자의 소득수준 향상을 가져왔다. 계획경제 체제는 소득의 평준화를 추구했기 때문에 노동자의 노동 의욕이 효과적으로 발휘될 수 없었다. 개혁개방 이후 사회주의 시장경제 체제의 발전과 맞물려 소득분배제도도 대대적인 변화를 맞았다. 노동에 따른 분배를 근간으로 하되 다양한 분배방식을 도입했다. 노동에 의한 분배와 생산요소 분배를 결합하여 효율성과 공정성을 확보하려고 노력했는데, 생산 의욕과 생산 효율성, 소득의 증가를 극대화하기 위해서였다. 계획경제 시기에는 도시와 농촌의 소득원이 단순했다. 도시주민은 월급에, 농촌주민은 공동분배에 기대어 살았다. 1978년, 도시주민의 평균임금과 고용기관에서 받는 기타 소득을 합산한 금액이 도시 주민소득에서 차지하는 비중이 93.8%였다. 농촌주민의 평균소득 66.3%가 집체경영에서 발생했다. 개혁개방 이후 다양한 생산요소가 소득분배에 도입되면서 주민의 소득원에 뚜렷한 변화가 발생했다. 도시의 경우 임금소득의 비중이 줄고 농촌에서는 임금소득의 비중이 상승했다. 2000년, 도시주민 평균 가처분소득 중에서 임금소득의 비중이 30.8%로 상승했다. 2012년 이후부터 소득원이 더욱 다양화되어 자산소득이 도시 주민소득에서 중요한 구성요소가 되었고, 반면에 농촌에서는 임금소득이 가장 중요한 소득원이 되었다. 2018년, 도시주민 가처분소득 가운데 순자산소득의 비중이 10.3%로, 2013년에 비해 0.6%p 높아졌다. 임금소득의 비중은 60.6%로 2.2%p 하락했다. 농촌주민의 가처분소득 가운데 임금소득 비중이 41.0%로 2013년에 비해 2.3%p 높아졌는데, 이는 순사업소득보다 4.4%p 높은 수준이다.

다섯째, 도시화로 인해 농촌의 잉여 노동력이 도시에서 일자리를 얻게 되고 기본공공서비스의 균등화를 가져왔다. 신중국 수립 초기에 중국의 도시와 농촌 간 격차가 매우 컸다. 도농 격차가 큰 상황에서 생산요소의 이동도 행정적 통제를 받았다. 하지만 개혁개방 이후 호적제도 규제가 점차 완화되고 도시화도 가속화되기 시작했다. 도시와 농촌 간에 노동력, 토지, 자금 등 요소시장의 경계가 허물어지고 격차도 크게 줄어들었다. 일부 지역에서는 도시와 농촌의 통합이 진행되기도 했다. 제18기 전인대 이후 사람 중심의 새로운 도시화가 체계적으로 진행되고, 도시화의 질도 높아져 도시와 농촌의 발전구조가 한층 균형을 이루었다. 1949년에 중국의 도시인구가 5,765만 명에 불과했고 도시화율도 10.64% 정도였다. 1978년에는 17.92%로 약 30년의 세월이 흘렀지만 겨우 7.28%p 높아졌다. 개혁개방 이후 도시화가 눈에 띄게 빨라졌다. 1978~2018년, 도시 상주인구가 1억 7,000만 명에서 8억 3,000만 명으로 증가했고, 도시화율은 17.92%에서 59.58%로 높아져 41.66%p 증가했다. 특히, 2012년 이후 호적제도 개혁이 추진되면서 농촌에서 도시로 이주한 비율이 뚜렷하게 높아졌다. 2012~2018년, 호적인구의 도시화율이 35.33%에서 43.37%로 높아졌다. 인구의 도시화는 더욱 많은 농촌의 잉여노동력이 노동시장으로 진입할 수 있도록 만들었다. 또한 호적인구와 상주인구의 기본공공서비스 균등화로 농촌에 호적을 둔 인구가 도시의 기본공공서비스 체계 속에 편입될 수 있었다.

여섯째, 경제성장과 구조변화가 노동자 소득의 지속적인 증가와 생활개선을 가져왔다. 경제성장은 국력의 신장뿐 아니라 일자리 효과를 통한 임금소득 수준을 높였다. 개혁개방 이전까지 중국의 평균임금이 비교적 완만하게 증가했는데, 1952~1978년 평균임금이 445위안에서 615위안으로 증가하여 38.2% 늘었다. 물가요인을 제한 실제 증가폭은 10.3%였다. 개혁개방 이후 경제가 계속 새로운 단계로 발전하고 정부가 기본임금기준 등 일련의 정책들을 내놓으면서 도시 취업자의 평균임금이 빠르게 증가했다. 2018년, 도시의 비非민간기관 취업자의 평균임금이 연평균 13.0% 증가하여 82,461위안에 달했는데, 1978년에 비해 134배 증가한 것이었다. 물가요인을 제한 실질 증가폭은 18.3배, 연평균 실제 증가폭이 7.7%였다. 2012년부터 정부는 국민의 소득과 경제의 동반 성장, 노동의 대가와 노동생산성의 향상, 국민소득이 소득분배에서 차지하는 비중 제고, 임금이 1차 소득분배에서 차지하는 비중 제고 등 방침을 명확히 제시했다. 2013~2018년, 전국적으로 1인당 평균가처분소득의 실질 증가폭이 7.3%를 유지했는데, 이는 1인당 GDP의 실제

2019년 2월 14일, 구이린시의 '봄 철 일자리 박람회' 발대식 및 농촌 노동력 현장 채용 행사장의 모습이다.

증가폭보다 0.8%p 높았다. 2016년 가구별 가처분소득이 전체 가처분소득에서 차지하는 비중이 62.1%로 2011년에 비해 1.3%p 높았다. 임금이 1차소득분배에서 차지하는 비중은 52.2%로 4.7%p 높았다.

임금소득의 증가는 생활수준 특히 소비수준의 향상을 가져왔다. 신중국 수립 초기, 주민소득과 소비수준이 매우 낮았는데, 1956년에 전국 1인당 가처분소득이 98위안, 1인당 소비지출은 88위안에 불과했다. 개혁개방 초기인 1978년 전국 1인당 가처분소득이 171위안, 1인당 소비지출은 151위안이었고, 도시주민과 농촌주민의 엥겔계수는 각각 57.5%, 67.7%였다. 개혁개방 이후, 경제의 지속적인 발전과 함께 도시와 농촌의 소득수준도 지속적으로 높아졌다. 2018년 전국 1인당 가처분소득이 28,228 위안으로 1978년에 비해 24.3배 증가했다. 소득이 빠르게 증가하면서 주민의 구매력이 현저히 향상되어 소비구조의 업그레이드가 두드러졌다. 2018년 전국 1인당 소비지출이 19,853위안으로 1978년에 비해 19.2배 증가했고, 이에 비해 전국 엥겔계수는 28.4%로 35.5%p 하락했다.

2) 개발형 탈빈곤과 사회 정책적 탈빈곤

지리적 제약과 자연자원의 제약, 시장 메커니즘 발달이 가져온 발전 격차 그리고 기존에 존재하던 한계점들을 해결하기 위해서, 정부는 지불전이제도를 만들어 낙후된 농촌과 빈곤지역에 전력, 통신 그리고 정보 인프라를 구축하고, 빈곤현縣과 빈곤촌村에 산업 육성 여건 조성 등 다양한 산업정책을 시행했다. 또한 노동능력이 있는 빈곤 주민에 대해서는 사회정책을 통해 취업 기회를 주고, 노약자와 장애인 등 취약계층에 대해서는 기초생계보장, 5대 보장, 합작의료 등 기본생활을 보장했다.

첫째, 빈곤기준선을 상향하고 재정 투입을 늘여 빈곤대책의 수혜 자격과 범위를 확대했다. 빈곤기준선의 설정은 국민의 생활과 기본적인 요구를 동태적으로 파악하는 것에서 출발해야 했다. 이에 따라, 시기별로 경제사회와 생활수준의 향상에 근거하여 높아진 기본생활에 대한 요구를 충족할 수 있는 빈곤기준선을 마련했다. 개혁개방 이래 중국은 1978년 기준, 2008년 기준 그리고 2010년 기준 등 3차례 다른 빈곤기준을 적용했다. 1978년 기준은 1978년 물가를 근거로 1인당 매년 100위안을 지급했다. 이것은 1인당 하루 2,100kcal의 식료품 섭취를 보장하는 낮은 수준의 생존기준으로 식료품 지출이 85%를 차지했다. 기준 책정 당시에 농촌의 상황이나 기본적인 식료품의 질이 비교적 열악했는데, 예를 들어 주식에서 잡곡의 비중이 높고 육류나 알류의 비중이 낮았다. 더욱이 식료품의 양이 겨우 주린 배를 채울 수 있는 정도였다. 2008년 기준은 실제로 2000년부터 적용된 기준이었지만, 2008년에 정식으로 탈빈곤 지원 기준선으로 사용되었기 때문에 2008년 기준으로 불렸다. 2000년 물가에 근거하여 1인당 매년 865위안을 지급했는데, 1인당 매일 2,100kcal의 식료품 지출을 보장해주는 정도의 보장이었다. 1978년 기준에 비해 식료품 지출의 비중을 60%로 낮추고 비非식료품의 비중을 다소 확대하여 생존문제를 기본적으로 해결할 수 있도록 했다. 2010년 기준은 현행 농촌의 탈빈곤 지원기준이다. 2010년 물가에 근거하여 1인당 매년 2,300위안을 지급하고 있다. 이는 '두 가지 걱정을 덜고 세 가지를 보장하는' 기본 생활안정보장 기준이다. 전국적으로 직접적인 조사 결과를 바탕으로, 의무교육, 기본의료 그리고 주택안정을 보장해주고(세 가지 보장), 농가의 농산물 판매가격과 평균 구매가격에 근거하여 1인당 매일 곡물이나 밀가루 600g, 채소 600g, 고기 37g이나 달걀 1개를 지급하고 있다. 하루에 2,100kcal와 단백질 60g의 음식물 섭취를 보장하고 있다. 또한, 현행 빈곤기준에서 비非식료품의 비중이 비교적 높은데, 2014년의 경우 식료품 지출 비중이 53.5%였다.

현재 중국의 농촌 빈곤기준선이 이미 국제 빈곤기준선보다 높다. 세계은행이 2015년에 발표한 하루 1.9달러(2011년 물가 기준) 국제 빈곤기준선과 비교해보자. 1달러=3.696위안으로 구매력평가지수로 환산했을 때, 하루 1.9달러를 위안화로 표시하면 2011년에 2,564위안이다. 중국에서 도시와 농촌 간에 약 30%의 물가 차이가 있는 점을 고려하면, 농촌 빈곤기준선은 위안화로 2,100위안이다. 2011년 중국 농촌의 빈곤기준이 2,536위안이었는데, 이를 상술한 구매력평가지수로 계산하면 하루 2.3위안에 해당된다. 따라서 중국의 현행 농촌 빈곤기준선이 하루 1.9달러의 1.21배이다. 만약 농촌주민들이 받는 '기본주택보장'을 포함해서 계산하면, 중국의 현행 기준은 2.3달러보다 20% 높아진다. 여기에 '세 가지 보장' 요인을 포함하면 그 기준이 더 높아진다.

표 2-1 중국 농촌의 빈곤기준 변화 추이 (단위: 위안/년)

연도	1978년 기준	2008년 기준	2010년 기준
1978	100		366
1980	130		403
1985	206		482
1990	300		807
1995	530		1511
2000	625	865	1528
2005	683	944	1742
2008		1196	2172
2010		1274	2300
2011			2536
2012			2625
2013			2736
2014			2800
2015			2855
2016			2952
2017			2952

자료출처: 鮮祖德, 王萍萍, 吳偉,《中國農村貧困標準與貧困監測》,《統計研究》, 2016年 第9期.

　　빈곤기준의 상향조정은 기본생활 보장에 대한 책임을 '먹는 문제 해결'에서 '더 잘 먹는 문제 해결'과 '존엄'의 측면에서 보기 시작했다는 것을 의미했다. 빈곤기준 상향으로 빈곤인구에 대한 정부의 책임이 그만큼 더 커졌다.

표 2-2   1978~2017년 세 차례 빈곤기준 조정과 빈곤 상황의 변화 추이

	1978년 기준		2008년 기준		2010년 기준	
	빈곤인구 만 명	빈곤 발생률 %	빈곤인구 만 명	빈곤 발생률 %	빈곤인구 만 명	빈곤 발생률 %
1978	25000	30.7			77039	97.5
1980	22000	26.8			76542	96.2
1981	15200	18.5				
1982	14500	17.5				
1983	13500	16.2				
1984	12800	15.1				
1985	12500	14.8			66101	78.3
1986	13100	15.5				
1987	12200	14.3				
1988	9600	11.1				
1989	10200	11.6				
1990	8500	9.4			65849	73.5
1991	9400	10.4				
1992	8000	8.8				
1994	7000	7.7				
1995	6540	7.1			55463	60.5
1997	4962	5.4				
1998	4210	4.6				
1999	3412	3.7				
2000	3209	3.5	9422	10.2	46224	49.8
2001	2927	3.2	9029	9.8		
2002	2820	3	8645	9.2		
2003	2900	3.1	8517	9.1		
2004	2610	2.8	7587	8.1		
2005	2365	2.5	6432	6.8	28662	30.2
2006	2148	2.3	5698	6		
2007	1479	1.6	4320	4.6		
2008			4007	4.2		
2009			3597	3.8		
2010			2688	2.8	16567	17.2
2011					12238	12.7

2012	9899	10.2
2013	8249	8.5
2014	7017	7.2
2015	5575	5.7
2016	4335	4.5
2017	3046	3.1

자료출처: 국가통계국 가구조사판공실, 〈중국농촌빈곤조사보고서 2018〉, 중국통계출판사, 2018년 인쇄.

둘째, 이전까지 시기별로 다른 빈곤기준과 탈빈곤 정책을 통해 빈곤률을 감소시키려고 노력했다면, 앞으로는 현행 빈곤기준(2020년)을 통해 전면적인 탈빈곤을 실현할 것이다. 개혁개방 이후 농촌에서 농가 도급책임제를 골자로 하는 경제개혁을 단행하여 생산력과 소득을 크게 향상시키고 농민의 먹고사는 문제를 점차 해결했다. 당시의 농촌 빈곤기준으로 산정했을 때(1984년 물가에 근거하여 1인당 매년 200위안이었는데 비교적 낮은 수준의 생존기준이었다), 농촌의 빈곤인구가 1978년 말 2억 5,000만 명에서 1985년 말 1억 2,500만 명으로 감소했고, 빈곤발생률은 1978년 말 30.7%에서 1985년 말 14.8%로 감소했다. 이를 현행 농촌빈곤기준으로 계산하면(2010년 물가를 기준으로 산정한 1인당 매년 2,300위안), 농촌 빈곤인구가 1978년 말의 7억 7,000만 명에서 1985년 말 6억 6,000만 명으로 줄었고 빈곤발생률은 1978년 말 97.5%에서 1985년 말 78.3%로 줄었다.

표 2-3 2010~2017년 전국 지역별 농촌 빈곤인구 규모 (단위: 만 명)

지역＼연도	2010년	2011년	2012년	2013년	2014년	2015년	2016년	2017년
전국	16567	12238	9899	8249	7017	5575	4335	3046
베이징	1	2	1					
톈진	8	5	1					
허베이	872	561	437	366	320	241	188	124
산시	574	444	359	299	269	223	186	133
네이멍구	258	160	139	114	98	76	53	37

지역								
랴오닝	213	157	146	126	117	86	59	39
지린	216	140	103	89	81	69	57	41
헤이룽장	239	155	130	111	96	86	69	50
상하이								
장쑤	187	123	106	95	61			
저장	148	94	83	72	45			
안훼이	839	710	543	440	371	309	237	158
푸젠	167	114	87	73	50	36	23	
장시	538	438	385	328	276	208	155	107
산둥	544	345	313	264	231	172	140	60
허난	1461	955	764	639	565	463	371	277
후베이	678	488	395	323	271	216	176	114
후난	1006	908	767	640	532	434	343	232
광둥	314	166	128	115	82	47		
광시	1012	950	755	634	540	452	341	246
하이난	133	88	65	60	50	41	32	23
충칭	363	202	162	139	119	88	45	21
쓰촨	1409	912	724	602	509	400	306	212
구이저우	1521	1149	923	745	623	507	402	295
윈난	1468	1014	804	661	574	471	373	279
티베트	117	106	85	72	61	48	34	20
샨시	756	592	483	410	350	288	226	169
간쑤	862	722	696	496	417	325	262	200
칭하이	118	108	82	63	52	42	31	23
닝샤	77	77	60	51	45	37	30	19
신장	469	353	273	222	212	180	147	113

자료출처: 국가통계국 가구조사판공실, 〈중국농촌빈곤조사보고서 2018〉, 중국통계출판사, 2018년.

    1980년대 중엽부터 중국 정부는 지역발전 불균형 문제를 해결하기 위해 빈곤지역을 중심으로 맞춤형 탈빈곤 지원정책을 추진하기 시작했다. 〈국가 87탈빈곤계획〉과 10년에 걸쳐 두 차례 〈중국 농촌 탈빈곤 지원개발 요강〉을 잇달아 시행하면서 농촌의 빈곤인구가 지속적으로 감소하고 빈곤의 정도도 한층 완화되었다. 현행 빈곤기준으로 볼 때, 2012년 말 중국 농촌의 빈곤 인구가 9,899만 명으로 1985년 말과 비교하여 5억6,000만여 명 감소했고 감속폭이 85%에 달했다. 농촌의 빈곤발생률은 10.2%로 하락하여 1985년 말에 비해 68.1%p 줄었다.

표 2-4 2010~2017년 전국 지역별 농촌빈곤발생률(단위:%)

연도 지역	2010년	2011년	2012년	2013년	2014년	2015년	2016년	2017년
전국	17.2	12.7	10.2	8.5	7.2	5.7	4.5	3.1
베이징	0.3	0.3	0.2					
톈진	2.0	1.2	0.2					
허베이	15.8	10.1	7.8	6.5	5.6	4.3	3.3	2.2
산시	24.1	18.6	15.0	12.4	11.1	9.2	7.7	5.5
네이멍구	19.7	12.2	10.6	8.5	7.3	5.6	3.9	2.7
랴오닝	9.1	6.8	6.3	5.4	5.1	3.8	2.6	1.7
지린	14.7	9.5	7.0	5.9	5.4	4.6	3.8	2.7
헤이룽장	12.7	8.3	6.9	5.9	5.1	4.6	3.7	2.7
상하이								
장쑤	3.8	2.5	2.1	2.0	1.3			
저장	3.9	2.5	2.2	1.9	1.1			
안후이	15.7	13.2	10.1	8.2	6.9	5.8	4.4	3.0
푸젠	6.2	4.2	3.2	2.6	1.8	1.3	0.8	
장시	15.8	12.6	11.1	9.2	7.7	5.8	4.3	3.0
산둥	7.6	4.8	4.4	3.7	3.2	2.4	1.9	0.8
허난	18.1	11.8	9.4	7.9	7.0	5.8	4.6	3.4
후베이	16.9	12.1	9.8	8.0	6.6	5.3	4.3	2.8
후난	17.9	16.0	13.5	11.2	93	7.6	6.0	4.1
산둥	4.6	2.4	1.9	1.7	1.2	0.7		
광시	24.3	22.6	18.0	14.9	12.6	10.5	7.9	5.7
하이난	23.8	15.5	11.4	10.3	8.5	6.9	5.5	3.9
충칭	15.1	8.5	6.8	6.0	53	3.9	2.0	0.9
쓰촨	20.2	13.0	10.3	8.6	7.3	5.7	4.4	3.1

구이저우	45.1	33.4	26.8	21.3	18.0	14.7	11.6	8.5
윈난	40.0	273	21.7	17.8	15.5	12.7	10.1	7.5
티베트	49.2	43.9	35.2	28.8	23.7	18.6	13.2	7.9
산시	27.3	21.4	17.5	15.1	13.0	10.7	8.4	6.3
간쑤	41.3	34.6	28.5	23.8	20.1	15.7	12.6	9.7
칭하이	31.5	28.5	21.6	16.4	13.4	10.9	8.1	6.0
닝샤	18.3	183	14.2	12.5	10.8	8.9	7.1	4.5
신장	44.6	32.9	25.4	19.8	18.6	15.8	12.8	9.9

자료출처: 국가통계국 가구조사판공실, 〈중국농촌빈곤조사보고서 2018〉, 중국통계출판사, 2018년.

2015년 이후, 정교한 탈빈곤 지원정책을 시행하면서 본격적인 빈곤과의 전쟁이 시작되었다. 현행 농촌 빈곤기준에 따르면, 2013~2018년 동안에 농촌의 빈곤인구 감소 규모가 각각 1,650만 명, 1,232만 명, 1,442만 명, 1,240만 명, 1,289만 명, 1,386만 명으로, 해마다 평균 감소폭이 1,000만 명을 상회했다. 6년 동안 농촌의 빈곤인구가 누계 8,239만 명 감소하여 연평균 1,373만 명씩 줄었다. 6년 누계 감소폭이 83.2%에 달했다. 농촌 빈곤발생률도 2012년 말 10.2%에서 2018년 말 1.7%로 줄었다. 이 가운데, 10개 성省의 농촌 빈곤발생률이 1.0% 아래로 떨어져 1,000년 간 지속된 절대빈곤 문제가 역사적인 해결을 바라볼 수 있게 되었다.

셋째, 빈곤지역에 특화된 탈빈곤 지원책이 지역별로 뚜렷한 탈빈곤 효과를 가져왔다. 자연, 역사 등 요인들로 인해 중국의 빈곤 상황이 지역적 특징을 띠었는데 중서부 지역이 전체적으로 특히 심각했다. 1980년대 중반부터 중국은 빈곤지역에 특화된 탈빈곤 전략을 시행했다. 2015년 이후 정교한 탈빈곤 지원전략을 통해 빈곤지역에 대해, 특히 심각한 빈곤지역에 대해 지속적으로 정책 강도를 높이고 동부와 서부 간 지역 협력을 통한 탈빈곤 지원정책을 추진하여 현저한 빈곤감소 효과를 거두었다.

표 2-5   2010~2017년 전국 지역별 농촌빈곤인구 상황

지역 연도	빈곤인구 규모/만 명			빈곤발생률/%		
	동부	중부	서부	동부	중부	서부
2010	2587	5551	8429	7.4	17.2	29.2
2011	1655	4238	6345	4.7	13.1	21.9
2012	1367	3446	5086	3.9	10.6	17.5
2013	1171	2869	4209	3.3	8.8	14.5
2014	956	2461	3600	2.7	7.5	12.4
2015	653	2007	2914	1.8	6.2	10.0
2016	490	1594	2251	1.4	4.9	7.8
2017	300	1112	1634	0.8	3.4	5.6

자료출처: 국가통계국 가구조사판공실, 〈중국농촌빈곤조사보고서 2018〉, 중국통계출판사, 2018년.

전국적으로 중국의 동부지역이 기본적으로 먼저 빈곤에서 탈출했고, 중서부지역 농촌의 빈곤인구가 현저히 감소했다. 2018년 말, 동부지역의 농촌 빈곤인구가 147만 명으로 2012년 말에 비해 1,220만 명 감소했으며, 6년 누계 89.2% 줄었다. 농촌의 빈곤발생률은 2012년 말 3.9%에서 2018년 말 0.4%로, 3.5%p 하락하여 기본적으로 빈곤탈출을 실현했다. 중부지역 농촌의 빈곤인구는 2012년 말 3,446만 명에서 2018년 말 597만 명으로 줄어들어 누계 2,849만 명 감소했다. 하락폭이 82.7%였다. 농촌지역의 빈곤발생률은 2012년 말 10.6%에서 2018년 말 1.8%로 8.8%포인트 줄었다. 서부지역 농촌 빈곤인구는 2012년 말 5,086만 명에서 2018년 말 916만 명으로 감소하여 누계 4,170만 명 줄었다. 하락폭이 82.0%였다. 농촌 빈곤발생률은 2012년 말 17.5%에서 2018년 말 3.2%로 떨어져, 하락폭이 14.3%p였다.

이를 바탕으로 빈곤지역, 빈곤집중분포지역, 국가의 탈빈곤 개발사업 중점현縣, 소수민족빈곤지역의 빈곤 감소 효과가 뚜렷하게 나타났다. 2018년 말, 빈곤집중분포지역과 그 외의 국가 탈빈곤 개발사업 중점현縣 등 총 832개 현의 농촌 빈곤인구가 1,115만 명에 달했는데, 2012년 말에 비해 4,924만 명 줄어 6년 누계 81.5% 감소했다. 이들 지역의 빈곤감소 규모가 전국적으

로 전체 농촌 빈곤감소 규모의 59.8%를 차지했다. 빈곤발생률은 2012년 말 23.2%에서 2018년 말 4.2%로 떨어져 6년 누계 19.0%p 하락했으며, 연평균 3.3%p 줄었다.

빈곤집중분포지역의 농촌 빈곤인구는 935만 명으로 2012년 말보다 4,132만 명 감소하여, 6년 누계 81.5% 줄었다. 빈곤발생률은 2012년 말 24.4%에서 2018년 말 4.5%로 19.9%포인트 감소했는데, 연평균 3.3%p 줄었다. 592개 국가 탈빈곤 지원 개발사업 중점현(縣)의 농촌 빈곤인구가 915만 명으로 2012년 말에 비해 4,190만 명 감소했다. 6년 누계 82.1% 줄었다. 농촌 빈곤발생률은 2012년 말 24.4%에서 2018년 말 4.3%로, 누계 20.1%p 줄어들어 연평균 3.4%의 하락폭을 나타냈다. 민족 8성(省) 지역(네이멍구, 광시, 구이저우, 윈난, 티베트, 칭하이, 닝샤, 신장 8개 성(省) 지역)의 농촌 빈곤인구가 602만 명으로 2012년 말 대비 2,519만 명 감소하여, 6년 누계 80.7% 줄었다. 빈곤발생률은 2012년 말 21.1%에서 2018년 말 4.0%로 줄어, 누계 17.1%포인트 감소했으며 연평균 2.8%포인트 떨어졌다.

넷째, 빈곤지역의 인프라 건설과 기본공공서비스 발전이 순조롭게 진척되었다. 빈곤 지역의 인프라 여건이 지속적인 개선을 이루었다. 2018년 말 기준, 빈곤지역에 있는 대부분의 자연촌락에 전기가 공급되었다. 전화선, 케이블TV, 광대역 통신선 연결 비율이 각각 99.2%, 88.1%, 81.9%에 달했다. 2012년에 비해 각각 5.9, 19.1, 43.6%p 향상되었다. 2018년 기준, 주요 간선도로 아스팔트 부설 작업을 마친 자연촌락의 비중이 82.6%로, 2013년보다 22.7%p 향상되었다. 버스가 운행되는 촌락의 비중은 54.7%로, 2013년에 비해 15.9%p 높아졌다.

빈곤지역의 공공서비스 수준이 지속적으로 향상되었다. 2018년, 빈곤지역 87.1%의 자연촌락에 어린이집이 세워지고, 89.8%의 자연촌락에 초등학교가 세워졌다. 2013년보다 각각 15.7%p, 10.0%p 향상되었다. 문화교실이 운영되는 행정촌의 비중이 90.7%로, 2012년에 비해 16.2%p 높아졌다.

빈곤지역 농촌 가운데, 유자격 의사와 위생원이 상주하는 행정촌의 비중은 92.4%로, 2012년보다 9.0%p 높아졌다. 93.2%의 자연촌락에 공중위생센터가 세워졌는데, 2013년보다 8.8%p 높아졌다. 78.9%의 자연촌락에 쓰레기처리시설이 들어섰는데, 2013년에 비해 49.0%p 높았다.

다섯째, 빈곤지역 주민의 생활수준이 지속적으로 향상되었다. 정교한 탈빈곤 지원전략을 실시한 후 농촌주민의 소득과 소비수준이 꾸준히 향상되었다. 특히 빈곤지역 농촌주민의 소득과 소비수준이 빠르게 증가하여 전국 농촌지역 평균치와의 격차가 줄어들었다.

빈곤지역 농촌주민의 소득이 빠르게 증가했다. 2018년, 빈곤지역 농촌주민 1인당 평균 가처분소득이 10,371위안으로 2012년의 1.99배에 달했으며, 연평균 12.1% 증가했다. 가격요인을 제한 연평균 실질성장률은 10.0%로 전국 농촌 평균보다 2.3%포인트 높았다. 이 가운데 빈곤집중분포지역의 2018년 농촌주민 1인당 평균 가처분소득은 10,260위안으로, 가격요인을 빼면 실제 수준은 2012년의 1.77배에 달했다. 연평균 실질성장률이 10.0%로, 전국 농촌 평균 증가세보다 2.3%포인트 높았다. 탈빈곤 개발사업 중점현縣의 경우, 2018년 농촌주민 1인당 평균 가처분소득이 10,284위안으로 가격요인을 뺀 실질 소득이 2012년의 1.81배였다. 연평균 실질성장률은 10.4%로 전국 농촌 평균 증가세보다 2.7%포인트 높았다. 2018년 빈곤지역 농촌주민 1인당 평균 가처분소득이 전국 농촌 평균의 71.0%로, 2012년에 비해 8.8%포인트 향상되어 전국 농촌 평균과의 격차가 한층 줄어들었다. 더욱이 21세기에 접어든 후, 각종 농업보조금 지급, 농촌 사회보장체제 구축 그리고 빈곤과의 전쟁이 지속적으로 펼쳐지면서 이전소득도 빠르게 증가했다. 2018년, 농촌주민 1인당 평균 임금소득이 1인당 가처분소득에서 차지하는 비중이 41.0%, 순사업소득 비율은 36.7%, 자산소득 비율은 2.3%였다.

표 2-6 2017년 탈빈곤 지원 중점현과 전국 농촌 소비수준 및 구조 비교

지표명칭	탈빈곤 지원 중점현 농촌 주민 / 위안	전국 농촌 주민 / 위안	탈빈곤 지원 중점현의 전국 농촌 비중 / %	탈빈곤 지원 중점현의 소비구조 / %	전국 농촌 소비구조 / %
1인당 소비지출	7905	10955	72.2	100.0	100.0
1. 식료품/담배/술	2694	3415	78.9	34.1	31.2
2. 의복	442	612	72.2	5.6	5.6
3. 주거	1678	2354	71.3	21.2	21.5
4. 생활용품 및 서비스	474	634	74.7	6.0	5.8
5. 교통통신	901	1509	59.7	11.4	13.8
6. 교육/문화/오락	868	1171	74.1	11.0	10.7
7. 의료/보건	721	1059	68.1	9.1	9.7
8. 기타 용품 및 서비스	127	201	63.4	1.6	1.8

자료출처: 국가통계국 가구조사판공실, 〈중국농촌빈곤조사보고서 2018〉, 중국통계출판사, 2018년.

빈곤지역 농촌주민의 소비수준이 꾸준히 향상되었다. 2018년 빈곤지역 농촌주민 1인당 소비지출이 8,956위안으로, 2012년에 비해 연평균 11.4% 증가했다. 가격요인을 뺀 연평균 실질소득의 증가폭은 9.3%였다. 이 중에서 빈곤집중분포지역의 농촌주민 1인당 평균 소비지출은 8,854위안으로 연평균 11.3% 증가했는데, 가격요인을 제하면 연평균 9.3% 증가했다. 탈빈곤 지원 개발사업 중점현縣에 거주하는 농촌주민 1인당 평균 소비지출은 8,935위안으로 연평균 11.6% 증가했는데, 가격요인을 제하면 연평균 증가폭이 9.5%였다. 2018년 빈곤지역 농촌주민 1인당 소비지출은 전국 농촌 평균의 73.9%로 2012년보다 3.4%p 높아졌다.

여섯째, 중국의 현저한 빈곤감소가 세계의 빈곤감소에 크게 기여했다. 중국의 빈곤감소 속도가 세계의 감소폭보다 현저히 빨랐고 이는 전 세계 빈곤발생률을 낮추는 데 직접적으로 기여했다. 세계은행이 발표한 통계에 따르면, 1인당 하루 1.9달러의 국제 빈곤기준을 근거로 산출했을 때, 1981년 말부터 2015년 말까지 중국의 빈곤 발생률이 누계 87.6%포인트 하락하여 연

평균 하락폭이 2.6%p에 달했다. 같은 기간 세계 빈곤발생률이 누계 32.2%p, 연평균 0.9%p 하락했다는 사실을 감안하면 중국의 빈곤감소세가 뚜렷했다.

중국에서 빈곤감소의 경험이 세계 빈곤감소에 실질적인 경험치를 제공했다. 중국에서 정부 주도의 계획적이고 조직적인 탈빈곤 지원개발, 특히 2012년 이후 정교한 탈빈곤 지원정책의 시행과 성과는 세계 빈곤감소에도 실질적인 해결방안이 되었다. 중국은 수억 명에 달하는 빈곤인구가 빈곤에서 벗어나는 경험을 축적했고, 이러한 경험이 다른 개발도상국들에게 참고할 만한 사례가 되었다. 중국은 유엔 밀레니엄 개발목표가 정한 빈곤감축 목표를 가장 먼저 달성한 개발도상국으로서 세계의 빈곤퇴치에 크게 기여했다.

중국은 빈곤감소를 실현한 것과 더불어 다른 개발도상국들이 빈곤을 감소시킬 수 있도록 지원했다. 2015년 10월 기준, 166개 국가와 국제기구에 약 4,000억 위안에 달하는 원조를 제공했으며, 60여만 명의 지원인력을 파견하여 69개 국가에서 의료활동을 적극적으로 펼쳤다. 또한 120여 개도국이 유엔의 밀레니엄 개발 목표를 달성할 수 있도록 지원했다. '일대일로一帶一路' 정책을 적극적으로 추진함으로써 국제사회의 빈곤감소 노력에 동참했다.

2. 빈곤과의 전쟁, 중국의 경험

빈곤을 퇴치하고 민생을 개선하는 것은 모두가 잘 사는 사회주의를 실현하는데 본질적인 요구조건이다. 국민의 행복과 민족의 부흥, 풍요한 삶에 대한 열망은 중국 정부의 변함없는 목표이자 발전 목표이다. 중국 정부는 탈빈곤 발전계획 수립, 시장 메커니즘과 정책 메커니즘의 역할 분담, 개발형 탈빈곤 지원정책과 사회정책형 탈빈곤 지원정책을 활용하여 지속적으로 탈빈곤 사업을 추진했다.

1) 지속적인 빈곤감소의 제도적 기반

경제발전과 국력 배양, 빈곤퇴치와 공동의 부_富 실현이 이미 중국의 정치제도와 시스템 속에 확고히 자리를 잡았으며, 중국 정치제도의 속성, 수준 그리고 통치력이 빈곤문제 해결의 든든한 버팀목이다. 첫째, 중국 공산당은 중국의 노동자 계급을 주축으로 하는 정치조직으로서 수많은 중국 국민의 근본적인 이익을 대표한다. 노동자 계급을 주축으로 하는 정당은 경제성장, 소득 재분배, 민생 개선과 발전을 기본 목표로 추구할 수밖에 없다. 둘째, 사회주의는 본질적으로 빈곤퇴치, 민생 개선, 공동의 부의 실현을 추구한다. 빈곤 문제의 해결이 정부의 근본적인 성격과 맞닿아 있다. 정당의 속성과 정치제도의 속성 자체가 빈곤퇴치와 민생 개선이 중국 특색의 사회주의 시장경제 건설의 중요한 일부라는 사실을 내포한다. 셋째, 정부의 강력한 통치력이 대규모 빈곤감소와 지속 가능한 발전의 토대가 되었다. 중국 정부는 강력한 전략 수립 능력과 자원 동원력을 가지고 있었다. 1980년대 탈빈곤 지원개발 전략 구상이나 2000년대에 접어들어 단행한 빈곤과의 전쟁에서, 정부는 물적·인적 자원을 조직적으로 동원하는 통치력을 발휘하여 정부 기관, 민간부문 그리고 사회자원을 탈빈곤 사업에 효과적으로 동원했다. 특히 동부와 서부 지역을 연계한 탈빈곤 지원과 거점지원사업이 대표적이다. 전자는 지방정부 간 이전지급과 자원지원 방식을 통해 발달된 지역이 낙후된 중서부 지역을 도와 빈곤에서 탈출하도록 협력하는 방안이었고, 후자는 인적자원 방면에서 우위에 있는 도시 및 상급 정부의 뛰어난 인력이 농촌으로 내려가 빈곤 지역의 일선 기관을 지원하는 방안이었다. 넷째, 강력한 리더십과 과학적 기획력을 통해 탈빈곤 정책이 실질적인 정책효과를 발휘하도록 만들었다. 중앙에서 지방으로 이어지는 탈빈곤 지원사업 주무기관과 실무기관을 확정하고 탈빈곤 지원사업 책임제를 시행했다. 다른 한편으로, 농촌 탈빈곤 지원개발사업을 국민경제와 사회발전의 중장기 계획의 핵심 부문에 반영했다. 예를 들어, 1994년에 발표한 〈국가87탈빈곤지원계획〉과 2001년, 2011년에 각각 시행된 《중국농촌탈빈곤개발요강》이 그것인데, 모두 탈빈곤 개발사업의 가이드라인 문건이었다.

2) 시장과 정부 두 메커니즘의 효과적 활용

계획경제 시기에 국가의 산업화 전략과 농업 집체화 운동이 중장기적인 산업과 농업 발전 그리고 현대화의 물적·인적 자원의 기초가 되었다. 하지만 계획체제의 경직성으로 인해 효과적인 자원 분배에 실패하면서 개혁개방 이전까지 도시와 농촌에서 빈곤을 야기했다. 개혁개방 이후, 중공업 발전 우선 전략에서 노동집약적이고 수출지향적인 산업 발전전략으로 전환하고 경제 메커니즘의 시장화를 추진하기 시작했다. 경제체제의 전환으로 시장 메커니즘이 자원 배분의 역할을 하기 시작했고, 농촌과 도시의 경제개혁이 경제에 활력을 불어넣었다. 지리적 위치와 자원 부족으로 인해 낙후된 중서부 지역과 농촌지역은 시장을 통해 가난에서 벗어날 수가 없었다. 이에 정부는 지역별로 특화된 탈빈곤 개발정책을 추진하여 낙후된 농촌의 빈곤지역에 대해 인프라 지원과 산업발전 지원에 나섰다. 21세기에 접어들어 정부는 탈빈곤 개

구이저우성省 빈곤촌 통런에 건설된 '주주통' 도로(농촌 빈곤지역에 탈빈곤 개발사업의 일환으로 건설된 도로명_역자주)

발사업을 토대로 사회 정책적 빈곤감소에 초점을 맞추고 있다. 중국의 대규모 빈곤감소는 효과적인 시장과 정부의 역할이 함께 만들어낸 결과이다. 시장화 개혁이 보편적인 소득 성장을 가져왔지만 이와 동시에 지역별, 계층별 소득격차 확대를 가져왔다. 이러한 상황에서 정부 주도의 빈곤지역 개발정책과 빈곤 농가에 대한 사회정책이 시장 메커니즘의 허점을 보완했다.

3) 지역 발전정책과 사회정책적 빈곤감소

개혁개방 초기부터 21세기 초엽에 이르기까지, 중국의 탈빈곤 개발정책의 체계는 지역발전 정책을 중심축으로 하여 시장경제로의 전환 과정에서 발생한 지역발전 불균형 문제 해결에 초점을 맞추었다. 이를 위해 빈곤지역, 빈곤현縣 및 빈곤촌村에 전기, 교통, 우편, 인터넷 등 인프라 건설을 포함하여 현대적인 관리 경험과 과학 영농기술 보급, 금융, 대출 및 보험 지원 등 다양한 방식으로 낙후된 빈곤지역 농촌의 행정기관, 기업 및 농가가 시장경쟁력을 확보할 수 있도록 지원했다. 이것은 기업과 농가의 시장경쟁력을 높여서 빈곤지역의 산업을 발전시키고 농가의 생산증대와 소득증대를 유도하려는 정책구상이었다. 하지만 개발형 탈빈곤 정책이 진행되는 동안 지리적 위치와 자원 결핍 등 현실적 문제로 인해 지역발전정책의 빈곤감소 효과가 점차 줄어들었다. 산간지역과 소수민족 빈곤지역 그리고 효과적으로 시장에 진입하기 어려운 농촌 취약계층은 지역발전정책에 기대어 빈곤을 탈출할 수가 없었다. 2000년대에 접어들면서 정부의 정교한 탈빈곤 지원정책이 지역발전 정책을 기반으로 사회정책적 빈곤감소 효과를 발휘하기 시작했다. 교육지원, 이주와 주택 보장, 의료 및 위생 정책, 창업 및 고용지원, 기초생활 보장정책이 빈곤한 농가가 빈곤의 위험에서 벗어나는 직접적인 요인으로 작동하기 시작했다. 탈빈곤 지원정책 체계에서 지역발전정책이 빈곤감소를 위한 정부 주도의 개발정책이었다면, 반면에 사회정책적 지원은 중국이 점차 복지사회로 나아가고 있다는 것을 의미했다.

4. 빈곤과의 전쟁 앞에 놓인 도전과 미래 발전

빈곤과의 전쟁에서 승리를 목전에 두고 중국의 탈빈곤 사업이 중위소득의 함정, 상대적 빈곤, 다차원적 빈곤, 새로운 사회 리스크 등 도전에 직면했다. 이러한 도전에 대한 효과적 대응이 미래 중국의 탈빈곤 사업의 발전 방향과 직접적으로 맞닿아 있다.

1. 탈빈곤 사업에 내재된 문제점과 도전

2020년 이후의 탈빈곤은 새로운 빈곤 위험에 맞서는 것과 동시에 빈곤 위험에 대한 대응 방식의 질적 제고를 요구했다. 구체적으로, 탈빈곤 사업의 문제점과 도전이 다음과 같은 몇 가지 측면에서 나타났다.

첫째, 경제의 뉴노멀과 중위소득의 함정을 뛰어넘어야 하는 도전에 직면해 있다. 중국 경제가 '뉴노멀'에 진입한 원인은 중국 경제의 고속성장을 견인해 온 인구 보너스가 소진되고 있고, 단순히 인구 보너스에 기댄 양적 성장

모델이 한계에 직면했기 때문이다. 중국의 인구 보너스가 장차 사라지고 '루이스 전환점'이 다가오면서 농촌 잉여 노동력 대부분이 이미 이동했다. 현재, 노동력 공급이 더 이상 무한하지 않다. 도시 노동시장에 존재하던 노동력 공급과잉 현상이 역전되어 '노동력 기근' 현상이 나타나기 시작했다. 노동원가 상승이 노동자의 꾸준한 소득향상을 가져왔지만, 이 때문에 중국의 노동집약형 제조업의 저비용 우위가 점차 사라지고 수출지향적인 산업발전이 도전에 직면하고 경제 성장률 둔화로 이어졌다. 이외에, 토지와 에너지 투입에 의존한 양적 성장 방식에 따른 사회갈등과 사회적 대립이 발생했다. 이로 인해서 정부의 주도로 기존 경제발전 방식을 수정하게 되었다. 생산요소 우위를 동력으로 하던 경제성장 방식이 어떻게 혁신 드라이브와 디지털 경제로 전환하고 더 나아가 중위소득의 함정을 뛰어넘느냐가 중국의 통치력과 정책 수준을 가늠하는 시험대가 되고 있다.

둘째, 상대적인 빈곤과 소득분배 격차의 도전에 직면해 있다. 중국의 현행 빈곤 기준이 국제 빈곤 기준보다 높지만, 여전히 절대빈곤이라는 측정 개념을 채택하고 있다. 현재, 중국의 도시와 농촌지역 기초보장기준 모두 농촌 빈곤기준보다 높다. 이후 도시와 농촌의 기초보장정책의 정확도와 완성도가 높아지면서 절대빈곤 발생률을 엄밀하게 관리할 수 있게 될 것이다. 이것은 2020년 빈곤과의 전쟁에서 승리한 후, 탈빈곤 사업의 주된 걸림돌이 절대빈곤이 아닌 상대적 빈곤이 될 것임을 의미한다. 사회적 박탈감과 사회적 배제의 관점에서 볼 때, 상대적 빈곤은 중하위 소득계층과 사회 평균소득 수준과의 괴리로 집약된다. 상대적 빈곤은 소득분포 불평등의 문제이기 때문에 절대빈곤의 소멸로 완화되지 않는다. 어떻게 1차 분배의 불평등을 줄일 것인가, 어떻게 소득 재분배와 각종 사회정책을 통해 소득분배의 격차를 조절할 것인가, 이것이 소득분배와 사회정책 개혁의 중요한 과제이다.

셋째, 다차원적 빈곤과 기본공공서비스의 균등화 도전에 직면해 있다. 소득 빈곤은 도시와 농촌의 기본생활을 충족시키는 식품 소비와 비식품 소비

수요에 주목한다. 이 중 비식품 소비 부문은 의복과 외출 등 기본적인 생활수요 해결에 편중되어 매우 제한적이다. 이에 따라, 현행 빈곤기준은 가난한 농가의 먹고, 입고, 쓰는 기본적인 생활수요 해결에 중점을 두고 있다. 농촌 가정의 교육, 의료, 주택 및 사회서비스 수요와 가계지출의 압박은 소득 빈곤 측정에서 관심 의제가 아니었다. 따라서 정부는 '지출형 빈곤' 문제에 주목하기 시작했다. 농촌지역의 '지출형 빈곤' 문제를 완전히 해결하려면 소득 빈곤 이외에 다차원적 빈곤 개념을 도입하고 소득 이외의 다른 주요한 생활수요와 소비지출 압박에 주목해야 한다. 구체적으로는 도시의 사회지원체계에서 기초보장 차원에서 고용, 교육, 주택, 의료 등 전문 영역별 지원방안을 세우고, 도시주민이 소득 빈곤 이외의 가계지출 위험 해소에 중점을 두었다. 하지만, 농촌의 사회지원체계는 여전히 기초생활보장에 중점을 두고 제도화된 전문적인 지원이 이루어지지 못했다. 이로 인해 정교한 탈빈곤 지원정책의 일환으로 '두 가지 걱정 해소, 세 가지 보장' 등 다양한 방식의 지원수단이 나왔다. 빈곤과의 전쟁에서 성과를 거둠에 따라서 어떻게 개별적 지원 수단들을 제도화된 전문적 지원으로 전환할 것인가가 앞으로 개혁의 주된 과제이다.

넷째, 산업화 이후 새로운 사회적 리스크에 직면해 있다. 기존의 사회적 리스크, 즉 임금근로자의 소득단절로 인한 빈곤 리스크와 달리 경제의 글로벌화 속에서 노동시장의 변화와 인구 고령화에 따른 가족 구조의 변화 그리고 이들 간 상호작용이 사회 구성원과 가정에 미치는 영향이 새로운 사회적 리스크로 등장했다. 새로운 사회적 리스크는 가계의 리스크와 노동시장의 리스크 두 가지로 단순화할 수 있다. 경제성장에 따른 인구구조의 변화와 질병의 유형 변화는 개인의 건강수명과 실제 수명 간에 괴리를 가져왔고, 이에 따라 거동이 자유롭지 못한 노년기가 늘고 거동을 못하는 노인 인구도 증가했다. 노인을 돌보는 책임이 가족에게 지워지는 상황에서, 갈수록 늘어나는 거동이 불가능한 노인들을 돌보는 책임이 가족의 부담을 가중시키고 있다. 한편, 노동시장의 다변화 속에서 빈곤 리스크를 피하기 위해 여성들이 노동시장에 진입하는 가정이 많아지고 있다. 소득격차 확대와 노동시장 불안으로 남성 한 사람의 임금소득만으로는 빈곤에 빠질 위험을 피할 수 없게 된 것이다. 이에 따라 여성이 노동시장에 뛰어들어 더 많은 임금소득을 창출해야 하는 것이 많은 가정의 현실이다. 남편은 밖에서 일하고 아내는 안에서 집안을 보살피는 전통적인 분업이 이제 맞벌이 가정 형태로 바뀌기 시작했다. 이러한 변화는 여성이 담당해왔던 무보수 가사노동을 사회화, 외부화해야 하는 필요성을 안고 있다. 만약 정책적인 뒷받침이 마련되지 않으면 가정 내에서 일과 가정생활을 양립하지 못하는 어려움이 새로운 사회적 리스크가 될 것이다.

임금근로자의 빈곤 위험과 달리 새로운 사회적 위험은 평범한 가정의 삶의 질과 밀접한 관련이 있다. 절대빈곤이 사라진 상황에서, 새로운 사회적 리스크에 어떻게 대응할 것인가가 공공정책의 주요 과제이다.

2. 빈곤과의 전쟁 향후 발전 방향

미래에 중국의 탈빈곤 정책은 우선 성장과 분배의 관계를 적절히 설정하고 중위소득의 함정을 뛰어넘는 것을 목표로 해야 하며, 사회정책이 경제성장을 촉진하는 역할을 발휘할 수 있어야 한다. 이를 통해 경제의 지속적인 발전을 이루고 그러한 과정에서 빈곤 문제 해결의 버팀목이 되어야 한다. 이러한 기반 위에서 탈빈곤 정책의 체계는 개발형 탈빈곤 지원정책과 사회정책의 병행과 상호보완에 주안점을 두어야 한다.

첫째, 사회정책의 생산적 가치 발휘, 사회정책 시스템의 핵심 내용과 구조 재정립, 그리고 공급측 구조개혁을 통해 중위소득의 함정을 뛰어넘고 경제사회의 지속 가능한 발전을 실현해야 한다. 사회시스템 개혁이 경제개혁을 위한 안정적인 환경을 조성하고 소비 진작과 효율적인 인력자원 육성 등 효과를 가져다주지만, 사회시스템 개혁과 사회정책 발전은 기업의 고용 원가와 정부의 재정지출 확대를 초래한다. 경제의 뉴노멀 상황에서 일부 기업들이 생존과 성장을 위해 그리고 지방정부는 재정수지 균형을 위해 사회시스템 개혁에 적극적으로 나서지 않을 수 있다. 산업구조의 전환과 혁신 동력을 확보하기 위해서 정부는 사회시스템 개혁과 사회정책 발전이 갖는 생산적 가치의 중요성을 인식하고, 소비를 촉진하고 고급인재를 육성하는 등 역할을 다해야 한다. 또한 이를 효과 검증의 중요한 지표로 삼아야 한다. 따라서 미래 탈빈곤 전략 구상은 사회개혁과 경제개혁의 관계를 적절히 조율하고, 경제개혁의 일환으로서 발전 방식의 전환과 산업구조의 업그레이드 전략에 맞는 전략적 조정(노동원가 우위에서 강한 혁신성의 우위로의 전환)에 집중해야 한다. 이를 통해 사회정책의 생산적 가치가 충분히 발휘될 수 있도록 해야 한다.

그러므로, 사회시스템 개혁을 빠르게 추진하기 위해서는 사회안전망 구축을 기반으로 개별 구성원들이 취업에 필요한 기능과 능력을 갖출 수 있어야 한다. 또한 가정의 돌봄 부담을 덜어주고 노동시장의 자원 배치 효율성을 높여서 교육과 인력자원에 투자해야 한다. 이외에도, 사회적 리스크의 구조적 변화에 유연하게 대응하고 계층 간 기본공공서비스의 균등화를 실현하기 위해서 정부는 사회정책 시스템 최적화를 추진하고, 노인과 청년들 그리고 농촌과 도시 간 균형을 유지해야 한다.

둘째, 개발형 탈빈곤 지원정책을 보완하고 낙후된 농촌지역의 인프라와 산업발전을 위한 정부의 주도적 역할을 강화해야 한다. 개발형 탈빈곤 지원정책의 목적은 낙후된 농촌지역의 인프라 수준을 높이고, 이를 기반으로 산업시설을 확충하여 농촌주민들이 창업과 취업 기회를 얻고 소득증대를 실현할 수 있도록 하는 것이다. 주요한 내용은 다음과 같다. ① 지속적인 인프라 확충을 통해 빈곤한 농촌지역에 도로, 전력, 우편, 방송 등 인프라를 구축하고 인터넷 활용 교육을 통해 디지털 격차를 줄인다. ②지역 상황에 맞게 수리시설을 확충하여 빈곤 농가의 생산성을 높인다. ③ 지속적인 소득증대 방안을 모색하고, 빈곤 농가의 작물재배, 양식업, 가내수공업을 지원함으로써 농촌주민의 농업경영 소득을 증대시킨다. ④ 농업기술의 적극적인 보급과 영농기술 수준 향상을 통해 새로운 기술과 농법을 농사에 접목시킨다. ⑤ 기술훈련을 강화하여 빈곤 농가의 취업 기회와 창업 기회를 확충한다. ⑥디지털경제를 기반으로 산업발전과 탈빈곤 정책을 연계하고, 모바일 인터넷과 전자상거래를 활용한 특화된 경제발전을 추진하여 빈곤지역의 산업구조 최적화를 실현한다.

셋째, 농촌지역 사회정책을 보완하여 도시와 농촌 간 사회정책의 통합을 단계적으로 추진해야 한다. 사회정책들이 모두 탈빈곤의 기능을 발휘하지만, 양로, 의료, 취업, 교육, 사회보장 등이 기초생활보장을 핵심으로 한 사회적 구조에 편중되어 있다. 현재, 기초생활보장제도의 기준이 이미 농촌 빈곤기준보다 높기 때문에, 2020년 이후부터 도시와 농촌의 기초생활보장을 기준으로 농촌 탈빈곤 사회정책의 적용 대상을 확정하고 지원 대책을 수립할 예정이다. 이에 따라 사회구조정책이 탈빈곤 지원에서 갖는 기본 역할을 고려하여, 다음과 같은 개혁 방향에 중점을 두어야 한다. ① 빈곤인구에 대한 사회적 구조제도를 지속적으로 보완하고 정교한 지원을 통해 자립할 수 있도록 도움으로써 탈빈곤 지원의 효율성을 높인다. 과학적인 지원기준을 수립하여 '지원이 필요한 곳에 지원이 없는' 상황을 방지하고 '복지 의존성'을 방지한다. 과학적인 지원기준은 재정한계가 아닌 상대적 빈곤계층의 필요를 충족시키는 것에 바탕을 두어야 한다. 다른 한편으로 과학적인 지원기준은 지원 대상자가 스스로 빈곤에서 벗어날 수 있도록 유도할 수 있어야 하며, 지원기준과 최저임금, 실업보험 기준과의 관계를 단순 비교해서는 안 된다. 지원기준에 대한 분류를 세분화하고 노인, 장애인, 미성년자 그리고 중환자가 있는 가정에 대한 지원기준을 적절히 상향 조정하여 빈곤가정의 기초생활을 보장해주어야 한다. 지원 심사 및 집행 세칙을 마련하여 정교한 지원이 이루어지도록 해야 한다. 정부의 지원대상 심사 방법에 따라 시행세칙을 정하고 소득심사제도와 상시적인 관리제도를 마련해야 한다. 자원통합을 통해 저소득 가정 심사 기관의 심사능력을 강화하여 취약가정의 경제상황 점검 정보시스템을 구축하고 심사의 효율성을 높인다. 근로능력이 있는 저소득 가구의 경제상황 점검 빈도를 적절히 늘여 지원대상 자격에 대해 상시적으로 관리하고 지원 자금이 효율적으로 사용되도록 해야 한다. ② 저소득 가정 인정 시스템을 보완하고, 기초생활보장과 독립적인 특별지원 자격 부여 및 관리 체계를 마련해야 한다. 또한 이를 기반으로 지원 및 복지대상 자격 상시 관리 데이터베이스를 구축한다. 저소득 가정 인정 시스템을 구축하고 농촌특별지원과 지원대상 자격 심사를 독립적으로 추진하여 소외계층의 보장 접근성을 높인다. 이를 통해, 저소득 가정의 기본 양로, 기본 의료, 기본 주거, 기본 교육, 최저생활보장 등 도시와 농촌 빈곤 가정의 기본적인 생활보장정책 시행 기반을 만든다. 저소득 계층의 사회적 권익을 효과적으로 보장하기 위해 주민위원회와 별도로 저소득 가정 판별 및 전문관리기관을 확충하여 수혜자 자격 심사가 지역사회 관리의 도구로 작용하는 것을 방지한다. 가계소득의 상시 조사와 지원대상 자격 확정에 대한 상시 관리를 바탕으로, 특별지원과 복지관리의 효율성을 높인다. 공익지원 프로그램의 수혜자격 판별에 디지털화된 지원 및 복지대상 자격 관리 실시간 데이터베이스를 활용하여 자금 사용의 효율성을 높인다.

03

민생의 기초인 교육은 국민이 사회에 진입하는 발판이자, 국가 경제 발전과 번영을 위한 기초이다. 오늘날 세계 각국의 국가 핵심 경쟁력과 국민경제의 지속적이고 안정적 발전을 뒷받침하는 든든한 동력이다. 신중국 수립 70년의 여정을 돌아볼 때 발견할 수 있는 한 가지 객관적인 사실은 중국의 교육이 꾸준히 서방 선진국이 걸어온 수백 년의 발전과정을 좇아 왔으며 세계적으로 최대 규모의 교육시스템을 구축했다는 사실이다. 이를 바탕으로 수준 높은 교육을 발전시켰을 뿐 아니라, '배움이 필요한 곳에 차별 없이 주어지는 교육'을 기본적으로 실현했다. 교육의 발전을 통해 문맹대국이었던 중국이 고등교육 보편화의 길로 나아올 수 있었고, 교육이 민생 발전의 주요 지표 가운데 하나가 되었다. 본 장에서는 종합적이고 객관적으로 신중국 수립 70년의 교육 분야의 발전과 진보를 살펴보기 위해, 국가의 발전 여정을 따라서 초등교육부터 고등교육까지 세심하게 돌아보고자 한다.

교육:

문맹대국에서 고등교육 보편화 시대를 열다

1. 신중국 교육제도의 확립과 초기 30년의 발전

　신중국 수립 초기에 경제발전 수준이 지극히 낙후되어 있었다. 1949년 1인당 GDP가 86위안에 불과했고 1인당 국민소득은 69.29위안이었다. 당시에 인구가 5억7,000만 명이었는데 일반 고등학교 재학생 수는 11만7,000명, 고등학교 입학률은 0.26% 정도였다. 고등학교 수준의 교육기관 재학생 수는 32만 명, 입학률이 겨우 1.1%였고, 중학교 재학생 수는 95만 명, 입학률은 고작 3.1%였다. 초등학교 재학생 수는 2,439만 명, 학령아동 입학률은 불과 20%였다. 신중국은 이런 바탕 위에서 교육제도를 만들고 지속적으로 교육사업을 발전시켰다.

　1949년 9월, 중국 인민정치협상회의가 베이핑(베이징의 옛이름-역자주)에서 개최되었는데, 회의에서 임시 헌법적 성격을 지닌 <중국 인민 정치협상 회의 공동강령>이 통과되었다. 공동강령은 "중화인민공화국의 문화교육은 신민주주의, 즉 민족의 과학적이고 대중적인 문화교육이다"라고 규정했다. "계획적이고 단계적인 교육 보급, 중등교육과 고등교육 강화, 기술교육 중시, 노동자의 직업교육과 재직 간부교육 강화"를 명시함으로써 "국민교육"을 제창했다. 1949년 12월, 교육부가 베이징에서 신중국 제1회 전국교육실무회의를 개최했다. 회의에서 신중국의 교육은 "인민을 위해서 공농工農을 위해 봉사하고 현재의 혁명투쟁과 건설에 봉사해야 한다"고 밝혔다. 또한 과거에 공농 계급이 교육을 받을 권리를 갖지 못했던 상황을 개혁하고, 공농 계급의 문화교육, 정치교육 그리고 기술교육에 중점을 두어야 한다고 강조했다. "우리의 소학교는 공농의 자녀들을 많이 받아들여야 하고, 우리의 중학교와 대학교도 계획적이고 단계적으로 공농의 청년들에게 문을 활짝 열어야 한다"고 밝혔다. 이 회의에서 중국 교육사업의 발전 방향, 교육의 핵심과제, 공농을 기반으로 하는 방향성이 제시되었다.

1949년부터 1977년까지 계획경제에 부합하는 국가 복지교육시스템을 수립했는데, 이 시스템은 일반적인 교육과 기능훈련을 포함했다. 농촌 교육은 기초교육으로, 국가의 지원을 받아 농촌의 집체조직이 운영하는 집단복지였다. 이들은 모두 국가의 공공교육 및 복지의 범주에 속해 있었다. 이렇게 정부와 집체조직이 주도하는 무료 또는 저비용 교육시스템이 국민의 교육수준 향상을 가져왔고, 점차 교육 수준이 높은 노동자들을 배출했다.

1. 초등교육의 발전

기초교육이라고도 불리는 초등교육은 통상적으로 문맹과 반半문맹을 해소하고 가장 기본적인 문화적 소양을 쌓는 것이 목표였다. 신중국 수립 초기에 중국의 국민교육 수준이 전체적으로 매우 낮았는데, 당시에 문맹과 반半문맹 인구가 전체 인구의 80% 이상을 차지했다. 따라서 문맹을 해소하는 것이 당시에 무엇보다 급선무였다. 1950년, 중화전국총공회가 베이징에서 제1차 전국공농교육회의를 개최하고, 공농工農 교육은 문화교육과 문자교육이 중심이 되어야 한다는 점을 확인했다. 1952년, 교육부가 〈지역별 '속성 식자

1958년, 안휘성安徽 광휘 찻잎 가공장 야학에 새로운 교사가 부임했다.

법'의 교육 시범업무에 관한 통지〉를 발표하고, 전국적으로 노동자와 농민들을 대상으로 속성 식자법을 보급했으며 같은 해 9월에는 전국문맹퇴치사업 좌담회를 개최했다. 1955년 6월, 국무원이 〈농민 여가 및 문화교육에 관한 지시〉를 발표하고 농촌의 새로운 상황에 맞추어 농민을 위한 여가 및 문화 관련 교육을 적극적으로 진행해야 한다는 점을 강조했다. 문맹을 퇴치하고 농촌이 문화적으로 낙후된 상황을 극복하려는 취지였다. 1956년 3월, 중앙당과 국무원이 〈문맹 퇴치에 관한 결정〉을 발표했는데, 체계적이고 단계적으로 국민들이 문맹에서 탈출하도록 유도하고 사회주의 산업화와 농업발전에 발맞춰 문맹 퇴치 운동을 적극적으로 전개할 것을 독려했다. 정부의 정책적 지원과 공회工會와 부녀회 등 단체들의 효과적인 참여로 국민들 사이에서 배움을 향한 뜨거운 열기가 일어났다. '노동자 야학', '농민 야학' 등 다양한 형태의 문맹퇴치학교와 문맹퇴치반이 전국의 도시와 농촌에서 큰 효과를 거두었다. 1964년까지 전국 청장년 문맹 또는 반半문맹률이 1949년의 80%에서 38.1%로 줄었다. 이렇게 전국적으로 일어난 대대적인 문맹퇴치운동을 시작으로 신중국의 교육사업이 노동자와 농민의 글자교육 수준을 빠르게 높이며 인류역사상 문맹퇴치 교육의 기적을 만들었다.

대규모 문맹퇴치운동과 발맞추어 초등학교 교육 발전이 추진되었다. 통계에 의하면, 1947년 초등학교 재학생 수가 2,286만 명으로 전국 학령아동의 입학률이 20%에 불과했다. 당시 인구를 4억 7,000만 명으로 잡았을 때 1만 명 중 초등학생은 겨우 486명이었다. 신중국 수립 후에 초등교육 발전이 절박한 과제였다. 각급 정부의 적극적인 추진에 힘입어 1949년부터 1952년까지 초등교육이 비교적 큰 진전을 이루었다. 1949년 전국적으로 초등학교 수가 34만 7,000곳, 재학생 수는 2,439만 1,000명이었는데, 1952년에는 초등학교 수가 52만 7,000곳, 재학생 수는 5,110만 명으로 증가하여 1949년에 비해 각각 52%, 110% 늘어났다. 학령아동의 입학률도 1949년 20%에서 1952년 49%로 높아졌다. 더욱 중요한 점은 공농 계층의 자녀들이 전체 재학생 수에서 차지하는 비중이 80%에 달했다. 진정한 의미의 공농 계층을 위한 교육목표를 실현한 것은 물론이고, 신중국 수립 이전에 교육의 기회가 소수의 부유한 가정 자녀들의 전유물이었던 상황을 완전히 바꿔놓았다.

1951년 8월 교육부가 개최한 제1회 전국초등교육업무회의에서 확정된 교육발전 방향과 과제에 의하면, 1952년부터 1957년까지 전국 학령아동 입학률 평균 80% 달성이 목표였다. 그 중, 동북, 화북, 화동 그리고 중서부 지역 네 곳은 학령아동 입학률 85-90%를 달성하고, 서북과 서남 지역은 65~75%를 달성한다는 목표를 세웠다. 이러한 거시적 기초교육계획에 힘입어 중국의 초등학교 교육이 한 걸음 더 발전할 수 있었다. 1956년까지 전국 초등학교 수가 52만 9,000곳, 재학생 수는 6,346만 6,000명으로 증가했으며, 학령아동 입학률은 62.6%로 높아졌다. 1954년부터, 초등학교 건립과 운영이 각급 정부의 예산에 포함되어 공립 초등학교 교사의 급여, 건설비용 및 설비비가 모두 각 시·현 정부 예산에서 지출되었다. 농촌지역 공립 초등학교의 기숙사 유지보수 등에 필요한 지출은 현縣정부가 총괄적으로 부담하고, 부족한 경우 국민의 자발적인 참여로 자금을 마련하거나 필요한 인력과 자재를 기부받는 방식으로 해결했다. 또한 농촌지역에서 민간의 교육 참여를 유도하기 위해 교육수요와 자발적 참여 원칙에 따라 사립초등학교를 설립할 수 있도록 규정을 마련했다.

1957년 3월, 교육부는 베이징에서 제3차 전국교육행정회의를 개최하고, 초등학교 발전에 있어 국가가 전담하는 방식을 지양한다는 방침을 재확인했다. 도시에서는 해당 지역의 주민, 정부기관 그리고 기업이 학교 설립에 앞장서고, 농촌에서는 농민들이 학교 설립에 적극적으로 참여하도록 유도했다. 1958년 9월, 중앙당과 국무원이 발표한 〈교육업무에 관한 지시〉 문건에, 초등교육 발전은 국가가 학교를 설립하는 방식과 공장과 기업, 인민공사와 생산대가 학교를 설립하는 투트랙 방식을 병행하는 방안이 담겨 있었다. 중국처럼 인구가 많고, 인프라 기반이나 문화교육 기반이 낙후된 국가에서, '투트랙 전략'은 신속한 교육발전과 경제 및 사회발전의 필요를 충족시킬 수 있는 적절한 선택이었다.

1958년부터, 전국 농촌지역에 설립된 '반농반학半農半學' 학교가 해마다 증가하여 농촌 교육 발전을 견인했다. 그 중에서 전국적으로 농사일을 하며 초등학교에 다니는 교육 형태가 특히 빠르게 보급되었는데, 1965년까지 재학생 수가 132만 명에 달하여 전체 학생 수의 22%를 차지했다. 이는 전국 학령아동 입학률을 85%로 끌어올렸고, 이후 지식청년의 등장과 활동에 중요한 역할을 했다.

주목할 점은, 지식청년들이 산간지역과 농촌지역으로 들어가서 전개한 활동들이 일부 도시 청년들에게 어려움을 야기한 면이 있지만 중국의 교육 특히 농촌 교육사업의 발전에 크게 기여한 점을 부인할 수 없다. 이들이 아니었다면 중국 농촌의 교육이 극심한 낙후상태를 수년간 더 겪었을 것이고 문맹인구 감소도 더 긴 시간을 요했을 것이다. 따라서, 산간과 농촌으로 내려가 활동했던 지식청년운동이 농촌교육의 극단적 후진성을 타개하는데 역사적인 기여를 했다. 또 한 가지 주목해야 할 점은 1966년부터 1976년까지 극좌사조의 영향 때문에, 중국의 초등교육사업이 이 시기에 교육 발전의 객관적인 방향성을 잃고 질적인 성장을 지속하지 못했다는 사실이다.

2. 중등교육의 발전

1949년에 전국적으로 중등학교 수가 5,216곳이었는데, 그 가운데 일반 중등학교와 기술 중등학교가 각각 4,045곳, 1,171곳이 있었고, 중등학교 재학생 수는 약126만 명이었다. 1949년 12월 베이징에서 개최된 제1회 전국교육업무회의에서 정한 신중국의 새로운 교육 방향은 대중교육이었다. '인민이 참여하는 인민을 위한 교육' 이념을 실현하기 위해서 대중교육이 중등교육의 근본적인 속성이라는 점을 명확히 한 것이다. 1951년, 정무원이 〈학제 개혁에 관한 결정〉을 발표하고, 중학교, 공농 속성 중학교, 일과 후 중학교 그리고 중등기술학교 등 여러 형태의 중등학교를 규정했다. 1950년부터 1954년까지, 공농工農 속성 중학교 24곳에서 모집한 학생 수가 누계 64,700명에 달했다.

1951년 3월, 제1회 전국중등교육업무회의가 베이징에서 개최되었다. 이 회의에서, '일반교육의 취지와 목표는 청년 세대가 지智, 덕德, 체體, 미美 각 방면에서 전인적인 발전을 이루는 것'이라고 밝혔다. 1952년 교육부가 발표한 〈중학잠정규정(초안)〉에서, 중등교육의 성격을 전인교육으로 규정하고 중등교육의 목표를 확정했다. 1954년 정무원은 〈중학교육 개선 및 발전에 관한 지시〉를 통해 전인적 발전이 중학교육의 속성이라는 점을 재확인했다. 이는 각급 교육행정기관의 지침이 되었다. 또한 이 정책성 문건은 1949년부터 1952년까지 전국 중등교육이 거둔 성과에 대한 평가와 더불어 문제점도 지적했는데, 특히 중등학교 부족과 고등교육 자원 부족을 문제점으로 지적했다.

교육부가 발표한 〈중학잠정규정(초안)〉에 따라, 중학교의 경비지출 기준, 기타 경비, 장학금, 경비사용 원칙에 대해 상응하는 규정을 두었다. 이 중에서 장학제도의 지원범위는 학생의 식비와 필요한 서적 구입 및 문구비의 일부를 지원하는 것이었다. 경제적으로 어려운 학생들이 학교에 장학금을 신청할 수 있었고, 주로 생활비로 사용되었다. 1952년 7월, 정무원이 〈전국 고등교육기관 및 중등학교 학생 인민장학금 조정에 관한 통지〉를 발표하고, 전국의 고등교육기관, 중등학교 그리고 공농초등학교의 학생들에게 주어지는 장학금에 대해 새 기준을 제시했다. 또한 장학금은 반드시 학생의 급식과 실제적인 어려움 해결을 목표로 해야 한다고 규정했다. 이처럼 신중국의 중등교육은 뚜렷한 복지교육의 성격을 가지고 있었다.

1953년, 당중앙 정치국이 전국에 중점학교를 설립하기로 결정했다. 1953년 6월, 교육부는 제2차 전국교육업무회의를 열고 〈중점지역 중등학교 및 사범학교 설립에 관한 의견〉에서 중점 중등학교 설립 방침을 제시했다. 1953년에 전국적으로 총 194곳의 중점 중등학교가 설립되었는데, 전체 중등학교의 4.4%를 차지했다.

1958년 9월, 당중앙과 국무원이 〈교육업무에 관한 지시〉를 발표하고 중등교육 발전을 위해 일하면서 공부하는 학교, 일과 후 학교 발전 방안을 밝혔다. 같은 해, 교육부는 학생들의 진학 및 취업 부담을 완화하기 위해 농업중등학교와 공업중등학교 설립을 제안했다. 1958년 4월 21일, 인민일보에 실린 〈민간이 운영하는 농업중등학교의 설립을 기대하며〉라는 사설에서, 농업중학교가 과학과 문화에 대한 농민의 배움의 열정을 키워주는 역할을 한다고 피력했다. 1965년까지 전국적으로 농업중등학교가 5만 4,332곳에 달했고, 재학생 수 316만 7,000명, 모집 학생 수는 225만 1,000명에 달했다.

1949년부터 1978년까지, 중국의 초중등학교 재학생 수가 95만 명에서 4,995만 명으로 증가했고 1978년에는 재학생 수가 1949년의 52.6배에 달했다. 초중등학교 진학률이 3.1%에서 66.4%로 상승했는데, 1978년 초중등학교 진학률이 1949년의 21.6배에 달했다. 이 기간, 중국의 고등학교 재학생 수는 32만 명에서 1,885만 명으로 늘어났는데, 1978년의 재학생 수가 1949년의 58.9배였다. 고등학교 진학률은 1.1%에서 35.1%로 높아져, 1978년 고등학교 진학률이 1949년의 31.9배에 달했다. 이는 중국의 중등교육 발전의 속도와 규모를 객관적으로 보여주는 수치이다.

3. 고등교육의 발전

1949년 신중국 수립 초기에 대학 65곳, 전문학교 92곳, 전문대학 76곳 등 전체 고등교육기관이 227곳이었다. 일반 고등교육기관의 재학생 수가 11만7,000명으로 고등교육기관 진학률이 0.26%에 불과했다. 1950년 6월, 교육부가 제1회 전국고등교육회의를 개최하고 고등교육의 발전 방향을 확정했다. 농업과 공업 분야의 간부와 청년들을 고등교육기관에 입학시켜 새로운 공농 출신 지식인을 양성하겠다는 의지를 밝혔다. 또한 이 회의에서 〈고등교육기관 잠정 규정〉, 〈전문학교 잠정 규정〉, 〈사립고등교육기관 잠정 관리법〉, 〈고등교육기관의 지도 관계에 관한 결정〉, 〈고등교육기관 커리큘럼 개혁에 관한 결정〉 등 5개 중요 정책성 문건이 통과되었다. 이는 고등교육의 발전 방침과 규정을 밝힌 것이었다.

고등교육기관이 국가와 국민이 요구하는 인재 육성의 책임을 다할 수 있도록, 1952년 4월에 정부는 고등교육기관 설립과 관련하여 대대적인 개혁을 단행하기로 결정했다. 교육부는 전국 공과대학 조정 방안과 〈전국 고등교육기관 1952년 설립 방안〉을 발표했다. 1953년에는 전국 대학의 체계 개편을 기본적으로 완료하고, 소련의 모델을 벤치마킹한 전문 인재 양성 방안을 시행했다. 이 학제 개편을 통해 전국적으로 다수의 대학을 해체하고 적극적으로 공과대학을 육성하는 한편 철강·지질·항공·광업·수리 등 전문대학을 설립했다. 그 결과 공학·농림·사범·의약대가 108개교에서 149개로 크게 늘어난 반면에 종합대는 현저히 감소했다. 동시에 대학의 학생모집 인원을 크게 늘렸는데, 이 가운데 공과대학의 모집정원이 가장 많이 늘었다. 통계에 의하면, 1952년 대학체제 개편 이전까지 전국적으로 공과대학의

1950년 무렵, 광둥성省 광저우 농민운동박물관 큐레이터와 통역 요원으로 일하는 두 대학생의 모습.

학생 모집정원이 15,000명 정도였는데, 개편 이후 모집 규모가 3만 명으로 늘어났다. 1956년에 접어들어 대학의 재학생 수가 이미 1949년의 117,000명에서 407,000명으로 증가했는데, 이는 1949년 재학생 수의 3.5배였다. 대학의 전임교수도 1949년의 16,000명에서 1956년 58,000명으로 늘어 1956년 전임교수 수가 1949년의 3.6배였다. 중국에서 대학교육이 규모의 발전을 이루기 시작했다.

1958년 5월, 제8차 2중전회에서 '강한 의욕과 열정, 신속하고 효과적인 사회주의 건설'을 골자로 하는 로드맵이 확정된 후 대학 설립 붐이 일어났다. 1958년 9월, 중앙당과 국무원은 〈교육업무에 관한 지시〉에서, 향후 15년 이내에 자격을 갖춘 청년들에 대해 고등교육을 받을 기회를 제공한다는 계획을 밝혔다. 이 시기에 부처별로 학교를 설립하면서 전국적으로 대학과 재학생 수가 큰 폭으로 증가했다. 1957년 전국의 대학 수가 229곳, 재학생 수는 약 445,000명이었고, 1965년에는 전국의 대학 수가 434곳으로 늘어나서 1957년에 비해 89.5% 증가했다. 재학생 수는 674,000명으로 증가하여 1957년에 비해 66% 증가했다. 하지만, 정치학, 사회학 등 학과의 발전은 그에 미치지 못했다.

대학교육이 빠르게 발전하던 시기에 농촌지역에도 대학이 설립되기 시작했다. 1958년 농촌지역의 교육발전을 위해 정부는 장시江西 공산주의노동대학을 설립했다. 1958년 8월1일, 이 대학의 본교와 샹탕向塘, 징강산井岡山, 다마오산大茅山, 요우산油山, 황강산黃崗山, 운산云山, 난청南城, 가오안高安 등에 설립한 30개 분교가 동시에 개교식을 갖고 저우언라이周恩來 총리가 친필로 쓴 학교명 현판이 걸렸다. 학교의 운영 과정에서 분교의 수가 108개교로 늘었다. 1980년에 장시농업대학과 합병하면서 학교명도 장시농업대학으로 바뀌었다. 22년 동안 이 학교가 배출한 졸업생 수가 20만 명이 넘었고 1995년까지 80%의 졸업생들이 농업발전의 제일선에서 일했다. 농민들의 문화적 소양과 생산능력을 높이고 고등교육에 대한 열망을 실현했다는 측면에서 큰 역할을 했다.

1959년, 정부는 <중점 대학교 지정에 관한 결정>을 확정하고 베이징대학교, 런민대학교, 칭화대학교 등 16개 대학을 중점대학으로 지정했다. 1960년, 정부는 다시 중국의과대학, 하얼빈 군수산업대학, 제4군의대학 그리고 중국인민해방군 군사전기통신 공과대학을 중점대학에 편입하기로 결정하고 같은 해 10월 지린대학 등을 포함한 44개 대학을 중점대학으로 확정했다. 중점대학 육성에 역량을 집중하는 한편으로 이들이 대학교육 분야에서 시범적인 역할을 담당하도록 한 것은 중국의 고등교육 발전에 중요한 의미가 있었다. 그 후, 1966년부터 1976년에 이르는 특수한 시기에 극좌 사조의 영향으로 인해 각 분야에서 진행되던 사업이 중단되었고 고등교육의 발전도 어려운 시기를 맞이했다.

4. 직업교육의 발전

1949년에 중국에 직업교육학교가 1,000곳 특히 기술학교는 전국에 3곳밖에 없을 정도로 직업교육 기반이 취약했고 직업학교의 재학생 수는 10만 명에도 미치지 못했다. 정부는 교육의 보편화를 목표로 공업과 농업을 뒷받침할 수 있는 직업교육 발전 방침을 정하고, 낡은 직업학교를 인수하거나 개보수하여 국가 차원에서 직업교육을 실시하는 등 공업과 농업 부문 종사자의 문화적 소양을 높이기 위한 환경을 조성했다.

1949년 9월, 중국인민정치협상회의 제1차 전체회의에서 통과된 〈중국인민정치협상회의 공동강령〉에서, 기술교육, 노동자의 일과 후 교육 그리고 재직 간부교육 규정을 마련하는 한편 체계적이고 단계적으로 교육 보급을 추진하는 방안을 밝혔다. 기존의 일반 중학교와 직업교육의 심각한 불균형 문제를 해결하는 것이 중요한 과제였다. 특히 기술학교가 수적으로 부족했기 때문에 수년 내에 중고등학교를 중등기술학교로 전환해야 했다. 1952년 3월, 저우언라이 총리는 〈중등기술 교육의 개편과 발전에 관한 지시〉에서 대규모 경제건설을 준비하는 단계에서 기술인재 양성이 절박하며, 현재 중등기술학교가 수적으로나 질적으로 필요를 충족시키기에 턱없이 부족하다고 지적했다. 따라서 각급 정부들이 중등기술교육 발전에 적극적으로 나서야 한다고 밝혔다. 1952년 7월과 8월에 교육부가 〈중등기술학교 잠정시행법〉과 〈각급 중등기술교육위원회 잠정 조직 조례〉를 공표했는데, 이때부터 직업교육이 정식으로 학제에 편입되어 제도적 내실을 다지게 되었다. 1949년부터 1952년까지, 중국의 중등기술학교가 1949년의 1,171곳에서 1952년 1,720곳으로 늘었고, 재학생 수는 1949년의 229,000명에서 1952년 636,000명으로 증가 했다.

직업교육의 발전이 갖는 또 한 가지 중요성은 공업학교의 발전을 추진했다는 점이다. 신중국 수립 후, 정부는 경제발전에 필요한 기술직 근로자를 신속히 확충하고 실직자에 대한 직업훈련을 실시하기 위해서 공업학교를 설립하기 시작했다. 1951년, 정무원은 〈학제개혁에 관한 결정〉에서 직업기술교육의 중요성을 강조했고, 1955년 노동부는 공업학교를 대대적으로 확충하겠다고 밝혔다. 1956년 9월, 중앙당은 〈성省과 시市 당위원회의 기술학교 지도 강화에 관한 의견〉을 전달하고 기술학교를 세우는 것이 산업발전에서 중요한 과제라고 밝혔다.

1949년부터 1956년까지 농촌에서도 농촌 실정에 맞는 직업교육 발전 방안이 모색되었다. 1950년 9월, 교육부와 전국총공회가 베이징에서 제1회 전국공동교육회의를 열고, 〈공농 속성 중학교와 공농문화학교 설립에 관한 지시〉, 〈노동자 속성 중학교 잠정 시행안〉, 〈공농 문화학교 잠정 시행안〉, 〈근로자 일과 후 교육 잠정 시행안〉, 〈농민 일과 후 교육 발전에 관한 지시〉, 〈각급 근로자 일과 후 교육위원회 조직 조례〉 등 6개의 조례를 통과시켰다. 모두 농촌 직업교육의 새로운 발전 방향을 제시한 것이다. 조례의 시행 과정에서 농촌의 실제 상황과 접목한 기술교육이 농촌 직업교육 발전의 주요한 위치를 차지했다. 1952년 열린 상시湘西 수리훈련반과 1953년 산시성省 지에 요우현 시장경 마을에서 열린 농업기술학교가 대표적이다. 1956년, 전국 중등 전문교육 업무회의에서 농업합작화운동의 전개에 맞춰 영농기술 간부와 관리 간부 양성방안이 제시되었는데, 이때부터 농촌의 중등기술교육이 주요 과제로 부상하기 시작했다. 통계에 의하면, 1956년 말 직업전문학교가 2,085곳으로 증가하고 재학생 수는 108만 3,000명으로 늘어났다. 또한 기술학교는 417곳으로 증가하고 재학생 수는 16만 9,000명으로 늘었다. 1958년까지 직업전문학교와 기술학교의 수가 약 2배 증가했고, 직업전문학교의 재학생 수는 약1.8배, 기술학교의 재학생 수는 약 2배 증가했다. 1961년까지 전국의 기술학교가 2,100여 곳에 달했다.

주목할 점은 1958년 9월에 중국 중앙당과 국무원이 발표한 〈교육사업에 관한 지시〉에서 모든 학교가 생산활동을 정규 커리큘럼에 포함하도록 규정했다는 사실이다. 이리하여 일하면서 공부하는 교육제도가 당시 직업교육의 주된 형태가 되었다. 1960년, 제2기 전인대 두 번째 회의에서 통과된 〈국민경제발전계획〉에서 중등전문학교의 적극적인 발전과 이를 직업교육 및 경제발전 목표와 긴밀히 연계한다는 방침을 명시했다. 이러한 방침에 따라

1963년 3월에 중앙당 선전부가 〈초급 중등학교 개편과 농공업 기술교육 강화에 관한 일차 의견(초안)〉을 발표했다. 1964년에는 교육부가 "중등전문교육 발전, 직업교육 시범운영, 일과 후 교육 발전의 필요성"을 강조했다. 1964년 교육부는 교육업무회의에서 도시의 일반교육과 기술교육 병행 방침을 철저히 시행하고, 제3차 5개년 계획기간에 일부 일반 중학교를 직업학교로 전환하겠다고 밝혔다.

1965년 3월에 교육부는 일하면서 공부할 수 있는 중등기술학교 시범운영을 적극적으로 추진하기로 방침을 정했다. 같은 해 6월, 고등교육부는 농사를 지으며 공부할 수 있는 대학을 육성하기로 결정했다. 이때부터 '농사를 지으며 공부하는' 교육 형태가 중국의 교육사업 발전계획에 편입되었다. 1965년 말까지 전국적으로 '일하면서 공부하는 학교'의 수가 61,626곳으로 증가했고, 재학생 수는 443만 3,000명에 달했다. 그 이후 1966년부터 1976년에 이르는 특수한 시기 동안에 직업교육이 심각한 타격을 받고 중등전문학교와 기술학교도 불가피하게 문을 닫으면서 직업교육이 침체기를 맞이했다.

5. 소결

신중국 수립 후 초기 30년의 교육 발전과정에서 거둔 중요한 성과는 '문맹대국'이라는 오명을 벗었다는 사실이다. 이는 다음과 같은 몇 가지 특징으로 요약될 수 있다.

1) 문맹퇴치와 초등교육 보급

신중국 수립 초기에 전국적으로 문맹인구가 80%를 차지하는 상황에서 정부는 문맹인구 감소 및 아동과 청소년을 위한 초등교육 보급을 목표로 설정하고, 지방정부와 사회적 참여를 바탕으로 다양한 형태의 학교 설립, 국민의 광범위한 참여 등 정책을 추진했다. 전국 도시와 농촌에 다양한 형태의 문맹퇴치 학교(반)를 열고 신속하게 초등교육시스템을 구축함으로써 대부분의 국민이 문맹에서 벗어났다. 1982년까지 전국의 문맹률이 1949년의 80%에서 22.81%로 하락했고, 초등학교 보급을 통해 학령아동의 입학률이 95.5%에 달했다. '문맹대국'의 오명이 역사 속으로 사라진 것이다. 이는 신중국 수립 이후 처음 30년의 교육발전이 거둔 위대한 성취였다.

2) 노동자의 교육을 받을 권리

신중국 수립 이전, 교육은 관료계층, 지주 그리고 자본가 계층의 전유물이었고, 공업과 농업에 종사하는 노동자들에게는 접근할 수 없는 영역이었다. 신중국 수립 후, 정부는 노동자들을 위해 제도개혁과 정책을 시행하여 노동자와 그들의 자녀들이 교육을 받을 권리를 누릴 수 있게 한다는 교육방침을 확정했다. 이러한 정책방향에 따라 교육이 비로소 모두를 위한 교육이 되었고, 노동자가 교육을 못 받던 묵은 폐단을 철저히 해소할 수 있었다. 이는 중국에서 교육발전의 궤도를 바꾼 역사적인 변화로서 국민을 위한 봉사라는 사회주의 제도의 본질을 구현한 것이다.

3) 창의적인 교육발전 모색

신중국의 교육은 민국시대(국민당 집권시기-역자주) 교육체계의 폐단, 소수에게만 허용된 교육, 교육기회의 극단적인 제약, 대량의 문맹인구 등 열악한 여건 속에서 발전했다. 더욱이 신중국은 이전에 가본 적이 없던 사회주의의 길을 선택하고, 이 길에서 끊임없는 모색을 통해 교육발전을 이루어야 했다. 절대다수의 인구가 문맹상태를 벗고 노동자들이 공평한 교육의 기회를 누릴 수 있도록 하는 것이 절체절명의 과제였다. 이러한 상황 속에서 정부는 국민의 대대적인 참여, 문맹퇴치 학교(반) 설립, 새로운 교육시스템 건설, 고등교육기관의 귀족화 타파 등 일련의 효과적인 조치를 통해 중국 특색의 교육발전의 길을 모색했다.

4) 개혁개방 시기 교육사업의 발전을 위한 기초

교육이 심각하게 부재했던 상황에서 초등교육 보급, 중등교육의 대규모 확충, 고등교육과 직업교육의 부단한 발전에 이르기까지, 신중국 수립 후 처음 30년 동안 구축된 교육체계가 개혁개방 이후 교육발전의 기반이 되었을 뿐 아니라 교육의 수준을 한 단계 업그레이드시킬 수 있는 여건이 되었다. 따라서 70년 동안 중국이 걸어온 두 시기의 교육발전은 분리해서 생각할 수 없다. 개혁개방 이후의 획기적인 교육발전은 물론이고 동시에 신중국 수립 후 초기 30년 동안 이룬 성과도 충분히 인정받아야 할 것이다.

2. 개혁개방 이후의 교육제도 개혁

1978년부터 중국은 개혁개방의 길로 들어섰다. 시장경제가 계획경제를 대체함에 따라 중국의 교육제도에도 큰 변화가 발생했다. 전통적인 복지형 교육에서 혼합형 다원적 교육체제로 변화한 것이다. 새 교육발전 모델의 특징은 교육의 투자 주체 다원화, 교육기관 다원화, 교육수요 다원화로 정리될 수 있다. 이는 국민교육의 보급, 대중화와 더불어 경제성장과 사회발전에 지속적으로 인재를 공급하는 등 인력자원 강국으로 거듭나는데 중요한 기여를 했다.

개혁개방 이후 발생한 한 가지 중요한 변화는 지식과 과학, 교육에 대한 인식이 계획경제 시기보다 훨씬 높아졌다는 점이다. 1977년에 등샤오핑 주석은 여러 좌담회에서 과학교육의 중요성을 피력했다. 1982년 9월, 제12기 전인대에서 과학기술과 교육을 국가 현대화 건설의 3대 핵심 전략 중 하나로 채택했다. 1992년 10월에 개최된 제14기 전인대에서 처음으로 교육 우선 발전전략이 채택되었다. 2010년, 후진타오 주석은 교육 우선 발전전략을 재천명하고 교육 발전을 위한 재정 투입과 교육 및 인력자원 개발에 있어 공적

자원의 역할을 강조했다. 제18기 전인대 이후, 시진핑 주석은 양질의 교육을 원하는 국민의 염원을 출발점으로 중국 특색의 현대적 교육을 시행하고 13억 국민이 공평하게 혜택을 누릴 수 있도록 노력해야 한다고 거듭 강조했다. 제19기 전인대에서는 교육사업의 우선적인 발전, 신속한 교육 현대화 실현, 교육강국 건설 등 전략이 제시되었다. 우선적인 교육발전과 이를 위한 전략 방안에 힘입어 지난 40년 동안 중국의 교육은 괄목할만한 성과를 거두었다. 다양한 교육 형태가 발전했을 뿐 아니라 고등교육의 대중화를 실현했으며, 이제 교육 현대화를 향해 나아가고 있다.

1. 초등교육의 발전

1978년 3월, 전국과학대회 개막식에서 행한 연설에서 덩샤오핑 주석은 '4가지 현대화' 실현의 핵심은 과학기술의 현대화이며 과학기술 인재 육성의 기초는 교육에 있다고 강조했다. 따라서 교육의 방향을 정확히 설정하고 진정한 교육개혁을 추진해야 한다고 밝혔다. 같은 해, 제11차 3중전회에서 개혁개방의 서막이 올랐다. 이에 따라 교육부는 〈사범교육의 강화와 발전에 관한 의견〉을 발표하고, 3~5년 이내에 초등학교 교사의 자질을 중등사범대학 수준으로 끌어올리겠다고 밝혔다. 아울러 〈중점 초중고교의 운영에 관한 시범운행 방안〉이 발표되었는데, 여기에는 중점 초중고교의 발전 목적과 임무, 계획 등이 포함되었다. 1981년까지 전국적으로 중점초등학교 5,271곳, 재학생 수 418,000명, 교사는 196,000명에 달했다. 정부가 중점학교를 설립한 것이 교육의 공정성을 해쳤다는 이유로 오늘날 비판을 받기도 했지만, 이는 정부 재정이 턱없이 부족한 상황에서 초등교육을 발전시킬 수 있는 효과적인 선택이었다.

1980년 12월, 중앙당과 국무원이 〈초등교육 보급의 몇 가지 문제에 관한 결정〉을 발표하고, 전국 초등교육 보급을 80년대 핵심과제로 선정했다. 경제발전과 교육기반이 비교적 양호한 지역은 1985년 이전까지, 다른 지역들은 1990년에 초등교육의 보급이 완료되어야 한다고 강조했다. 1983년 8월, 교육부는 〈초등교육 보급의 기본 요구에 관한 잠정 규정〉을 발표하고, 초등교육은 기본적으로 모든 학령아동이 적기에 입학하여 과정을 마치고 졸업할 수 있도록 하는 것이 기본임무라고 명시했다.

1985년 5월에 중앙당과 국무원이 개최한 전국교육업무회의에 참석한 덩샤오핑 주석은 〈성심을 다하는 교육〉이라는 요지의 연설을 통해 교육에 최선의 노력을 기울여야 하며 초등교육이 그 시작이라고 강조했다. 1985년 5월, 중앙당은 〈교육체제 개혁에 관한 결정〉을 정식 공포하고 사회주의 건설을 위한 교육, 교육을 위한 사회주의 건설이 되어야 한다고 밝혔다. 이는 장기적인 교육발전 방침이었다.

1986년은 중국의 교육발전사史에서 상징적인 해이다. 그해 4월에 열린 제6기 전인대 제4차 회의에서 〈중화인민공화국 의무교육법〉이 통과된 것이다. 이는 중국이 의무교육 보급을 위한 제도적, 법적 기반을 확립했다는 것을 의미했다. 이전까지 초등교육이 기초교육으로 규정되었던 것과 달리 이 법은 초등교육과 중등교육을 모두 의무교육으로 규정했다. 또한 국민의 교육에 대한 최소한의 요구 실현과 어린이의 교육권을 현저히 확대했다. 법에서, 국가는 "적령기 아동이 의무교육을 받을 권리"를 보장하고 "9년 의무교육제"를 시행해야 할 의무가 있다고 규정했다. 이로써 의무교육이 국가가 반드시 보장해야 할 공적 분야가 되었다. 이 법의 규정들을 살펴보면, "의무교육을 시행하며 학비나 기타 잡비를 받지 않는다", "국가는 의무교육비 보장 체제를 구축하여 의무교육제도의 시행을 보장해야 한다", "모든 중화인민공화국 국적을 지닌 적령기의 아동들은 성별·민족·인종·가정의 경제 상황·종교와 신앙 등의 구분이 없이 법에 따라 평등한 의무교육을 받을 권리가 있다"라고 규정했다. 같은 해 9월, 국무원 판공청은 국가교육위원회, 국가계획위원회, 재정부, 노동인사부에 〈의무교육법 시행에 관한 몇 가지 문제점〉 문건을 하달하고, 9년제 의무교육 보급에 관한 기본 요구사항과 구체적인 방안들을 밝혔다. 이렇듯 1986년은 9년제 의무교육이 전면 시행되면서 중국 교육발전에서 의미 있는 한 해가 되었다.

주목할 점은 정부의 재정적 한계, 지역발전 불균형, 시장경제하에서 빈부격차 확대 등으로 인해 일부 빈곤 지역의 모든 아동이 의무교육을 받지는 못했다는 사실이다. 또한 일부 빈곤가정들이 자녀를 학교에 보낼 형편이 안 되었기 때문에, 학령아동이 학업의 기회를 잃거나 중도 포기하는 상황이 벌어졌다. 이러한 상황에서 사회적으로 기부를 통해 학업을 돕는 열기가 확산되었다. 1989년에 공청단 본부 산하 중국청소년발전기금회가 '희망공정 100만 사랑운동'을 펼친 것이 대표적인 예였다. 이것은 국내외 단체, 개인, 기금회를 통해 기부금 형식으로 특별교육비를 마련하여 전국 빈곤가정의 미취학 학령아동을 돕는 공익사업이었다. 1992년 11월, 국가교육위원회는 〈중국 청소년발전기금 회의 희망 프로젝트 지원에 관한 통지〉에서 빈곤지역 미취학 아동들이 학교로 돌아올 수 있도록 돕는 '희망 프로젝트'에 대해 국민 참여를 통해 교육 발전을 추진한 매우 긍정적인 정책으로 평가했다. 동시에 각급 교육행정 부처들이 이 프로그램의 중요성을 인식하고 제 기능을 발휘할 수 있도록 적극적으로 지원할 것을 독려했다.

당연히 초·중등교육을 포함한 의무교육은 정부가 주도해야 하는 영역이기 때문에 사회적 역량의 참여는 제한적인 역할에 그칠 수 밖에 없었다. 이 점을 각급 지방정부들도 인식하고 있었다. 이에 따라 도시지역 의무교육은 정부 재정으로, 농촌지역의 의무교육은 농촌의 집체조직이 담당하던 기존의 방식에서 정부가 직접 책임지는 방식으로 전환되었다. 1990년에 전국의 초등학교 학생 수가 1억 2,241만 명에 이르고, 초등학교의 순입학률이 97.8%로 높아졌다.

1991년 4월, 제7기 전인대 4차 회의에서 〈국민경제 및 사회발전 10년 계

2011년 11월 30일. 산시성(陝) 시안에 있는 청화진 초등학교에서 진행된 6번째 '희망공정-즐거운 음악교실'의 정경.

획과 8차 5개년 계획 요강〉을 비준하고 기초교육을 더욱 강화하겠다는 의지를 밝혔다. 5년 이내에 전국 인구의 80% 이상을 차지하는 지역에 초등학교 단계의 의무교육을 보급하고 전국 인구의 30% 이상을 차지하는 지역에 중학교 단계의 의무교육을 보급하여, 20세기 말까지 초등학교 의무교육을 전국적으로 보급하겠다는 내용이 담겨 있었다.

　1992년 2월, 국가교육위원회가 〈기업의 초중고교 설립 강화 및 개선에 관한 의견〉을 발표했는데, 이것은 기업의 학교 설립과 운영의 현실적 필요를 인정한 것이었다. 1994년 7월, 국무원이 발표한 〈중국 교육개혁과 발전 요강에 관한 시행 의견〉에 기초교육은 정부의 책임이라고 명시하고, 동시에 기업과 기타 사회적 역량이 국가의 법률과 정책에 따라 다양한 경로를 통해 학교 설립에 동참할 것을 권장했다. 여건이 되는 지역에서 민간이 설립하고 정부가 지원하거나, 정부가 설립하고 민간이 지원하는 방식을 채택할 수 있게 했다. 1997년 8월, 국가교육위원회가 〈사회역량 학교 설립 조례〉를 제정하고 사회적 역량을 활용한 학교 설립이 사회주의 교육발전의 일환임을 재차 강조했다. 전국적으로 초중고 교육 분야에서 다양한 형태의 학교 설립이 새로운 현상으로 자리 잡았다. 1999년까지, 전국에 민간이 설립한 학교 수가 3,264곳, 재학생 수는 97만 7,000명에 달했다.

1997년 9월에 개최된 제15기 전인대에서 세기의 전환을 맞아 사회주의 현대화 건설의 원대한 목표를 제시하고 '기술부국' 전략을 실현하기 위한 종합정책들을 확정했다. 1998년 12월, 교육부가 <21세기를 향한 교육발전 행동강령>을 발표했다. "중국의 교육 발전 수준이 여전히 매우 저조하며, 교육 구조와 체제, 교육 관념과 방법 그리고 인재 양성 모델이 현대화 건설의 요구에 부응하지 못하고" 있으며, 따라서 "시대의 요구에 맞추어 교육사업을 진흥해야" 한다고 강조했다. 이는 <의무교육법> 과 <중국 교육개혁과 발전 요강>의 실질적인 추진을 전제로 한 교육개혁과 발전의 청사진이라고 할 수 있다. 이 청사진에서 밝힌 중국 교육발전의 목표는 "2000년까지 전국적으로 9년제 의무교육을 보급하고 기본적으로 청장년 문맹을 퇴치하며, 소양교육을 적극적으로 추진"하는 것이었다. 또한 "2010년까지 '두 가지 기본' 목표를 전면 실현하고, 이를 기반으로 도시지역과 경제가 발달된 지역에서 고등학교 교육을 보급하여 전국 인구의 교육 연한을 개발도상국 수준으로 끌어올리는 것"이었다.

2001년, 낙후지역의 빈곤가정 학령아동들이 학교에 못 가는 문제를 해결하기 위해서, 정부는 '2가지 면제, 1가지 보조(학비 면제, 책값 면제, 기숙사비와 생활비 보조)' 정책을 시행했다. 2005년 11월에 교육부는 <전 국민 교육 국가보고서>를 발표하고, "농촌 무상 의무교육 우선 시행 원칙"을 확정했다. 또한 2010년까지 모든 농촌지역에서 무상 의무교육을 시행하고 2015년까지 전국적으로 확대한다는 목표를 발표했다. 2006년 2월에는 교육부 판공청이 <농촌 의무교육비 보장제도 개혁 시행에 관한 통지>에서 농촌 의무교육비 보장제도 개혁을 최우선 과제로 제시했다. 2006년 6월, 제10기 전인대 상무위원회 22차 회의에서 새로 개정된 <의무교육법>이 통과되었다. 개정 법안의 주요 내용은 의무교육의 무상원칙 명문화와 의무교육비 보장제도 개혁이었다. 2007년, 제10기 전인대 제5차 회의는 농촌의 의무교육 등록금을 전액 면제한다는 결정을 내렸다. 2008년 8월, 국무원이 <도시 의무교육 단계 학생의 제비용 면제에 관한 통지>를 발표하고, 2008년 가을학기부터 도시 의무교육 단계의 공립학교 공납금을 전액 면제한다고 확정했다. 이렇게 중국은 전국의 도시와 농촌지역에서 무상 의무교육 시행 목표를 실현했다.

2016년 7월, 국무원은 <현縣 내 도농 의무교육 통합 개혁 발전에 관한 의견>을 발표했다. 의무교육에 있어 도시와 농촌 간 이원적 구조의 장벽을 허물고 현급 도시와 농촌 의무교육 학교 설립 통합화에 박차를 가한다는 내용이 담겨 있었다. 특히 4가지 통합안(도농 의무교육 설립 기준 통합, 교사의 편제 기준 통합, 학생 1인당 비용 기준 통합, 기본 장비 배분 기준 통합)을 제시하고, 도시와 농촌에서 '1면제 2보조' 정책 전면 시행을 통해 '농촌 교육기반 취약문제와 도시의 과밀화 문제'를 근본적으로 해결해야 한다고 밝혔다. 2018년 5월, 국무원 판공청은 <농촌의 소규모 학교와 농촌 기숙사 학교 설립의 전면적인 추진에 관한 지도 의견>을 발표하고, 2019년 가을 개학 이전까지 지역별로 다양한 유형의 학교 설립 및 운영 조건을 해당 지역 성省 정부가 정한 기준에 맞게 변경할 것을 지시했다. 또한 농촌지역 소규모 학교에 대해 100명당 지급하는 공공경비 기준과 시골 기숙학교의 기숙학생 1인당 연간 200위안 지급기준을 포함한 공공경비 지원정책을 철저히 이행하도록 지시했다. 상술한 정책들은 중국의 의무교육제도가 보편화에서 공평한 교육의 길로 접어들었다는 것을 의미했다.

2019년 7월, 중앙당과 국무원이 <교육 및 교학 개혁 강화를 통한 전면적인 의무교육 질적 향상에 관한 의견>을 발표했다. 이것은 당정이 발표한 첫 번째 의무교육 및 교학 개혁에 관한 문건으로, 새로운 시대에 맞게 교육 및 교학의 개혁 그리고 의무교육의 질 향상을 위한 방향성을 제시했다. 중국의 의무교육이 보편적 공평성을 지향하던 것에서 질적 향상이라는 새로운 발전 단계로 전환했다는 것을 보여준다.

이처럼 중국이 개혁개방 이후 초·중등교육을 포함한 의무교육에 심혈을 기울여 왔다는 것을 알 수 있다. 가능한 모든 학령아동이 의무교육의 권리를 누리는 것에서부터, 정부가 의무교육에 관한 모든 책임을 지고 도시와 농촌의 공평한 교육발전을 추진한 것에 이르기까지 의무교육의 질적 향상이라는 새로운 시대적 목표가 제시되었다.

2. 중등교육의 발전

중등교육은 통상적으로 중고교 단계의 국민교육과 중등직업교육을 포함한다. 현행 정책의 틀에서 의무교육의 범주에 속하는 중학교 교육은 정부가 책임지는 무상복지교육이며, 고등학교(일반고와 중등직업학교 포함) 교육은 무상교육이 아닌 공익교육에 속한다. 본 절은 중학교와 고등학교 단계의 교육발전에 관해 기술하고 있다. 중학교 교육은 의무교육에 속하기 때문에 관련 정책들이 초등학교 교육과 동일한 과정에 따라 추진되었다. 고등학교 교육은 공익성을 기초로 전국적으로 보급되었고, 무상교육을 실현한 소수 지역(예를 들어 신장, 남南신장, 쓰촨성省 량산 등 낙후된 소수민족 지역과 산시성省 위린 등 몇 곳)들도 있다.

개혁개방 이후 중등교육의 발전은 1980년 4월 교육부가 발표한 〈신 재정 체제 시행 이후 교육비 배정에 관한 건의〉가 출발점이었다. 이 문건은 비록 '건의'였지만, 실제로는 중등교육을 포함한 교육발전의 책임 주체와 업무의 분담을 명시하고 있다. 학교의 소속관계에 따라서, 각 성, 시, 자치구에 속한 고등학교와 초·중학교의 경비는 전적으로 각 성, 시, 자치구의 정부가 지급하고, 중앙정부는 중앙부처 산하 학교의 경비 지원과 지방 일반교육에 대한 특별지원을 담당했다. 1983년 5월, 중앙당과 국무원이 〈농촌 학교가 안고 있는 문제점 개혁에 관한 통지〉를 발표하고, 중앙과 지방정부의 교육경비 지원 확대, 기업 및 농촌 합작조직의 학교 설립 그리고 농민들의 자발적인 기금 참여를 통한 학교 설립을 장려했다. 1984년 12월, 국무원은 〈농촌지역 학교 설립 자금 조달에 관한 통지〉를 발표하고, 교육경비의 재원 마련 경로를 확대하고 중등교육 발전을 도모하기 위해, 국가가 지급하는 교육사업 경비 이외에 농촌의 지방정부가 교육사업 경비를 부가적으로 징수할 수 있도록 했다.

1985년에 중앙당이 밝힌 〈교육체제 개혁에 관한 결정〉에서, 9년제 의무교육의 단계적 시행과 중등교육을 의무교육에 포함하는 방안이 제시되었다. 1986년 제6기 전인대 4차 회의에서 통과된 〈중화인민공화국 의무교육법〉은 정식으로 중학교 교육을 의무교육의 범주에 포함시키고 정부의 책임을 명시했다.

1992년 2월, 중앙당과 국무원이 〈중국 교육개혁과 발전 요강〉을 발표했다. "중학교 단계의 직업기술 교육을 포함한 9년제 의무교육의 전국적 보급", "9년제 의무교육을 기반으로 한 기초교육 강화, 직업기술교육 및 성년교육 그리고 고등교육 발전, 근로자의 자질 향상과 초급 및 중급 인재 양성"을 우선 정책 목표로 제시했다. 아울러 "국가 재정의 교육비 지출을 국민총생산 대비 점진적으로 늘려서, 금세기 말까지 4%로 끌어올려 개도국 평균에 도달할 것"을 명시했다. 이 요강은 중국의 교육발전에 중요한 역할을 했는데, 특히 교육경비의 비중을 GDP의 4%까지 확대하겠다는 목표가 제시되었다.

1995년 3월에 제8기 전인대 3차 회의에서 〈중화인민공화국 교육법〉이 통과되면서, 교육발전 우선 전략이 가시화되고 교육개혁과 발전을 촉진하기 위한 법적 보장체계가 마련되었다. 이 법에서, "교육은 사회주의 현대화 건설의 기초이며, 국가는 교육사업의 우선적인 발전을 보장한다", "공민은 민족·인종·성별·직업·재산 상황·종교 신앙 등의 구분 없이 법에 따라 평등하게 교육의 기회를 갖는다", "각급 인민정부는 여러 가지 조치를 통해 학

1980년대 상하이 고등학교의 교실 정경

령기 아동의 취학을 보장해야 한다"고 기술했다. 또한, "각급 인민 정부의 교육경비 지출은 직권과 소유권 통합의 원칙에 따라 재정 예산에서 별도로 항목을 설정한다", "각급 인민정부의 교육재정 지원금의 확충은 반드시 재정 내 경상수입의 확충을 상회해야 한다. 또한 재학생 수에 따른 평균 교육비를 점진적으로 확대하여 교사의 급여와 학생 1인당 평균 공용경비가 확대될 수 있도록 보장해야 한다"라고 규정했다.

다양한 교육사업 발전 정책이 나오면서 중등교육이 비교적 빠른 속도로 발전했다. 통계에 의하면, 2000년 말까지 전국 중학교 재학생 수가 1978년의 4,995만 명에서 6,256만 명으로 증가했고, 진학률은 1978년의 66.4%에서 88.6%로 높아졌다. 고교 재학생 수는 1978년의 1,885만 명에서 2,447만 명으로 증가했고, 진학률은 1978년 35.1%에서 42.8%로 높아졌다.

2006년 6월, 제10기 전인대 상무위원회 22차 회의에서 개정된 <중화인민공화국 의무교육법>이 통과되었다. 이 개정 법안은 "국무원과 현급 이상 지방 인민정부는 교육자원을 합리적으로 배치해야 하며 의무교육의 균형 발전을 촉진하고 취약한 학교 운영 여건을 개선해야 한다. 이와 함께 농촌지역,

소수민족 지역의 의무교육 실시를 보장하고, 가정경제의 어려움과 장애를 안고 있는 학령기 아동의 의무교육을 보장하기 위한 조치를 취해야 한다"고 명시했다. 중등교육의 균형 발전을 위해 명확한 방향을 제시한 것이다. 아울러, 농촌 및 낙후지역의 교사 부족 문제를 해결하기 위해, "고등학교 졸업자가 자원봉사 형태로 농촌지역, 소수민족 지역의 교사가 부족한 학교에서 교사로 일할 것을 권장한다"고 밝혔다.

2010년까지, 전국 중학교 재학생 수가 5,279만 명, 진학률은 100%에 달함으로써 중학교육의 보편적 보급이 실현되었다. 2010년 고등학교 재학생 수는 4,677만 명, 진학률은 82.5%에 달했고, 2018년에는 진학률이 88.8%로 더 높아졌다. 이렇게 중등교육의 보편화를 통해 90% 가까운 학생들이 고교 단계의 교육을 받을 수 있게 되었다.

3. 고등교육의 발전

개혁개방 이전까지 극소수의 사람들이 고등교육을 받을 수 있었던 상황이 개혁개방 이후에 역사적 전환이 이루어졌다. 1977년, 덩샤오핑 주석의 정책 결정을 통해 '문화대혁명' 때 중단됐던 대학입학 시험이 부활했고 대학입시를 거쳐 합격생들이 처음으로 대학에 진학했다. 1978년, 제11차 3중전회에서 고등교육의 발전을 위한 개념적 기초가 마련된 후에 같은 해 교육부는 <대학의 전공 설치 및 개선업무에 관한 의견>을 발표했다. 아울러 대학전공 학과조정실을 설치하여 경제 건설과 사회발전의 필요에 맞게 학과 비율을 조정하고 학과별 과학지도위원회를 설치하여 대학의 교육업무를 정상화했다.

1980년 9월에 중앙방송대학CRTVU이 설립되었는데, 이 대학은 새로운 형태의 개방형 고등교육기관으로 교육부와 중앙방송사업국 산하에 설립되었다. 같은 달, 국무원이 교육부에 보낸 <대학의 방송통신 교육 및 야간대학

1977년 12월, 베이징의 한 고등학교 대입 시험장에서 학생들이 대입시험을 치고 있다.

발전에 관한 의견〉에서, 다양한 형태의 대학 교육발전과 함께 방송통신 교육과 야간대학의 방송통신수업을 고등교육사업계획에 편입한다는 결정을 발표했다. 1983년, 국무원이 교육부, 국가계획위원회, 노동인사부, 재정부에 〈전국 고등교육의 독학사 시험 지도위원회 설치에 관한 지시〉를 전달하고, 고등교육 독학사 시험제도를 마련하여 많은 국민이 배움의 길에 동참할 수 있는 길을 열었다. 이 정책은 사회 각계의 호응을 받았다. 이때부터 대학에 가지 못한 사람들이 방송대학, 방송통신대학, 야간대학 및 독학사 시험 등 여러 가지 경로를 통해 공부할 수 있는 길이 열렸고, 과정을 이수하고 자격시험에 합격한 뒤 졸업장을 받을 수 있었다. 이는 사회 구성원들의 자발적인 배움의 의지를 북돋우고 대학들의 학생모집 고충을 완화하는 효과를 가져왔을 뿐 아니라, 일정한 소양을 갖춘 인력을 배출함으로써 당시에 전문 인력 공급 부족 해소에도 일조했다. 하지만, 경제가 빠르게 발전하면서 전문 인력에 대한 수요도 꾸준히 늘어났다. 예를 들어, 1982년에 전국적으로 대졸자 수가 31만 명에 불과했는데 이에 반해 전국의 인력 수요는 70만 명에 달했다. 공급부족 문제가 날로 심각해졌다. 이에 따라 고등교육 발전에 박차를 가하기 위해 1983년에 교육부와 국가계획위원회가 제출한 〈고등교육의 강화 및 발전에 관한 보고〉가 국무원의 비준을 받았다. 1985년에 중앙당이 〈교육체제 개혁에 관한 결정〉을 발표하면서 중국 고등교육 개혁의 막이 올랐다. 〈교육체제 개혁에 관한 결정〉에서, 대학은 고급 전문 인력 양성과 과학기술 및 문화 발전의 중요한 임무를 진다고 명시했다. 고등교육 발전의 전략목표는 "금세기 말까지 분야별로 전공학과를 설치하고 수준별로 비례에 맞게 합리적 시스템을 확립한다. 총규모는 국가의 경제력에 상응하는 수준에 도달한다", "전문 인력 양성은 기본적으로 국내에 바탕을 둔다"고 명시했다. 동시에 장학제도 개혁의 필요성을 제기하고, "사범대학 및 졸업 후 근무 환경이 특히 힘든 전공학과 학생들에게 국가가 숙식을 제공하고 잡비를 면제해 준다", "학업 성적이 우수한 학생을 위해 장학제도를 실시하며 경제적으로 어려운 학생들에게 필요한 지원을 한다"고 규정했다.

 1988년, 국가교육위원회는 〈일반대학 전공교육 업무 강화에 관한 의견〉을 발표하고, 전공교육 개혁을 골자로 하는 방안을 제시했다. 1990년, 국가교육위원회는 제1차 전국 일반대학 전공교육 업무 간담회에서 〈일반대학 전공교육 운영에 관한 의견〉을 밝히고, 대학 전공교육 정책의 철학과 개혁 방향을 제시했다. 1993년 3월, 당정이 발표한 〈중국 교육개혁 및 발전 요강〉에서, "지역별로 전공교육을 적극적으로 강화·발전시키고, 특히 농촌, 중소기업, 향진기업 그리고 3차 산업이 필요로 하는 전공교육을 집중 육성한다", "중앙과 지방 그리고 사회 각 부문이 역량을 모아 중점대학 100곳과 중점 학과 및 전공을 효과적으로 운영한다", "다음 세기에 교육의 질, 과학연구 그리고 운영에 있어 세계적 수준에 준하는 100개 대학, 학과 및 전공을 육성한다"고 밝혔다. 1992년 12월 교육부가 발표한 〈21세기를 향한 교육 진흥 행동강령〉에서, "2000년까지, 고등교육을 적극적으로 육성하여 고등교육기관 진학률 11%에 도달한다", "국가 혁신체계 목표에 맞춰 높은 수준의 창의적 인재풀을 만든다", "과학연구 역량 강화 및 대학 첨단기업 육성을 통해 새로운 핵심 분야의 발전에 기여할 수 있도록 한다", "2010년까지, 고등교육을 대폭 확충하여 입학률을 약 15%로 끌어올리고, 일부 중점대학과 중점학과가 세계 일류 수준에 진입 또는 근접하게 한다"라고 밝혔다. 같은 해, 전국 고등교육기관 정원을 대폭 늘리기로 결정했는데, 1999년에 모집 규모가 159만 7,000명으로 1998년보다 51.3명 증가했다. 이로써 전국적으로 대학의 신입생 모집 규모와 재학생 수가 3년 만에 두 배 증가했다. 또한, 가정 형편이 어려운 대학생들이 학업을 마칠 수 있도록 1999년 6월 국무원 승인을 받아 학비대출제도가 만들어졌다.

정부 재정만으로 고등교육 발전을 뒷받침하기 어렵다는 점을 고려하여, 민간자원을 활용한 고등교육 발전 방안이 채택되었다. 2002년 12월, 제9기 전인대 상무위원회 31차 회의에서 <중화인민공화국 사립교육 촉진법>을 제정했다. 이로써 고등교육이 국가 주도로 이루어지는 상황을 바꿔 민간이 고등교육 발전에 참여하는 법률적 근거가 마련되었다. 통계에 의하면, 1998년 전국적으로 사립대학이 22곳에 불과했는데, 2016년에 그 수가 741곳으로 증가하여 전체 대학교의 28%를 차지했다. 민간이 설립한 일반대학과 전문대학의 재학생 수가 이미 616만 명에 달하며 일반대학과 전문대학 전체 학생 수의 23%를 차지했다. 사립대학 교육의 발전은 중국 대학교육의 재정 투입 확대, 대학교육의 보편화에 기여했을 뿐만 아니라 대학교육의 다변화에도 기여했다.

중국 대학교육의 발전과정을 보면, 1900년대부터 중앙당과 국무원이 추진한 '211프로젝트', '985프로젝트' 그리고 '두 개의 일류 프로젝트'를 포함하여 중대한 결정들이 있었다. 중앙정부의 강력한 지원과 방침에 따라 지방정부 특히 발달된 지역의 성省과 시市 정부들도 대학교육 투자를 지속적으로 늘리면서 대학교육이 새로운 발전을 맞이했다. 2006년, 전국의 대학 진학률이 22%로 상승한 후 대학교육 대중화 단계로 빠르게 진입했다. 2018년까지 전국 대학의 재학생 수가 3,833만 명에 달했는데, 이는 세계 대학 재학생 수의 20%에 해당되는 규모로 중국이 세계 1위의 대학교육 강국이 되었다는 것을 의미했다. 2018년 대학 진학률이 48.1%에 도달하여 같은 기간 세계 평균 수준을 앞질렀다. 미래에 중국은 대학교육 보편화 단계에 진입하게 될 것이다.

4. 직업교육의 발전

개혁개방 초기에 중국의 제조업은 기술 인력을 절실히 필요로 했고 빠르게 발전하는 3차 산업도 기능 인력이 턱없이 부족했다. 직업교육의 필요성이 그만큼 컸다. 또한 당시 대학 진학률이 3% 안팎에 불과했기 때문에, 중·고등학교를 졸업한 학생들이 취업 능력을 갖기 위해서도 직업교육이 절실했다. 이를 위해, 1982년 8월, 교육부는 전국에 중등직업학교, 농업중학교, 직업학교의 관리를 담당할 직업기술교육사司를 설립했다. 1982년 1월, 전국노동자교육관리위원회, 교육부, 국가노동총국, 중화전국총노동조합, 공청단 중앙본부가 연합으로 〈청장년 및 노동자 문화·기술 재훈련 과정에 대한 통지〉를 발표하고, 노동자 직업교육 강화 방침을 밝혔다. 1983년부터 1985년까지, 중앙재정에서 매년 500만 위안을 직업교육 보조비로 지급하여 직업교육의 정원 확대, 학교 여건 개선과 학교 설립의 질적 향상을 도모했다. 이 시기에 중등직업교육의 구조개혁을 통해 중등교육의 구조가 합리적으로 재조정되었다. 1984년까지 전국의 고등학교 재학생 가운데 직업기술 교육 이수 비중이 1978년 7.6%에서 32.3%로 높아졌다.

이와 더불어, 직업교육을 대학교육과 동일선상에 두고 사회적 자원 활용과 새로운 운영모델 혁신을 추진하는 등 직업교육의 규모를 최대한 확대했다. 1981년 12월, 교육부는 〈노동자대학과 노동자 일과 후 대학의 설립인가 및 졸업생 학력 등에 관한 의견〉을 발표했다. 2년 이상 근속하고 고졸 수준의 학력을 갖춘 정규직 노동자가 노동자대학에 입학할 수 있도록 규정함으로써, 노동자대학을 중국 고등직업교육의 일부로 편입했다. 1982년 6월, 교육부는 〈현縣정부의 영농기술학교 설립 잠정법안〉을 발표하고, 농업분야 중등전문교육 기관으로서 영농기술학교의 성격, 영농기술학교의 인력배치, 전공, 실습설비, 운영경비 그리고 재무제도 등에 관해 규정했다. 그 후, 전국 각지에 현縣정부가 운영하는 영농기술학교들이 설립되기 시작했다.

1990년 말까지 전국적으로 다양한 분야의 직업기술학교가 이미 16,000 곳으로 늘었고, 재학생 규모도 600만 명을 넘었다. 또한 직업훈련센터 2,100여 곳을 설립하여 매년 훈련반 수강생 수가 90만 명에 육박했다. 고등학교 단계의 분야별 직업기술학교 학생모집 규모가 전체 고등학교 학생모집 규모의 50%에 근접했다. 이리하여 단조로웠던 중등교육 구조가 비교적 큰 변화를 맞았다. 1991년 10월, 국무원이 〈직업기술교육의 적극적인 육성에 관한 결정〉을 발표했는데, "기존의 각종 직업기술학교를 체계적으로 제도화하고 시범학교의 운영에 역량을 집중한다", "기존 학교들의 잠재력을 발굴하여 정원 확충, 특히 전국 고등학교 단계의 직업학교 학생 수가 일반고교를 능가하는 수준으로 정원을 확충한다"고 밝혔다. 이는 직업기술교육의 위상과 역할에 대한 인식을 높이고 직업기술 교육이 획기적으로 발전하는 계기가 되었다.

1993년 6월, 중앙당과 국무원이 〈중국 교육개혁 및 발전 요강〉을 발표하고, 90년대가 끝나기 전까지 "고교 수준의 직업기술학교 재학생 수를 대폭 확충하며, 대학에 진학하지 않는 중·고교 졸업생들이 다양한 직업기술훈련을 통해 필수 직업기술훈련 과정을 수료하도록 해야 한다"고 명시했다. 각급 정부들도 직업교육의 중요성을 인식하고, 산업계와 사회 각계의 적극적인 호응을 유도하는 등 사회 전체적으로 다양하고 다층적인 직업기술교육을 모색하고 운영하는 분위기가 형성되었다.

1996년 5월, 제8기 전인대 상무위원회 19차 회의에서 〈중화인민공화국 직업교육법〉이 제정되었다. "각급 인민정부가 직업교육의 발전을 국민경제와 사회발전 계획에 반영해야 하며, 업종별 조직과 기업, 사업단체들이 법에 따라 직업교육 실시 의무를 이행해야 한다", "직업학교 운영자는 학생 수별 평균 경비 기준에 따라 직업교육비를 지급해야 한다", "각급 인민정부와 국무원의 주무부서는 직업학교와 직업훈련기관 운영에 필요한 재정을 점진적으로 늘려야 한다"고 규정했다. 이 법은 직업교육의 발전에 구체적인 법적 근거가 되었다.

1999년 1월, 국무원이 교육부가 제정한 <21세기 교육진흥을 위한 행동강령>을 비준했다. 중등직업교육의 적극적인 육성을 강조하는 것 외에도, 대학직업교육 육성과 학생 신규 모집정원 확대를 통해 지방의 대학 직업교육 발전을 도모해야 한다고 밝혔다. 2002년 8월, 국무원은 <적극적인 직업교육 개혁과 발전에 관한 결정>을 발표하고, 새로운 시대 직업교육의 발전을 위한 방향을 제시했다. 2005년 10월에도 <적극적인 직업교육 발전에 관한 결정>을 발표하고, "2010년까지, 중등직업교육 정원 규모를 일반고교 정원과 비슷한 수준인 800만 명으로 늘리고, 대학직업교육 정원은 일반 대학교육 정원의 절반 이상으로 확대한다. 11차 5개년 기간 동안, 중등직업학교 졸업생 2,500만여 명, 대학직업교육 졸업생 1,100만여 명을 배출한다"고 명시했다. 2014년, 국무원이 다시 <현대 직업교육의 신속한 발전에 관한 결정>을 발표하고, "2020년까지, 중등직업교육 재학생과 전문대학의 직업교육 재학생 수를 각각 2,350만 명과 1,480만 명 수준으로 확대하여, 전문대학 수준의 직업교육 학생 규모를 확보한다. 현직 종사자에 대한 후속 교육은 연인원 3억 5,000만 명 수준으로 높인다"고 밝혔다.

2019년 3월, 리커창 총리는 제13기 전인대 2차 회의에서 행한 <정부업무보고>에서, "대학 직업교육의 장학제도 확대, 지원기준 상향과 중등직업교육 국가장학제도 설립" 정책을 발표했다. 또한 "더 많은 고교 졸업자와 퇴역 군인, 퇴직 노동자, 농민공이 시험에 응시하도록 장려하여, 올해 100만 명 규모로 대폭 증원해야 한다"고 밝혔다. 2019년 7월, 교육부와 재무부의 <정

2016년 3월 4일, 랴오닝성屬 선양시에 있는 화천BMW 공장에서 실습생들이 교육에 열중하고 있다.

부업무보고〉에서, 대학직업교육 국가장학금 확충, 대학직업교육 면학장려 국가장학금 대상범위 확대, 대학직업교육의 국가장학금 대상자 확대 및 지원 기준 제고, 중등직업교육 국가장학금 설립, 중등직업학교(기술학교 포함)의 재학생 중 우수한 학생에 대한 지원 확대 등 구체적인 정책을 발표했다. 중국의 직업교육이 황금기에 접어들었다고 평가할 수 있다.

5. 소결

상술한 내용을 통해, 개혁개방 이래 중국의 교육사업이 총체적인 발전을 이뤄냈다는 것을 알 수 있다. 주요 특징은 다음과 같다.

1) 지식을 존중하고 인재를 존중하는 교육발전

개혁개방 초기에, 중국은 지식존중, 인재존중의 발전 방향을 정하고 과학과 교육 중심으로 주요 분야를 적극적으로 발전시켰다. 이를 통해 교육이 발전할 수 있는 사회적 분위기를 형성했다. 지식존중, 인재존중의 기치 아래, 공부를 통해 자신의 운명을 바꾸고 더 나아가 나라를 위해 일해야 한다는 국민적 공감대가 형성되었다. 정부, 사회 그리고 가정이 함께 힘을 모았고, 학력과 자격증이 개인의 앞날을 위한 필수요건이 되었다. 이러한 국민적 합의와 사회 분위기가 교육발전을 촉진하는 근본 동력이 되었기 때문에 교육 분야가 큰 발전을 이룰 수 있었다. 전前교육부 장관 저우-지周濟의 평가에 의하면, 이 시기 중국의 교육발전은 9년제 의무교육제도의 전면 시행과 대학교육의 대중화로 요약되는 '두 번의 초월超越'을 실현했다. 이것은 중국 교육발전사史에서 두 차례의 역사적 전환이었다. 두 번째로 '한 번의 돌파突破', 즉 직업교육이 지속적으로 발전하면서 교육의 거시적 구조조정에 중요한 돌파구를 마련했다. 셋째로 '한 번의 중요한 발걸음', 즉 공평한 교육을 향해 중요한 발걸음을 내디뎠다. 넷째로 '한 가지 확립', 즉 중국 특색의 사회주의 교육체제의 기본 틀을 확립하고, 중국 특색의 사회주의 교육발전의 길을 걷게 되었다.

2) 경제발전: 교육발전의 물질적 기초

경제가 극단적으로 낙후된 상황에서 교육이 발전하기란 불가능하다. 개혁개방 이래 실천적 경험이 증명하듯, 국민경제가 고속 성장을 지속함으로써 교육발전을 지원할 수 있는 재정 능력이 충분히 확보될 수 있었고, 교육재정의 지속적인 증가는 교육사업의 전면적인 발전에 필요한 기본 토대를 만들었다. 동시에 민간자본 확충과 도시와 농촌의 지속적인 소득 증가는 민간의 교육사업 참여와 사회 구성원의 교육에 대한 요구를 실현할 수 있는 여건을 조성했다. 최근 40년간 중국 경제의 지속적인 고속 성장이 획기적인 교육발전을 가져왔고 동시에 교육은 경제발전에 필요한 높은 수준의 인적자원을 제공했다. 따라서, 개혁개방 이후 획기적인 교육 분야 발전은 경제발전과 교육발전의 시너지 효과가 낳은 성공이었다.

3) 서구 선진국의 경험 벤치마킹

비록 신중국 수립 후 처음 30년 동안 교육을 향한 열망에도 불구하고, 이 시기의 교육은 국민 절대다수가 처한 문맹 해결과 초등교육에 초점을 맞출 수밖에 없었고 전반적으로 교육기반이 취약했다. 개혁개방 이후, 중국은 경제 영역의 대외개방과 함께 서구 선진국들의 교육발전 경험을 적극적으로 벤치마킹했다. 예를 들어, 지속적인 학제 정비, 초등교육과 중등교육의 질적 향상, 선진국의 관련 분야와 접목한 대학교육, 사회자원의 참여를 통한 다양한 교육 모델, 교육법과 제도 확립, 교육 분야의 국제교류 촉진 등이 모두 중국의 교육사업 발전에 기여했다.

3. 교육발전의 주요 성과 및 기본경험

상술한 내용들을 통해, 지난 70년 동안 중국의 교육사업이 걸어온 힘겨운 실천과 위대한 발전의 여정, 그리고 교육의 본격적인 발전과 교육수준의 획기적인 향상 등 사실 그대로의 성과들을 이해할 수 있다.

1. 교육발전의 주요 성과

1) 전면적인 교육발전

70년간의 노력을 거쳐 초등교육, 중등교육, 고등교육이 전면적인 발전을 이루었을 뿐 아니라 직업교육 및 기타 다양한 형태의 교육도 장족의 발전을 이룩했다. 2017년, 전국적으로 51만 2,000개교에 이르는 다양한 유형의 학교가 설립되었고, 교사 1,578만 명, 재학생 수가 2억 6,500만 명에 달하는 등 교육의 규모에서도 세계 1위에 도달했다. 초등교육과 중등교육의 보편화, 고등교육의 대중화, 직업교육의 급속한 발전, 13억 명이 넘는 국민이 더 나은 교육을 공평히 누리는 꿈이 실현되었다. 이뿐만 아니라 중국 교육의 개방도도 현저히 높아졌다. 예를 들어, 국가 간 상호 유학 및 인재 영입 규모가 빠르게 확대되고 인재 육성 수준도 크게 향상되었다. '중국유학계획'을 통해 중국으로 들어오는 유학생의 규모를 보면, 2016년에 연인원 44만 명의 유학생이 중국에서 공부했는데, 이는 2012년 연인원 33만 명에 비해서 약 11만 명이 늘었다. 특히, 대학원 석사과정 유학생 비율이 비교적 빠르게 증가하며 중국이 아시아 1위, 세계 3위의 유학 대상국이 되었다. 2016년 말 기준, 학업을 마치고 귀국한 중국 유학생 수가 265만 명에 이르렀고, 제18기 전당대회 이후 5년 동안 귀국한 유학생 수는 70%에 달했다. 외국에서 학업을 마친 뒤 귀국을 선택한 유학생의 비율은 2012년 72.38%에서 2016년 82.23%로 늘었다. 이는 중국이 세계 교육의 중심이 되고 있는 사실을 보여준다.

2) 교육부문 재정투입의 지속적 증가

교육은 공적 분야로 국가 재정의 투입 없이는 발전시킬 수가 없기 때문에 교육부문의 재정 투입은 교육 전반의 물질적 토대이다. 신중국 수립 70년 동안, 교육부문에 대한 국가의 재정투입이 1952년 13.1억 위안에서 2018년 3조 6,990억 위안으로 증가했고, 연평균 증가폭이 12.8%였다. GDP 대비 교육부문 재정 투입의 비중은 1952년 1.9%에서 2018년 4.1%로 증가했다. 이 가운데, 2012년 교육부문 재정 투입이 처음으로 2조 위안을 돌파하며 GDP 대비 4%를 넘어섰다. 이는 중국 교육발전사史에서 중요한 이정표로 꼽힌다. 교육부문 재정 투입의 지속적인 증가에 힘입어 다양한 유형의 학교 교육이 정상적으로 발전할 수 있었고, 형편이 어려운 학생들도 순조로운 학교생활을 보장받을 수 있었다. 2012년부터 2017년까지 전국적으로 학비 지원을 받은 취약가정 학생 수가 연인원 4억 2,500만 명이고 지원 규모는 6,981억 위안에 달했는데, 이 중에서 정부 재정이 4,780억 위안이었다.

표 3-1 1952~2018년 중국 교육부문 재정투입 발전 상황 (단위: 억 위안)

연도	교육부문 재정투입	교육부문 재정투입의 GDP 비중	교육부문 재정예산	교육부문 재정투입의 재정예산 비중
1952	13.1	1.9%	11.0	6.4%
1960	55.1	3.8%	46.3	7.2%
1970	32.8	1.5%	27.6	4.2%
1980	134.9	3.0%	113.2	9.2%
1990	564.0	3.0%	426.1	13.8%
1995	1411	2.3%	1028	15.1%
2000	2562	2.6%	2085	13.1%
2010	14670	3.6%	13489	15.0%
2018	36990	4.1%	32222	14.6%

자료출처: 역대 〈전국 교육사업 발전 통계 보고〉 〈중국통계연감〉 정리

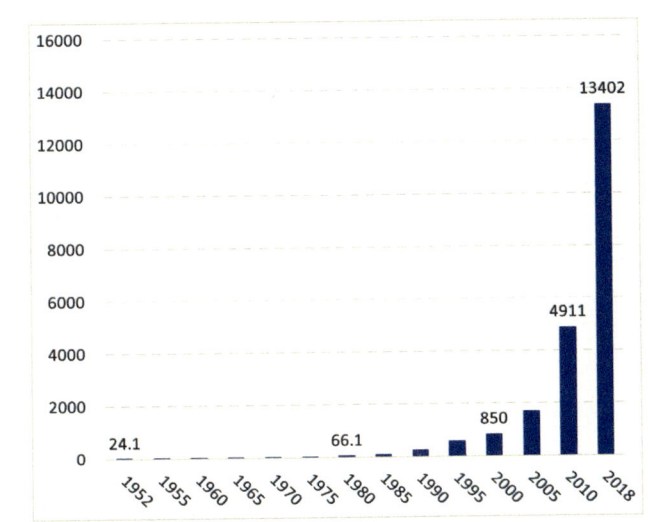

표 3-1 중국 각 급 학교의 재학생 1인당 교육비 재정 투입 증가 추세

자료출처: 〈전국 교육사업 발전 통계 보고〉, 〈중국통계연감〉

  교육부문 재정 투입의 지속적인 증가, 빠른 인구 증가와 더불어 학생 인구의 증가 그리고 학생 1인당 교육비 상승에 힘입어서 학교 설립은 물론이고 학교 운영 여건과 교육복지가 개선될 수 있는 기반이 조성되었다. 1952년에

각 급 학교의 재학생 수가 약 5,442만 명이었고 학생 1인당 연간 재정투입이 24.1위안이었다. 2018년에는 각 급 학교의 재학생 수가 2억 7,600만 명으로 증가하여 1952년에 비해 5.1배 증가했다. 또 학생 1인당 연간 재정 투입은 13,402위안으로 1952년에 비해 556배 증가했다. 연평균 증가폭이 10.1%였다. 표 3-1에 잘 나타나 있다.

3) 어린이의 교육을 받을 권리 보장

아이들이 보편적이고 공평하게 초등교육과 중등교육을 받을 수 있도록 보장하는 것이 한 나라의 문화적 자질을 이루는 근간이다. 신중국 수립 후 70년 동안 소수의 아이들만 교육을 받던 상황에서 모든 아이들이 교육을 받는 상황으로 비약적인 변화를 이루었다. 특히 제18기 전인대 이후, 무상 의무교육, 공익 고등학교 교육 및 직업교육 그리고 지속적으로 강화된 학자금 지원제도 등에 힘입어 모든 어린이가 초등학교 교육과 중등학교 교육을 받을 수 있게 되었다. 통계에 의하면, 1949년부터 2018년까지 전국의 고교 재학생 수가 32만 명에서 3,935만 명으로 늘어서 연평균 7.2% 증가했다. 중학교 재학생 수는 95만 명에서 4,635만 명으로 증가하여 연평균 증가폭이 5.8%에 달했다. 또한 초등학교 재학생 수는 2,439만 명에서 1억 339만 명으로 늘어서 연평균 2.1% 증가했다. 표 3-2와 3-3은 중국 아동과 청소년들의 초등 및 중등교육 이수 현황을 나타낸다.

표 3-2 1949~2018년 중국 초등 및 중등학교 재학생 증가 현황(단위: 만 명)

연도	고교 재학생	중학교 재학생	초교 재학생
1949	32	95	2,439
1965	613	1,171	11,621
1978	1,885	4,995	14,624
1990	1,529	3,917	12,241
2000	2,447	6,256	13,013
2010	4,677	5,279	9,941

2015	4,038	4,311	9,692
2018	3,935	4,653	10,339

자료출처: 교육부 <2018년 전국 교육사업 발전 통계 보고>, 2019년 7월 24일. http://www.moe.gov.cn/jyb_sjzl/sjzl_fztjgb/201907/t20190724_392041.html

    1949년부터 2018년까지 전국 고등학교 단계 교육기관의 진학률이 1.1%에서 88.8%로 매년 6.6%씩 증가했다. 중학교 진학률은 3.1%에서 100.9%로 해마다 5.2% 증가했다. 초등학교 순진학률은 20%에서 99.95%로 해마다 2.4%씩 증가하여 의무교육의 보급이 조기에 실현되었다.

표 3-3   1949~2018년 중국의 초중등 교육 진학률 증가 현황(단위: %)

연도	고교 진학률	중학교 진학률	초등학교 진학률
1949	1.1	3.1	20
1965	14.6	22	84.7
1978	35.1	66.4	94
1990	26	66.7	97.8
2000	42.8	88.6	99.1
2010	82.5	100.1	99.7
2015	87	104	99.88
2018	88.8	100.9	99.95

자료출처: 교육부 <2018년 전국 교육사업 발전 통계 보고>, 2019년 7월 24일. http://www.moe.gov.cn/jyb_sjzl/sjzl_fztjgb/201907/t20190724_392041.html

    1952년에서 2018년까지 전국 초등학교 입학률이 49.2%에서 100%로 증가했고, 중학교 진학률은 1957년 39.8%에서 95.2%, 고교 진학률은 1990년 27.3%에서 94.5%로 상승했다. 표 3-4에 잘 나와 있다.

표 3-4 1952~2018년 중국 초중등 교육 진학률 발전 추이 (단위: %)

연도	초등학교 취학률	초등학교의 상급학교 진학률	중학교의 상급학교 진학률	고등학교의 상급학교 진학률
1952	49.2			
1957	61.7	42.2	39.8	
1962	56.1	45.3	30.0	
1975	96.8	90.6	60.4	
1980	93.9	75.9	45.9	
1985	95.9	68.4	41.7	
1990	97.8	74.6	40.6	27.3
1995	98.5	90.8	48.3	49.9
2000	99.1	94.9	51.2	73.2
2005	99.2	98.4	69.7	76.3
2010	99.7	98.7	87.5	83.3
2018	100.0	99.1	95.2	94.5

자료출처: 역대 〈전국 교육 사업 발전 통계 보고〉 〈중국통계연감〉 정리

4) 고등교육 대중화

고등교육의 발달 정도는 그 나라의 교육수준을 가늠하는 중요한 지표이다. 개혁개방 이전에 중국의 고등교육이 탈귀족화를 실현하였으나 국력의 한계로 인해서 극히 일부의 사람들만 고등교육의 기회를 누리는 엘리트 교육이 그 자리를 대신했다. 개혁개방 이후, 초등교육과 중등교육이 지속적으로 발전했고 이를 토대로 고등교육 대중화가 실현되었다. 2017년 기준, 전국 일반대학의 수가 2,631개 교(이 가운데 사립대학교가 747개 교로 28%를 차지했다), 일반대학의 재학생 수는 2,753만 6,000명 이었다(이 가운데 사립대학 재학생 수는 899만 9,000명으로 33%를 차지했다). 현재 중국 고등교육기관의 재학생 규모가 세계 고등교육 재학생 수의 약 20%를 차지하면서 세계 고등교육 1위 국가가 되었다. 고등교육기관 진학률은 48.1%로, 같은 기간 세계 평균을 웃돌았다. 이 두 지표는 최근 40년 동안 중국의 교육이 거둔 발전 성과와 질적인 성장을 집약적으로 보여준다.

표 3-5　1949~2017년 중국 대학원생과 학부생 수(단위: 만 명)

연도	대학원생 수	학부생 수
1949	0.063	11.7
1960	0.364	96.2
1980	2.160	114.4
1985	8.733	170.3
1990	9.302	206.3
1995	14.54	290.6
2000	30.12	556.1
2005	97.86	1561.8
2010	153.8	2231.8
2018	273.1	2831.0

자료출처: 국가통계국 홈페이지 http://data.stats.gov.cn/easyquery.htm?cn=C01

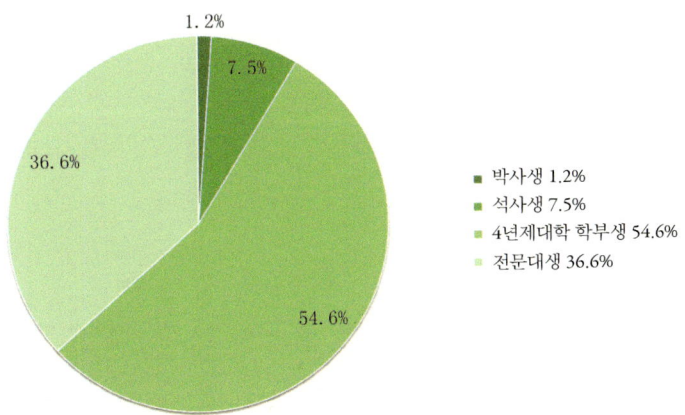

그림3-2　2017년 중국 각 급 고등교육 재학생 수 구조

자료출처: 국가통계국 홈페이지 http://data.stats.gov.cn/easyquery.htm?cn=C01

표 3-6　2009~2017년 중국 사립대학교 및 일반대학교의 수와 재학생 수

연도	사립대학교 학교수	일반대학교 학교수	사립대학교 재학생 수/만 명	일반대학교 재학생 수/만 명
2009	658	2305	446.2	2144.7
2010	676	2358	476.7	2231.8

2011	698	2409	505.1	2308.5
2012	707	2442	533.2	2391.3
2013	718	2491	557.5	2468.1
2014	728	2529	587.2	2547.7
2015	734	2560	610.9	2625.3
2016	741	2596	616.2	2695.8
2017	747	2631	899.9	2753.6

자료출처: 국가통계국 홈페이지 http://data.stats.gov.cn/easyquery.htm?cn=C01

표 3-5, 그림3-2, 표 3-6에서 볼 수 있듯이, 중국의 고등교육이 규모와 발전 속도 면에서 괄목할 만한 성장을 거두며 고등교육 대중화 시대를 열었다. 이는 중국에서 고등교육을 받을 기회가 더 이상 소수에 국한되지 않으며 고등교육의 대중화 시대로 나아가고 있다는 것을 의미한다.

5) 교육 수준의 현저한 향상

교육사업의 발전은 국민의 교육 수준에서 집중적으로 드러나는데, 표 3-7은 1949년 이래 중국의 평균 교육연수를 보여준다.

표 3-7 1949~2017년 중국인의 평균 교육연수 현황

연도	15세 이상 인구의 평균 교육연수	경제활동 인구의 평균 교육연수
1949	1.6	
1982	4.2	6.1
1990	5.2	6.8
2000	7.0	8.2
2010	9.1	9.7
2015	9.4	10.2
2017	9.6	10.5
2018		10.6

자료출처: 역대 〈전국 교육사업 발전 통계 보고〉, 〈중국교육통계연감〉, 〈중국통계연감〉, 〈중국사회발전연감〉 그리고 〈중국 인구 및 노동문제 보고〉 (사회과학문헌출판사 2010판 정리. 2017년 15세 이상 인구 평균 교육연수 통계는 인민일보(2019년 6월4일)에서 발췌했다.)

표 3-7에서 보듯이 40년 동안 중국의 15세 이상 인구의 평균 교육연한과 경제활동인구의 평균 교육연한이 크게 증가했다. 특히 2017년 신규 경제활동인구의 교육연한은 13.3년에 달했다. 이것은 교육 발전에 힘입어 국민의 자질에 중대한 변화가 있었다는 것을 의미한다. 교육의 발전이 지식·기능·혁신 능력을 갖춘 인재의 양성 기반이 되었을 뿐 아니라 현대화 건설에 필요한 인적자원을 제공했다.

종합적으로 볼 때, 신중국 수립 70년 동안, 중국의 교육은 괄목할만한 성과를 거두었다. 그 과정에서 중국은 교육을 우선적인 발전전략으로 하는 중국 특색의 사회주의 교육을 부단히 발전시켜왔다. 이를 통해 세계 인구의 5분의 1을 차지하는 중국 국민의 사고와 도덕적 자질, 과학과 문화적 소양이 전반적으로 향상되었고, 교육의 규모와 발전 속도, 발전 잠재력 측면에서 모두 세계적으로 선두에 진입했다.

2. 중국 교육 발전의 기본경험

70년 동안 중국의 교육이 발전하는 과정에서 비록 부침浮沈이 있었지만 정확한 발전 방향과 정책으로 탁월한 성과를 거두었다는 점이 이미 입증되었다. 개괄적으로 보자면, 중국의 교육 발전은 적어도 다음 몇 가지 경험을 내포하고 있다.

1) 교육의 중요성에 대한 인식이 교육 발전의 전제조건이었다

중국의 교육이 지난 70년 동안, 특히 최근 40년간 장족의 발전을 이루었고 그 혜택은 고스란히 10억이 넘는 국민에게 돌아갔다. 근본 원인은 무엇보다 교육의 중요성을 인식한 것에 있었다. 신중국 수립 후, 정부는 역사상 어느 때보다도 교육의 중요성을 분명히 알고 있었을 뿐만 아니라 교육을 사회주의 정신을 구현하는 중요한 출발점으로 삼았다. "정신노동을 하는 자는 남을 다스리고, 육체노동을 하는 자는 남에게 다스림을 받는다"는 전통적인 우민愚民 정책을 철저히 벗어나, 노동자들이 교육을 통해 나라의 주인이 되는 것을 목표로 설정했다. 따라서 정부는 교육 발전에 힘을 기울이는 한편 교육 우선의 국가발전 전략을 구체화했다. 이것은 중국의 교육사업이 건강하고 지속 가능한 발전을 거둘 수 있었던 전제조건이었다. 본 장을 통해 이러한 노력이 구체적인 제도와 정책, 공적 투입, 사회 각계의 헌신과 참여로 실현되었다는 것을 알 수 있다. 아울러 중국에는 역사적으로 교육을 중시하는 전통이 있다. 비록 봉건사회에서 백성들은 자식을 공부시키려는 생각조차 하기 힘들었지만, 이것이 오히려 교육의 기회를 갈망하게 만들었고, 신중국은 이러한 염원에 부응하여 교육의 꿈을 현실로 바꾸었다.

2) 양질의 교육제도가 교육 발전을 이룬 제도적 보장이 되었다

70년의 세월 동안, 특히 최근 40년 동안 중국은 〈교육법〉, 〈의무교육법〉, 〈고등교육법〉, 〈직업교육법〉, 〈사립교육촉진법〉, 〈교사법〉과 〈교사자격법〉, 〈장애인 교육조례〉, 〈중외합작 학교설립 조례〉, 〈학위조례〉 등을 포함하여 일련의 교육 관련 법률과 법규를 제정했고, 이를 통해 교육법 체계를 구축했다. 또한, 중장기 교육발전 계획과 요강을 제정하는 한편 일련의 구체적인 정책들을 수립했다. 모든 것이 교육 발전을 위한 효과적인 제도적 토대가 되었고, 이에 힘입어 교육이 법제화의 궤도에 올라설 수 있었다.

3) 경제발전과 교육 발전이 유기적인 조화를 이루었다

교육이 발전하려면 재정투입이 필요하며, 따라서 경제적 기반이 없으면 국민교육이 발전할 수가 없다. 신중국 수립 이후 처음 30년 동안, 가난한 나라가 교육을 위해서 온갖 힘을 모아야 했지만 이러한 노력마저도 재정의 한계에 부딪혔다. 이런 상황에서도 초등교육을 추진하고 제한적이나마 중등교육과 고등교육을 추진했다. 개혁개방 후, 중국 경제는 40년에 걸쳐 지속적인 고속 성장을 실현했을 뿐 아니라 지금도 중고속 성장을 지속하고 있다. 이는 교육의 전면적인 발전을 위한 물적 기반이 되었다. 아울러 교육의 발전은 경제발전에 필요한 수준 높은 노동력을 제공하여 생산성 향상을 가져왔다. 농촌 출신의 수많은 1세대 도시 노동자도 문맹 혹은 반半문맹 상태를 벗어나 일정 수준의 지식을 습득했다. 농촌 출신의 2세대 노동자들은 대개 중등교육을 받은 세대였기 때문에, 중국의 산업화를 위한 인적자원의 버팀목 역할을 했다. 따라서 경제발전과 교육발전을 유기적으로 추진한 것이 중국의 교육이 비약적인 발전을 이룩한 비결이자 경제성장의 비결이라고 할 수 있다.

4) 저소득 가정 자녀의 교육과 저개발 지역의 교육 발전에 주목했다

인구가 많고 국토가 광활한 개발도상국인 중국은 소득 격차와 지역발전 불균형의 문제가 존재한다. 이런 상황에서 전반적인 교육의 발전은 각급 정부의 종합계획과 강력한 정책 개입, 공공투입 확대와 효율적인 자원 배치가 필요했다. 교육사업 진행 과정에서 저소득층과 저개발 지역에 대한 정책이 중요한 정책적 고려사항이었다. 1960년대 지식청년들이 대거 산간벽지로 내려가 낙후된 농촌에서 교사로 일하던 시기부터 9년제 의무교육제도의 전면 시행까지, 더 나아가 저개발 지역 교육에 대한 적극적인 지원에 이르기까지 일련의 모든 과정이 교육의 보편화를 향한 정부의 강한 의지를 보여준다. 10여 년 동안 전국적으로 의무교육에 필요한 예산이 해마다 확충되었다. 재정 투입을 통해 급여 지급, 농촌 세수 개혁, 서부지역 교육 인프라 구축, 의무교육 대상 빈곤가정 자녀에 대한 학비 지원프로그램을 시행했다. 또한 1994년부터 대대적인 탈빈곤 지원제도가 시행되었고, 특히 2012년부터 정교한 탈빈곤 지원이 시행되었다. 중앙정부는 저개발 지역의 교육 특히 극빈곤지역의 교육에 주목하고, 교육을 대물림되는 가난의 고리를 끊는 근본적인 해결방안으로 보았다. 막대한 공적 투입으로 빈곤지역의 초·중·고교 건립, 교육 여건 개선, 교사 자원 확충이 이루어졌고, 빈곤지역의 아동들이 보편적으로 교육을 받을 수 있게 되었다. 이런 조치들에 힘입어, 중국의 교육은 지역발전 불균형과 빈부격차 확대라는 여건 속에서도 본격적으로 발전할 수 있었다.

5) 외국의 경험을 거울삼아 중국 특색의 교육 발전의 길을 걸었다

현대 교육이 서구에서 시작되었고 선진국의 교육 수준이 현저히 앞서 있는 상황에서, 중국의 교육은 선진국의 유익한 경험을 배우고 벤치마킹했다. 특히 개혁개방 이후 선진국의 교육시스템과 교육법을 벤치마킹했을 뿐 아니라 선진국의 고등교육 교재를 도입하고 해외유학 경험이 있는 교사들을 대거 영입했다. 이는 교육의 신속한 현대화에 중요한 역할을 했다. 한편, 교육사업의 발전과정에서 시종일관 중국만의 발전의 길을 모색하며 중국 특색 사회주의의 독특한 제도적 우위를 활용했다. 일류 수준의 대학과 학과 설립, 저개발 지역에 대한 교육 맞춤형 지원 등에 역량을 집중하는 한편, 교육의 사회주의적 성격을 유지하며 교육제도 혁신과 실천을 추구해온 것이 그 예이다. 중국 특색의 교육체계 확립, 학제 정비, 교학법 개혁, 평가 메커니즘 수립 등 노력이 중국 특색의 교육 발전의 길을 안정적으로 걸어올 수 있는 바탕이 되었다.

4. 교육 발전에 존재하는 문제와 향후 방향

70년의 발전을 거치는 동안 중국에서 교육은 계획경제 시기의 복지형 교육에서 개혁개방 초기의 복합형 다원적 교육으로, 그리고 다시 새로운 형태의 복지＋공익형 교육체계의 확립으로 발전해 왔다. 그간에 이룩한 성과들이 세계의 주목을 받았지만, 여전히 경제사회 발전의 필요와 점차 커지는 교육에 대한 국민적 요구를 충족하기에는 부족하다. 따라서 신속한 개혁을 통해 교육의 질적 발전을 이루는 것이 당면과제가 되었고 궁극적으로는 현대화된 교육, 지속가능한 교육으로 발전해야 한다.

1. 교육의 발전과정에 존재하는 문제들

개괄적으로 볼 때, 중국의 교육에 다음과 같은 주요한 문제가 존재한다.

1) 교육 부문 투자 부족과 불합리한 구조의 문제

교육재정이 빠르게 증대되고 있지만, 중국 사회의 발전에 비해 여전히 부족하다. 현재 소수의 중점대학과 일부 대도시의 중점 초중고교를 제외하면 많은 학교가 재정 부족에 처해 있다. 국가의 교육재정 확대가 GDP 규모에 현저히 못 미친다. 교육재정 확충이 주로 비非정부부문의 재정 투입에 의존하고 있기 때문으로, 이는 교육부문 투자에서 가장 중요한 주체인 정부의 재정투입을 더욱 강화해야 할 필요가 있다는 의미이다. 예를 들어, 2016년 GDP 대비 전국 재정성 교육비의 비중이 4.2%였는데, 세계 평균은 4.9%, 고소득국가 평균은 5.2%였다. 교육에 대한 공적 투입에서 격차가 존재한다는 것을 알 수 있다. 이 중에서도 특히 농촌과 중서부 저개발 지역의 교육부문 재정 투입이 전국 평균보다 낮고 동부 연안의 발달된 지역과는 격차가 더 벌어진다. 또한 도시들 가운데 거대도시 역시 교육 분야의 재정이 충분하지 않다. 공교육의 대상이 주로 해당 도시에 호적을 가진 시민들이며 모든 상주인구를 대상으로 하는 진정한 공교육이 아직 실현되지 못하고 있다. 이는 농촌에서 도시로 이주한 가정의 미성년 자녀들이 공평한 교육의 기회를 얻지 못하는 문제를 야기했고, 부모가 도시로 떠난 후 조부모와 농촌에 남겨진 어린이들의 교육이 사회문제가 되었다. 따라서 중국에서 교육 부문 재정투입 부족 문제는 저개발 지역뿐 아니라 경제가 발달된 지역 또는 도시로 이주해 온 사람들이 교육의 권리를 충분히 보장받지 못하는 상황에서도 드러난다. 전자는 중앙정부와 성省정부가 이전 지급을 확대하는 방법으로, 후자는 교육의 공평성에 대한 인식을 높임으로써 해결할 수 있다. 정부 재정을 통한 교육비 지원에는 불합리한 구조의 문제도 존재하는데, 직업교육에 대한 재정지원 수준이 현저히 낮은 문제가 그 예이다. 2016년, 전국 중등 및 고등 직업교육에 대한 재정투입 비중이 12.9%에 불과해, 다양한 유형의 일반교육 부문과 비교할 때 가장 낮았다. 비非재정성 투입 가운데 사회단체와 가정의 교육 부문 투입이 모두 큰 폭으로 증가하고 있는데, 그 중에서 가계의 교육비 지출이 가

2004년 9월 1일, 난징에 있는 한 초등학교에서 수업 중인 농민공 자녀들.

장 많이 증가한데 반해 중요한 투자 주체인 기업의 교육 투자는 부진했다. 조사에 따르면 중국 국유기업 중 30% 이상 기업의 인력자원 투자가 교육훈련비 지출에 머물러 구색을 갖추는 수준에 불과했다. 경영손실을 겪고 있는 대부분의 기업이 이미 인력자원 투자를 중단하다시피 했으며, 일부 중견기업들도 업무 배치에 앞서 진행하는 교육이나 중장기 교육훈련을 아예 접거나 앞으로 중단할 계획이다. 교육 부문에 대한 기업의 투자 부재는 교육투입 전반의 동력 저하를 초래한다.

2) 교육의 불균형 문제

경제 전환기에 중국의 교육 발전 모델이 복지형 교육에서 복합형 다원적 교육으로 전환하는 과정에서 그에 상응하는 법률과 제도의 정비나 관련 시스템이 갖춰지지 않아 불균형 발전이 고착화되었다. 이는 교육사업의 건강하고 지속 가능한 발전을 저해하고 사회 전반의 인력자원에 대한 투자까지 왜곡시켜 교육 투자의 비효율을 초래했다. 우선 공적 교육자원의 불공평한 분배의 문제가 있다. 교육 부문에 대한 재정 투입에 있어 도시와 농촌, 중점 학교와 비非중점 학교, 학력 인정교육과 비非학력 인정교육 사이에 불균형이 존재한다. 예를 들어, 전국 각지에 중점 초등학교, 중점 중고등학교, 중점 대학을 포함하여 중점학교가 지정되고, 심지어 중점학교들 사이에서도 몇 개의 등급으로 나뉘었다. 중점 학교들이 더 많은 공적 지원과 더 우수한 교사들을 확보하고 더 좋은 교육의 질을 보장할 수가 있다. 결국 학부모와 학생들이 중점학교를 더 선호하게 되고 일반 학교들은 어려운 상황에 직면하는 결과를 낳았다. 다른 한편으로 국민이 교육을 받을 기회의 불공평 문제가 존재한다. 오랫동안 중국에서는 도시에 호적을 둔 사람들이 농촌보다 더 많은 교육 기회를 누려왔다. 예를 들면, 전국의 경제활동인구 평균 교육 연한이 1985년 6.38년에서 2014년 10.05년으로 높아졌는데, 이 가운데 농촌 인구는 5.67년에서 8.16년으로, 도시 인구는 8.53년에서 11.17년으로, 평균 교육연한에 있어 도농 간 격차의 감소가 미미하다. 지역별로 교육 기회의 격차가 매우 큰데, 2015년을 예로 들면, 그 해 전국 취업인구의 평균 교육연한이 9.62년이었을 때 베이징은 12.96년, 티베트는 5.22년에 불과하여, 베이징이 티베트의 2.5배였다. 같은 지역 내 주민들 간에도 교육 기회의 불균형이 존재하는데, 예를 들어 도시로 이주해온 외지 인구는 현지에 호적을 둔 사람들과 동일한 교육의 기회를 누리지 못하고 있다. 중점 초중고교 인접 지역에 거주하는 어린이들이 좋은 학교에 진학할 기회가 많은데 비해(베이징 등지의 학군 주변 주택 가격이 장기간 기형적으로 높은 이유는 자녀들이 더 나은 교육의 기회를 얻기를 바라는 부모들의 기대가 낳은 결과이다), 장애학생들은 진정한 의미의 공평한 교육의 기회를 누리지 못하고 있다. 획일화된 대학입시제도와 다양한 유형의 입시에서도 도시 청소년의 진학 기회가 농촌보다 훨씬 많다. 도시 근로자는 계속 교육과 기능훈련을 받을 기회가 있지만, 농촌 근로자는 그럴 기회가 상대적으로 부족하다.

3) 교육의 시장화와 저조한 인력자원 활용 문제

경제의 시장화가 교육에 미치는 직접적인 영향 중 하나는 교육 분야에서도 과도하게 시장화와 효율성을 추구하는 경향이 나타나는 것이다. 이러한 경향이 교육에 영향을 주고 근로자의 자질 향상에도 영향을 미친다. 고등교육기관 특히 영향력 있는 대학에서 다양한 유형의 비非학력 교육이 성행하며, 비非학력 교육이 대학의 중요한 수익원이 되고 있다. 그러나 이는 정상적인 학력 인정 교육에 영향을 미칠 수밖에 없고, 전문 분야의 비非학력 교육 발전을 제약하여 교육자원의 왜곡을 초래할 수 있다. 또한 미성숙한 노동시장과 불합리한 소득분배제도가 인력 활용의 비효율 문제를 발생시켰는데, 이는 최근 몇 년 동안 대학생의 취업난과 고학력 실업으로 나타나고 있다. 예를 들어, 2018년 전국적으로 대학 졸업 후 6개월이 지나서도 여전히 미취업 상태에 있는 구직자의 비율이 8.5%로 2017년의 8.1%보다 상승했으며, 그중에서 일반 4년제 대학 졸업자의 6개월 후 미취업률이 9%인데 반해서 전문대학 졸업자의 6개월 후 미취업률은 8%였다. 교육의 경제성장 기여도 면에서 볼

2018년 전국 대학 졸업자 수가 820만 명에 달했다. 사진은 2017년 12월 28일, 헤이룽장대학에서 열린 채용 박람회에 참가한 졸업예정자들의 모습이다.

때 중국에서 교육의 기여도가 상대적으로 낮다. 연구에 따르면, 2000년대 초반에 중국에서 교육의 경제성장 기여도가 14.8%였으며, 이 중에 고등교육의 경제성장 기여도는 3.6%에 불과했다. 국제적인 비교연구를 살펴보면, 현재 중국의 1인당 GDP가 세계 주요 선진국의 1970년대에서 80년대 1인당 GDP 수준에 해당한다. 1970년대에서 80년대에 미국에서 교육의 GDP 성장 기여도가 23.4%였고, 고등교육의 기여도는 14.6%였다. 영국에서 교육 기여도는 30.2% 고등교육 기여도는 8.6%, 프랑스에서 교육 기여도는 27.5% 고등교육 기여도는 10.5% 등이었다. 이는 중국에서 교육의 경제성장 기여도가 상승할 여지가 매우 크다는 것을 보여준다.

2. 향후 교육의 발전 방향

상술한 객관적 문제들은 중국의 교육이 여전히 강력한 개혁과 분명한 발전의 방향성을 요구한다는 사실을 보여준다.

1) 교육 우선 발전전략과 공평과 복지를 추구하는 교육

교육은 국민이 사회에 발을 내딛는 발판이자 경제사회의 발전을 촉진하는 중요한 동력이다. 세계적으로 경제발전의 경험에서 보듯이 교육과 인력자원의 발전이 경제의 질적인 발전을 실현하는 중요한 수단이다. 제18기 전인대 이후에 교육 우선 발전전략이 확정되었고, 제19기 전인대에서는 이를 국가의 현대화 발전전략에 반영하고 이론적 청사진을 제시했다. 앞으로 교육자원의 배치와 관련 정책의 틀 속에서 철저히 현실화해야 한다. 이를 위해, 정부는 교육 부문 공적 투입을 확대하고 교육예산을 5% 수준으로 높여야 한다. 아울러 합리적인 공교육 자원 배치와 인센티브 정책을 통해 사회적 참여를 확대하고 기업의 투자를 유도해야 한다. 교육 발전의 물질적 토대를 쌓아야만 교육이 장기적으로 발전할 수 있다. 또한, 공평과 복지 지향적 교육을 통해 교육에 대한 국민의 우려를 해소하고 사회 구성원들이 공평한 교육의 기회를 누릴 수 있도록 해야 한다. 이런 측면에서, 의무교육 연한을 9년에서 12년으로 늘여 중등교육을 의무교육 범주에 포함할 필요가 있다. 국민의 문화적 소양을 높이기 위해서 정부가 의무교육의 전적인 책임 주체가 되어 의무교육이 진정한 의미의 보편적이고 공평한 복지교육이 될 수 있도록 해야 하며, 다른 한편으로 의무교육 이외의 부문에 대해서도 상응한 지원을 병행해야 한다. 이 외에, 노동자의 직업능력을 향상시키고 국가 현대화를 위해 더욱 높은 자질을 갖춘 인력을 제공할 수 있어야 하며, 이를 위해 교육구조를 최적화하고 직업교육 부문에 존재하는 문제를 해소해야 한다.

2) 교육의 질적 발전 추진

중국에서 교육이 괄목할 만한 발전을 이루었지만, 교육의 질은 여전히 주된 해결과제로 남아 있다. 경제의 현대화는 물론이고 국민의 자유로운 발전은 질 높은 교육을 바탕으로 한다. 그러므로 교육의 질적 향상에 대한 필요성이 날로 대두되고 있다. 이런 상황에서 교육의 질적 발전이 교육 발전의 주요 과제가 되었다. 의무교육이 모든 교육의 근간이기 때문에, 의무교육 개혁을 통해 의무교육의 질을 높이고 건강하고 지속적인 발전 환경을 조성해야 한다. 의무교육이 국가발전의 주춧돌이 되어야 한다. 다른 한편으로는 고등교육과 직업교육이 유능한 인재육성의 책임을 다하고, 학교 운영 수준을 한층 더 높여야 한다. 이를 위해서, 몇몇 대학을 세계 수준의 대학으로 육성하는 동시에, '천편일률적인' 학교의 동질화 현상을 바로잡고 독립적인 학교 운영을 실현해야 한다. 또한 고등교육기관의 독자적인 발전 동력을 강화하고 교육의 질을 높이기 위해 경쟁적인 발전 환경을 조성해야 한다. 직업교육의 경우, 가능한 조기에 우수한 국가급 직업학교를 설립하여 직업교육을 새로운 발전단계로 끌어올려야 한다. 이런 면에서, 공공투자 확충과 기업의 투자를 활성화하고 실업보험기금의 일부를 직업교육 발전에 활용할 수 있게 해야 한다.

3) 단계별, 계층별, 유형별 교육 발전을 위한 민관의 협력

오늘날 중국은 현대화를 향해 빠르게 나아가고 있는 인구대국으로서 정부가 교육을 책임지던 시대는 이미 지나갔다. 경제사회의 발전과 더불어 교육에 대한 수요가 지속적으로 확대되고 사회 구성원의 수준 높은 교육에 대한 수요도 나날이 증가하고 있다. 따라서 이를 만족시키기 위해서 정부와 민간이 함께 머리를 맞대야 한다. 정부는 교육에 대한 재정 투입을 계속 확대하는 한편, 정책과 제도적 보장을 통해 사회적 역량과 기업의 참여를 유도해야 한다. 특히 직업교육과 고등교육은 더욱 열린 자세와 더 많은 정책적 혜택이 요구된다. 고등교육 부문의 경우, 여러 가지 방안을 통해 사립 고등교육이 더 높은 단계(대학원)로 질적인 발전을 이루도록 도와야 한다. 예를 들면 일본의 경험을 참고하여, 사립학교의 교원 부족과 교육의 질적 문제를 해결하기 위해 공립 고등교육기관의 교수가 퇴직 후에 사립 고등교육기관에서 계속 일하는 방안을 고려할 수 있다. 직업교육의 경우, 세제 혜택을 통해 사회와 기업이 노동자 직업교육의 투자 주체가 되도록 유도해야 한다. 또한 사회 각계의 교육 분야 기부를 장려하고 민간기업의 사회적 참여를 활성화해야만 교육이 규모나 질적인 면에서 거듭날 수 있다. 다른 한편으로, 교육 분야에 존재하는 문제와 도전을 해결하려면 등급별, 유형별, 단계별 방안을 마련하여 교육이 전반이고 체계적으로 발전할 수 있도록 해야 한다. 우선, 교육등급책임제를 확립해야 한다. 각급 정부가 교육복지의 책임을 지되, 지방정부가 일차적인 책임을 지고 중앙 정부는 궁극적인 책임을 지는 것이다. 또한 이전지급을 통해 저개발 지역의 교육을 발전시키고 사회자원을 활용해야 한다. 이를 통해 기업의 인력자원 투자와 도시와 농촌 가정의 자녀 교육 투자가 중국 교육 투자의 중요한 원천이 되도록 해야 한다. 다음으로, 공교육과 사교육, 지식교육과 기능교육, 학력인정교육과 비非학력인정교육, 정규교육과 비정규교육에 대한 이원화 방안을 도입하여 다양한 교육기관을 제도화하고 함께 발전할 수 있도록 해야 한다. 셋째, 단계별로 인재교육 방안이 달라져야 한다. 박사급 인재 양성에 대해서는 엄밀한 교육적 잣대를 적용하되, 석사급 인재 양성은 적절히 완화된 교육적 잣대를 적용해야 한다. 학부교육은 대중화를 지향하고, 그 보다 높은 단계에서는 보편화를 추구해야 한다. 의무교육이 교육의 최소한의 보장이 되어야 하며, 사회와 민간의 역량을 활용한 다양한 유형의 지속적인 교육, 성인교육이 충분히 발전할 수 있도록 해야 한다.

상술한 발전 방향을 따라 노력한다면 중국의 교육이 장차 더 큰 발전을 이루고 국민의 전반적인 문화적 소양과 노동력의 수준도 지속적으로 향상될 것이다. 이는 국가발전에 필요한 인재 확보는 물론이고 모든 국민이 질적인 교육의 혜택을 누리는 길이다.

04

질병이 삶에서 가장 보편적인 위험이라면 건강은 가장 보편적인 민생의 필수요건이다. 그러므로 의료와 위생의 발전 상황이 한 국가 혹은 지역의 경제사회 발전 수준을 가늠하는 핵심 지표 중 하나이고, 의료보장, 국민의 건강 상황, 기대수명은 한 나라나 지역의 삶의 질을 평가하는 핵심 지표이다. 근대 중국은 제국주의 열강들로부터 '동아시아의 병자'로 불리는 모욕을 당했지만, 이는 극도로 낙후된 보건의료 상황, 건강에 대한 낮은 의식 수준, 지극히 짧았던 기대수명으로 요약되는 당시의 적나라한 현실을 나타내는 말이기도 했다. 1949년 신중국 수립 이후, 국가의 발전과 건강에 대한 인식이 커지면서 중국의 보건의료 상황도 지속적인 발전을 이루었다. 생활 수준 향상, 공중위생 및 의료보장, 그리고 건강 관련 제도의 확립에 힘입어 중국의 보건의료는 세계가 주목하는 기적을 창조하였다. '동아시아의 병자'라는 모욕적 호칭이 일찌감치 역사 속으로 사라졌을 뿐 아니라, 평균기대수명이 1949년 35세에서 2018년 77세로 늘어났다. 2017년에 시진핑 국가주석이 '건강한 중국' 개념을 제시한 후, 2017년 제19기 전인대에서 이를 전략으로 확정하고, 2019년 7월 국무원이 〈건강한 중국 캠페인 (2019~2030년)〉을 발표했다. 이 모든 것들이 중국이 지금 건강한 장수의 나라로 성큼성큼 나아가고 있다는 것을 말해준다. 본 장에서는 상술한 주제를 둘러싸고 중화인민공화국 수립 70년 동안의 보건의료 및 관련 제도의 발전 상황을 전체적으로 돌아보고, 민생의 기본인 질병치료 보장과 건강한 삶의 질적 발전을 중심으로 살펴보고자 한다.

보건의료 :
'동아시아의 병자'에서 건강한 장수長壽의 나라로

1. 신중국 보건의료제도의 수립과 발전

1949년 신중국 수립 후, 국가 건설이 추진되는 과정에서 세균전에 대비하기 위해 전개했던 애국위생운동이 국가 수호라는 전투적 목표에서 점차 전염병 예방과 국민 건강 증진으로 전환되었다. 중공업 우선 발전전략과 계획경제 수립에 맞춰서 노동보험과 국비의료 제도가 잇달아 마련되며 도시 노동자와 그 가족들에게 기본의료가 제공되었다. 농촌 집체경제를 기반으로 한 합작의료의 빈약한 재정에도 불구하고, '맨발의 의사들'을 주축으로 한 농촌 기초보건의료 체계가 자리 잡으며 국민의료와 보건위생의 기적을 만들었다. 더욱 주목할 점은, 신중국 수립 이후 추진한 경제성장, 소득향상, 국민 영양 및 건강 개선 그리고 질병 예방을 위한 건강한 생활습관 보급 등이 신중국이 '동아시아의 병자'로 불리던 치욕을 벗을 수 있었던 밑바탕이 되었다는 사실이다.

1. 공공위생과 애국위생운동

　신중국 수립 초기, 중국은 심각한 보건의료 상황에 직면해 있었다. 여러 가지 질병 가운데 전염병의 위험성이 특히 높았다. 전국적으로 전염병 환자가 누계로 약 1억 4,000만 명에 달했고 사망률이 30%를 넘었다. 사망의 원인을 보면 절반 이상이 예방 가능한 전염병으로 사망했다. 그 가운데, 페스트, 콜레라, 홍역, 천연두, 장티푸스, 이질, 발진티푸스, 회귀열 등이 가장 큰 피해를 가져왔고, 흑열병, 혈흡충병, 말라리아, 한센병, 성병 등도 국민 건강을 심각하게 위협했다. 절대다수의 출산이 산파에 의해 이루어졌고 영아 사망률이 40%에 달했다. 전국의 12개 성省·시市·자치구의 34개 현縣에 거주하는 약 1억 명의 인구 중에서 1,000만 명이 넘는 사람들이 혈흡충에 감염되었고, 그 가운데 40%가 정도가 다른 노동력 상실을 겪었으며 3.15%는 노동력을 완전히 상실했다. 한편, 보건의료제도와 서비스 체계도 지극히 낙후되어 있었다. "일반병원, 위생원, 위생소, 전문병원 및 기타 의료기관을 포함하여 전국의 공립의료기관은 총 1,185개 곳, 병상은 약 3만 개 정도였다. 민간병원과 의료기관은 집계도 되지 않았다. 전국적으로 정규 의사는 18,000명에 불과했고, 한방의는 양의보다 훨씬 많았지만 이에 대한 통계가 없었다." 심각한 재정 부족, 보건의료기관 부족, 위생 전문 인력 부족 등 모든 것이 열악한 상황에서, 정부는 노동자, 농민, 군인들을 대상으로 하는, 예방 중심, 양방과 한방의 연계, 위생업무와 국민운동을 연계한 '위생업무 4대 지침'을 마련했다. 전국적으로 애국위생운동을 대대적으로 전개하는 한편, 비교적 낮은 재정을 투입하여 전염병 예방, 건강교육, 체육 등 방면에서 두드러진 성과를 거두었다. 이 가운데, 1949년부터 1954년에 이르는 동안 질병 매개체인 해충 퇴치운동 등 위생방역운동을 대대적으로 전개했다. 1955년부터 1965년까지 전개된 애국위생운동은 '4가지 해충' 제거, 위생과 질병 예방 중심의 방역 운동 단계로 접어들었다.

1) 계획경제 시기 4대 위생 방침

1950년 8월 7일부터 19일까지, 제1차 전국위생회의가 베이징에서 열렸다. 마오쩌둥 주석이 격려사에서, "서양의학과 동양의학에 종사하는 모든 보건의료 요원들이 통일전선을 구축하여 인민을 위한 위대한 위생사업 전개를 위해 노력해야 한다"고 밝혔다. 허청賀誠 위생부 부부장이 군과 민간의 보건의료에 관한 업무보고를 하고, '노동자, 농민, 군인을 대상으로 하는 예방 중심, 양의와 한의의 긴밀한 협력'을 골자로 하는 위생업무 지침을 밝혔다. 1952년 12월, 제2차 전국위생회의에서 위생부는 당시에 전개하던 애국위생운동의 경험을 종체적으로 평가하고, 저우은라이 총리의 건의에 따라 '위생업무와 대중운동의 결합'을 위생업무의 원칙으로 정했다. 이로써 계획경제 시기 위생업무의 4대 방침이 확립되었다. 첫 번째 방침은 노동자, 농민, 군인을 대상으로 하는 보건의료 정책의 목적을 밝혔다. 국민을 위한 보건의료가 되어야 한다는 점과 과거에 보건의료 서비스가 소수의 특권층과 부유층에 치우쳤던 문제를 실질적으로 해결할 것을 지시했다. 이는 보건의료사업의 출발점이 되었다. 두 번째 방침인 '예방 중심'은 신중국 수립 초기 보건의료의 핵심과 전략을 밝힌 것이다. 이는 치료가 중요하지 않다는 의미가 아니었다. 치료와 예방의 결합이 중요하지만, 무엇보다 예방이 출발점이 되어야 한다는 취지였다. 이는 당시 국민의 질병 이력 구조와 건강 상황에 근거한 전략으로, 적은 비용으로 더 나은 보건의료 효과를 얻기 위해서였다. 세 번째 '양의와 중의의 협력' 방침은 신중국 수립 이전의 경험에서 유래했다. 신중국 수립 초기에 의약품이 부족한 상황에서, 정부는 중의와 양의의 협력을 통해 현대의학과 전통의학을 병행해야 했다. 넷째 '위생업무와 대중운동의 연계' 방침은 계획경제 시기에 대중 동원이 원활했던 제도를 활용한 방안이었다. 모든 국민이 애국위생운동과 건강한 생활운동에 참여하는 분위기를 조성했다. 4대 위생사업 방침은 신중국의 공중보건사업의 발전 방향을 제시한 것으로, 그 후 30년간 공중보건사업의 틀이 되었다.

2) 공공위생 기관 설립과 의료서비스 네트워크 발전

제1차 전국위생회의에서 <전국 위생 기초조직의 건강한 발전에 관한 결정>을 통과시키고, 다음의 세 가지 목표를 제시했다. 첫째는 현縣급 위생원을 체계화하여 질병 예방과 치료를 병행하고, 위생원의 책임하에 기본적인 의료서비스를 제공한다. 위생원이 방역, 보건, 산모와 유아의 위생, 홍보 그리고 초급 위생 요원의 훈련을 포함하여 현縣 내의 공중위생 업무를 담당한다. 두 번째는 초보적인 수준이나마 구역별로 위생소를 세운다. 셋째는 광공업 기업과 도시에 일차 위생 전담 기관을 설치한다. 1953년, 정무원이 각 성省, 시市, 현縣에 위생방역센터 설립을 비준했다. 1954년 위생부가 <위생방역센터 잠정 시행안과 각급 위생방역센터 조직편성 규정>을 발표함으로써 향후 50년간 공공위생 서비스체계의 기반이 구축되었다. 1955년 7월, 국무원이 위생부를 통해 <전염병관리법>을 비준했는데, 이는 중국에서 최초의 공공위생 관련 행정 법규로서 공공위생 업무를 제도화한 것이다. 그 후, <위생방역센터 업무 시범 운행 조례(시행초안)> 등 위생 법규와 규칙을 공표하며 공공위생 부문의 발전이 한층 가속화되었다. 이렇게 법과 제도의 정비를 통해 위생방역체계, 풍토병 예방체계, 모자보건체계 그리고 위생검역체계 등 네 가지 주요한 공공위생 조직체계를 확립했다. 전 국민에게 전염병 예방 치료, 풍토병과 기생충병 통제, 모자보건 등 기본적인 공중보건서비스를 무상으로 제공하고, 필요 경비는 주로 정부의 예산과 집체경제를 통해 지원했다. 농촌지역은 현縣·향鄕·촌村별로 3단계 농촌 공공위생서비스 네트워크를 구축했다. 이것은 위생방역센터, 모자보건원이 주축이 되고 도시의 위생원이 '허브' 역할을 담당하며, 농촌의 위생실을 '기층단위'로 하는 서비스체계였다. 보건기관들은 예방에 초점을 두고, 애국위생운동, 방역계획 등 일련의 공중보건 서비스를 진행했는데, 이를 통해 전염병, 풍토병, 기생충병의 유행을 효과적으로 통제하고 국민 건강과 지방경제의 발전에도 기여했다.

3) 애국위생운동과 전염병 예방

애국위생운동은 혁명전쟁 당시에 정부 주도로 전개했던 위생운동이 시초였다. 항일전쟁과 해방전쟁 시기에 위생운동이 광범위하게 전개되었는데, 특히 산시, 간쑤, 닝샤 지역이 위생운동을 적극적으로 추진했다. 신중국 수립으로 해방을 맞이했지만, 국민의 생명과 건강이 여전히 전염병의 위협에 직면해 있었다. 이런 상황에서 정부는 그간의 경험을 바탕으로 '예방중심'의 방침을 정하고 위생 전담기구 설립을 강화하는 한편, 전염병의 매개체인 해충 박멸, 위생환경 개선, 질병 요인 제거, 질병의 발생률을 낮추기 위한 위생운동을 추진했다.

1952~1954년은 1차 애국위생운동이 전개된 시기였다. 이 시기의 주요 임무는 미국의 세균전에 대비하고, 페스트, 콜레라, 티푸스 등 전염병의 매개체를 제거하는 것이었다. 1952년 12월, 제2차 전국위생회의가 베이징에서 개최되었다. 회의가 끝난 후 정무원은 중앙방역위원회를 중앙애국위생운

1958년, '4가지 해충' 제거 운동에 참가한 베이징석유대학 기계과 학생들이 베이징 이화원 쿤밍 호수에서 참새를 잡고 있다.

동위원회로 개편하고 각지에 상설기구를 설치했다. 이와 함께, '위생과 대중 운동의 결합' 방침이 새로 도입되었다. 한국전쟁이 끝난 후, 중국이 사회주의 개조와 건설을 계획적으로 추진하면서 애국위생운동도 2기로 접어 들었다. 이 시기(1955~1965년)의 애국위생운동은 농촌의 위생 상황 개선과 노동력 보호, '4가지 종류의 해충' 제거, 보건위생 강화, 질병 원인 제거를 중심으로 전개되었다.

신중국 수립 초기에 학생들의 영양 상태 불량과 허약한 체력 문제가 심각했는데, 마오쩌둥 주석의 지시로 체력증진 운동이 청소년 건강정책과 국민교육의 일환으로 자리를 잡았다.

2. 기본의료보장 체계 구축과 초기 '국민건강보험' 실현

1951년 2월 26일, 당시 정무원은 중화인민공화국 노동보험조례를 정식으로 공포하고 직장의료보험제도를 만들기로 결정했다. 1952년 6월, 정무원이 발표한 〈전국 각급 인민정부 및 단체 그리고 산하 사업기관 근무자를 대상으로 하는 국비의료예방 실시에 관한 지시〉와 그 후 위생부가 8월 30일에 발표한 〈국가기관 근무자 국비의료예방 시행법〉을 통해, 공무원 의료보장제도가 제정되었다. 1955년 초, 산시성省 가오핑현縣이 '의료 + 지역사회' 상호부조 정책을 시행하면서 농촌협력의료보험제도 구축 시범사업이 시작되었다. 노동의료보험과 국비의료에 소요되는 의료비용에 대한 사회적인 통합체계가 마련되지 않았지만, 결과적으로 당시의 일괄징수와 일괄지급 시스템하에서 의료비가 국가 재정에서 지원되었다. 따라서 전형적인 국가 단위의 의료보장제도였다. 농촌협력의료제도는 집단복지의 성격을 띠고 있었기 때문에 지역사회가 재원을 조달하는 비공식적인 의료보장제도였다.

1) 도시 기본의료 보장제도의 구축: 노동의료보험과 국비의료

신중국 수립 이후 국가재건과 산업화가 신속히 진행되는 것과 동시에 계획경제 체제가 차츰 확립되었다. 중공업 우선 발전전략과 계획경제 체제 확립에 발맞추어 정부는 점차 도시지역 기본의료보장제도를 구축했다. 이 가운데, 노동의료보험과 국비의료는 각각 도시의 기업과 정부기관을 대상으로 한 제도로서 단위별 보장성이 특징이었다. 행정기관의 관리감독하에서 보건의료 체계가 운영됨으로써 의료비 절감과 보건의료서비스의 효율성 향상을 가져왔다.

① 노동의료보험의 확립과 정책설계의 특징. 1951년 공표한 〈중화인민공화국 노동의료보험조례〉 13조 규정에 따르면, "공장 노동자와 사무직 노동자가 질병 또는 근무 중이 아닌 부상으로 해당 기업 의료소나 병원, 특약병원 또는 특약 양의나 한의가 일하는 병원에서 치료를 받는 경우, 필요한 진료비, 수술비, 입원비 그리고 일반 약값은 모두 기업의 행정부서 또는 사측이 부담한다. 고가의 특수의약품 비용, 입원 시 식비 및 통원 교통비는 본인이 부담한다. 만약 본인의 경제 상황이 어려운 경우, 노동보험기금 항목별로 상황을 고려하여 지원한다. 질병 및 근무 중이 아닌 부상으로 공장 노동자가 입원 또는 전원 치료 및 퇴원하는 경우 전적으로 병원이 결정한다"고 규정했다. 1952년 1월 노동부가 발표한 〈중화인민공화국 노동보험조례 시행세칙(수정초안)〉은 의료보장 관련 정책설계를 한층 더 구체화했다. 보장 대상을 살펴보면, 노동의료보험은 도시의 일정한 고용 규모를 가진 기업 노동자와 퇴직자를 대상으로 했다. 주요 재원은 노동보험의 보건의료비였는데, 기업의 생산비용 항목에 포함되어 임금 총액의 일정 비율에 따라 지출되었다. 보충성 재원은 주로 기업이 보유한 노동보험금과 규정에 따라 지출되는 복리비로 마련되었으며, 이는 모두 기업 책임하의 융자적 성격이었다. 임금 지급의 경우, 1966년 이전까지 노동자와 퇴직자가 비非직업병을 앓거나 비非직무상 원인으로 다치면, 소요되는 진료비(등록비와 왕진비 포함), 입원비, 수술비 그리고

일반 의약품비를 기업이 부담했다. 고가의 특수의약품은 원칙적으로 본인이 부담하되, 기업의 노동보험기금에서 상황에 따라 지원하거나 기업 복리비용에서 부담했다. 입원 시 식사비와 통원 교통비는 노동자와 퇴직자 본인이 부담했다. 만약 본인의 경제 상황이 어려운 경우, 기업이 상황에 따라 지원했다. 1966년 4월 15일, 노동부와 전국총공회가 <기업 노동자의 노동의료보험제도 개선의 문제점에 관한 통지>를 발표하고, 기업 노동자가 질병으로 진료받을 때 등록비와 왕진비는 본인이 부담하되 값비싼 특수의약품 비용은 청구할 수 있다고 규정했다. 또한 입원기간(근무로 인한 부상과 직업병) 식비는 3분의 1을 자비로 부담한다고 규정했다. 이외에, 환자는 일반적으로 지정된 외래진료소나 병원에서 진료를 받을 수 있으며, 고용기관의 승인을 거쳐 전원할 수 있고 병원비를 청구할 수 있었다. 아울러 노동의료보험은 보험가입자 가족에 대한 규정도 두었다. 직원과 퇴직자가 부양하는 직계존속이 질병에 걸렸을 때, 소속 기업의 의료소, 병원, 특약병원 혹은 특약을 맺은 양의와 중의가 속한 병원에서 무상으로 진료를 받을 수 있으며, 기업이 수술비와 일반 약값의 50%를 부담했다. 값비싼 특수의약품, 통원 교통비, 입원비, 입원 시 식비 그리고 기타 비용은 모두 본인이 부담했다. 이렇듯 가족을 보험가입 단위로 하는 정책을 통해 기본적으로 도시 근로자와 그 가족이 모두 보장 대상이 되었다. 노동의료보험은 도시의 기업근로자와 가족에게 혜택이 돌아가는 제도였는데, 이는 소속 회사가 직접적인 책임을 졌지만 최종적인 책임은 국가가 졌기 때문에 전형적인 국가 단위의 보장제도였다.

② 국비의료제도의 수립과 정책설계의 특징. 국비의료제도는 국가기관과 단위의 근로자를 대상으로 한 일종의 무상 의료보장제도였다. 1952년 6월 정무부가 발표한 <전국 각급 인민 정부, 산하 조직 및 소속 단위 종사자의 국비의료예방제도 시행에 관한 지시> 그리고 같은 해 8월 위생부가 발표한 <국가기관 종사자 국비의료 및 예방 시행법>에 의하면, 국비의료는 주로 일하고 있는 국가기관 단위 종사자를 대상으로 하며, 구체적으로는 전국 각

급 지방정부 및 산하 단체 종사자, 전국 각급 문화·교육·위생·경제건설 단위 종사자, 중앙정부 정무원의 심사를 거친 종사자, 장기간 구제지원을 받은 재향 혁명 상이군인과 상이퇴역군인 요양원 입원자가 포함되었다. 그 후, 위생부가 〈국비의료에 관한 규정〉을 발표하고 1956년에 다시 〈중국 주재 각국 전문가의 국비의료 및 예방에 관한 규정〉, 〈고등교육기관 종사자 퇴직 후 국비의료 지원에 관한 통지〉 등 일련의 정책성 문건을 발표하면서, 국비의료 보장 대상을 기관 단위 퇴직자로 확대했다. 1954년 〈중앙정부 정무원의 각급 지방정부 종사자의 복리후생비 관리 사용법에 관한 통지〉에 의하면, 가족 생활보조, 가족 의료보조 등을 종사자 복리후생비에 반영하여 정부의 재정에서 지출했는데, 이는 국가기관 종사자의 가족들이 국비의료의 지원을 받았다는 것을 의미한다. 이로써 국비의료제도의 정책설계가 대략적인 틀이 만들어졌다. 비용 조달에 있어 정부가 종사자들의 실제 의료서비스 수요와 정부의 재원에 근거하여 1인당 매년 소요되는 국비의료 예산을 확정하고 소요경비를 지방 재정에 맡겨 관리 및 사용하게 했으며, 초과 지출분은 지방 재정에서 보조했다. 자금 관리와 사용의 경우, 국가 재정에서 각급 위생 행정부처에 자금을 지급했다. 특별 비용의 집행과 기관별 일괄 집행원칙을 적용했기 때문에, 일반적으로 국비 의료비용을 개인에게 평균적으로 직접 지급할 수가 없고 개인이 직접 약을 구입할 수도 없었다. 각급 보건의료 담당 기관이 국비의료 관리 기구를 설치하여 총괄적으로 관리하거나 혹은 자체적으로 관리하며 실제 지출에 근거하여 개인별로 정산해 주었다. 의료비용은 의료기관이 일률적으로 관련기관에 결재를 요청했다. 서비스 항목별로 외래진료, 입원 검진비, 치료비, 수술비, 병상비, 가족계획 관련 수술비, 업무와 관련한 부상, 장애로 인한 치료비 등 항목이 있었다.

이외에도 계획경제 체제하에서 정부는 노동의료보험과 국비의료 두 의료보장 정책을 통해 의료예산을 마련하여 재정지출 방식으로 의료기관에 지원하고, 환자들에게 혜택이 돌아가도록 약가藥價를 관리했다. 정부는 도시 공립의료기관과 단위가 세운 위생실과 병원에 비용을 지원함으로써 간접적으로 환자들에게 혜택이 돌아가도록 했는데, 의료기관은 실제로 의료보장금과 재정지원 두 가지 채널을 통해 수입을 보전받을 수가 있었기 때문에 의료기관의 공익성을 확보할 수 있었다. 자금 기반이 취약한 도시의 의료보장 계획이 비교적 양호한 의료비용 보전과 의료서비스 수준을 유지할 수 있었던 것은 이 때문이었다. 다른 한편으로는, 엄격한 의약품 생산과 유통 관리를 통해 의약품 가격을 비교적 낮은 수준으로 억제했다. 이 시기에 의약품의 생산과 유통이 정부의 관리하에 있었고 엄격한 가격억제 정책의 적용을 받았다. 이러한 점에서 전체 계획경제 체제하에 있었던 의약품과 소모품의 생산, 유통 그리고 가격책정이 당시 의료보장제도의 중요한 버팀목이었다.

2) 농촌 기본의료 보장제도의 확립: 합작의료와 맨발의 의사

신중국 수립 이후 농촌의 의료자원 부족 문제 해결이 시급한 상황이었지만, 한정된 국가 재정으로 도시의 보건의료제도를 농촌지역으로 확대하기에는 역부족이었다. 이런 상황에서 농촌합작의료제도라는 독특한 제도가 확립되었다. 농업에 종사하면서 한편으로 의료행위를 겸하는 맨발의 의사들을 활용하는 방식으로 당시 농촌이 필요로 했던 기본의료 보장제도를 효과적으로 구축했다.

① 합작의료제도의 확립과 발전. 합작의료제도는 농촌의 상부상조 운동의 확산과 함께 점차 발전한 제도였다. 1949년부터 1955년에 걸쳐 농촌에서 토지개혁이 단행되면서 봉건지주의 토지 소유제가 폐지되고 농민이 무상으로 토지를 지급 받았다. 이러한 토지사유제의 기초 위에서 농가경영제가 수립되었지만, 생산수단과 자금의 부족으로 농업의 생산성이 효과적으로 좋아질 수가 없었다. 이에, 정부는 1953년부터 농민단체와 함께 농가가 서로 노동력을 품앗이해주는 상호부조 운동을 전개했다. 일부 농촌지역의 농민들은 자발적으로 자금을 갹출하여 공익적 성격의 보건소와 진료소를 세웠다.

동북지역 지방정부 산하 위생부의 통계에 의하면, 1952년 동북지역의 1,290개 농촌 위생소들 중에서 합작사가 운영하는 위생소가 85곳, 자금 모금 방식으로 운영되는 곳이 225곳으로 모두 310곳이 있었다. 이는 동북지역 전체 농촌 위생소의 24.03%를 차지했다. 그 가운데, 러허성(중국 남동부에 있었던 성. 1955년, 허베이, 랴오닝, 네이멍구 자치구에 분할 편입되었다-역자주)과 쑹장성(쑹화강 유역의 옛 성. 1954년 헤이룽장성에 병합되었다. _역자주)의 일부 농촌지역 농민들은 감자, 곡물, 달걀 등 현물을 출자하여 의약합작사를 세웠다. 위생합작사가 훗날 세워진 합작의료와 차이는 있었지만, 합작의료의 시발점이 된 것은 분명하다. 1955년 농촌합작화 바람이 고조기에 접어들면서 이렇게 상호부조 방식으로 일선에 세워진 의료서비스기관이 신속히 확산되었다. 그 후 2, 3년의 짧은 기간 동안 전국적으로 5만여 곳에 이르는 연합진료소 혹은 위생소가 세워졌고, 많은 농업합작사 산하에도 위생소가 세워졌다. 상호부조 방식으로 의료기관 설립 자금이 조달되면서 진정한 농촌 합작의료제도가 탄생했다. 1953년, 산시성省 가오핑현縣의 민간 약방 3곳과 의사 10명이 자발적으로 최초의 연합진료소를 열었다. 합작화 바람이 강하게 불었던 1955년 5월, 미산 마을의 연합진료소가 '의료와 지역사회'의 결합이라는 기치를 내걸고 연합보건소로 개편했다. 이 제도는 의료비용의 상호부조를 통해 설계된 제도였기 때문에, 전형적인 농촌 합작의료의 첫 사례로 여겨진다. 주된 정책설계는 다음과 같다. 첫째, 자금 조달이다. 일선 기관을 중심으로, 농업생산합작사, 농민들 그리고 의사들이 공동으로 자금을 출자하여 연합보건소를 세웠다. 이 가운데, 합작사 회원들이 0.5위안의 '보건비'를 내고, 생산합작사가 15~20%의 공적자금을 지원했다. 둘째는 서비스 제공이다. 회원들은 질병 예방 지원과 보건 서비스를 받을 수 있었고, 진료 받을 때 약값을 내는 것 외에 접수비, 외래 진료비, 왕진비 그리고 주사비가 면제되었다. 더욱이 보건소는 예방 활동 차원의 순회의료, 방문의료, 의약품 배달을 원칙으로 했다. 의사들은 구역을 나누어 소속 농민들에 대한 위생, 질병 예방, 의료업무를 담당했다. 셋째는 의료비 지급이다. 의사의 급여는 생산합작사가 노동점수에 따른 현금 지불 방식으로 해결했다. 1955년 겨울, 산시성省 정부와 위생부가 가오핑현縣의 경험을 고찰한 후, "이는 질병 예방, 조기치료, 일손 절약, 자금 절약 효과를 가져온 신뢰할 만한 사례이다. 농촌의 예방보건사업을 위해 신뢰할 만한 사회주의의 조직적 기초를 세웠다"고 높이 평가했다. 그 후에 미산 마을의 경험이 널리 알려지면서 전국 각지에 집체경제를 기초로 하는 집체보건의료소, 합작의료소 혹은 총괄의료소가 세워졌다.

1956년 6월, 제1기 전인대 3차 회의에서 〈고급 농업생산 협동조합 시범 규정〉이 통과되었는데, 공무로 다치거나 공무로 질병을 얻은 구성원에 대해 협동조합이 책임을 지고 상황별로 노동에 따른 지원을 해야 한다고 규정했다. 이는 집체경제가 담당하던 농촌사회 구성원들의 질병 치료의 책임을 처음으로 정부가 담당한 것이다. 1958년에 인민공사 운동이 시작되면서, 전국 농촌에서 합작의료 건설 열풍이 불었다. 1959년 11월, 위생부가 산시성省 지산현縣에서 전국농촌위생업무회의를 개최하고, 농촌합작의료제도를 정식으로 비준했다. 1960년 2월, 중앙당이 위생부에 전달한 〈전국 농촌 위생업의 산시성省 지산현縣 현장회의 상황 보고〉 및 부속문건 〈인민공사 위생업무의 몇 가지 문제에 관한 의견〉에서, 각 성과 시, 자치구의 당위원회에 업무 방침을 제시했다. 이는 합작의료가 전국적으로 널리 보급되는 정책 근거가 되었다.

하지만 당시에 보건의료사업이 도시를 중심으로 진행되었고 농촌은 여전히 취약한 상황에 놓여 있었다. 1965년 6월, 마오쩌둥 주석이 잘 알려진 '626' 지시를 발표했다. "위생부의 업무는 전국 인구의 15%만을 대상으로 하고, 더욱이 이 15%도 노인이 주를 이룬다. 많은 농민들이 의료의 손길을 받지 못하고 있다. 첫째는 병원이 없고 둘째는 약이 없다. 하지만 중국에는 5억이 넘는 농민들이 있다.……보건의료의 중심을 농촌에 두어야 한다!" 이 지시를 기점으로 전국적으로 농촌위생사업이 주목받기 시작했다. 같은 해 9월 21일, 중앙당이 위생부에 전달한 〈위생업무의 중심, 농촌〉이라는 보고서에서 농촌 일선의 보건위생 업무를 강화하도록 지시했다. 이로써 농촌 합작의료의 지속적인 발전을 위한 여건이 구축되었다. 하지만 농촌합작의료가 구체적으로 진일보한 것은 마오쩌둥 주석이 1968년 후베이성省 창양현縣 러위엔 공사의 합작의료 경험을 긍정적으로 평가한 이후였다. 1980년까지 전국 농촌의 90% 행정촌에서 합작의료가 시행되면서 중국 의료보장제도의 3대 버팀목 가운데 하나가 되었다. 이 시기를 돌아보면 일선 국민의 자발적인 참여와 마오쩌둥 주석의 적극적인 추진이 농촌합작의료제도가 성공할 수 있었던 중요한 원인이었다는 것을 알 수 있다.

표 4-1 1958~1976년 전국 농촌합작의료를 추진한 생산대대 비중

연도	전국적으로 농촌 합작의료를 추진한 생산대대 비중/%
1958	10
1960	32
1962	46
1976	90

자료출처: 周壽祺, 顧杏元, 朱放榮,《中國農村健康保障制度的研究進展》,《中國農村衛生事業管理》, 1994年 第9期.

② 맨발의 의사들과 농촌 보건의료서비스 체계. 농촌합작의료는 단순히 의료보장에 필요한 재원 조달이 아닌 맨발의 의사들을 기반으로 한 보건의료서비스 체계였다. 이 점에서 볼 때, 합작의료는 현재 미국에서 주목받고 있는 관리형 의료, 즉 의료에 필요한 재원 조달과 의료서비스의 제공이 수직적으로 긴밀하게 연계된 방식과 유사하다. 먼저 농사와 의료를 병행하는 맨발의 의사들이 농촌에서 의료서비스를 제공했다. 이들은 일정한 농촌의 집체조직에 속하여 농사를 짓고(약초 재배를 포함하여) 분배를 받았다. 많이 일하면 많이 적게 일하면 적게 받는 원칙에 입각하여 노동에 따라 분배 받았는데 통상적으로 고등노동력으로 분류되어 노동점수로 계산하거나 노동점수에 현금을 더 보조하는 방식을 취했다. 기술 수준이 높고 근무 태도가 좋으면 동급 노동력에 비해 좋은 점수를 받았다. 능력이 뛰어나고 임무를 훌륭히 수행한 경우

에 규정에 따라 적절한 인센티브가 주어졌다. 따라서 맨발의 의사는 신분 면에서 여전히 농민이었기 때문에 국가 재정에 부담이 되지 않았고, 그들에게 주어진 인센티브도 단순히 의료서비스의 양이 아닌 '기술 수준', '근무 태도' 그리고 '임무 완성도'에 따라 주어졌다. 둘째, 약재를 자체 생산하고 합리적으로 사용했다. 합작의료제도의

1979년 6월, 허난성省 자오쭤시市 친양현縣의 한 마을에서 의사가 초등학생에게 예방주사를 놓고 있다.

재원이 비교적 열악한 상황에서도 비교적 좋은 의료보장 효과를 거둘 수 있었던 것도 이 약재수급제도와 관련이 있었다. 신중국 수립 초기에 국민의 건강을 위협한 주된 질병이 전염병이었는데, 한방 약재들이 중요한 치료 효과를 발휘했다. 더욱이 한방 약재들을 어디서든 비교적 용이하게 재배할 수가 있었기 때문에, 정부는 농촌집체조직에 대해 약초를 재배할 것을 독려했다. 이렇게 합작의료에 소요되는 경비를 직접적으로 절감할 수 있었다. 셋째, 적극적 개입을 통한 예방과 치료가 병행되었다. 합작의료소는 의료서비스 제공 이외에 농촌의 공공위생업무를 담당했기 때문에 의료개입 효과를 높일 수 있었다. 합작의료소의 규정을 보면 "① 농민들을 동원하여 병충해 제거 등 애국위생운동 전개, '2관5개'(2관: 식수와 분뇨 관리, 5개: 화장실, 축사, 부뚜막, 환경 개선)'에 필요한 기술 지도, 예방접종, 전염병 관리 그리고 전염병 상황을 보고한다. ② 위생상식 홍보, 미신타파 그리고 농약중독, 식중독, 감전사고 및 기타 사고의 방지를 담당한다. ③ 전쟁으로 인한 부상과 구조 활동, '3방'(원자탄,

화학, 세균 방지)' 훈련을 전개한다. ④ 여성들에 대해 '4기간(생리기간, 임신기간, 산후기간, 수유기간)' 중 보호, 육아 및 탁아기관의 보건위생업무를 지도하고, 출산 관련 업무를 수행한다" 등이 있었다. 넷째, 의료활동 진행 상황을 합리적으로 관리했다. 농촌합작의료제도는 사실상 거점 의료와 전원제를 채택했다. 생산대대의 구성원이 병이 나면, 먼저 그 대대에 설치된 합작의료소에서 진료를 받고 합작의료소가 다른 병원으로 전원 여부를 결정했다. 이것은 농촌합작의료가 사실상 '수문장'의 역할을 함으로써 의료비 관리를 효과적으로 할 수 있었을 뿐만 아니라 의료진과 환자 간의 상호 신뢰를 높였다.

3. 소결: '동아시아의 병자'라는 오명을 벗다

신중국 수립 후 처음 30년 동안 각고의 노력 끝에 중국의 보건의료사업이 꾸준히 개선되었으며, 특히 농촌 지역의 상황이 크게 바뀌었다. 과정이 비록 순탄치만은 않았으나, '동아시아의 병자'라는 오명을 완전히 벗고 개혁개방 이후 건강한 인력을 배출할 수 있게 되었다. 초기 30년 동안 국민이 질병의 그늘에서 벗어나 삶의 질을 높일 수 있었다는 사실에서 정부의 노력과 정책들이 유효했다는 것을 알 수 있다. 이 시기의 역사를 돌아보면, 국민의 건강과 복지가 개선되어 온 과정과 체계 그리고 소중한 가치들을 발견할 수 있다.

1) 국민 건강과 복지 개선의 4대 경로

계획경제 시기에 국민 건강과 복지 개선의 4대 경로: ① 전란의 종식과 사회 안정으로 국민의 건강이 증진되었다. 전쟁이 종식되면서 살상과 열악한 소모전이 중단되었을 뿐 아니라 국민이 안전하고 안정된 삶을 기대할 수 있게 되었다. 더 나아가 자신의 건강을 돌보고 미래의 삶을 꿈꿀 수 있게 되었다. 신중국 수립 이후에 정부는 국가재건사업을 전개하는 한편, 생산력을 높이고 보건의료제도를 수립하여 전염병의 도전에 맞섰다. 또한 기본적인 의료서비스 수요를 만족하기 위한 대책을 마련하기 시작했다. ② 경제성장과 소득개선으로 영양과 건강이 개선되었다. 도시의 경제가 회복되고 농업 생산성이 증대되면서 주민의 소득 수준이 점차 높아졌다. 소득 수준 개선은 자연히 영양개선으로 이어져 신체 건강과 복지를 증진할 수 있는 물리적 토대가 마련되었다. ③ 노동과 건강한 생활 습관이 질병 예방효과를 가져왔다. 정부는 애국위생운동의 일환으로 다양한 형태의 건강교육과 건강 활동을 전개했다. 특히 국민의 호응을 불러 일으킬 수 있는 쉽고 간단한 방식으로 건강교육을 전개했다. 기본적인 의료상식, 건강한 생활과 행동습관을 널리 알려 질병 예방 효과를 거두었다. 초·중·고교에서 노동과 기술 교육, 라디오 체조, 눈 지압 등 질병 예방 위주로 기본건강교육을 진행했다. 어른은 물론이고 어린이와 청소년이 건강한 생활 습관을 기르도록 만드는 것이 질병 예방과 체력 개선에 중요하기 때문이었다. ④ 보건의료제도를 통해 건강개입 효과를 거두었다. 공중보건 분야에서 애국위생운동, 전염병 예방 활동과 대책들이 추진되었고, 이를 통해 전염병의 발생과 전파를 효과적으로 차단했다. 이는 국민의 건강한 삶의 기초가 되었다. 기본의료 분야에서는 노동의료보험, 국비의료 그리고 합작의료 3대 의료보장제도가 의료서비스 활성화와 의료비용 부담 경감 등 기본적인 의료보장 수단으로 자리 잡았다.

2) 저비용으로 높은 효율성을 실현한 보건의료제도의 3대 메커니즘

계획경제 시기에 보건의료 부문의 저예산에도 불구하고 괄목할만한 성과를 거두었다. 이는 대체로 다음 3대 메커니즘 덕분이었다. ① 합리적인 대중운동을 통해 사회적 역량을 동원하는 방식으로 보건의료사업을 발전시켰다. 예를 들면 '4가지 해충' 제거, '흡혈충 방제' 그리고 라디오 체조를 포함한 애국위생운동, 인민공사운동 그리고 합작의료제도 등이 모두 국민동원과 저비용으로 정책적 효과를 거둔 사례들이다. 만약 이런 정치적 동원 제도가 없었다면, 극도로 낙후된 경제 상황과 열악한 재정 속에서 공공위생과 기본의료서비스를 발전시키기 힘들었을 것이다. 더욱이 국민 건강 개선이라는 중요한 민생에 효과적으로 대처하지 못했을 것이다. ② 도시와 농촌의 균형 잡힌 예방우선 정책과 위생 개입전략이 유효했다. 도시화 수준이 낮은 상황에서 마오쩌둥 주석은 도시에 치우친 보건의료사업의 방향을 과감하게 전환했다. 이에 따라 각급 정부가 농촌의 보건의료서비스 체계를 적극적으로 확립하여 농촌주민의 건강 수준을 획기적으로 개선했고, 도시와 농촌의 보건의료사업이 균형있는 발전을 이룰 수 있었다. 또한 질병력 구조가 여전히 전염병 위주였기 때문에, 정부는 공공위생 서비스의 질병 예방에 중점을 둔 위생 개입전략을 구축하여 어느 정도의 효과를 거두었다. 이외에도 국민체육, 라디오 체조 그리고 약초 재배생산 및 사용방법을 보급하여 저비용으로 비교적 높은 건강교육과 질병예방효과를 거두었다. ③ 과학적인 정책설계를 통해 기초의료보장제도의 비용을 효과적으로 관리했다. 당시에 노동의료보험, 국비의료, 합작의료의 재원조달 수준이 낮았지만, '공급자 지원' 방식으로 공립의료기관에 재정을 보조해주고 사업단위임금제를 통해 의료서비스의 질을 관리하고 인센티브를 제공했다. 또한 의약품과 소모품의 생산, 가격, 유통 그리고 조달계획을 조율하는 방식으로 의료기관의 공익성을 유지하고, 약가藥價를 높여 이윤을 추구하는 문제를 방지했다. 사업장이 자체적으로 만든 의료기관(진료소), 맨발의 의사, 위생실도 의료비용과 환자 진료 단계에서 '수문장'의 기능을 발휘했다.

3) 계획경제 시기 보건의료제도의 효과와 가치

애국위생운동, 노동의료보험, 국비의료 그리고 농촌합작의료제도는 신중국 수립 초기에 경제사회 발전의 필요에 따른 선택으로 민생 중심의 발전을 지향했다. 이 제도들을 통해 비교적 낮은 재정투입으로 모든 국민이 진료와 치료를 받고 기본적이나마 질병에 대한 걱정을 덜 수 있었다. 이로써 산업의 생산성을 높였고 사회주의 건설에 적극적으로 매진할 수 있었다. 비록 개혁개방 시대로 진입한 이후 더 이상 애국위생운동을 외치지 않았고 3대 의료보장제도도 개혁의 대상이 되었지만, 이 제도들의 기여를 과소평가해서는 안 된다. 그 과정에서 얻은 경험들이 훗날 중국 보건의료사업의 발전과 건강한 중국 건설에 중요한 시사점을 남겨주었다.

2. 개혁개방 후 보건의료제도의 개혁과 확대

　　개혁개방 이후 중국은 확고한 사회주의 원칙 위에서 효과적인 시장경제 체제를 채택했다. 전례 없는 경제개혁과 사회 전환의 시기를 맞아, 보건의료제도도 부단한 개혁의 과정에 돌입했다. 80년대부터 90년대에 이르는 동안, 국유기업 개혁과 노동시장 확립에 발맞추어 단위가 통합적으로 관리하던 노동의료보험이 상호부조의 사회보험으로 바뀌었다가, 최종적으로 근로자 기본의료보험 체계가 노동의료보험과 국비의료를 대체하며 자리를 잡았다. 2000년대에 정부는 의료보장을 받지 못하는 농촌주민, 도시의 비非취업자 그리고 농민공의 의료비용 부담을 완화하기 위해 의료구조제도와 기본의료보험제도를 잇달아 시행했다. 2009년에 새로이 단행된 의료개혁은 다층적인 기본의료 보장 체계와 의료서비스 제공 측면에서 최고 수준의 설계와 발전 계획을 담았다. 하지만 2013년 이전까지 지방정부의 의료개혁이 의료보장 체계 구축에 치중되었기 때문에 보건의료제도의 공급측 개혁이 실질적인 진전을 이루지 못했다. 개혁개방 초기에 도시 근로자 기본의료보험이 유일하게 시행되다가, 2010년 초반에 이르러 도시 근로자 기본의료보험, 도시주민 기본의료보험 그리고 신형 농촌합작의료 3대 의료제도가 구축되면서 '전 국민 의료보험'이 실현되었다. 공공위생사업도 전례 없이 발전하며 역사적 의미를 지닌 대전환을 이루었다.

1. 직장인 기본의료보험의 전환과 정비: 단위 보장에서 사회보장으로

40여 년 동안, 보건의료사업 개혁의 초점이 주로 의료보장제도에 맞춰졌다. 기존의 제도는 폐쇄적인 단위별(또는 집체별) 책임제로 보장 대상자의 권리를 지나치게 강조하는 문제가 있었다. 시장경제로의 전환 과정에서, 이는 공정한 경쟁과 자유로운 인구이동의 필요를 충족시킬 수가 없었고 제도적 형평성과 지속 가능한 발전도 기대할 수 없었다. 더욱이 민생 보장기능이 약화되면서 도시주민의 질병 치료 부담이 가중되었다. 따라서 재원 조달 시스템 개혁과 권리와 의무의 유기적 결합을 기본 방향으로 하여, 단위나 집체가 관리하던 노동의료보험, 국비의료, 합작의료보험을 사회의료보험으로 전환하는 것이 목표였다.

1) 개혁의 배경: 기존 제도의 문제점과 경제체제 개혁이 가져온 새로운 도전

노동의료보험제도는 개별 단위의 책임하에서 항목별로 비용을 지불했기 때문에 개인은 의료비용을 부담할 필요가 거의 없었다. 결과적으로 노동의료와 국비의료의 비용이 급속히 증가했다. 또한, 노동의료보험은 사회적 리스크 분산 메커니즘이 결여되어 있었기 때문에 부담이 한쪽으로 편중되는 문제를 가져왔다. 기업마다 다른 자금력 차이가 기업의 직원 의료비 분담 능력에 영향을 주었고, 더욱이 의료서비스의 형평성과 도시주민의 의료보장에도 영향을 미쳤다. 다른 한편으로는 사회주의 시장경제 개혁이 노동의료제도의 변화를 요구했다. 국유기업 개혁의 근본 목적은 독립적인 경영을 토대로 손익에 대해 책임을 지고 적자생존의 시장 규칙을 수용함으로써, 기업이 보장하던 노동의료보험을 사회화하는 것이었다. 시장경제로의 개혁은 노동자원 분배 방식에 있어 노동시장에 대해서도 기본적 역할을 요구했다. 노동력의 자유로운 이동과 기존의 계획경제 타파를 요구했다. 또한 단위별로 운영되던 폐쇄적인 노동의료보험제도가 기업의 부담 경감이나 통일적인 노동시장 형성에 도움을 주지 못하는 상황에서 개혁만이 답이었다.

2) 직장의료 개혁과 사회의료보험의 시범적 모색

상술한 문제에 대처하기 위해, 80년대부터 적잖은 지역에서 노동의료보험제도에 대해 공급과 수요라는 매개변수를 기존의 제도적 틀에 도입하는 개혁을 단행했다. 예를 들어, 지역별로 근로자가 개인적으로 적정 수준의 의료비를 부담하고, 의료기관이 의료비를 책임지고 관리하는 제도를 시범적으로 도입했다. 이는 기존의 의료보험제도를 부분적으로나마 개혁한 것이지만 국가-단위 보장제가 본질적으로 바뀐 것은 아니었다. 따라서 여전히 질병치료의 리스크를 효과적으로 분산시키지도, 단위 간 부담의 형평성이나 노동력의 이동 문제를 해결하지도 못했다. 이 때문에 해외의 사례를 참고하여 의료보험을 사회의료보험으로 전환할 수밖에 없었다. 구조개혁을 통해 노동의료보험제도의 사회화를 확립하는 것이 최종 목표였다. 1986년부터 1993년까지, 지역별로 의료비용 사회적 통합 시범사업이 추진되었지만, 어떠한 의료보장체계를 만들고 어떻게 제도화할 것인가는 여전히 모색 단계에 머물렀다. 예를 들어, 산둥성省 지무시市, 랴오닝성省 진시시市가 '총 수입에 근거한 엄격한 지출 관리' 원칙에 따라 한 해의 총괄적 기준을 정하고, 휴직자와 퇴직자의 의료비를 사회통합적으로 관리했다. 1990년 11월, 노동부가 개최한 제1회 노동의료보험제도 개혁 좌담회를 시작으로 휴직자와 퇴직자 의료비용의 사회통합적 관리 시범사업이 광범위하게 추진되었다. 보험에 가입한 기업이 납부한 보험료를 사회통합기관이 통합적으로 관리하며 휴직자와 퇴직자의 외래진료, 입원, 타지역 진료 교통비 그리고 동일 부위의 조직검사비를 지급했다. 의료비가 일정 기준을 초과하는 경우, 개인이 부담했다. 일부 지역에서는 근로자(휴직 및 퇴직자 포함)의 중병 치료비는 사회통합기관에서, 사소한 질병은 개인계좌에서 지불되는 방식을 시범적으로 운영하기도 했다. 예를 들어 1987년 베이징 둥청구區의 청과물 회사가 먼저 중대 질병의 의료비 통합관리 개혁 시범사업을 진행했고, 랴오닝성省 단둥시市, 지린성省 스핑시市, 후베이성省 황스시市, 후난성省 주저우시市 등이 잇달아 시범사업을 진행하며 점차 전국적으로 확대되었다. 1994년 말에 전국 20개 지역의 3만2,000개 기업에서 일하는 374만6,000만 명의 근로자들이 중대질병 사회통합 관리체계에 편입되었다. 그 방법은 대체로 이러했다. 보험에 가입한 기업이 임금 총액의 11%를 직원 중증질환 치료비 통합관리기금에 납부하면, 그 가운데 5%p 가량이 직원의 개인 의료계좌에 예치되고 3%p 가량은 기업예치금 명목으로 설정되었으며, 약 3%p는 중증질환 통합관리에 사용되었다. 이 중에서 개인계좌와 기업예치금은 주로 기업이 관리했고, 통합관리기금은 사회통합관리기구가 통합관리했다.

 1993년 11월, 제14차 3중전회에서 통과된 <사회주의 시장경제 체제 건설의 몇 가지 문제에 관한 결정>에서 "도시 근로자의 노후와 의료보험금은 단위와 개인이 공동으로 부담하며, 사회통합과 개인계좌를 연계한다"고 명시했다. 이것은 중국의 의료보험제도 개혁이 사회통합과 개인계좌 연계라는 새로운 의료보장제도로 전환했다는 것을 의미했다. 1994년, 국가체제개혁위원회, 재정부, 노동부, 위생부가 <직장의료제도 개혁의 시범사업에 관한 의견>을 마련했는데, 주요 내용은 중증질환 의료비에 대한 사회통합관리 시범사업이 비교적 양호하게 진행된 장쑤성省 전장시市와 장시성省 주장시市에서 사회통합관리와 개인계좌를 연계한 사회의료보험 개혁 시범사업을 진행한다는 것이었다. 이 방안은 그 해 11월에 국무원 비준을 거쳐 시행되었다. 기존의 중증질환 의료비에 대한 사회통합관리를 기반으로 사회통합과 개인계좌를 연계한 의료보험제도의 구조, 메커니즘 그리고 요율 수준, 계좌 구조, 처우 수준 등 제도 설계의 주요 변수의 설정과 관련 문제들을 심층적으로 연구하는 것이 목적이었다. 1996년 4월, 국무원 판공청은 전장시市에서 전국 노동의료보장제도 개혁 확대 시범사업 회의를 개최하고, 국무원이 비준한 〈노동의료보장제도에 관한 의견〉을 발표했다. 그 후, 40여 개 도시에서 도시 근로자 의료보험 시범사업이 진행되었다.

하지만 국무원이 비준한 시범사업 개혁 방침은 단지 의료보험의 사회통합과 개인계좌에 대한 원칙적인 규정이었기 때문에, 지역별로 시범사업을 진행하는 과정에서 해석과 방식이 달랐고, 결국 서로 다른 개혁방안이 수립되었다. 그 가운데 비교적 전형적인 두 가지 사례를 보면, 우선 전장시市와 주장시市의 시범사업이 채택한 모델은 '3단계'로 되어 있었다. 단위와 근로자가 납부한 재원을 일정 비율로 나눠 사회통합 계좌와 개인계좌로 이체한 후, 의료비를 지급할 때 외래진료비 및 입원 치료에 대한 적절한 지급기준에 따라 개인계좌, 개인의 자부담, 사회통합 순으로 순차적으로 지급 부담을 졌다. 이와 달리, 하이난성省과 선전시市 시범사업은 '블록' 모델이었다. 단위와 개인의 납부금을 재원으로 하는 것은 동일했지만, 기금의 50%~60%가 개인계좌로 들어가고, 나머지 금액이 사회통합 계좌로 들어갔다. '3단계' 모델과 달리, '블록' 모델은 외래진료와 입원 치료를 구분하여, 개인계좌의 자금은 주로 외래진료비로 지불되고 사회통합 계좌의 자금은 주로 입원 치료에 사용되었다. '블록형' 모델은 외래진료비를 주로 개인계좌에서 지불했기 때문에 개인의 불합리한 치료 행위를 비교적 효과적으로 제어할 수 있었지만, 외래진료비에 대한 사회적 부조가 이뤄지지 않았기 때문에 특수한 질병의 외래진료비 부담이 개인에게 지워지는 문제가 있었다.

3. 사회통합과 개인계좌가 연계된 도시 근로자 기본의료보험의 확립과 발전

지역별로 진행된 의료보험제도 개혁 시범운영 경험을 바탕으로, 1998년 말 국무원이 <도시 근로자 기본의료보험제도 수립에 관한 결정>을 발표했다. 이로써 사회통합과 개인계좌가 연계된 의료보험제도 모델이 확정되고, 근로자의 기본의료보험제도, 다층적 의료보장체계 그리고 의약품 관리체제 등 종합적인 개혁 과제와 원칙이 제시되었다. 이는 계획경제 체제하에서 국가가 책임지던 국비의료와 노동의료보험이 사회보험모델로 패러다임이 바뀌었다는 것을 의미했다. 현행 제도에 근거해 살펴보면, 사회통합과 개인계좌가 연계된 도시 기본의료보험제도는 다음과 같은 주된 특징이 있었다. ① 사용자와 근로자가 공동으로 기본의료 보험료를 부담하되 사용자의 납부율이 6%, 개인의 납부율은 2%였다. 하지만 실제로 일부 지역에서는 사용자의 납부율이 6% 상한선을 이미 초과한 상태였다. ② 기본의료보험기금이 통합기금과 개인계좌로 나뉘어 각각 사용범위가 정해져 있었다. 통합기금의 재원은 사용자가 임금 총액의 6%에 근거하여 납입한 의료보험료의 70%, 개인계좌의 재원은 근로자 개인이 납입한 의료보험료와 사업장이 납입한 금액 중 30%를 합한 금액이었다. 통합기금과 개인계좌는 각각의 지급범위에 따라 개별적으로 계산되며 서로 유용할 수 없었다. ③ 의료보험관리 체계의 사회화가 구축되었다. 사회보험관리기구가 기본의료보험기금의 조성, 관리 그리고 지급을 담당함으로써 진정한 의미의 사회화와 전문화를 추구할 수 있었다. ④ 다층적인 의료보장체계 구축 방향이 확립되었다. 예를 들면 지급 상한액을 초과하는 중대질병 의료비는 민간 의료보험 등 다른 경로를 활용한다든가, 기본의료보험의 기초 위에서 국가 공무원은 의료지원정책의 적용을 받는다든가, 일부 특수 업종 근로자들의 현행 의료비 수준을 유지하기 위해 기본의료보험 이외에 과도기적 조처로서 기업의 추가 의료보험 허용 등이 포함되었다. 이 같은 특징들은 이 제도를 통해 시장경제에 맞는 사회화된 의료보험제도를 만들고, 미래 인구 고령화 문제가 의료보장제도에 미칠 영향에 적극적으로 대응하기 위한 정책적 방향성을 반영한 것이었다. 하지만 개인계좌의 설정은 의료보험제도의 객관적인 규율에 배치되고, 실제 운영 효과 측면에서도 보험가입자의 '장기적인' 보장 실현이라는 목적에 부합하지 못했다. 또한 자체적으로 해결하기 어려운 제도적 결함이 드러났다.

의료보험 개혁이 단독으로 추진되기 어려워지자, 2000년 2월 국무원은 <도시 의약 위생체계 개혁 방침 의견에 관한 통지>를 발표했다. 사회주의 시장경제의 요구에 맞는 도시 의약 및 위생체계를 확립하기 위해서 위생 관련 기관들과 의약업종의 건강한 발전을 촉진해야 한다고 강조했다. 근로자의 기본의료보험제도, 도시 보건의료체계, 의약품 생산 및 유통체계의 '3대 개혁'이 유기적으로 추진되어야 한다는 점을 강조한 것이다. 이는 도시 근로자의 기본의료보험제도의 운영 및 관리의 효율성을 높이는 효과를 가져왔다.

2) 의료보장제도의 확대 보급: 도시와 농촌주민 기본의료보험

1) 경제체계 개혁과 의료보장에서 소외된 취약계층

개혁개방 이후 농촌에서 도급책임제가 전면 시행됨에 따라 농촌합작의료를 떠받치던 기존의 집체경제가 폐지되고 농촌합작의료도 빠르게 퇴락했다. 1989년에 농촌합작의료를 시행하는 행정촌이 전국적으로 4.8%에 불과했다. 대부분의 농민들이 비교적 낮은 수준의 의료보장도 받지 못하는 계층으로 전락했다. 한편, 도시 근로자 기본의료보장제도가 수립된 후 사회의료보험이 취업자와 퇴직자만을 대상으로 했기 때문에, 과거에 노동의료보험과 국비의료의 혜택을 받았던 도시의 비非취업자들이 의료보장을 받지 못하게 되었다. 의료보장을 받지 못하게 되면서 농촌주민들과 도시의 비非취업자 가족들이 '질병으로 인한 가난'의 위험성이 높아졌다. 이외에도, 수 많은 농민공들이 호적, 속해 있는 단위 소유제의 속성 그리고 취업 방식 등의 제약으로 인해 도시 근로자 기본의료보험에 가입할 수가 없었고, 따라서 의료보장을 받지 못하는 상황에 놓였다. 이런 상황에서 어떻게 의료보장을 받지 못하는 계층을 위해 적합한 의료보험제도를 만들 것인가가 중요한 정책과제가 되었다.

2) 도시와 농촌 기본의료보장을 위한 두 번의 시도

합작의료제도의 복원과 의료구조제도의 확립. ① 농촌합작의료의 복원을 위한 개혁과 노력. 기존의 농촌합작의료제도가 빠르게 해체된 후에 위생부가 이 제도의 부활을 검토한 적이 있었다. 예를 들어 1985년 국무원이 위생부의 <위생업무 개혁의 몇 가지 정책 문제에 관한 보고>를 비준하고, 농촌의 위생기관이 마을의 의사와 위생원에게 위탁 관리를 맡길 수 있도록 규정했다. 그 결과 많은 농촌 마을들이 아직 문을 닫지 않은 합작의료소의 운영을 맨발의 의사들에게 맡기고 이름도 대대의료실로 바꾸었다. 1988년 통계에 의하면, 마을에서 공동으로 운영하는 마을 의료소가 35.7%, 개인이 운영하는 의료소가 45.8%, 마을의 의사나 위생원이 함께 운영하는 의료소가 9.8%였다. 다시 말해 55.6%가 개인적으로 운영되고 있어서 안정적이지 못한 상태였다. 마을 위생소의 운영을 위탁받은 맨발의 의사 등 의료요원의 보수가 의료행위로 인한 수익과 연동되면서 상업화되는 경향이 나타났다. 또한 낮은 수입 때문에 타지로 일하러 가는 맨발의 의사들이 점차 늘어났다. 농민의 의료 보장이 점점 심각해졌다. 그럼에도 불구하고, 1980년대 중엽부터 지역별로 합작의료제도를 복원하려는 노력이 계속 이어졌다. 예를 들어, 2001년 국무원이 <농촌 위생개혁과 발전에 관한 방침>에서 "합작의료제도의 지속적인 정비와 발전"을 강조했다. 2002년, 위생부, 국가계획위원회, 재정부, 농업부, 국가환경보호총국, 전국애국위생운동위원회, 국가중의약국이 공동으

2017년 1월1일, 충칭시市 원양현懸의 주민이 신형 농촌합작의료증을 제시하고 병원에서 진료를 받고 있다.

로 〈중국 농촌 초급 보건위생 발전 요강(2001~2010년)〉을 제정하고, "농촌의료보험제도 정비 및 발전, 지역별 중증질환 통합관리, 빈곤가정 의료지원제도의 점진적 확립, 다양한 형식의 농민의료보장제도 시행" 등 방안을 제시했다. 하지만 농촌합작의료는 원래의 취지를 실현하지 못했다. 1998년에 위생부가 진행한 제2차 국가 위생 서비스 조사에 의하면, 농촌합작의료의 보급률이 제1차 조사(1993년) 때의 9.81%에서 6.6%로 하락했고, 농민의 자가부담 의료비용이 84.11%에서 87.32%로 높아졌다. 1998년에 질병으로 인해 빈곤 상태에 빠진 농가의 비율이 전체 빈곤가구의 21.62%에 달했고, 농민이 질병에 걸린 후 2주 내에 진료를 받지 못한 비율이 33.2%, 입원 치료가 필요하지만 입원하지 않은 비율은 35.54%였다. 이 가운데, 65.25%는 경제적 이유로 입원하지 못했다. ② 의료지원제도의 수립과 한계. 2000년, 국무원이 〈도시 사회보장체계 정비에 관한 시범사업 방안〉을 발표하고, 다층적인 의료보장체계를 마련한다고 밝혔다. 이 중, 핵심은 사회의료지원제도 설립이었다. 2001년 11월, 국무원은 〈도시주민 최저생계 보장업무 강화에 관한 통지〉를 발표하고, 각 지방정부가 "최저생계보장 대상자의 주거, 의료, 자녀교육, 세금, 식수, 전기, 도시가스 등 부문의 사회지원정책을 성실히 시행"할 것을 지시했다. 이에 따라 지역별로 사회의료지원제도에 대한 새로운 모색이 이루어지기 시작했다. 2005년 2월, 민정부, 위생부, 노동부 그리고 사회보장부,

재정부가 〈도시 의료지원 시범사업에 관한 의견〉을 발표했다. 내용을 보면, 2005년부터 2년 이내에 각 성省, 자치구, 직할시의 일부 현縣·시市·구區가 시범사업을 진행하고, 그 후 2, 3년 이내에 전국적으로 관리와 운영을 제도화한 후, 이를 바탕으로 도시 의료지원제도를 구축한다는 것이었다. 2005년 8월, 재정부와 민정부가 공동으로 〈도시 의료지원기금 관리에 관한 의견〉을 발표하고, 자금 조달 방법, 지원기준, 지원절차, 자금관리 등에 대해 상세한 규정을 마련했다. 농촌에서는 의료지원이 신형 농촌합작의료제도 시범사업보다 늦게 이뤄졌다. 2003년 11월, 중앙당과 국무원의 〈농촌 위생사업 강화에 관한 결정〉 정신을 실현하기 위해, 민정부, 위생부, 재정부가 공동으로 〈농촌 의료지원 시행에 관한 의견〉을 발표하고 전국적으로 농촌의료지원제도 시범사업을 전개했다. 이것이 후에 정부가 책임지는 저소득계층 의료보장제도로 발전했다.

3) 주민기본의료보험 혁신과 전 국민 의료보험 실현

① 신형 농촌합작의료제도 수립과 확대. 2002년 10월, 중앙당과 국무원은 〈농촌 위생업무 강화에 관한 결정〉을 발표하고, "각급 정부는 중증질환 중심의 신형 농촌합작의료제도 건립을 적극적으로 시행하여 농민들의 질병에 대한 우려를 경감하고 풍토병 등 중대 질환으로 인해 다시 빈곤에 빠지는 문제를 해결"할 것을 지시했다. 또한 "2003년부터, 중서부 지역의 도심지 이외 지역에 거주하는 신형 합작의료 가입 농민에 대해 중앙재정에서 매년 1인당 10위안의 의료지원금을 지급하고 지방재정에서 매년 1인당 10위안 이하의 지원금을 지급한다. 구체적인 지원기준은 성省정부가 확정한다"고 처음으로 명시했다. 2003년 1월, 국무원이 위생부에 전달한 〈신형 농촌합작의료제도 수립에 관한 의견〉에서, 신형 농촌합작의료 시범사업 시행을 결정했다. 같은 해에 저장, 후베이, 지린 그리고 윈난 4개 성省을 우선 확정 짓고, 각 성省, 자치구, 직할시에 대해 최소한 2~3개 현縣을 선행 시범지역으로 지정했

다. 2004년 1월, 국무원이 위생부 등 부처에 전달한 〈신형 농촌합작의료 시범사업 방침에 관한 의견〉에서, 신형 농촌합작의료 시범사업의 원칙, 조직 관리, 재원 마련, 자금 관리, 의료서비스 관리, 시행 방법 등에 대한 원칙적인 규정을 내놓았다. 2006년 1월, 위생부 등 7개 위원회가 연합으로 〈신형 농촌합작의료 시범사업의 신속한 추진에 관한 통지〉를 발표하고, 시범사업 경험과 성과에 대한 종합평가를 기초로 신형 농촌합작의료 시범사업을 적극적으로 확대 추진한다고 밝혔다. 2007년 9월, 위생부, 재정부, 국가중의약관리국이 연합으로 〈신형 농촌합작의료 총괄 지원방안에 관한 방침〉을 발표했다. 2009년에 국무원이 새로운 의료보험개혁을 추진하면서, 개혁의 초점을 신형 농촌합작의료 확립에 두었다. 같은 해 7월, 위생부, 민정부, 농업부, 국가중의약관리국이 연합으로 〈신형 농촌합작의료제도의 공고한 확립에 관한 의견〉을 발표했다. 농촌의 경제사회 발전 수준과 농민의 기본의료 수요에 맞춰 기본의료 보장의 성격을 갖춘 신형 농촌합작의료제도를 구축하고 도시와 농촌 간 기본의료 보장 격차를 점차 해소해야 한다고 강조했다. ② 도시주민 기본의료보험제도의 수립. 2005년 5월, 지린성省 산하 노동보장청, 재정청, 발전개혁위원회가 연합으로 〈성省 내 도시 근로자 기본의료보험제도 정비에 관한 의견〉을 발표하고, "도시 근로자 기본의료보험제도를 기반으로 도시주민의 입원치료보험제도 재정비, 저소득 도시주민의 의료난 해결, 재정 상황이 열악한 기업의 근로자 보험가입 문제 해결" 등을 지시했다. 이는 지방정부가 자발적으로 도시주민 의료보험 시범사업을 진행한다는 의미였다. 이어서 장쑤, 저장, 허난 등 성省의 몇몇 지역들도 도시주민 기본의료보험 시범사업을 시작했다. 2006년, 제16차 6중전회에서 통과된 〈사회주의와 조화로운 사회 건설의 몇 가지 중대 문제에 관한 결정〉에서, "중증질환 중심의 도시주민 의료보험제도를 점진적으로 구축해야 한다"고 밝혔다. 2007년 7월 10일, 국무원이 〈도시주민의 기본의료보험 시범사업 진행을 위한 방침〉을 밝히면서, 중국에서 도시주민을 대상으로 한 의료보험개혁 시범사업이 본격화되었다. 이 제도의 특징은 다음과 같다. 첫째, 도시 근로자 기본의료보험제도의 가입 대상 범위에 포함되지 않았던 초중고 학생(직업고등학교, 기술학교 포함), 어린이 그리고 기타 업종에 종사하는 도시주민들이 보험가입자 범위에 포함되었다. 둘째, 주요 재원은 가구가 납부하는 보험료와 정부가 지급하는 보조금이었다. 시범도시의 보험 가입 주민에게 정부가 매년 1인당 40위안 이하의 보조금을 지원했는데, 2007년부터는 중앙재정에서 특별 이전지출 방식으로 지급하고 중서부 지역에 대해서는 1인당 20위안의 보조금을 지급했다. 셋째, 보장 범위의 경우, 보험가입자의 입원과 중증질환으로 인한 외래진료에 기금이 주로 사용되었고, 요건을 갖춘 지역은 단계적으로 외래진료비를 총괄적으로 관리할 수 있었다. 2009년 3월, 중앙당과 국무원이 <의약품 위생체계 개혁에 관한 의견>을 발표했는데, 이는 중국의 의료보장제도 개혁이 새로운 단계로 진입했다는 것을 뜻했다. 그 중에도 2009년에 도시주민 기본의료보험 전면 시행, 노인, 장애인, 아동의 기본의료보험 문제 해결에 주안점을 두었다. <2009~2011년 의약품 위생체계 개혁 시행방안>에 따라, 3년 동안 도시주민 기본의료보험 가입률이 90%를 넘었다. 제도의 확대 시행과 더불어, 도시주민 기본의료보험 제도의 정비 및 관리업무의 개선도 빠르게 이뤄졌다. 2016년 1월, 국무원은 <도시와 농촌의 기본의료보험제도 통합에 관한 의견>을 발표하고 도시와 농촌으로 분리되어 있던 주민의료보험제도를 점진적으로 통합하기 시작했다.

　　이렇게 중국의 현행 의료보험제도가 근로자 기본의료보험제도와 주민기본의료보험제도를 축으로 저인망식 의료구조와 기타 보완적 성격의 의료보장 제도가 더해져 그 틀을 갖추었다.

3. 질병의 구조변화와 기본 공중보건 서비스의 발전

개혁개방 이후 단행된 재정 개혁으로 지방정부의 공공위생 투자와 인센티브가 감소하고 적잖은 공공위생기관들이 재정 부족으로 효율적인 공공위생 서비스를 제공할 수 없게 되었다. 비록 병원이 질병 치료와 예방의 이중 기능을 담당했지만, 지원 부족에 따른 자금 압박에 직면했고 기본의료서비스에 대응하느라 기본공공위생 부문의 역할을 다하지 못했다. 이 두 요인으로 인해 기본공공위생 서비스체계 개혁이 답보상태에 처했다. 1997년부터 정부가 "농촌 중심, 예방 중심, 동서양 의학 병행, 과학기술과 교육에 기반한 사회적 참여, 국민건강, 사회주의 현대화 건설"에 역점을 두었지만, 재정 부족과 제도 및 시스템 개혁의 부재로 인해서 방침을 바꾸는 것만으로 상황을 전환하기에는 역부족이었다. 2003년, '사스' 발발로 공중위생의 위기가 닥치면서 질병 예방과 통제 체계 구축에 박차를 가했다. 2000년 이후 중국이 고령화 사회로 진입하기 시작했다. 인구구조와 질병 구조의 변화도 위생과 예방의 초점을 전염병 예방에서 비전염성 질환 위주로 바꾸는데 영향을 미쳤다. 2009년에 추진된 의료개혁에서는 기본적인 공공위생 서비스의 균등화를 목표로 설정했다.

1) '사스' 공공위생 위기와 질병예방통제센터 설치

2002년, 중증급성호흡기증후군(SARS)가 중국 광둥 지역에서 처음 발발한 후 빠르게 다른 지역으로 전파되었고 동남아 및 세계 전역으로 퍼졌다. 사스는 사회적 공포를 불러일으키고 사회 안정과 정상적인 생산 활동을 위협했을 뿐 아니라 많은 의료진과 환자의 목숨을 앗아갔다. 사스 발생 이전에도 돌발적인 공중보건사건에 관한 법률과 규정들이 많았지만, 긴급사태에 대응하는 통일된 법률이나 규정이 전혀 없었다. 사스의 발발을 계기로 사회적으로 돌발적인 공중위생사건에 대해 인식하게 되었다. 정부는 관련 지원을 강화

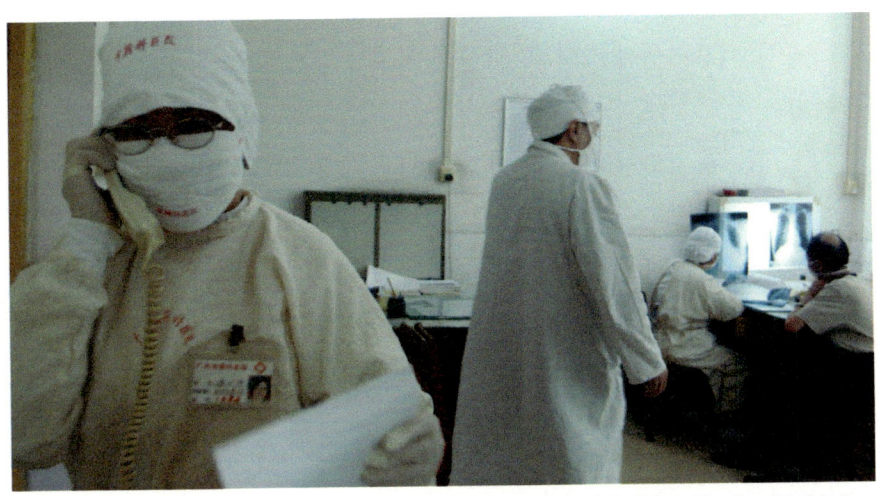
2003년 4월 30일, 사스 발생 기간에 광저우시 흉부외과 병원에서 분주히 움직이고 있는 의료진들의 모습.

했고, 돌발적인 공중보건사건의 응급조치와 예방통제체계 구축에 큰 진전을 이루었다. ① 돌발적인 공중보건사건에 대응하기 위한 지휘체계 구축. 위생부처 산하에 돌발적 공중보건사건 긴급대응팀과 지휘본부가 설치되었다. 중앙의 질병예방통제센터와 일부 성省 정부의 질병예방통제센터 산하에 전담 대응기구가 세워졌다. 이와 더불어 정부는 국가급 긴급 대응 전문가 풀 구축, 국가급 긴급대응팀 설치 그리고 전국적으로 돌발적인 공중보건사건 전문가 자문위원회를 설치했다. ② 돌발적인 공중보건사건 긴급대응 매뉴얼 구축. 위생부 산하 부처들과 각급 지방정부는 <중화인민공화국 전염병 방지법>과 <돌발적인 공중보건사건 긴급조례>의 규정에 따라, 부처별로 돌발적인 공중보건사건의 매뉴얼을 제작했다. 지역별로 다양한 긴급대응방안을 제정하고, 신속한 정보 교환, 민첩한 대응, 명확한 책임 등을 골자로 하는 관련 법제도와 정책을 수립했다. <돌발적인 공중위생사건 긴급대응조례> 공표는 중국의 긴급대응 업무가 법제화에 진입했다는 것을 의미했다. ③ 돌발적인 공중위생사건 모니터링 및 정보망 정비. 보건위생 기관 산하에 국가 공공위생 정보시스템 플랫폼과 중대 전염병 상황 모니터링 및 보고, 중대 환경오염사건

보고, 중대 식품위생사건 보고, 방사능 위생사건 보고 등 통합정보시스템을 구축했다. 이 가운데, 중증질환 모니터링 및 정보시스템을 통한 중앙정부, 성省, 시市, 현縣의 질병예방통제기관 그리고 각급 보건의료기관을 연계하는 네트워크 구축이 포함되었다. 전국적으로 전염병 상황 보고가 실시간으로 이루어졌다. ④ 응급의료지원시스템 구축. 응급의료지원시스템 구축에 필요한 자금은 중앙정부와 지방정부가 공동 조달하며 다양한 감염치료병원과 긴급구호센터 건설에 사용되었다. 이외에도 위생부는 이재민 지원 및 질병 치료를 전담하는 10개의 국가급 구호팀을 만들고, 즉각적으로 돌발적인 공중보건사건 대응에 나설 수 있도록 했다.

2) 질병구조의 변화와 기본 공공위생 서비스 발전

1950년부터, 애국위생운동과 공중보건사업의 발전으로 중국에서 콜레라, 이질, 장티푸스 등 심각한 전염병 발병률이 현저히 낮아졌다. 1960년대 말부터 70년대 초까지, 전국적으로 체계적인 방역사업이 진행된 후 회색질 척수염, 홍역, 백일해, 디프테리아 등 질병의 발병률과 사망률도 대폭 낮아졌다. 전염성 질병의 발병률이 떨어지면서 질병구조에서 만성질환의 구성비가 눈에 띄게 높아졌다. 1970년대와 90년대를 비교해보면, 만성질환 사망자 비율이 60%에서 80%로 높아졌다. 만성질환으로 인한 사망이 전체 사망에서 차지하는 비중이 1991년 73.8%에서 2000년 80.9%로 높아져 주요 사망 원인이 되었다. 결론적으로, 경제발전과 국민 생활 수준 향상, 영양 상태 개선, 질병의 효율적 통제 및 인구 고령화의 영향으로, 중국에서 비전염성 만성질환이 국민건강을 위협하는 주요 요인이 되었다. 질병 구조의 변화로 중국의 공공위생 서비스체계도 위생 개입전략에서 '기본공중보건서비스' 개념을 바탕으로 한 비전염성 만성질환의 예방과 건강 관리로 방향을 전환하기 시작했다.

2009년 3월, 중앙당과 국무원이 발표한 〈의약품 위생시스템 개혁에 관한 의견〉은 기본공중보건서비스 발전에 관한 탑레벨의 정책설계였다. 도시와 농촌주민의 균등한 기본공중보건서비스 실현을 목표로 국가가 기본 공중보건 서비스 항목을 제정하고, 2009년부터 도시와 농촌주민들을 대상으로 질병 예방 및 관리, 모자보건, 건강교육 등 기본 공중보건 서비스를 점차 확대했다. 도시와 농촌의 공중보건체계와 관련 비용보장체계가 구축되었는데, 2009년에 1인당 기본 공중보건 서비스 비용 기준이 15위안 이하였다가, 2011년 20위안 이하로 변경되었다. 성과평가를 강화하여 서비스의 효율성과 품질을 높이고, 도시와 농촌의 기본 공중보건 서비스 격차를 점차 해소했다. 이외에도 기본 공중보건 서비스 항목을 명시하고 서비스의 내용을 점차 확대했다. 지방정부는 중앙정부가 정한 서비스 항목을 바탕으로 현지의 경제발전 수준과 지역 특성에 따라 맞춤형 보건서비스 내용 체계를 마련했다.

같은 해 7월, 위생부, 재정부, 국가인구 및 가족계획위원회가 연합으로 〈기본 공중보건 서비스 균등화 추진에 관한 의견〉을 발표하고 관련 계획을 체계화했다. 구체적으로 다음과 같다. 첫째, 국가의 기본 공중보건 서비스 항목에는 주로 주민건강기록카드 작성, 건강교육, 예방접종, 전염병 예방과 치료, 고혈압, 당뇨병 등 만성질환과 중대 정신질환 관리, 아동 보건, 임산부 보건, 노인 보건 등이 포함되었다. 둘째, 기본 공중보건 서비스 프로그램을 도시와 농촌의 일선 보건의료기관을 통해 무료로 제공하고, 경비 기준은 해당 기관의 전체비용에 근거하여 결정하되 정부 예산에서 배정되었다. 셋째, 지방정부는 자금지출의 책임을 지고, 중앙정부는 일반 전이지급과 특별 전이지급을 통해 어려운 지역에 자금을 지원했다. 같은 해 10월, 위생부가 〈국가 기본 공중보건 서비스 규범(2009년)〉을 발표하면서 도시와 농촌의 공중보건 기관의 서비스 기준과 내용이 한층 제도화되었다. 2011년 1월, 위생부와 재정부가 공동 발표한 〈기본 공중보건 서비스 항목의 성과평가 강화에 관한 방침〉에서 지방정부의 기본 공중보건 서비스 균등화에 관한 업적 평가방안을 명시했다. 기본 공중보건 서비스 균등화를 위한 개혁과 노력은 질병 구조의 변화에 맞춰 질병 예방과 건강 관리 전략의 방향을 조정하고 통일된 제도하에서 지원하는 등 중국의 공중보건사업이 본격적인 발전단계로 진입했다는 것을 의미했다.

4. 소결: '전 국민 의료보험'의 부활과 가치

1) 국가발전전략 수정과 보건의료제도 확립의 두 단계

1979년부터 2012년까지, 중국의 기본 의료보장 적용 범위가 두 단계를 거쳤다. 1979년, 기존의 노동의료보험, 국비의료 그리고 합작의료는 제도의 설계 측면에서 전 인구를 적용 대상으로 했다. 개혁개방 초기, 중국의 보건의료체계는 국가발전전략을 기반으로 새로운 문제에 대응해야 했다. 우선, 시장화로의 전환을 위한 국유기업 개혁과 노동시장 확립의 필요성이 보건의료체계 재원 조달 및 리스크 분산 메커니즘 개혁을 촉발했고, 사회화된 리스크 분산 메커니즘을 구축해야 했다. 다음으로는 중공업 우선 발전에서 수출지향 발전전략으로 전환하는 과정에서, 새 사회의료보험의 적용 범위가 외지에서 유입된 근로자들에게까지 선택적으로 확대되었다. 이 두 가지 논리 위에서 보건위생체계 개혁이 '복지긴축' 전략을 채택하게 되었는데 구체적인 내용을 보면 다음과 같다. 노동의료보험, 국비의료와 비교하여, 새로 수립된 사회의료보험은 개인의 책임 확대와 보장 수준 하향이 필요했다. 다른 한편으로는 지방정부 간 경쟁으로 인해 사회의료보험의 확대가 제약을 받았다. 2003년에 와서야 정부는 기본의료보험정책 혁신을 통해 의료보장제도를 확대하고, 의료보험개혁 이후 의료보장 적용을 받지 못하던 계층을 적용 대상에 포함시켰다. 결과적으로 '전 국민 의료보험'의 효과를 거두게 되었다. 기본의료보장의 적용 대상 확대와 정책 혁신은 사실상 국가발전전략의 재정비를 의미했다. 이는 '과학적 발전 이념'과 '조화로운 사회' 건설이라는 새로운 목표가 가져온 변화였다. 이로 인해서 전체 보건위생체계 목표도 바뀌었는데, 경제성장 우선에서 민생 우선의 의료비 부담 사회화로 전환되었다.

2) 보건의료제도 개혁의 정책 전환

　1979년부터 2012년까지 보건의료제도 개혁은 줄곧 사회의료보험의 혁신과 적용 범위 확대에 초점이 맞춰져 있었기 때문에 보건의료제도의 공급측인 의료기관 개혁, 의약품과 의료기기의 생산 및 유통, 의료서비스의 가격책정과 의사의 보수 등 개혁 의제들은 실질적인 변화를 이루지 못했다. 그 중, 2000년에 발표된 〈도시 의약품 위생체계 개혁 방침에 관한 의견〉에서 근로자 기본의료보험제도, 도시 의료위생체계, 의약품 생산 및 유통체계 등 세 부문에 대한 개혁방안이 제시되었지만, 실질적인 정책적 뒷받침과 실효성 있는 조치가 뒤따르지 못해 대부분 정책호소에 그치고 말았다. 2009년 중앙당과 국무원이 발표한 〈의약 및 위생 메커니즘 개혁에 관한 의견〉에서 의료, 의료보험, 의약 부문의 개혁을 연계하는 정책을 설계했지만, 핵심 조치들이 2012년까지도 실질적인 진전을 이루지 못했다. 보건의료제도의 공급측 개혁이 제자리걸음을 하면서 수요측/재원조달 메커니즘 개혁도 제약을 받았고, 의료보험 기금 지출 측면에서도 보장 대상자의 의료비 리스크가 줄었다거나 건강이 개선되었다는 만족감으로 이어지지 못했다. 이에 따라, 보건의료제도의 공급측 개혁이 현재 새로운 보건의료제도 확립의 주요 과제로 부각되고 있다.

3. 새로운 시대, 보건의료제도의 개혁과 완비

　제18기 전인대 이후 정부는 '삼위일체'의 큰 구도 속에서 '4개의 본격화' 전략을 추진하는 한편 일련의 신개념, 신사고, 신전략을 제시했다. 이러한 가운데 도시와 농촌의 주민들이 새로운 건강보험의 혜택을 체감할 수 있도록 의료보험의 재원 조달 방식을 보완하고 보장 수준을 높이기 위한 노력이 지속적으로 이루어졌다. 의료, 의료보험 그리고 의약 세 분야를 연계한 보건의료제도의 공급측 개혁이 핵심이었다. 이 가운데, 시장경쟁에 기초한 약가藥價 형성 메커니즘, 규제개혁을 통한 의료비 지급방식 개혁 그리고 체계적인 공립의료기관 지원 메커니즘 등 보건의료제도의 패러다임 전환을 추진하고 있다.

1. 아픈 중국에서 건강한 중국으로

　새 시대에 접어든 이후 중국 의료위생제도 개혁의 목표, 메커니즘, 전략

시안시市 도시운동공원에서 거행된 '모자건강 전국투어' 발대식 모습. 모자보건, 건강과 위생에 관한 상식을 보급하기 위해 전국 20여 개 도시에서 개최되었다.

이 중요한 변화를 이뤘다. 질병 치료의 목표가 "모두를 위한 건강"으로 한층 진화했고, 의료 및 건강 시스템 개혁은 건강한 중국 건설 전략으로 발전했다. 또한 "3의醫 연계(의료보험, 보건의료체계, 의약품 유통체계 _역자주)" 전략이 단순한 의료보장 체계 구축 개념을 대신하여 새로이 자리를 잡았다.

1) 보건의료제도 발전 목표의 변화

2009년, 국무원이 내놓은 새로운 의료제도 개혁은 전 국민 기본보건의료 서비스 실현이 출발점이자 최종 목표였다. 2016년 10월, 중앙당과 국무원이 〈'건강한 중국 2030' 프로젝트 요강〉을 발표했다. "함께 만들고, 함께 누리며, 모두가 건강하게"를 건강한 중국 프로젝트의 주제로 정하고, 국민의 건강한 삶을 근본 목표로 확정했다. '치료'보다 '건강'에 주안점을 두는 것이 건강과 예방 중심의 보건의료사업을 정착시킬 수 있다고 판단했기 때문이다. '질병 치료'에서 '모든 국민의 건강한 삶'으로 목표를 업그레이드한 것으로, 오늘날 보건의료제도 개혁과 정책의 혁신으로 이어지고 있다.

2) 보건의료제도 개혁과 전략의 전환

2013년, 제18차 3중전회에서 통과된 <본격적인 개혁 의제에 관한 결정>에서, 중국 특색의 사회주의제도 발전, 통치체계와 통치능력의 현대화를 개혁의 최종 목표로 확정했다. 이는 보건의료제도의 개혁과 전략에도 큰 영향을 미쳤다. 자원분배에서 시장이 결정적인 역할을 하도록 경제체제 개혁을 본격화했기 때문이다. 이는 의약품 시장과 의료서비스의 시장가격 형성 메커니즘 개혁을 불러왔다. 그 후 강력하게 추진된 의약품 가격 메커니즘 개혁이 의료보험 지급기준과 공립의료기관 지원에 영향을 주었기 때문에 전반적으로 중대한 의미를 지닌 개혁이었다. 한편, 이 결정은 사업자의 탈행정화 개혁을 불러왔는데, 정부 기관의 공공서비스 조달 역할 강화, 공공사업 사업자와 주무기관의 합리적 관계 설정 및 탈행정화, 산학연의 행정등급제 단계적 폐지, 공공사업법인 관리기구 설치 등 공립병원 개혁과 구체적인 전략에 직접적인 영향을 미쳤다.

2. 의료보장의 체계 정비와 보장 수준 제고

기본의료 보장 수준을 높이고 도농 간 의료보험 보장 격차 해소 및 인구 고령화에 더욱 효과적으로 대응하기 위해 제18기 전인대 이후 다음과 같은 주요한 개혁을 추진했다.

1) 중대질병보험과 의료보장 수준 강화

2012년 8월, 국가발전개혁위원회와 위생부 등 6개 부처가 <도시와 농촌 주민의 중대질병보험사업 추진에 관한 방침>을 발표하고 시범사업을 추진했다. 2014년 2월, 국무원 의료보험개혁위가 〈도시와 농촌주민 중대질병보험사업의 신속한 추진에 관한 통지〉를 발표하고, 이전까지 일부 지역에서 진행된 시범사업의 결과를 토대로 사업 범위를 전국으로 확대했다. 국무원은 시범사업의 결과를 종합 평가한 후, 2015년 8월에 〈도시와 농촌주민 중대질병보험 확대 시행에 관한 의견〉을 공표하고 전국적으로 시행했다. 2017년까지 비교적 완전한 수준의 중대질병보험제도 수립, 의료구조제도와 긴밀히 연동된 기초보장 기능 강화, 중증질환으로 심각한 경제적 어려움에 직면한 가구에 대한 효과적 지원, 도시와 농촌 간 의료보장의 형평성 확보가 목적이었다. 주목할 점은, 중대질병보험은 독립적으로 재원을 조달하는 방식이 아닌 도시와 농촌주민의 기본의료보험기금에서 일정 비율 또는 액수를 떼어 재원으로 활용했다는 점이다. 보장 수준 측면에서 중대질병보험은 막대한 의료비 지출 부담을 경감하는데 초점을 맞추었는데, 기본의료보험비를 지급한 후 개인이 부담하는 의료비에 대한 2차 보장적 성격이었다. 청두시市의 관련 정책을 예로 들면, 보험가입자가 중대질병보험 유효기간 이내에 한 차례 또는 여러 차례 입원 치료한 의료비용 누계 금액이 그 전해 농촌주민 연간 1인당 순소득을 초과하는 경우, 중대질병보험을 운영하는 보험사가 계약서에 약정된 비율에 따라 초과분을 정산해주었다. 이는 민간 보험사의 역량을 활용하려는 취지의 정책이었지만, 공적의료 보장이 희석되는 상황을 가져왔다. 따라서 기본의료보험과 민간 보험사의 관계 설정, 보험기금의 위험보장 효과를 높이는 방안이 향후 기본의료보장 정책이 해결해야 할 과제이다.

2) 직장의료보험의 개인계좌 항목 개혁과 외래진료 통합관리

통합관리와 개인계좌를 연계한 기본의료보험 재원 체계는 도시 근로자 직장의료보장제도를 수립하는 과정에서 처음으로 만들어졌다. 이 방식에 따른 의료보험 개인계좌는 주로 두 가지 기능을 가지고 있었다. 첫째는 제약적 기능으로, 개인이 자신의 의료비 사용을 스스로 줄이도록 제약하면서 동시에 사용자의 기간별 납부액을 개인이 감독할 수 있게 만든 것이다. 둘째는 축적 기능으로, 인구 고령화로 인한 치료비 증가에 대비하여 자금을 미리 축적하는 것이다. 하지만 실제 운영을 보면, 개인계좌의 적립액이 노년의 질병 위험에 대처하기에는 역부족이었고, 의료보험제도 전반의 상호공제기능이 오히려 크게 약화되었다. 이에 따라 직장의료보험의 개인계좌를 개편하고 외래진료 보장 수준을 높이는 것이 직장의료보험 개혁과 보완을 위한 중요한 정책과제로 떠올랐다. 각 지역의 개혁 사례들을 살펴보면, 의료보험의 개인계좌제도 개혁은 두 가지 관점을 내포했다. 첫 번째 관점은 직장의료보험 개인계좌의 대상 범위와 보장범위를 확대하여 가족의 의료비나 의료보험 목록 이외의 의약품과 의료서비스 비용으로 사용하는 것이다. 두 번째 관점은 민간의료보험 가입과 외래진료비 사회통합체계 구축을 통해 더욱 효율적인 위험 분산 메커니즘과 상호부조를 실현하는 것이다. 이 중, 민간의료보험 가입은 민간보험사의 건강보험상품이 다양하지 않아 선택이 제한적이지만, 외래진료비 사회통합체계를 구축하여 직장건강보험의 개인계좌를 대체하는 것이 현재 많은 지방정부 시범사업의 선택지가 되고 있다. 현재 〈건강한 중국 2030프로젝트 요강〉은 "직장건강보험의 개인계좌를 개선하고 외래진료를 통합 관리할 것"을 명시하고 있다. 하지만 직장의료보험의 외래진료비를 자부담(개인계좌)으로 할 것인지 아니면 상호부조(사회통합관리)로 할 것인지가 여전히 미해결 과제로 남아 있다. 지방정부가 외래진료의 재원을 현저히 확대할 수 있을 것인지가 문제이고, 개인계좌의 개혁에도 경로와 자원의 왜곡 문제가 존재한다. 하지만 국가의료보장국은 이미 직장의료보험의 개인계좌가 고착화되어서는 안 된다는 의견을 밝혔다. 국가의료보장국과 재정부가 발표한 〈2019년 도시와 농촌주민 기본의료보장에 관한 통지〉에서, 지방 도시와 농촌주민 기본의료보험 개혁을 추진하여 2020년 말 이전에 개인계좌(가구 포함)를 폐지하고 외래진료 통합관리체계로 대체하며, 이미 개인계좌가 취소된 경우에 회복하거나 편법으로 등록해서는 안 되다고 명시했다.

3) 장기간병보험 시범사업과 인구 고령화

인구 고령화가 진행되면서, 거동이 어려운 노인의 건강 관리와 생활 돌봄 문제가 중요한 정책과제로 떠오르고 있다. 장기간병보험은 인구 고령화로 인해 기본의료보장제도가 직면한 문제를 해소할 수 있는 중요한 정책이다. 2016년 6월, 인력자원사회보장부가 〈장기간병보험제도 시범운영에 관한 의견〉을 발표하고 장기간병보험 시범사업을 진행했다. 사회보험을 통해 재원을 조달하고, 장기간 거동이 불편한 상태에 있는 환자의 기초생활 돌봄과 간병 비용 및 서비스 보장 방안을 모색하는 것이 목표였다. 2019년 3월, 리커창 총리가 〈정부업무보고〉에서 장기간병보험제도에 대한 검토 의견을 공식적으로 제안했다. 지방의 시범사업을 보면 이 보험제도의 재원 조달 방안은 두 가지로 개괄된다. 하나는 통합관리지역에 거주하는 거동이 불편한 노인들을 위한 돌봄서비스의 필요성과 장기간병 보험료의 부담 비율에 따라 재원의 규모를 확정하는 방식인데, '지출에 근거하여' 예산을 책정하는 것이다. 예를 들어, 광저우시市의 장기간병보험 시범사업은 장기간병보험기금을 사회보험기금 예산관리에 편입시키고, 매년 1인당 130위안의 납입 기준과 법에서 정한 보장 기준에 따라 이듬해 장기간병보험의 지출 규모를 추산한 후, 이를 근로자 사회의료보험기금 예산에 반영했다. 또한 근로자 사회의료보험기금 가입자를 장기간병보험기금 가입자로 편입시켰다. 다른 하나는 기본의료보험의 재정능력에 따라 조달금액을 정하는 방식인데, '수입에 근거하여' 지출을 확정하는 것이었다. 칭다오시市의 장기간병보험 시범사업을 예로 들면, 근로자 간병보험 재원 마련을 위해서 기본의료보험 납입 총액의 0.5%를 매월 근로자 기본의료보험 통합기금에서 이체하고 기본의료보험 개인 납입 총액의 0.2%를 근로자 개인 의료보험 계좌에서 매월 원천징수하며, 정부 재정에서 1인당 매년 30위안 기준으로 보조해주었다. 장기간병보험의 보장 측면을 보면, 기초생활 돌봄과 간병 두 가지 서비스를 제공하고, 돌봄이 이루어지는 장소를 기관, 주민커뮤니티 그리고 가정 세 유형으로 구분했다. 생활 돌봄서비스와 간병서비스 두 가지 정책 영역이 연계되어 있기 때문에, 많은 지방정부들이 '의료와 돌봄을 연계한' 다양한 형태의 서비스를 모색하게 되었다.

4) 도농 기본의료보험 통합과 기본의료보험 체계 최적화

신형 농촌합작의료와 도시주민 기본의료보험의 통합관리 미흡, 리스크 분산의 한계, 지역별 및 도농 간 보장 격차 그리고 인간 중심의 도시화 추진의 어려움 등 문제를 해결하기 위해서 도시와 농촌 기본의료보험제도의 통합이 현실적인 대안으로 부상했다. 2016년 1월에 국무원이 〈도시와 농촌의 기본의료보험제도 통합에 관한 의견〉을 발표했지만, 통합 이후에 기본의료보험의 관리주체를 사회보험 주무 기관으로 할 것인지 보건위생 부서로 할 것인지가 모호했기 때문에 통합을 완성하지 못했다. 2018년, 인력자원 및 사회보장부, 민정부, 위생건강위원회 그리고 발전개혁위원회에 분산되어 있던 의

2017년 3월 20일, 안후이성安徽省 안칭시市 린추안현縣의 한 마을에서 의사가 주민에게 질병 예방 상식에 관해 설명하고 있다.

료보장 관련 행정관리 업무를 전담하는 국가의료보장국이 설치되었다. 정책과 운영의 이원적 제도가 폐지되고 국가의료보장국이 도농 기본의료보험을 통합 관리하게 된 것이다. 2020년까지 이원화된 도농 의료보험제도가 최종적으로 통합될 전망이다.

3. 의료관리 메커니즘의 전환과 보건의료제도의 공급측 개혁

개혁개방 이후 정부가 보건분야에 투입할 수 있는 재원이 제한적이었기 때문에, 의약품에 대한 '가산제' 적용을 통해 의료기관이 의약품 판매로 일정한 수익을 보장받을 수 있도록 암묵적으로 허용했다. 이에 따라 의료서비스 제공기관들이 고가의 의약품과 기자재를 구입한 후 과잉진료를 통해 수익을 올리는 경향이 있었다. 이로 인해 의료서비스 가격결정 메커니즘의 왜곡, 부적절한 의료와 과잉진료 사례가 빈번히 발생했다. 이런 문제를 해결하기 위해 정부는 의료분야 재원 조달 체계를 정비했는데, 특히 올바른 의료보장체계를 구축하는 한편 약가藥價 형성 메커니즘, 의료비 지급방식, 의료기관 지원 방식, 의료서비스 시장 시스템 구축 등 공급측 개혁에 착수했다. 주목할 점은, 2009년의 새 의료보험개혁에서 이 같은 개혁 방향을 명시했지만, 2009~2012년의 개혁이 기본의료보장의 전면 시행에 초점이 맞춰져 있었기 때문에 이 부분에서는 가시적인 효과를 거두지 못했다. 2013년부터 일련의 중요한 공급측 개혁안이 시행되기 시작했다. 여기에는 다음과 같은 주요한 내용들이 포함되어 있었다.

1) 약가藥價 가산제 폐지 및 약가 개혁

그전까지 약가 책정이 주로 2000년 7월에 국가계획위원회가 발표한 <약가 관리 개혁에 관한 의견>과 2004년에 국가발전개혁위원회가 발표한 <의

약품 조달가격 입찰 및 비용관리 잠정 규정>에 따라 주로 이루어졌다. 이는 국가의 거시적 통제와 시장에 의한 조절을 접목한 방식으로, 정부가 정한 가격과 시장가격에 의해 의약품 가격이 결정되었다. 국가가 정한 기본의료보험 의약품 목록에 포함된 의약품 및 기타 독점적 성격의 특수 의약품 가격을 통제하는 것이 핵심이었다. 그런데 이것이 의료기관이 '의약품 판매로 이윤을 창출하는' 근거가 되었다. 2009년 8월, 국가발전개혁위원회와 위생부 등 9개 부처가 <국가기본의약품제도 시행에 관한 의견>을 발표했는데, 구체적 내용은 기본의약품제도를 시행하는 현(시, 구) 등 지역 선정, 일선 보건의료기관이 사용하는 기본 의약품의 마진률 0% 규정, 그리고 2011년 초까지 국가기본의약품제도 수립 등이었다. 이는 보건의료제도의 공급측 개혁의 서막이었다. 2010년 2월, 위생부, 중앙기구편제위원회, 국가발전개혁위원회, 재정부 그리고 인력자원사회보장부가 <공립병원 개혁 시범사업에 관한 방침>을 정하고, 약가 가산제를 점진적으로 폐지할 것을 지시했다. 이로 인한 공립병원의 합리적 수입 감소에 대해서는 의약품 처방비 항목 추가, 일부 기술적 서비스 요금 기준 조정 등 조치들과 의료보장기금 지급 및 정부 재정투입 등을 통해 보전해주었다. 하지만 이 방안은 16개 주요 도시에서만 시범적으로 운영되었기 때문에 한계가 있었다. 2012년 6월, 국무원이 <현縣급 공립병원 종합개혁 시범사업에 관한 의견>을 발표하고, 311개 시범사업 현縣에 대해서 약가 가산제 폐지와 보상체계 개혁을 골자로 하는 공립병원 종합개혁 추진안을 밝혔다. 2015년 5월, 국무원은 다시 <현縣급 공립병원 종합개혁 전면 시행에 관한 의견>을 통해 모든 현縣급 공립병원에서 개혁안을 시행하도록 지시했다. 같은 시기에 국무원은 <도시 공립병원 종합개혁 시범사업에 관한 방침>을 발표하고, 약가 가산제 폐지와 보상 메커니즘 개혁을 도시의 공립병원으로 확대 시행한다고 밝혔다. 이렇게 약가 가산제가 폐지되면서 서비스 비용, 약가 가산제 그리고 정부 보조 등 3가지 경로로 이뤄지던 공립병원 수익 보전 방식이 서비스 비용과 정부 보조 두 가지 경로로 변경되었다. 더 나아가

'병원이 의약품 판매로 먹고사는' 행태를 개혁하는 것이 관건이 되었다. 2017년 4월, 국가위생계획위원회, 재정부, 중앙기구편제부가 연합으로 <공립병원 종합개혁 전면 시행에 관한 통지>를 발표하면서 보상 메커니즘 개혁을 골자로 한 공립병원 종합개혁이 전면 시행되었다.

2) 대량 구매, 입찰과 조달의 단일화 그리고 약가 책정 메커니즘 개혁

약가 가산제 폐지는 정부의 약가 체계 관리의 일환으로 진행된 부분적 개혁이었기 때문에, 대량 구매를 통한 가격협상의 우위를 확보할 수가 없었다. 현실적으로 구매처인 시市 나 현縣의 의료기관들이 '중복가격협상' 방식으로 의약품 공급업체로부터 추가 가격 할인을 받았기 때문에 병원이 '약 팔아서 먹고사는' 문제가 여전히 존재했다. 2015년에 이르러 정부가 의약품에 대한 가격 통제를 점차 완화했다. 2015년 5월, 국가발전개혁위원회, 국가위생계획위원회, 인력자원사회보장부, 공업정보화부, 재정부, 상무부, 식품의약품관리총국이 연합으로 <약가 개혁에 관한 의견>을 발표하고, 정부의 약가 책정제 폐지, 의약품 조달 메커니즘 정비, 의료보험료 지급에 대한 관리 강화, 시장경쟁에 의한 약가 형성 등을 명시했다. 이것은 약가 형성 체계가 큰 변화를 맞이했다는 의미였다. 사회의료보험에 기반한 가격협상 메커니즘이 행정관리 메커니즘을 대체했고, 의료분야에 대한 관리 감독이 진일보했다. 2018년에 설립된 국가의료보장국이 의약품 관리와 가격책정 업무를 총괄하며 의약품 입찰 및 조달 그리고 가격 형성 메커니즘 개혁을 적극적으로 추진했다. 2019년 1월, 국무원이 <정부 차원의 의약품 대량 조달 및 사용 시범사업 방안>을 발표하고, '대량 구매', '입찰과 조달의 단일화' 등을 특징으로 하는 시장경쟁 기반의 약가 형성 체계 개혁 시범사업을 추진했다. 베이징, 톈진, 상하이, 충칭, 선양, 다롄, 샤먼, 광저우, 선전, 청두, 시안 11개 도시가 시범지역으로 지정되었고, 품질과 치료 효과 일치성 평가를 통과한 복제약품들 중에서 시범 의약품이 정해졌다. 의약품 대량 조달과 사용에 관한 시범사업을 통해 약가 인하, 환자의 약값 부담 경감, 의약품 집중 조달 체계 그리고 시장 주도의 약가 형성 구축방안이 모색되었다. 기존의 의약품 입찰 조달 정책과 달리, 정부에 의한 집중 조달은 대량 구매, 구매 수량과 가격의 연동, 대량 구매를 통한 가격 인하 효과를 거둘 수 있었고, 시범도시의 공립병원은 상술한 조달가격에 따라 생산업체와 구매 계약을 맺었다. 시범지역 공립병원들은 입찰, 가격협상 등 다양한 방법을 통해 확정된 집중 조달 물품을 우선 사용하고 1년 간 계약서에 정한 물량을 사용해야 했다. 이외에도, 의료보험 목록에 속해 있는 집중 구매 의약품은 집중조달 가격을 기준으로 의료보험료가 지급되도록 긴밀히 연동시켰다. 2019년 7월, 국무원은 〈고가 의료용 소모품 개혁방안〉을 발표하고 약가 체계 개혁을 고가 의료용 소모품 영역으로 확대했다. 개혁안은 대량 구매, 구매량과 가격 연계, 시장경쟁 촉진 등 원칙에 따라 고가의 의료용 소모품별 집중 구매 방안을 마련하고, 공립의료기관의 의료용 소모품에 대한 가산제를 폐지했다. 2019년 말에 모든 공립의료기관에서 사용하는 의료용 소모품에 대해 마진률 0% 목표가 실현되었고 고가 의료용 소모품의 판매가격도 조달가격에 근거하여 정해졌다.

3) 의료비 지급방식 개혁 및 의료기관 인센티브제

지급방식 개혁은 의료기관의 의약품 및 의료서비스 제공 행위에 대한 적극적인 유인책을 마련하고 의료수요를 유도하는 행위를 억제하는데 목적이 있었다. 약값과 의료서비스 비용은 일반적으로 환자의 수, 치료 기간, 질병의 종류에 따라 지급하거나 총액선불제와 같은 기준에 따라 일괄지급했다. 새로운 의료비 지급방식은 가격 통제가 아닌 환자의 최종 의료비 부담 해소에 초점을 맞추었다. 다시 말해서 의료기관의 의약품 가격을 통제하는 방식이 아닌 의료기관의 수익 수준과 수익의 획득 방식을 통제하는데 중점을 두었다. 2009년에 나온 의료개혁 방안은 "의료서비스에 대한 모니터링을 강화하고, 지급제도 정비, 환자 수에 따른 비용 지급, 총액 선불방식 등을 적극적으로 모색하여, 인센티브와 처벌을 효과적으로 병행하는 관리체계를 확립한다"고 명시했다. 이에 따라, 발전개혁위원회와 위생부가 2011년 3월에 〈질병 종류별 비용납부 방식 개혁 시범사업 관련 몇 가지 문제에 관한 통지〉를 발표하고 원칙적인 규정을 제시했다. 2012년 11월에 인력자원사회보장부, 재정부, 위생부가 〈기본의료보험 지급 총액 관리에 관한 의견〉을 발표하고 총액선불제도 개혁을 구체화했다. 두 문건은 각각 질병 종류별 지급과 총액선불제에 대한 정책설계였다. 2013년 이후 공립병원 종합개혁 시범사업 확대를 통해 총액선불제, 질병 종류, 환자 수, 의료서비스 단위별로 다양한 지불방식을 추진하는 등 의료비 지급제도 개혁이 효과적으로 추진되었다. 아울러 의료보장 시행기관과 의료기관의 협상을 거쳐 협상 메커니즘과 리스크 분담체계를 확립하고, 양측의 협상을 통해 서비스 범위, 지급방식, 지급기준 그리고 의료서비스의 품질에 대한 요건을 점차 확정했다. 2015년 10월, 국가위생계획위원회, 국가발전개혁위원회 등 부처들이 연합으로 〈공립병원 의료비의 불합리한 증가에 대한 몇 가지 의견〉을 발표하고, 공립병원 의료비의 불합리한 증가를 효과적으로 억제하기 위해서 통합지역 내의 모든 거점의료기관 및 모든 질병 종류에 대해 지급방식 개혁을 본격적으로 단행할 것을 지시했다. 2017년 6월, 국무원은 〈기본의료보험 지급방식 개혁에 관한 방침〉에서, 2017년부터 각지의 의료보험기금 예산관리를 더욱 강화하고 질병 종류별 의료비 지급을 중심으로 하는 다층적이고 복합적인 지급방식을 본격 추진한다고 밝혔다. 2018년 3월 국가위생건강위원회, 재정부 등 부처들이 연합으로 〈의약품 판매로 병원의 수익성을 보완하는 관행 폐지와 공립병원 종합개혁안의 지속적 추진에 관한 통지〉를 발표하고, 의료비 지급제도 개혁이 '3의(의료보험, 보건의료체계, 의약품 유통체계-역자주)'를 연계한 개혁 과제에서 갖는 중요성을 재차 강조했다. 2019년부터 국가의료보장국은 진단명에 따라 비용을 지불하는 포괄수가제DRGs 추진을 위한 시범사업에 주목했다. 같은 해 6월, 국가의료보장국, 재정부, 국가위생건강위원회, 국가중의약관리국이 공동으로 발표한 〈진단명에 따른 질병군별 포괄수가제 시범사업 도시 명단〉에서, 포괄수가제DRGs 시범사업 30개 도시를 확정하고 정책적 실험을 체계적으로 진행했다.

4) 사회의료보험의 발전과 의료서비스 시장 구축

민간자본과 사회적 역량을 도입하여 의료기관을 설립하고 의료기관 간의 경쟁 체제를 강화하는 것이 의료서비스 시장 발전과 의료서비스의 질을 높이는 효과적인 방안이 될 수 있다. 2009년 건강보험개혁안에 의하면, 의료서비스 분야에 민간자본과 사회역량을 도입한 방식은 크게 두 가지로 나뉜다. 첫째는 진입요건을 제도화하고 민간자본과 사회역량이 독립적으로 의료기관을 설립하도록 하는 것이었다. 이것은 보건의료자원 공급이 부족한 신도시와 중소도시에 적합한 개혁안이었다. 둘째, 공립병원 개혁과 제도 개편 분야에 민간자본과 사회역량의 참여를 유도하는 것이었다. 2013년 12월, 국가위생 및 가족계획위원회, 국가중의약관리국이 공동으로 〈사회의료보험의 신속한 발전에 관한 몇 가지 의견〉을 발표했다. 시장진입 관리와 심사, 비非공립의료기관 지원 및 감독 등 3대 영역에 관한 구체적인 정책을 통해 사회의료보험의 걸림돌을 제거하는데 목적이 있었다. 현재, 비非공립의료기관의 수와 시장 점유율이 빠르게 늘어나고 있지만, 여전히 의료서비스 능력이 비교적 취약하고 시장 경쟁력이 떨어지는 등 문제를 안고 있다.

5) 신기술 활용, 사회역량 도입 그리고 건강보험기금 관리 강화

사회의료보험이 확립된 후, 사회의료보험은 제3자 지급자로서 '보험 가입자(환자)-재원 조달 기구-의료기관'의 삼각구도를 구축했다. 의료비 지급이 의료서비스 이용 과정과 분리되어 있었기 때문에, 환자와 의사의 도덕적 해이를 유발했다. 이리하여 2016년 10월, 중앙당과 국무원은 〈'건강한 중국 2030' 프로젝트 요강〉을 통해, 건강보험 스마트 모니터링을 전면 시행하고 건강보험의 감독 범위를 의료진으로까지 확대했다. 이를 통하여 사회역량의 건강보험 운영 참여를 유도하고 건강보험기금 기준 확립과 운영을 강화했다. 2018년 8월, 국무원은 <보건의료 업종의 관리 감독 체계 개혁에 관한 방침>에서, "보건의료기관의 운영에 대한 감독을 강화하고…(중략)…각종 건강보험의 의료서비스 행위에 대한 관리 감독, 의료비용에 대한 규제를 강화한다. 건강보험 스마트 모니터링을 본격 시행하며, 건강보험 감독 범위를 의료진의 의료행위로 확대하는 방안을 적극적으로 모색한다. 건강보험 허위 청구 행위를 엄중히 단속하고, 건강보험기금 편취 행위에 대한 법적 처벌을 강화하여 건강보험기금의 안전을 보장해야 한다"고 밝혔다. 2018년 11월, 국가의료보장국이 발표한 <현행 건강보험 관리 강화를 통한 기금 안전 확보 업무에 관한 통지>에서, 협력 관리를 강화하고 모니터링 빈도를 늘이는 등 기존의 정책도구를 기반으로 두 가지 새로운 구상을 제시했다: 첫째, 인터넷과 빅데이터 기술을 적극적으로 활용한 스마트 모니터링과 오프라인 관리를 상호 연계한다. 둘째, 외부의 회계사, 보험사 등 제3의 역량을 도입하여 관리 감독을 강화한다. 현재 개정 중인 의료보장기금 사용 감독 조례를 마련하기 위해 사회 각계의 의견을 수렴하고 있는데, 수렴된 의견에서도 상술한 두 가지 혁신정책을 긍정적으로 평가했다.

 종합해 보자면, 제18기 전인대 이래 중국은 보건의료제도 관리 감독 체계의 전환과 보건의료제도 공급측 개혁을 다방면으로 진행하고 있다. 목표는 도시와 농촌주민의 질병 치료 부담을 경감하고 장기적으로 효과적인 의료비 관리체계를 구축하는 것이다.

4. '건강과 정책'의 연계 및 보건의료 분야 개입 메커니즘 변화

 환경변화, 생활방식의 변화, 인구구조의 변화 그리고 질병구조의 변화에 대응하기 위해서 중국은 보건 및 건강 정책방침을 새로이 조정했다. 현재 '건강을 모든 정책과 연계'하는 구상을 바탕으로 보건의료 부문에 대한 정부의 개입 체계를 전환하고 있다. 의료와 위생 관련 제도들이 예방에 치중한 것에 비해, '건강을 모든 정책과 연계'하는 구상은 공공정책 수립의 출발점을 보건위생에 둠으로써 진정한 국민건강 우선 정책을 실현하려는 것이다.

1) '건강과 모든 정책의 연계', 건강한 중국을 만들기 위한 전략

2016년 10월, 중앙당과 국무원이 〈'건강한 중국 2030' 프로젝트 요강〉을 발표했는데, 이는 중국의 보건의료제도가 새로운 단계로 진입했다는 것을 의미한다. 이 프로젝트는 "함께 만들고, 함께 누리는 전 국민건강"을 주제로 2030년까지 건강한 중국을 만들기 위한 다양한 방안과 과제를 담고 있다. 건강한 중국 만들기는 전 국민의 건강 수준 향상을 목표로, 제도와 시스템의 혁신을 통해 건강한 생활 캠페인, 건강서비스의 최적화, 건강보장과 건강한 환경 구축, 헬스산업의 육성에 중점을 두고 있다. 건강을 모든 정책과 연계함으로써, 건강과 관련한 모든 분야의 발전방식 전환, 전방위·전주기적 국민건강 유지와 보장, 건강 수준의 제고를 실현하려는 것이다. 구체적으로 이 계획은 다음과 같은 특징을 가지고 있다. 첫째, '건강과 모든 정책의 연계'이다. 건강에 대한 인식과 보건위생의 관점이 모든 공공정책의 수립과 시행에 반영되도록 함으로써 '건강 우선'의 기본 원칙을 현실화하는 것이다. 건강한 생활방식, 생태환경 그리고 경제사회 발전 모델 구축을 통해 국민건강과 경제사회가 유기적으로 발전할 수 있게 될 것이다. 이는 건강한 중국 만들기 전략이 '선제적 관리'라는 전략적 특징을 가지고 있다는 것을 의미한다. 이 전략은 기본 공중보건과 기본의료서비스의 사전 예방과 사후 치료에서 출발하여, 건강에 영향을 미치는 환경위생, 생활방식, 건강한 행동, 건강 지식 그리고 운동과 헬스 등 사회행동 요소들로 대상 범위를 확대했다. 둘째, 함께 만들고 함께 누리는 것이다. 다시 말해 공급측과 수요측의 노력 그리고 정부,

산업, 개인의 역량이 한데 모여 건강한 사회를 만들자는 것이다. 이를 위해서는 산업 차원에서 환경 관리 강화, 식품과 의약품의 안전 보장, 상해 예방 및 감소, 건강에 영향을 미치는 유해한 생태 및 사회환경을 효과적으로 통제해야 한다. 서비스의 공급 차원에서는 건강과 관련한 서비스의 공급구조 개혁, 보건위생과 가족 계획, 체육 등이 국민의 요구를 만족할 수 있어야 한다. 제도와 시스템 개혁의 측면에서는 자원 배치와 서비스 공급의 최적화, 헬스 산업의 업그레이드, 국민의 건강에 대한 수요를 충족해야 한다. 개인의 측면에서는 자기 자신의 건강에 대한 인식과 건강 상식, 자신의 신체 특성에 맞는 건강한 생활방식 추구, 건강에 영향을 주는 생활 요소 통제, 건강을 추구하는 사회적 분위기 조성 등이 포함된다. 셋째, 건강 문제부터 건강에 영향을 주는 요인에 이르기까지 체계화된 건강정책의 틀을 구축하는 것이다. 건강한 중국 만들기의 핵심 성과 지표를 기존의 건강서비스와 보장, 건강 수준 등 지표에서 건강한 생활, 건강한 환경 그리고 헬스산업 등 측면으로 넓히고, 건강한 중국 만들기 프로젝트의 구상과 범위를 확대했다. 다른 한편으로, 건강한 중국 만들기 정책은 건강한 생활방식 보급, 건강서비스 최적화, 건강보장의 개선, 건강한 환경 조성, 헬스산업 발전 등 체계로 이뤄져 있다. 생애주기별 주요한 건강 문제와 주요 영향요인에 대해 몇 가지 우선 분야를 정하고 이에 대한 개입을 강화하여, 태아 시기에서부터 생의 종착점까지 생애 전 주기 건강서비스와 건강보장을 실현하려는 것이다.

2) 화장실 혁명과 아동·청소년 근시 예방 운동

2002년 10월, 중앙당과 국무원이 발표한 <농촌위생 업무 강화에 관한 결정>에서, 농촌애국위생운동을 통해 식수와 화장실 환경 개선, 농촌의 위생환경 정비와 문화마을 건설 추진 등 구상을 밝혔다. 지역별로 상황에 맞게 농촌 상수도 보급률과 위생적인 화장실 보급률 목표를 정하고 해마다 목표치를 상향 조정하도록 지시했다. 2010년, 전국애국위생운동위원회가 발표한

〈2010~2012년 전국 도농 환경위생 청결 운동 방안〉은 다음과 같은 내용을 담고 있다. 첫째, 농촌의 신축 주택과 보장성 주택을 포함한 주거 안정 프로젝트를 추진하거나 노후주택 개조 또는 정화조를 시공할 때 반드시 위생적인 화장실을 만들어야 한다. 둘째, 지방관청 소재지, 공공장소, 위생원, 초중고교, 관광지, 도로변 등 지역에 깨끗한 공중화장실을 만든다. 셋째, 2012년 말까지 농촌 위생화장실 보급률을 10%로 끌어올린다. 2015년 2월, 국무원의 비준을 거쳐 전국애국위생운동위원회가 발표한 〈전국 도시와 농촌 환경위생과 청결 행동 방안(2015년~2020년)〉은 더욱 구체적인 내용을 담고 있다. 농촌지역에 위생 화장실을 지속적으로 보급하여 2015년 말까지 농촌 위생 화장실 보급률을 75%로 높이고, 2020년 말에는 85%로 높인다고 명시했다. 2015년 4월, 시진핑 주석은 농촌과 도시에 위생적인 화장실을 보급하고 농촌주민들이 '깨끗한 화장실 혁명'에 나설 것을 주문했다. 2017년, 국가여유국이 〈전국 관광지 화장실 건설 관리 3개년 실천 계획(2018년~2020년)〉을 내놓았는데, 이전 3년의 성과들을 기반으로 많은 도심 관광지에 공중화장실을 만들었다. 2018년 2월, 중앙당과 국무원이 〈농촌주민 거주환경 청결 3개년 실천 방안〉을 확정했다. 2020년까지 동부지역, 중서부 도시 근교 지역 등 기반과 여건을 갖춘 지역에서 농가 화장실 리모델링 추진, 분뇨의 자원화 등 방안이 담겼다. 이때부터 중앙정부의 측면 지원과 지방의 주도적인 참여로 필요한 재원을 확보하고 농촌 화장실 혁명이 추진되었다. 비교적 여건이 양호한 중서부 지역의 위생 화장실 보급률이 85%에 달했다. 깨끗한 화장실 보급을 위한 '화장실 혁명'은 '건강과 모든 정책의 연계'의 대표적인 사례였다. 도시와 농촌에 깨끗한 화장실이 보급되면서 위생적인 환경과 건강개선 나아가 전염병을 예방할 수 있게 되었다. 화장실 혁명과 주거환경 개선 추진과 더불어, 2018년 7월, 교육부가 전국 최초로 〈중국 의무교육의 품질 모니터링 보고서〉를 발표했다. 보고서는 학생의 시력 저하 문제를 지적하며 4학년과 8학년 학생들의 시력 저하 검출률이 각각 36.5%, 65.3%라고 밝혔다. 이 중, 4학년 여학생의 시력 저하와 중증 저하 비율이 각각 18.6%, 10.4%였고, 남학생은 각각 16.4%, 9%였다. 8학년 여학생의 시력 저하와 중증 저하 비율은 각각 24.1%, 39.5%, 남학생은 각각 22.1%, 31.7%로 나타났다. 같은 해 8월, 시진핑 주석이 청소년의 눈 건강에 대한 지시를 내림에 따라, 교육부는 국가위생건강위원회 등 8개 부처와 공동으로 <아동 청소년 근시 예방 방안>을 확정했다. 정부, 학교, 의료보건기관, 가정, 학생 등이 다각적으로 아동과 청소년 근시 예방에 노력해야 한다는 데에 주안점을 두고, 가정마다 자녀들이 시력을 보호하는 습관을 기를 수 있도록 양호한 생활환경을 갖추도록 유도했다. 예를 들어, 아이들의 실외 활동이나 운동시간을 늘리고, 전자제품 사용 자제와 학교 공부 이외에 학습 부담을 줄여서 눈을 과도하게 사용하지 않도록 했다. 학교에 대해서는 학업부담 경감, 시각적인 환경 개선, 눈 체조, 야외 체력 단련, 학교 위생 및 건강교육 강화, 합리적 전자제품 사용, 정기 시력검사, 눈 건강 관리 강화 등 시력보호 조치를 취하도록 지시했다. 의료기관들에 대해서는 시력 기록부 작성, 진단 치료의 제도화, 건강교육을 강화할 것을 지시

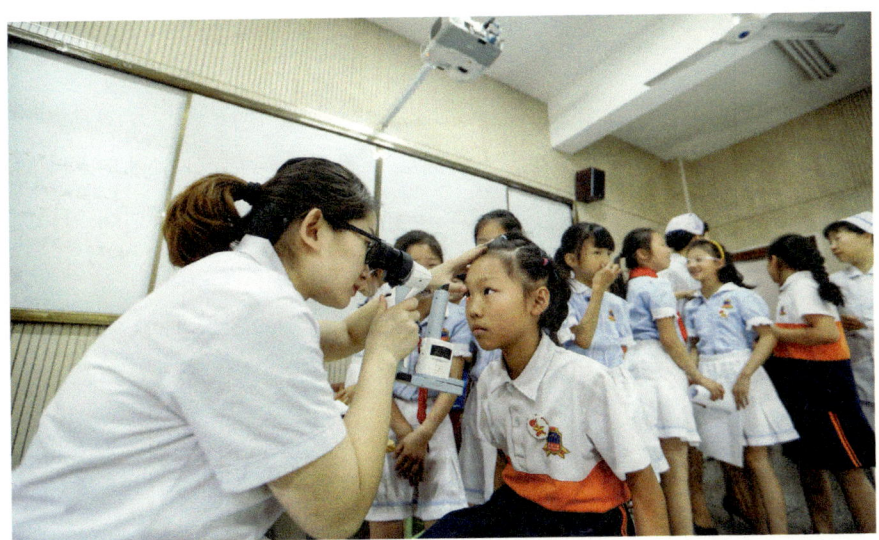

2019년 6월 6일, 청두시市 쓰촨성 인민병원, 쓰촨성省 청소년 근시예방센터가 청두시의 한 초등학교에서 '눈 사랑 캠페인'을 전개했는데, 의사가 초등학생에게 근시 검사를 하고 있다.

했다. 그리고 학생들 스스로 건강에 대한 인식과 습관을 키우도록 유도했다. 또한 교육, 보건위생, 체육, 시장 관리 감독 등 정부기관에 대해서는 관련 계획을 적극적으로 추진할 것을 주문했다. 어린이와 청소년 근시 예방은 어렸을 때부터 눈을 사용하는 습관과 시력 건강에 영향을 미치는 요인을 파악하는 것에서부터 출발해야 한다. 따라서 가정, 학교, 의료기관 그리고 건강 관련 산업을 연계하는 한편, 관련 공공정책을 담당하는 여러 정부 부처들의 정책설계와 실천적인 조치를 통해 '건강과 모든 정책의 연계'가 진정으로 어린이 시력 건강으로 이어질 수 있게 되었다.

5. 소결: 새로운 시대 보건의료제도의 대전환

상술한 정책 변화를 통해서 새로운 시대에 맞춰 중국의 보건의료제도가 전면 개편되고 있다는 것을 알 수 있다.

1) 발전 개념의 변천과 보건의료제도의 전환

새로운 시대를 맞아 혁신, 조화, 친환경, 개방, 공유 등 인간중심의 발전 개념의 부상과 더불어, 위에서부터 아래로 추진되어온 보건의료제도 개혁과 발전 목표도 경제사회 전환과 발전을 뒷받침하던 것에서 모든 국민이 기본보건의료 서비스를 누리고 건강한 삶을 영위하는 것으로 변화했다. 개혁개방 이후 수립된 사회의료보험이 기존의 노동보험과 국비의료를 대체했고, 재원 확보와 사회화 관리에서 중대한 전환을 이루었다. 2003년 이후, 도시와 농촌 지역 기본의료보험 혁신과 보급을 통해 '전 국민 의료보험' 목표가 실현되었다. 이러한 괄목할만한 진전은 국민의 질병 치료에 대한 걱정을 덜고 사회 안정과 소비 진작에도 크게 기여했다. 하지만 새로운 시대를 맞아 국민 중심의 의료가 국민의 건강 중심으로 구체화되었다. 이에 힘입어 질병 치료에 중점을 두었던 보건의료제도가 '국민건강'으로 한 단계 업그레이드되었다. 이러한 변화는 전 국민 건강보장이라는 획기적인 질적 발전을 가져왔다.

2) 보건의료제도 공급측 개혁의 영향

개혁개방 이후부터 2012년 말까지, 중국의 보건의료제도 개혁은 주로 의료수요에 착안한 기본의료 보장 체계를 구축하고 기본의료 서비스의 재원 조달 문제를 해결하는데 주력했다. 이에 비해 보건의료제도의 공급측 개혁, 다시 말해 기본의료서비스 체계를 구축하기 위해 해결해야 할 문제들은 주목을 받지 못했다. 2013년 이후 비로소 이 부문에 대한 개혁이 시작되었는데, 주로 약가藥價 개혁, 의료비 지급제도 개혁 그리고 공립병원 지원제도('3가지 의료분야 연계' 개혁) 등이었다. 이 가운데, 약가藥價 개혁의 중요한 목표는 약가藥價 가산제 폐지를 통해 의료기관이 의약품 판매에 '이름'을 빌려주는 대가로 수익을 취하지 못하도록 하는 것이었다. 거래량과 가격의 연동, 입찰과 조달의 통합 등 국가 의약품 집중 조달정책을 통해 의약품 낙찰 가격의 거품을 해소하는데 주력했다. 또한 의료기관과 의료진이 물밑거래나 리베이트 등을 통해 불법적인 수익을 취하지 못하게 했다. 의료비지급제도 개혁은 주로 의료서비스의 가격책정에 대한 행정규제 완화, 의료서비스의 가격 기준 제고 그리고 다양한 의료비 지급방식을 통합함으로써 의료기관과 의사의 진료서비스에 대한 인센티브제를 재정립하는데 중점을 두었다. 공립병원 개혁은 의료기관에 대한 지원방식을 개선함으로써 상호보완에 초점을 맞추었다. 의료보험 수가 개혁이 지급방식만 조정한 것에 비해, 약가藥價 개혁은 시장경쟁에 기반한 약가협상제도를 마련하는 것이 핵심이었는데, 이것이 더욱 기본적인 영향을 미쳤다.

3) '건강과 모든 정책의 연계', 시대 변화에 따른 보건의료정책

'건강과 모든 정책의 연계', 건강과 관련한 모든 분야의 발전 방식 전환,

그리고 전방위적이고 전全주기에 걸친 국민 건강보장은 건강한 중국으로 나아가기 위한 전략적 요구였다. 이것은 중국의 보건과 건강 부문의 방침이 다시 한번 전환했다는 의미이기도 했다. 계획경제 시기, 중국은 대중 동원 방식을 통해 저비용으로 보건의료 및 국민건강을 획기적으로 개선했다. 개혁개방 이후에는 시장화를 위한 모색을 거쳐 재정 능력 확충을 기반으로 전 국민 사회의료보험 체계 구축과 기본공공보건서비스 체계 구축 등 여러 부문에서 중요한 진전을 이루었다. 시대의 변화와 더불어 건강한 중국 프로젝트가 시행되었고, 뒤이은 '건강과 모든 정책의 연계' 전략은 공공정책 체계 속에 '건강 우선'의 원칙을 확립하는 성과를 거두었으며, '원천적 관리'와 '원천적 개입'의 관점에서 보건위생 부문에 개입하는 논리적 전환을 가져왔다.

4. 보건의료 발전의 성과, 경험 그리고 전망

1. 보건의료와 국민건강 발전의 주요 성과 및 기본 경험

신중국 수립 후 70년 동안 중국의 보건의료제도가 확립되는 과정을 돌이켜 보면, 평탄하지 않았던 과정속에서 큰 성과를 이뤄냈다. 이러한 성과는 보건의료 체계 구축에서부터 국민건강 수준과 의료보장의 적용 범위 확대 등 다양한 부문에서 찾아볼 수 있다.

1) 전술국민 보건의료 체계 구축

1949년 신중국 수립 시기에 보건의료 체계는 극도로 취약했다. 전국적으로 의료기관이 3,670곳, 병상 수 8만 5,000개, 의료인력이 50만 5,000명에 불과했기 때문에, 국민이 기본적인 보건의료 보장을 받을 수가 없었다. 2018년에, 전국의 의료기관 수가 99만 7,000곳, 병상 수 840만 개, 의료인력이 952만 9,000명에 달했다. 그림4-1, 4-2에서 중국의 보건의료시설과 의료인

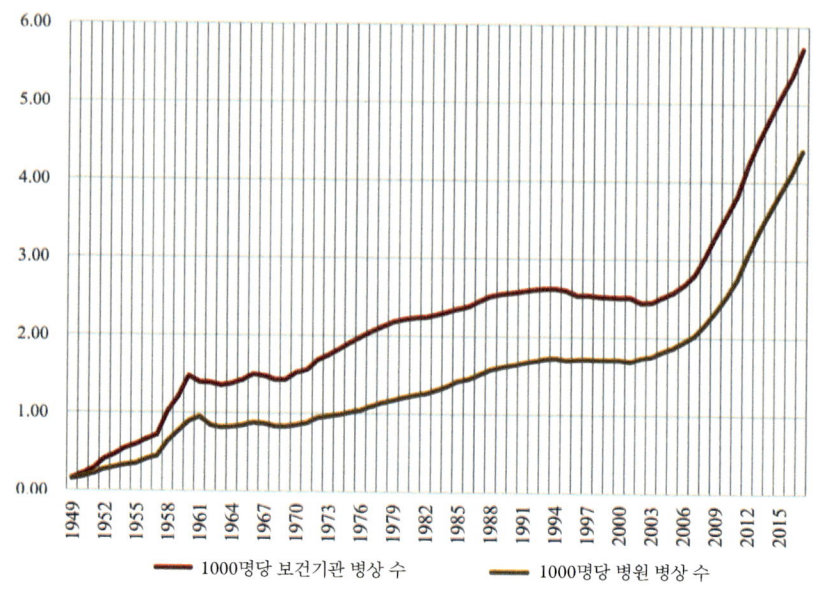

그림4-1   1949~2017년 중국 보건의료 시설 발전 추이

자료출처: 〈중국위생통계연감〉의 해당연도 통계 수집 정리

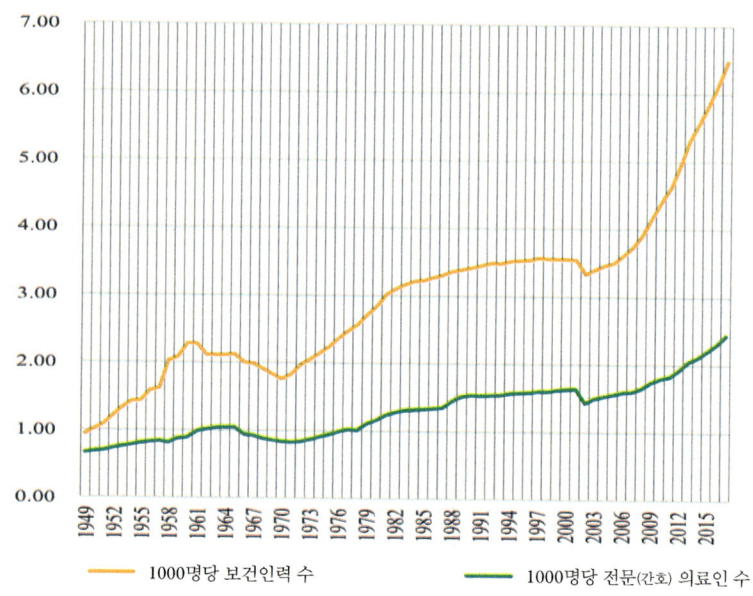

그림4-2   1949~2017년 중국 보건분야 종사자 발전 추이

자료출처: 〈중국위생통계연감〉의 해당연도 통계 수집 정리

력의 변화 추이를 볼 수 있는데, 보건의료 서비스체계가 전국 도시와 농촌지역에 확대 보급되었고, 전 국민이 공중보건과 질병 치료 서비스를 제공받을 수 있는 효율적인 조직과 인적 토대가 되었다.

이외에도, 중국의 의료인력과 의료 수준도 빠르게 향상되고 있다. 세계적인 저명 의학저널 <랜셋>이 발표한 세계 195개국의 의료 수준과 접근성 평가에 의하면, 1995년에는 중국이 110위였는데, 2015년에 60위, 2016년에 48위로 세계에서 상승폭이 가장 큰 국가 중 하나였다.

2) 국민건강 수준 향상과 주요 건강지표의 호전

70년 동안 공중보건사업의 발전과 더불어 천연두, 사상충병, 시력상실을 가져오는 트라코마 등 질병들이 완전히 퇴치되었고, 전염병의 발생과 확산도 효과적으로 통제되었다. 또한 심각한 풍토병 유행 추세도 효과적으로 억제되었다. 그리고 생활 수준의 지속적인 향상과 질병 예방, 의료보장 등 다양한 정책이 시행되면서 전 국민의 건강 수준도 꾸준히 향상되었다. 1949년부터 2018년까지, 중국인의 평균 기대수명이 35세에서 77세로 높아졌고, 임산부 사망률은 10만 명당 1,500명에서 10만 명당 18.3명으로 낮아졌으며, 영아 사망률도 200%에서 6.1%로 낮아졌다. 주요 지표들이 모두 중위 소득 국가의 평균 수준보다 높다. 표 4-2와 4-3에 이 지표들의 변화 추이가 잘 나타나 있다. '인생칠십고래희(人生七十古來姬, 70까지 살기가 드물다-역자주)'는 이미 '인생팔십불기(人生八十不奇, 인생 80이 이상할 일이 아니다-역자주)'로 바뀐 지 오래되었고, 1999년에 고령사회로 접어든 이후 이제 초고령사회로 진입하고 있다.

표 4-2 중국 영아 사망률과 평균 기대수명

연도	영아 사망률 / ‰	기대수명 / 세		
		합계	남	여
1949	약 200	35	—	—
1973—1975	47	—	63.6	66.3

1981	34.7	67.9	66.4	69.3
1990	—	68.6	66.9	70.5
2000	32.2	71.4	69.6	73.3
2005	19	73	71.0	74.0
2010	13.1	74.8	72.4	77.4
2015	8.1	763	73.6	79.4
2016	7.5	76.5	—	—
2017	6.8	76.7	—	—
2018	6.1	77.0	—	—

자료출처: 1973~1975년 3년간 전국의 종양으로 인한 사망 추적조사에 기초한 통계, 1981년, 1990년, 2000년, 2010년 인구조사에 기초한 기대수명 통계, 2015년 1% 표본조사 통계, 2000년부터 모자보건 모니터링 지역의 연간 영아 사망률 통계 2016년과 2017년 출생 및 사망 신고에 기초한 평균 기대수명 통계, 그리고 2017년과 그 이전 기간의 통계는 국가위생건강위원회가 편찬한 〈중국 위생 건강 통계연감〉에서 2018년 통계는 〈2018년 중국 위생건강 사업 발전 통계공보〉에서 발췌한 것이다.

표 4-3 1991~2017년 중국 아동 및 임산부 사망률 변화

연도	신생아 사망률 합계/‰	영아 사망률 합계/‰	5세 이하 아동 사망률 합계/‰	임산부 사망률 합계 1/100000
1991	33.1	50.2	61	80
1992	32.5	46.7	57.4	76.5
1993	31.2	43.6	53.1	67.3
1994	28.5	39.9	49.6	64.8
1995	27.3	36.4	44.5	61.9
1996	24	36	45	63.9
1997	24.2	33.1	42.3	63.6
1998	22.3	33.2	42	56.2
1999	22.2	33.3	41.4	58.7
2000	22.8	32.2	39.7	53
2001	21.4	30	35.9	50.2
2002	20.7	29.2	34.9	43.2
2003	18	25.5	29.9	51.3
2004	15.4	21.5	25	48.3
2005	13.2	19	22.5	47.7
2006	12	17.2	20.6	41.1
2007	10.7	15.3	18.1	36.6

2008	10.2	14.9	18.5	34.2
2009	9	13.8	17.2	31.9
2010	83	13.1	16.4	30
2011	7.8	12.1	15.6	26.1
2012	6.9	10.3	13.2	24.5
2013	63	9.5	12	23.2
2014	5.9	8.9	11.7	21.7
2015	5.4	8.1	10.7	20.1
2016	4.9	7.5	10.2	19.9
2017	4.52	6.8	9.1	19.6

자료출처: 〈중국위생통계연감〉의 관련 통계 정리.

3) 의료보장체계 개선과 전 국민 의료보험 목표의 기본적 실현

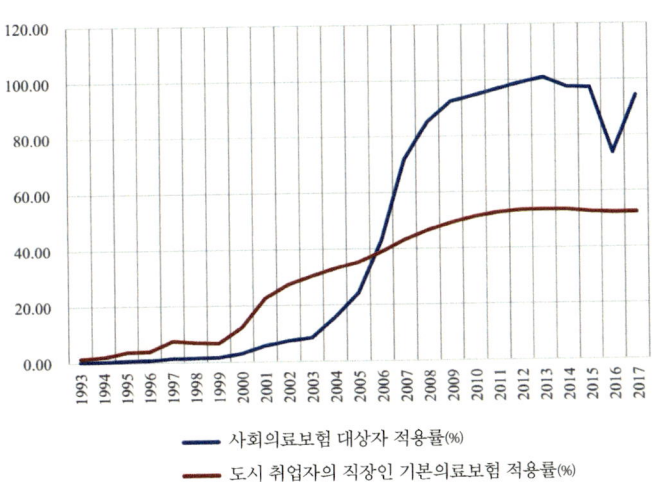

그림4-3 1993~2017년 중국 사회의료보험 적용률 변화 추이

주: 2016년과 2017년은 중국에서 도시주민 기본의료보험과 신형농촌합작의료제도를 통합한 의미있는 해였다. 관리체계의 통합 문제와 통계의 지연으로 인해, 통합 이후에도 신형농촌합작의료 부문이 도시기본의료보험 통계에 편입되지 못했다. 이 때문에 통계에 잡힌 적용률이 하락하는 현상이 나타났다. 〈2018 전국 기본의료보장사업 발전 통계공보〉에 의하면, 2018년 말 기준, 전국적으로 기본의료보험 가입자 수가 13만4559명으로 가입률이 95%를 넘음으로써 기본적으로 전 국민 의료보험이 실현되었다.

자료출처: 〈중국통계연감〉, 〈중국노동통계연감〉, 〈중국위생통계연감〉에서 관련 자료 정리.

의료보장제도는 질병으로 인한 국민의 고통을 해소하고 건강을 증진하기 위한 기본제도이다. 신중국 수립 후 30년간 확립된 노동의료보험, 국비의료, 합작의료 3대 의료보장제도를 통해 낮은 수준의 전 국민 의료보장을 실현했다. 하지만 이는 도시와 농촌으로 이원화된 제도였고 제한적인 의료보장이었다. 특히 전국 인구의 80% 이상을 차지하는 농촌주민들은 가장 초급단계의 의료보장을 받는 정도에 불과했다. 개혁개방 이후 끊임없는 모색을 거쳐, 특히 10년의 발전을 거치는 동안 직장의료보험, 도농 주민 기본의료보험, 의료구조제도, 중대질병보험 그리고 기타 보완적인 제도 등 중국의 의료보장체계가 점차 구축되었다. 13억이 넘는 인구가 기본의료보험제도의 혜택을 받는 전 국민 의료보장의 목표를 기본적으로 이룸으로써 오늘날 질병의 고통을 경감하고 의료보장제도 발전의 기적을 이루었다.

4) 보건위생사업 발전의 기본 경험

신중국 수립 이후 70년 동안 보건의료와 국민의 건강 수준이 현저히 향상되었는데, 기본적인 주요한 과정들을 정리하면 다음과 같다. 첫째, 국민의 건강 수준이 유의미한 발전 추세를 나타냈다. 신중국 수립 초기에 노동의료보험, 국비의료, 농촌합작의료 3대 의료보장제도 수립부터 개혁개방 이후 전 국민 신형의료보장제도 수립에 이르기까지, 마오쩌둥 주석이 역점을 두었던 보건의료사업의 농촌지역 확대 시행부터 시진핑 주석의 '건강한 중국' 전략에 이르기까지, 이 모두가 국민건강에 대한 국가적 관심과 발전 방향을 보여준다. 이를 통해 개발도상국이자 인구 대국인 중국이 보건의료와 국민건강 부문에서 눈부신 성과를 거둘 수 있었다. 둘째, 정부의 효과적이고 적절한 개입이 있었다. 신중국 수립 초기, 정부는 적극적인 애국위생운동과 질병 예방 활동을 통해 오랜 기간 전국에서 기승을 부리던 여러 전염병과 풍토병을 신속히 퇴치했다. 개혁개방 이후에도 공적 투입을 강화하여 전 국민 의료보험의 목표를 빠르게 실현했다. 의료지원제도의 경우, 저소득 취약계층의 의료비 지원은 물론이고 이들이 기본의료보험에 가입할 수 있도록 재정지원을 했다. 통계에 의하면, 2018년에 도시와 농촌의 기본의료보험 가입자 수는 7,673만 9,000명이었고, 저소득 취약계층 5,361만 명에게 직접적인 재정지원을 해주었다. 셋째, 사회 각 부문의 적극적인 참여를 유도했다. 계획경제 시기, 전국적으로 애국위생운동과 질병 예방 활동을 펼쳤다. 농사를 지으면서 의료활동을 병행하는 맨발의 의사들을 적극적으로 활용하여 전국 인구의 80% 이상을 차지하는 농촌주민들의 건강 수준을 현저히 개선했다. 개혁개방 이후에는 시장의 역량과 사회적 역량이 보건의료 분야에 참여하도록 적극적으로 유도함으로써 의료서비스 시장이 다양한 공급구조를 형성했다. 통계에 의하면 민간의료기관의 수가 이미 국립의료기관의 3분의 1 이상을 차지함으로써, 보건의료 서비스 제공에 있어 중요한 역량으로 자리 잡고 있다. 넷째, 시대 변화에 발맞추어 보건의료 및 의료보장제도의 변화를 추진했다. 계획경제 시기의 공중보건과 의료보장은 단위 또는 집체 보장을 기반으로 했지만, 개혁개방 후에는 시장경제 체제의 확립과 더불어 사회의료보험제도로 신속히 전환했다. 또한 관련 제도의 시행과 연계하여 일련의 중요한 조정이 있었다. 비록 힘겨운 과정이었지만, 지금까지 이룩한 성과들이 경제사회 변화와 발전의 필요에 맞게 제도적 변화가 추진되었다는 것을 보여준다.

2. 당면한 도전과 미래 전망

신중국 수립 후 70년 동안 중국의 보건의료가 세계적으로 주목할 만한 성과를 거두었지만, 질병 치료 특히 중증질환 치료에 대한 국민의 부담이 여전하고, 건강한 중국 건설의 목표가 제시되었지만 실제로 실현되기까지는 상당한 거리가 있다. 따라서 개혁 과제들이 여전히 산적해 있다.

1) 당면한 도전과제

현실적으로 직면한 도전과제는 다음과 같다.

① 의료보장제도 자체의 중대한 결함. 구체적으로 기본의료보험에서 개인계좌의 설정이 제도의 상호공제 기능을 심각하게 훼손하고 있다. 퇴직자들이 이미 보험료를 납부하지 않는 상황에서 빠른 인구 고령화가 제도의 지속성을 위태롭게 하고, 재원 마련의 책임이 한쪽에 치우쳐 이기주의를 조장하고 있다. 이러한 가운데 정부와 사용자의 부담이 날로 가중되고 있다. 미완의 과제로 남아 있는 의료보험제도 통합, 개선을 요하는 보험료 지급방식, 보완적 의료보험제도의 미비, 민간의료보험의 심각한 지연 등 문제들이 산적해 있다. 이 모든 것들이 새로운 의료보장체계 구축을 위해서 지혜와 결단이 필요하다는 것을 말해준다.

② 불합리한 보건의료자원 배치. 이는 주로 기존의 보건의료 자원이 점점 도시에 집중되는 현상으로 나타났다. 의사나 환자들이 대도시에 있는 병원으로 집중되는 현상이 특히 두드러진다. 이 때문에 취약한 농촌과 일선의 보건의료 환경이 여전히 개선되지 못하고 있다. 이는 환자의 진료비 증가뿐 아니라 보건의료 서비스 공급을 왜곡시키는 결과를 가져온다. 또한, 원래부터 독점적 지위를 가진 공립병원이 제도적 우위에 기대어 꾸준히 확장하고, 민간의료기관의 설립과 발전은 더딘 상황이다. 이는 전체 보건의료 부문의 발전에도 영향을 미친다.

③ 보건의료 정책의 시행과 업적 평가 핵심 지표의 조정 필요. 보건의료 시스템 개혁 5개년 계획과 연도별 중점사업을 계획하고 집행하는 과정에서, '개인의 보건비용 지출이 총 보건 지출에서 차지하는 비율'과 '기본의료보험 범위 내 정산 비율'이 핵심지표가 되면서 '환자의 질병 치료비 부담'이라는 핵심지표를 대체했는데, 이는 의료비 부담 리스크로부터 환자를 보호하는데 도움이 되지 않는다. 우선 보건위생 규모와 구조지표로는 의료보장제도의 성과를 효과적으로 측정할 수가 없다. 보건위생 분야 투입 규모와 구조적 지표

(보건위생 부문 총지출에서 개인의 보건위생비용 지출이 차지하는 비율)는 주로 의료보장 제도 구축에 필요한 투입 부문을 측정하는데 초점이 맞춰져 있다. 이에 반해 의료비 부담 리스크로부터 환자를 보호한다는 개념은 환자의 자기 부담 의료비와 가계의 지급능력 수준을 측정하는 것이므로, 양자는 서로 다른 개념이다. 보건위생 부문 총지출에서 개인의 보건위생비용 지출이 차지하는 비중은 주로 보건위생 부문 재원 구조의 변화를 반영한 것으로, 이 부문의 투입에 대한 특징을 보여준다. 이에 비해 환자의 의료비 부담은 정책 시행으로 나타난 성과지표 중 하나이다. 이외에도, 정책 범주 내의 통합기금 지급 비율에 내재적 결함이 있다. 정책 범위 내 통합기금 지급 비율을 주요 지표로 하여 사회의료보험 항목의 보장 수준을 측정하고 기본의료보장 수준을 높이기 위한 정책적 조치도 기본적으로 이 지표에 따라 이루어진다. 예를 들어, 일반 입원 치료비의 통합기금 지급 비율을 지속적으로 높여서 도시와 농촌주민의 중증질환보험을 확대하고, 의료지원과 연계하여 중증질환에 대한 지급 수준을 높였다. 하지만, 이 조치들은 사회의료보험의 지급 범위, 지급방식, 비용통제 기능 등 핵심적인 요소들을 간과했다. 실제로 정책 범주 내의 통합기금 지급 비율 상향이 환자의 의료비 부담을 효과적으로 경감시키지 못하고 있다. 반면에 의사의 의료 수요 유도행위가 환자의 의약품과 의료서비스의 선택에 영향을 미치고 의료비용 결정에도 영향을 미친다.

④ 의료 관리체계의 전환이 직면한 제도적 제약. 현재 정부가 추진하는 개혁과 정책 패러다임의 전환이 지방정부 간 경쟁과 부처 간 성과경쟁이라는 두 가지 문제에 직면해 있다. 중앙정부와 지방정부의 관계, 지방정부 간 경쟁이 지방정부의 보건의료제도 혁신에 영향을 미치는 것이다. 실제로 지방정부가 노동 원가의 지역별 우위를 점하기 위해서 투자유치 과정에서 경쟁적으로 노동기준을 완화하고 사회보험의 확대와 실제 요율 수준을 통제했다. 일부 기업들이 비용부담을 줄이기 위해 직원들에게 지역의료보험에 가입하도록 유도하는 경우도 있다. 현재 50%의 도시 근로자(비농업 분야 취업자)가 여전

히 직장의료보험에 가입하지 못한 상태이다. 비농업 분야 취업자가 지역의료보험에 가입하면, 기본의료보장의 재정투입 책임이 중앙정부의 지역보험 지원비에 전가될 수 있다. 기업은 노동원가 우위를 확보할 수 있게 되겠지만, 결과적으로 보험가입자에 대한 보장 부족을 초래하게 된다. 이외에도, 지방정부가 지역경제 발전을 위해 경쟁적으로 인센티브를 제공하고 있기 때문에, 중앙정부가 전이지급 방식으로 지방의 보건의료체계를 발전시키려는 노력이 장벽에 부딪힐 가능성이 있다. 예를 들어, 지방정부가 의료지원금 규모를 주민의 필요가 아닌 지방정부의 재정 여력에 근거하여 결정하는 문제인데, 이는 의료지원제도가 최저한도의 보호 기능도 발휘할 수 없게 만드는 결과를 초래한다. 공립병원 지원제도 개혁의 경우, 약가藥價 가산제 폐지로 공립병원의 '손실'이 초래되므로 의료 수가 인상과 재정지출 확대를 통한 보상이 필요하지만, 실제로 지방정부는 일부 손실을 지역사회 의료보험 기금에서 보장해주는 쪽을 선택하고 있다. 더 중요한 점은, 공립병원의 재정적자에 대해 적잖은 지방정부가 편법으로 공립병원이 음성적 보상을 받을 수 있도록 묵인하고 있다. 예를 들어, 의료기관이 의약품을 구매하는 과정에서 '물밑 약가 협상' 행위나 소위 '약국 도급'을 통해 음성적인 수익을 얻도록 묵인하는 것이다. 이는 병원이 의약품으로 불합리한 이득을 얻지 못하도록 하려는 중앙정부의 정책을 무력화시켰다. 한편, 부처의 이익, 메커니즘의 경쟁도 보건의료체계의 전환에 영향을 미칠 수 있다. 현재 국가 의료서비스 체계가 사회의료보험 체계로 전환되고 있는데, 이는 정부 주도의 행정관리체계에서 사회 주도, 사회 협상 메커니즘으로 대체되는 것을 의미한다. 따라서 관리 감독을 해야 할 위치에 있고 행정력과 자원을 가진 행정부처와 이러한 행정관리로 이익을 얻는 의료서비스 공급자들이 앞으로 자신의 입지, 행정자원 그리고 시장자원을 활용하여 기존의 관리 감독 메커니즘을 고수하려고 할 것이다. 보건의료 체계가 1990년대 말부터 사회적 재원 조달 방식을 채택하기 시작했지만, 공립병원에 대한 지원방식 개혁과 공급자의 수요 유도행위에 대한 통제가 여전히 행정규제 일변도로 이뤄지고 있다. 2009년, 의료개선 방안에서 의료보험료 지급방식 개편이 공립병원 지원제도 개선의 주요한 내용으로 제시되기 시작했는데, 이것은 보건의료체계의 관리 및 정책설계가 결국 공급자의 수요 유도행위를 통제하는데 있어 경쟁적 구도가 출현했다는 것을 뜻했다. 또한, 개혁을 추진하는 과정에서 부처 간 조율 부족, 성과를 내기 위한 부처 간 상호 견제 등이 결국 정책 패러다임의 순조로운 전환에 영향을 미칠 수 있다.

2) 보건의료제도 발전의 구상과 방향

첫째는 보건의료제도의 지속적인 전환이다. 새로운 시대를 맞아 보건의료제도의 공급측 개혁을 통하여 보건의료 부문의 가격 통제와 행정 수단에 기댄 기존의 관리체계에서 탈피하여, 환자의 의료비 부담 억제에 초점을 맞춘 시장경쟁 기반의 새로운 관리체계로 전환하기 시작했다. 하지만 의약품과 의료서비스 가격이 여전히 행정요인의 개입으로 인해서 합리적인 시장가격을 형성하지 못했고, 실효성 없는 가격정보를 바탕으로 한 유료화 개혁이 의료행위를 효과적으로 관리하지도 못했다. 공립병원들은 의약품 판매를 통한 이윤 추구를 금지하는 제로 리베이트 정책으로 적자에 직면했다. 적자를 해소하기 위해 고안된 이중 약가 협상, 약국 위탁 관리 등 정책들이 병원이 다시 '약 팔아서 먹고사는' 상황으로 회귀하는 문제를 가져왔다. 이 때문에 사회의료보험의 의약품 지급기준 마련도 복잡한 상황에 직면했다. 두 가지 개혁 논리가 맞서고 있는 상황에서, 행정 기관들은 주무부서의 핵심 업무별 중간 성과지표를 기반으로 한 개혁성과 평가 방식을 선호했다. 당연히 질병 치료비 부담으로부터 환자를 보호하겠다는 개혁의 목표를 효과적으로 실현하기가 어려워졌다. 부처 간 조율 부재, 부처 이기주의로 인해 보건의료체계가 다양한 정책 패러다임에 맞게 바뀌기까지 지난하고 복잡한 과정이 되었다. 비록 보건의료체계의 정책 목표 조정에 따라서 정책 패러다임의 전환이 이루어졌지만, 새로운 체계와 기존 체계 간 경쟁과 대체는 장기적인 이해조율의 과정이었다. 따라서 보건의료 분야에 대한 관리 메커니즘 전환을 추진할 수 있는 역량을 유지하는 것이 무엇보다 중요했다. 2018년 5월 설립된 국가의료보장국이 이 같은 도전에 효과적으로 대응할 수 있는 견고한 조직 체계가 되었다. 기본 의료보장 항목 관리와 업무의 통합, 기본 의료서비스 처우, 재정 조달, 가격 및 지급방식 통합 등 조치를 통해 의료보장제도 개혁이 새로운 단계로 들어섰다.

둘째, 의료보장제도의 최적화를 신속히 추진함으로써 국민의 의료비 부담을 덜고 예측 가능성을 높여야 한다. 의료보험제도에 존재하는 미비한 부분들에 대해 개혁의 강도를 높여야 한다. 직장인 의료보험제도 내의 개인계좌 폐지와 직장인 의료보험과 주민 기본의료보험 간 통합을 통해 통일된 의료보장제도를 만드는 것이 필연적인 방향이다. 이와 더불어, 퇴직자 의료보험료 납부의 체계화, 가입자의 비용납부 수준 제고, 의료보험 기금의 지급방식 최적화, 다층적 의료보장 체계 구축, 진정한 의미의 의료보장과 보건의료서비스 추진, 의약품 공급자 간 유기적이고 선순환적인 관계 형성 등 모든 것이 의료보장제도의 공평성과 지속 가능한 발전을 추진하는데 필수적인 요건이다.

셋째, 보험가입 환자의 의료비 부담 수준이 지방정부의 주요 성과지표가 되고, 부처 간 정책 설계와 방침들이 조화를 이루어야 한다. 전 국민 기본 의료보장제도 실현과 위생 부문에 대한 지속적인 투자에 힘입어 진료를 받기 어려운 상황이 기본적으로 완화되었다. 하지만 사회의료보험을 합리적으로 설계하여 의료기관과 의사의 진료 행위를 과학적으로 감독하지 못하고, 더 나아가 의료서비스 공급자의 의료수요 유도행위와 환자의 과도한 의료서비스 이용이라는 도덕적 해이를 효과적으로 통제하지 못하면, 보건의료 부문 재정투입이 계속 늘어날 수밖에 없다. 이렇게 되면 국민건강 수준 향상, 의료서비스의 질적 제고, 환자의 의료비 부담 경감으로 나아가기가 어렵다. 국민건강에 영향을 미치는 요인들이 복잡하고 의료서비스의 품질을 측정하기가 어려운 점 때문에, 보험 가입 환자의 의료비 부담 정도(다시 말해 환자를 의료비 부담 리스크로부터 보호하는 정도)가 의료보장 정책의 성과지표로 흔히 활용된다. 의료비 부담 수준과 환자의 지급능력, 소득 변동과 빈곤에 빠질 위험성 등이 서로 밀접하게 연관되어 있기 때문에, 개인 의료비 부담의 경감은 국민의 의료비 혜택 체감도에 직접적인 영향을 미친다. 이는 의료비 보장에 대한 우려를 해소하는데 있어 매우 중요하다. 따라서 환자의 특정한 질병 치료에 들어가는 의료비 지출에서 환자 본인의 부담 비율로 의료비부담 수준을 측정해야 한다. 구체적으로, 의료보장 수준을 높이려면 사회의료보험의 보장범위 확대를 통해 의료보험기금의 지급비율을 높이고, 공급자의 의료수요 유도행위에 따른 환자의 의료비 부담 증가를 막아야 한다.

넷째, '보장 수준 제고', '재원 조달' 그리고 '비용관리' 세 가지 경로를 중심으로 실효적인 보건의료 정책설계가 마련되어야 한다.

표 4-4 기본의료보장의 실제 보장 수준 3대 경로

경로	목적	조처
'지급 개선' 지급구조 개선, 지급 항목 증가, 지급 수준 제고	보장범위 확대, 개인계좌 폐지, 외래진료 통합 확대	기본의료보험 '3대 목록' 확대
		중대질병 특수 의약품의 도입과 지급제도 마련
		기본의료보험의 외래진료 통합 개혁 강화
		직장인 의료보험 내 개인계좌 폐지, 외래진료 통합 추진
	기본의료보장 지급 수준 제고	양대 기본의료보험 기금 지급 수준의 적절한 제고
		저소득 계층 의료비에 대한 구체적 지원
		민간 건강보험의 합리적이고 질서 있는 발전 지원
'재원조달' 재원조달 수준 제고, 조달 메커니즘 정비, 기금의 리스크 분산 효과 제고	재원조달 수준 제고, 조달 메커니즘 정비	기본의료보험에 대한 재정 지원 수준의 지속적 증대
		기본의료보험의 개인 납부를 정액제에서 비례 납부방식으로 전환, 개인 납부 수준 제고, 점진적으로 균등한 책임 실현
		직장인 의료보험제도의 재원 조달 방식 보완, 노사의 책임과 평등한 납부 방식, 퇴직자의 비용납부 및 가입
	제도 통합 추진, 통합도 제고	'동일한 제도를 차등 적용하는 방식' 점진적 폐지, 도시와 농촌 기본의료보험 통합 강화, 주민의료보험과 직장인 의료보험의 통합 모색
		기본의료보험의 통합관리 수준 제고, 도시별 통합관리 전면 확대, 성督별 통합관리 적극 모색

'비용 관리감독' 의료보험 지급제도 정비, '3의료' 연동 강화, 의료보장 비용 관리 능력 제고	의료보험 주무기관 역량 강화	업무관리와 업무처리를 분리시킴으로써 업무처리체계의 범위를 명확히 하고, 기술, 자금, 인력 등 필요자원 확충
		사회역량 활용과 빅데이터, 인공지능 등 신기술 도입을 통해, 스마트 의료보험 업무처리와 관리감독 시스템 발전
	의약, 의료, 의료보험 '3의 연동'개혁 강화, 관리감독 메커니즘 전환 추진	시장경쟁을 기반으로 한 약가 형성 메커니즘 개혁 강화, 약가 메커니즘을 통해 실제 원가 정보 제공
		실제 의약시장의 가격정보를 통해 의료비용 지급 방식 정비, 지급 기준과 예산 관리 신뢰도와 효율성 제고
		국가의 의약품 집중 조달 및 사용과 정책 확대 및 보완, 원가 가산제도 폐지를 기반으로 음성적인 의약품 판매수익 여지 제거

〈표 4-4〉는 전체적인 구상을 담고 있으며, 구체적인 조치들은 다음과 같다.

① 직장의료보험에서 개인계좌를 폐지하고 상호 공제를 강화하여 가입자의 의료보장 수준을 높이고, 직장의료보험과 주민의료보험의 외래진료와 입원에 대한 처우 구조를 통합했다. 제도의 형평성과 통일성을 확보하기 위해, 의료보험의 3대 목록(의약품, 진료항목, 의료서비스 시설)의 조정권을 국가의료보장 주무기관에 일임했다. 이를 통해 전국적으로 직장의료보험과 주민의료보험을 통합하여 3대 목록을 마련하고 의료보장 명세목록을 만들었다.

② 퇴직자 납입정책을 추진하여 양로연금의 일정 비율을 기본의료보험 비용에 편입했다. 아울러 직장의료보험에서 사용자와 개인의 납부 책임도 한층 균형을 맞추게 되었다. 직장의료보험의 재원 조달 방식을 기준으로 주민기본의료보험의 재원조달 체계를 정비했다. 일정액 납부에서 비율 납입방식으로 바꾸고, 점차 정부와 개인의 납부 책임 간 균형을 맞추었다. 주민의료보험의 재원 조달, 보장 수준, 의료서비스 구입, 비용 지급, 업무 처리 등은 직장기본의료보험을 참고했는데, 정책설계의 표준화와 통합을 기반으로 재원 조달과 보장 수준 등 매개변수의 차이를 유지했다.

③ 조달할 의약품 수량 사전 공시, 대량 구매, 조달과 입찰 통합, 의약품 사용 보장 등 방식을 통해 의약품 집중 조달체계와 시장에 의한 약가藥價 형

성 메커니즘을 구축했다. 이렇게 함으로써 의약품 가격을 현저히 낮추고 환자의 부담을 완화했다. 시장주도의 약가藥價 형성 메커니즘 확립, 약가 정보 모니터링과 정보 제공 시스템 구축, 실제 의약품 시장가격 정보 등을 기반으로, '의료비 지급 규모에 따른 보험료 징수' 방식을 채택했다. 이는 의료보험기금의 예산 관리와 총액 선지급제를 실현하고, 현행 의료보험기금 지급총액제의 집행 과정에서 발생하는 '보험료 징수 규모에 따른 지급' 방식의 부정적인 영향을 방지하기 위한 것이다. 아울러, 의료비 지급방식을 더욱 보완하여 지급기준과 예산 관리 및 예측이 실제 원가와 수익정보에 효과적으로 반영되도록 했다. 질병의 종류에 따른 비용 측정을 중심으로 하여 환자 수, 병상 사용일 수, 총액 선지급제 등 다양한 방식을 결합한 복합적인 지급방식을 전면 시행했다. 의료비 지급제도 개혁과 공립의료기관의 급여제도 개혁, 의료비용 지급제도 개혁 등을 체계적으로 추진하고, 이에 따른 인센티브와 규제 신호를 의료기관 종사자들에게 전달함으로써 의료 개혁에서 상호 충돌이 발생하지 않도록 했다.

④ 공공위생사업과 질병예방사업 강화, 건강한 생활방식과 전 국민 건강운동 보급 등을 통해 국민의 건강 수준을 새로운 단계로 향상시켰다. 이 부분에서 공적 투입을 지속적으로 늘리는 것과 함께 질병 예방과 건강 증진을 위해 기존의 전 국민 캠페인을 적극적으로 확대하고 있다. 최종적으로 모든 국민이 건강한 삶을 추구하는 사회적 분위기를 형성하고 건강한 중국을 만들기 위한 기반을 마련하게 될 것이다.

05

일자리는 민생의 기본이다. 일자리가 있어야 안정된 수입원이 생기고 소득을 통해 삶의 질이 개선될 수 있다. 일자리는 소득을 창출하는 주된 방식이자 사회적 관계망 형성의 주요한 축이다. 경제적 능력과 사회성도 여기에서 비롯된다. 시장경제에서 노동과 취업은 일종의 시장 행위로서, 그 공급이 노동력의 양과 자질에 따라 결정되고 수요는 경제발전 수준과 산업구조에 의해 결정된다. 고용 상황이 기본적인 민생으로 연결되고 경제발전에 중대한 영향을 미치기 때문에, 중국은 2019년에 고용정책을 3대 거시정책 중 하나로 채택했다. 노동자의 권익 보호를 기초로, 노동의 수요와 공급 균형을 추진하고 더 나아가 고용 안정과 소득 증대라는 민생을 개선하는 것이 주요한 골자였다.

신중국 수립 이후 70년 동안, 고용 문제는 시종일관 정부의 중대한 국정과제가 되었고 고용정책도 국가발전에 따라 함께 발전해왔다. 그 과정에서 복잡한 정치 경제적 상황으로 인해 우여곡절을 겪었지만, 전반적으로 노동력 공급 규모가 지속적으로 확대되고 질적 수준도 향상되었다. 고용의 양적 성장과 질적 향상, 충분한 일자리 창출을 핵심으로 하는 정책 방향이 변함없이 유지되었다. 특히, 최근 40년 동안에 산업화와 도시화가 빠르게 진전되었고, 노동과 고용 상황도 질적으로 비약적인 발전을 이루었다. 농업사회에서 산업사회로 전환되면서 노동자의 주요한 취업 분야가 1차 산업에서 2차 산업으로 바뀌었고, 전통적으로 땅만 일구던 농부의 노동이 차츰 양질의 일자리로 대체되었다. 노동자의 기능, 자질 그리고 권익도 현저히 향상되었다. 한편, 계획경제에서 시장경제로 전환된 후, 노동과 취업도 엄격한 계획과 조달 방식에서 시장에 의한 고용방식으로 바뀌었으며, 노동자가 개인적으로 직업을 선택할 권리를 갖게 되었고 사업주도 법에 따라 직원을 고용할 권리를 갖게 되었다. 이는 노동자의 취업 기회와 발전 공간의 지속적인 확대로 이어졌다.

본 장에서는 신중국 수립 70년 동안의 일자리 정책과 그 효과를 종합하고 일자리가 중국의 민생 발전에 미친 영향을 살펴보고자 한다.

노동과 취업 :
땅만 파던 농부에서 어엿한 직장인으로

1. 신중국 수립 초기 30년간의 노동과 취업

1. 신중국 수립 초기의 실업자 구제

신중국이 수립되던 시기는 경제가 파탄에 빠지고 유리걸식하는 사람들이 도처에 넘쳐나던 때였기 때문에 일자리나 취업은 생각조차 할 수가 없었다. 통계에 따르면, 신중국 수립 직전에 전체 인구의 90% 이상이 농촌에서 거주하고 도시에서는 실업자 수가 472만 2,000명에 달하여 실업률이 23.6%에 이르렀다. 1949년 11월, 정무원이 노동부를 설치하고 취업업무를 총괄하게 했다. 실업자 구제, 일자리 안정과 재취업을 돕는 것이 당시에 가장 중요한 업무였다.

일자리 문제는 근본적으로 경제발전을 통해 해결해야 한다. 신중국 수립 이후 국민경제의 회복과 발전으로 노동력 수요가 증가하여, 1954년 산업 총생산성이 1949년에 비해 3.85배였다. 사회주의 개조 이전까지 이러한 성장이 국영 부문과 민간부문의 성장뿐 아니라 일자리 증가를 가져왔다. 도시의 취업자 수가 1949년 1,533만 명에서 1952년 2,486만 명으로 증가했는데, 이 중에서 노동자는 1,603만 명, 가내 수공업 종사자는 883만 명으로, 각각 98%와 21.9% 증가했다. 하지만 이러한 회복에도 불구하고 여전히 실업문제를 해결하지 못했다. 1950년, 마오쩌둥 주석이 제7차 3중전회에서 발표한 <국가 재정경제 상황의 기본적 호전을 위한 투쟁> 보고서에서, 실업 노동자 및 실업 지식인 구제와 재취업을 돕는 것을 7대 중요 과제 중 하나로 지정했다. 그 후, 정무원이 <실업 노동자 구제에 관한 지시>와 <실직 교사 구제 및 학생 실업문제 처리에 관한 지시>를 발표했고, 1950년에는 노동부가 <실업 노동자 구제를 위한 임시 시행법>을 발표하면서 전국적으로 210개 도시에서 실업 노동자 구제위원회가 발족했다. 1952년 7월, 정무원은 다시 노동취업위원회를 설치하고 노동과 일자리 사업을 시행했다. 이 시기에 실업 노동자 구제정책의 가장 큰 특징은 노동자 본인의 자구적 노력과 실업자 구제를 긴밀히 연계하여 다양한 방식이 추진되었다는 점이다. 주요 내용으로는 실업자에 대한 직접적인 물질적 구제, 일자리를 제공하여 임금을 주는 방식, 실직자의 자구 노력 그리고 '일괄 승계' 정책 등이 있었다.

<실업 노동자 구제를 위한 임시시행법>에 따라, 구제기금은 주로 사용자 측이 매월 지급한 실질임금의 1%, 노동자가 매월 받은 실질임금의 1%, 각급 정부가 부담하는 구제기금으로 구성되었다. 1년 반 이상 근무한 노동자가 실직한 후 일자리 제공을 통한 구제를 받지 못하거나 스스로 자구책을 마련하지 못한 경우에 구제금이 지급되었다. 구제금은 현지에서 양식을 지급하는 방식으로 주로 주어졌다. 당시에 정부는 재정 예비비에서 4억 근의 식량을 실직자 구제기금으로 할당했다. 1952년에 정무원이 <실업 노동자 처리에 관한 정책>을 비준하고 1950년의 임시시행법을 수정 및 보완했다.

이러한 구제정책은 신중국 수립 초기에 일자리 창출, 실업자의 기본생활 보장에 중요한 역할을 했는데, 다음과 같은 제도적 특징을 가지고 있었다. 첫째, 노사가 공동으로 재원을 마련했다. 또한 실질임금(임금총액)의 1%를 공평

하게 부담하고 여기에 각급 정부의 지원을 더하여 구제기금을 조성했다. 둘째, 현물 지급방식을 채택했다. 구제정책에 따라서, 기본생활을 영위할 수 있도록 실직자에게 현금이 아닌 현물(양식)을 지급했다. 셋째, 구제기준을 합리적으로 정했다. 실직 근로자, 반半실직 상태의 근로자 그리고 일자리를 찾지 못하고 있는 학생 등으로 분류하여 차등 지급하되 일선 노동조합에서 결정하도록 했다. 넷째, 구제와 취업을 연계하여, 일자리를 제공하고 임금을 주는 방식, 자구책 마련, 전업 그리고 귀향하여 일자리를 찾는 방법 등 구제방식에 대해 규정을 두었다. 이 가운데 일자리를 제공하고 임금을 주는 방식이 주로 시행되었다는 점에서 적극적인 고용 촉진 방침을 엿볼 수 있다.

실직자 스스로에 의한 자구책 마련의 경우, 1953년에 열린 제3차 전국 도시 사회구제 실무회의에서 '자력갱생, 사회공조, 정부의 필수적 구제' 지침이 확정되었다. 대부분의 도시가 현지 상황에 맞게 취약계층이 다양한 경제활동에 참가하도록 방안을 마련했다. 현지의 건설 부문과 연계하여 취약계층 주민들이 땅 파는 작업과 건축 자재를 나르는 일을 하도록 주선하는 도시도 있었고, 공장, 기업, 학교 등 기관들과 연계하여 철제품 가공, 목제용품 가공 작업에 참여하거나 자전거 수리, 환자나 아이를 돌보는 일 등 3차 산업에 종사할 수 있도록 주선하는 도시들도 있었다. 52개 도시의 초보적 통계에 의하면, 1954년 이런 형태의 자력갱생 사업에 참여한 취약계층 인구가 22만 5,700명이었고, 장기적 또는 계절적 요인으로 인해 생계에 어려움을 겪는 취약계층 생산조직이 1,802개에 이르렀다. 이들이 생산활동으로 벌어들인 수입이 정부의 구제지원금 규모를 훨씬 능가했고 생활 형편도 현저히 개선되었다. 도시의 구제 대상자 수도 크게 감소했다. 실직자가 스스로 일자리를 찾는 경우도 전체 실직자 수의 절반을 차지할 정도로 중요한 흐름이었다. 광저우시의 경우, 1953년 7월, 8월, 9월 3개월 동안 스스로 재취업에 성공한 실직자 수가 매달 평균 3,000여 명에 이르렀는데, 같은 기간 노동부의 주무기관이 알선한 일자리 수에 맞먹는 숫자였다.

국민당 정부 시기의 공립학교 교사들 그리고 학교 종사자들에 대해 '일괄 승계' 정책을 취한 것도 당시에 일자리 안정을 위한 또 하나의 중요한 조치였다. 1949년 4월, 마오쩌둥 주석과 주더 총리가 공동으로 발표한 〈중국인민해방군포고〉에서, 모든 공립학교와 사립학교, 병원, 문화기관, 체육시설 그리고 기타 모든 공익사업을 유지한다고 선포했다. 이들 기관 종사자들의 지위를 일괄적으로 유지하고, 관료자본기업에서 일하는 종사자들에 대해서는 인민정부가 인수한 후에 능력에 따라 고용하되 일자리를 잃는 사람이 없도록 조처했다. 국가 경제가 회복되는 시기에 경제에 도움을 주는 민간 기업에 대해 '공사 양립, 도사 양립' 정책을 펴서 이들 기업이 문을 닫는 일이 없도록 최대한 지원했다. 통계에 따르면, 1949년 말 기준으로 국가가 몰수한 관료자본기업이 2,858곳이었는데, 이들 기업에 고용된 노동자 수가 75만 명이 넘었다. 공사公私 통합 경영을 추진하는 동안, '분리 도급, 통합관리' 원칙에 입각하여 국영기업이 산하 민간기업의 노동자들을 일괄 배치함으로써 실직자가 생기지 않도록 했다. 주목할 점은, 새로 설립된 기업에 대해서는 '하도급' 방침이 적용되지 않았다는 사실이다. 노동부가 베이징시에 보낸 서신에서, "하도급 지침이 공장과 기업에서 통용되어서는 안 되며……기업 채산과 기업화 정책에 장애가 되어서는 안 된다"고 적었다. 전반적으로 이런 정책들은 노동자의 기본적인 삶을 보호하고 새로 탄생한 정부의 안정과 발전에 중요한 역할을 했다. 1952년 7월 정부가 개최한 전국 노동자 일자리 대회 통계에 의하면, 전국적으로 실직자 수가 여전히 312만 명에 달했고, 그 중에서 실직 노동자가 38.6%, 퇴직 장교가 16.1%, 그리고 개도가 필요한 인구(기녀, 도둑, 거지, 부랑민 등)이 31.5%를 차지했다. 이와 관련하여 1952년에 정무원이 〈노동취업 문제에 관한 결정〉을 발표했다. 주요 내용을 보면 지난 3년간 일자리 정책에 대한 종합평가와 당시 일자리 상황 분석결과를 토대로 하여, 대규모 국가 건설 사업과 연계한 고용 문제 해결, 실직 및 반실직 현상 단계적 해소, 도시와 농촌의 대규모 잉여 노동력을 기타 생산 및 사회사업으로 흡수하는 작업 등 노동력의 일괄 배치 방안이 담겨 있었다. 이 결정문은 지식인, 퇴직 장교, 농촌의 잉여 노동력, 소수민족, 해외에서 귀국한 빈민 그리고 도시 실직자들의 취업 문제에 대해 세심한 규정을 두었기 때문에 취업촉진에 큰 역할을 했다.

관리 체제를 보면, 1952년에 노동과 취업 여부에 대한 등록을 시행한 이후 실직자 구제를 실직자의 노동능력 유무에 따라 구분하고 노동능력이 있는 사람에 대해서는 노동부가, 노동능력을 상실한 사람에 대해서는 민정부문이 구제업무를 담당하도록 했다. 1954년에 실직 노동자와 실직 지식인을 제외한 모든 실직자의 구제업무를 민정부에 이관했다. 1956년, 노동부와 민정부가 〈실직 노동자 구제업무 민정부 이관에 관한 공동 통지문〉을 발표했는데, 이에 따라 노동부가 실직자 가운데 노동능력이 있는 사람의 취업, 노동력 조달 그리고 전업 훈련 등 업무를 담당하고, 기타 업무는 민정부문이 전담하게 했다. 아울러 실업 구제금 징수와 노동부의 공공 일자리 사업을 중단하고, 대신에 공공 일자리 사업 참가자들을 상황에 따라 필요한 사업장에 장기 근로직 또는 임시직으로 배치하도록 지시했다. 1953년 이후 계획경제가 전면 추진되면서, 사회주의하에서 실업이 존재해서는 안 된다는 방침에 따라 국가가 취업업무를 총괄하는 방향으로 전환되었다. 이에 힘입어서 신중국 설립 초기 실직자 구제사업이 효과를 거두었다. 1950년 한 해 동안에만 80만 명 가까운 실직 노동자와 실직 지식인들이 일자리 알선, 공공 일자리 그리고 현물지급 등을 통해 생활고를 해결했다. 1953년에는 96개 도시에서 실직자들이 자활할 수 있도록 체계적으로 지원했는데 그 수가 22만 여 명에 달했다. 비교적 단기간에 실업문제가 어느 정도 완화되었는데, 전국적으로 도시 노동자 수가 1949년 809만 명에서 1958년 5,194만 명으로 증가하고, 도시의 실업자 수는 1949년 472만 2,000명에서 1957년에 200만 4,000명으로 감소했다. 도시 실업률이 1949년 23.6%에서 1957년 5.9%로 하락했다.

1958년 이후 경제발전에 따른 노동수요 증대와 일괄고용제도 시행으로, 사회적 구제 대상자들 가운데 노동능력을 가진 사람들 대부분이 노동에 참여했다. 이후에 이어진 3년의 힘겨운 시기와 경제 조정기에도 감원으로 인한 퇴직자들이 있었고, 이들이 사회구제의 대상이 되었다. 국무원이 <감원 퇴직자의 배치에 관한 몇 가지 규정>과 <감원 퇴직자의 생활고 구제 문제에 관한 통지>를 연이어 발표하면서 실직자에 대한 구제가 점차 도시의 구제시스템으로 자리 잡았다.

2. 거시적 측면: 일괄적 일자리 배치체계 구축과 운영

일괄적인 노동력 조달은 계획경제 시기 거시적 고용정책의 뚜렷한 특징이었는데, 계획경제의 당연한 필요에 따라 노동과 취업 부문에서 구체적으로 나타났다. 행정지시를 통해 일괄적으로 노동력 배치를 조율하고 계획하는 것이 기본 특징이었는데, 상명하달식 인사계획, 일괄적인 배치 그리고 고정직 제도가 삼각구도를 이루었다. 이러한 자원 배치 방식은 계획경제 초기에 인력자원을 합리적으로 배치하고 대규모 사회주의 경제건설을 뒷받침하는 중요한 지지대 역할을 했다. 하지만 경제가 점차 발전함에 따라 원활하지 못한 노동력 이동, 사용자 주체의 수동적 태도, 잘못된 노동력 배치 등 폐해와 문제점이 나타났다.

획일적인 노동력 조달 제도는 실직자 구제 방식에서 비롯되었다. 1950년 3월에 열린 제1차 전국노동국장회의에서 각지에 노동 알선소를 설치하여 실직자 등록과 일자리 알선업무를 담당하도록 하자는 의견이 제시되었다. 이에 따라 기업이 노동자를 고용할 때 노동 알선소에 신청하고, 노동 알선소가 일괄적으로 알선업무를 처리했다. 기업이 자체적으로 채용하는 때에도 노동 알선소에 보고해야 하고 다른 성省에서 직원을 채용하려면 엄격한 심사 절차를 거쳐야 했다. 이런 상황에서 노동자도 사용자도 취업이나 고용에서 자율적이지 못했고, 사용자는 직원을 해고할 수도 직접 채용할 수도 없었다.

이미 재직 상태에 있는 노동자를 데려오는 일은 더더욱 어려웠다. 노동자가 스스로 직업을 선택할 수 없고 이동도 허락되지 않았다. 이렇게 노동 주체의 자율성이 제약되었지만, 당시의 상황에서 노동 안정과 생산활동 회복에 긍정적인 작용을 했다.

1951년 8월, 노동부가 〈노동력 수급 상황과 향후 업무에서 유의해야 할 몇 가지 의견에 관한 통보〉를 발표하고, 원활한 노동력 배치를 위해 전담부서를 설치할 것을 제안했다. 도시와 농촌의 잉여 노동력 실태조사와 등록을 통해 노동력 배치를 통합적으로 진행하자는 취지였다. 1952년 10월, 정무원이 〈실직 노동자 처리에 관한 조치〉를 발표하고 국가건설에 발맞추어 실업 문제를 단계적으로 해결할 것을 재차 제안했다. 일괄적인 일자리 알선에서 점차 통합적인 노동력 조달로 전환하자는 것이었다. 1953년, 제1차 5개년 계획 시기에 주요 인프라를 건설해야 하는 상황에서, 지역별로 또는 기업 간에 불합리한 노동력 배치 문제를 해결하기 위한 통합적인 노동력 수급제도가 필요했다. 가장 먼저 건설 분야에서 통합적인 인력 모집과 조달이 시작되어 1955년 이후에 각 영역으로 확대되었다. 1955년 5월, 노동부는 제2차 전국 노동국장회의를 열고 '통합적 관리, 분업과 책임'을 노동력 모집과 조달의 기본원칙으로 확정했다. 이에 따라 기업의 담당부서가 통합적인 노동력 관리 체계에 따라 책임지고 진행했다.

정책의 시행 과정에서 노동력통합조달제도의 적용 범위와 대상이 점차 확대되었다. 1953년 당시에 통합조달제도가 주로 기업에 적용되었다. 기업이 채용한 임시직, 수공업 사업장의 견습생 그리고 소도시의 자영업자가 채용한 직원 등은 이 범위에서 제외되었다. 기업이 소수의 인원을 채용하는 경우에도 자율적으로 채용할 수 있었다. 1955년 이후, 통합조달의 범위가 점차 확대되어 기본적인 형태를 갖추었다.

통합조달제도의 기본 내용은 다음과 같았다. ① 사용자가 신입직원을 채용할 때 반드시 노동국에 필요한 인원과 처우를 보고하고, 노동국 산하의 노동력 조달부서에서 일괄적으로 안내했다. 허가를 받지 않고 임의로 고용할 수 없었으며 외지나 시골에 가서 직원을 채용할 수도 없었다. ② 노동력의 이동은 기업의 담당부서가 내부적으로 조정할 수 있도록 했다. 하지만 외지로 대거 이동하려면 노동기관의 동의가 필요했다. 노동력 부족으로 인한 지역이나 부문 간 조절 그리고 주요 건설공사를 지원하기 위한 기술 인력 차출과 지원은 노동기관이 일괄적으로 담당했다. ③ 신규 노동자, 즉 학교 졸업생에 대해서도 통합배치 방식을 채택했다. 1950년 6월, 정무원은 전국적으로 그해 대학과 대학원의 졸업자를 일괄 배치하는 결정을 내렸다. 같은 해 중등기술학교 졸업자는 주관부서에서 배치업무를 담당하고 그 이후에는 학교가 담당했다. 1951년 10월, 정무원이 〈학제개혁에 관한 결정〉을 통해 고등교육기관 졸업자의 배치를 정부가 담당한다고 규정함으로써 기본적으로 고등교육기관 졸업자에 대한 통합배치제도를 확립했다. ④ 사용자 측면을 보면, 거시적인 노동력 계획에 맞추어 작업량과 인원에 대한 규정을 시행했다. 작업 인원을 규정한 것은 합리적인 인력 규모를 확정하기 위해서였고, 작업량을 규정한 것은 합리적인 노동량을 확정하기 위한 목적이었다. ⑤ 임금관리는 저임금이 주된 특징이었다. 1950년부터 각지에서 국영기업 노동자들에 대해 8호봉 임금제가 속속 시행되었고, 1955년에는 국가기관 근무자에 대해 화폐월급제를 시행하고 월급 기준을 29호봉으로 구분했다. 1956년 6월, 국무원이 임금 개혁에 관한 결정을 발표하고 임금 기준의 변동 및 인상을 엄격히 관리했다. 1957년 1월, 노동부가 중앙정부에 저低임금, 다多취업 방침을 건의했다. 1957년 9월, 저우언라이 총리가 제8차 3중전회에서 발표한 〈노동임금과 노동복지 문제에 관한 보고〉에서, 모든 국민의 노동에 대한 종합적인 고려와 도농 간 적절한 관계 설정을 기본 출발점으로 하여 합리적인 저임금제도를 시행함으로써 다 같이 먹고 살 수 있게 해야 한다고 밝혔다. ⑥ 노동계획을 수단으로 하여 국가가 총괄적으로 노동력을 배치했다. 각 부문과 지역들은 국가가 비준한 노동계획에 근거하여 해당 부문과 지역의 연간 노동력 배치 계획을 편성하고, 노동부서들이 부처 간, 지역 간 배치업무를 담당했다. 일자리 계획, 인력 규모, 임금총액과 노동생산성 계획 등을 국가가 직접 관장했다. ⑦ 모든 도시 노동자들을 대상으로 총괄적인 노동력 배치가 이뤄졌는데, 공무원, 학교 졸업생 그리고 국영기업 노동자에서 퇴역군인, 민관 합작경영 기업체 노동자로 점차 확대되었다. 하지만 농촌지역의 잉여 노동력은 호적제도를 통해 엄격히 관리했기 때문에 이들이 도시로 자유롭게 이동할 수가 없었다.

계획경제 시기, 특히 사회주의 경제건설 시기에 공업 우선 발전 전략에 따라 통합적인 일자리 배치정책이 시행되었고, 이는 경제의 회복과 발전, 지역 간 노동자원의 균형 배치 및 노동자의 취업권 보호 등 측면에서 중요한 역할을 했다. 산업구조가 자리를 잡지 못하고 경제 전반이 취약하던 시기에, 이런 계획적인 상명하달식 일자리 정책으로 국가와 개인의 이익을 도모해야 한다는 점에서 시대적 필연성과 현실성이 있었다. 예를 들어 학교 졸업자들에 대한 총괄 배치는 국가의 이익과 다양한 측면의 이익을 고려한 조치였다. 경제건설의 필요 외에도 졸업자 수가 지나치게 적은 지역을 배려한 것이었다. 1951년 봄학기 졸업생 수가 모두 1만 7,000여 명이었는데, 정무원이 화베이, 화둥, 중서부 및 남서부 지역에서 6,000여 명을 차출하여 동북지역과 서북지역의 각 부문에 배치했다. 하지만 경제건설과 여러 분야에서 필요로 하는 수요를 충족하기에는 역부족이었기 때문에, 일부 학과의 졸업생들을 1년 앞당겨 일괄적으로 배치했다. 개인의 권익 보호는 취업 능력 향상과 노동권익 보장의 형태로 구현되었다. 취업 능력 향상은 주로 전직을 위한 직업훈련, 기술훈련 그리고 견습생 훈련 등을 통해 이루어졌다. 이 중, 기술훈련학교는 신중국 수립 초기에 3개 교에서 1952년에는 22개 교로 늘어났고, 1957년에는 144개 교로 증가하여 5년 동안 배출한 졸업생 수가 14만 7,000명에 달했다. 1959년 통계에 의하면, 신중국 수립 10주년이 되었을 무렵 공업, 건설, 교통 등 12개 부문에서 총 837만 명의 신기술 인력을 모집했는데, 이 가운데 기술학교가 배출한 인력이 40만 명, 나머지 797만 명은 모두 견습생 방식으로 양성했다. 노동권익 보호의 경우, 1956년에 국무원이 〈공장의 안전위생 규정〉, 〈건축물 설치 공사 안전기술 규정〉, 〈노동자 사망사고 보고 규정〉을 발표했고, 1963년에는 〈기업 생산 중 안전작업 강화에 관한 몇 가지 규정〉을 발표하는 등 지속적으로 현장의 안전 조치를 강화했다. 이와 더불어, 노동보험을 골자로 하는 기업 복지제도가 보편적으로 구축되었다.

하지만, 총괄적인 노동력 배치와 일자리 정책은 경제발전 상황과 노동력 수급구조에 대한 정확한 파악과 분석, 예측이 바탕이 되어야 한다. 경제상황과 취업에 대한 예측이 잘못되거나 일자리 정책이 경제발전의 변화에 발맞춰 변화하지 못하면 정책이 차질을 빚게 된다. 1958년부터 1961년까지 '대약진' 운동이 전개되던 시기에 일자리 상황이 크게 요동쳤다. 1958년 3월, 청두시에서 열린 회의에서 정부는 향후에 무분별한 노동자 증원을 억제한다는 지시와 함께 〈노동자 조정 및 충원 문제에 관한 의견〉을 통과시켰다. 지역별로 각 부문의 노동자 모집계획은 먼저 성省 당위원회의 심사를 거친 후 중앙당에서 결정하도록 규정했다. 하지만, '대약진'의 소용돌이 속에서, 1958년 6월 하순 노동부가 노동력 증원 문제에 관한 의견을 중앙정부에 개진했고, 6월 29일에 정부가 노동부의 보고를 받아들여 신규 노동자 모집에 관한 허가와 관리를 완화하고 모집 허가권을 중앙정부에서 하위 부처로 이관하기로 결정했다. 1959년 국가계획위원회와 노동부가 개최한 전국 노동임금 계획 회의에서, "우리나라에서 실업이 완전히 사라졌으며, 노동력이 남아돌던 상황에서 부족한 상황으로 바뀌었다"는 오판을 했다. 각 분야의 노동자, 교사와 학생들을 철강제련 작업에 대대적으로 동원한 것 외에도, '조직의 혁명화, 행동의 전투화', '가정노동의 사회화'를 제창했다. 각 지역의 모든 생산 부문이 맹목적인 노동력 증원에 나섰고, 가정의 부녀자들이 공장 등 도시 인민공사에 투입되었으며 농민들이 대거 도시로 유입되었다. 1958년 한 해에만 2,000만 명이 늘면서, 노동자 수가 총 4,532만 명에 달하는 심각한 문제가 발생했다.

1958년 10월, 모든 국민이 철강제련운동에 동원되던 시기에 허난성省 신샹현縣에서 풀무질을 하고 있는 여성들.

1959년, 정부는 신규 노동자 모집 중단, 특히 도시로 유입된 농민을 더 이상 채용하지 않도록 지시했다. 하지만 여산廬山회의 이후, 새로이 '대약진' 운동이 전개되면서 노동자 규모가 다시 확대되기 시작했다. 1960년 8월까지 전국적으로 노동자 수가 5,100만 명에 달했다. 1960년, 농업 생산과 식량 수급이 악화일로를 걷게 되자 정부는 현縣급 이상 합작사의 인원을 감축하기로 결정하고, 농촌에서 도시로 대거 유입된 인구를 농촌으로 복귀시키는 단호한 조처를 내렸다. 1961년에는 중앙업무회의에서 도시 인구를 감축하기로 결정한 후, 1961년부터 1963년 6월까지 2년 반 동안 1,940만 명의 노동자를 감원하고 도시인구 2,600만 명을 줄였다.

이 시기의 노동과 일자리 정책을 되돌아보면, 노동력 수급계획이 실제 상황과 맞지 않아서 고용된 노동자 수가 훨씬 더 많은 상황을 발견할 수 있다. 이는 역설적으로 정부 계획의 권위와 엄정성을 드러내기 위해 노동계획을 더욱 강화하는 결과를 초래했다. 예를 들어, 1968년 이후 정부가 인원 확충을 동결하기로 하고 부처별로 인원 확충을 허용하지 않도록 정했다. 하지만 1970~1971년 기간에도 약 1,000만 명이 늘었고 이 때문에 노동자 수, 임금총액 그리고 곡물 판매량이 모두 정점을 찍었다. 1972년에 다시 "노동자 수와 곡물을 사서 먹는 것을 엄격히 통제"하기로 결정하고, 사용자가 노동자를 한 명 확충할 때마다 층층이 허가를 받아야 했다. 노동계획의 관리체계가 극도로 경직되었다.

3. 미시적 차원: 이원적 노동제도에서 단일 채용방식으로 전환

거시적인 일자리 정책이 획일적으로 추진되었다면, 사용자의 미시적 측면에서는 어느 정도 유연성을 유지했다. 신중국 수립 초기에는 기업이 상당 정도의 채용권을 가지고 있었다. 사용자(사측)와 노조가 인사관리에 있어 일정한 권한을 가지고 있었다. 1949년 11월, 중화전국총연맹이 총 30개 조항이 담긴 <노사관계 잠정 처리에 관한 조치>를 발표했다. 민영기업의 협약체결, 모집과 채용, 노동자의 근무 시간, 임금과 휴가, 복지 및 여성 노동자 보호 등 상세한 규정을 두었다. 1950년 6월, 정부는 <노동조합법>을 공포하고, 노동조합의 조직방식, 성격 및 참여기업의 인사관리 등에 관해 법률적 근거를 마련했다.

직원 채용에 있어서 1952년까지 일부 대도시에서 기업의 공개채용을 허용했다. 해고에 대해서는 1952년 정무원이 발표한 <고용문제에 관한 결정>에서 노동부는 합당한 해고 신청을 허가해야 한다고 규정했다. 1954년 7월, 정무원은 <국영기업 내 노동규칙 요강>을 발표하고, 노동자의 채용, 이동, 퇴직 그리고 처분에 관해 규정했다. 이 중 제4조에서 "노동자가 이직 또는

1950년대, 정부 기관에서 일하는 모습.

전업을 요구할 때 2주 전에 해당 사업장의 책임자에게 통지해야 하며, 직원이 이직 또는 전업하는 경우 1개월 전에 통지해야 한다. 직원이 이직을 하거나 전업할 때에는 공장장이나 관리 책임자의 허가를 받아야 한다. 그렇지 않은 경우에 모두 노동기율 위반으로 처리한다"고 규정했다. 제5조에서는 "직원에 대한 무단해고를 금지한다. 직원을 해고할 때 증서를 발급하고, 해고 상황과 사유를 명확히 기입해야 한다. 직원이 기업 행정부서의 퇴사 결정에 동의하지 않는 경우, 소속 노조에 제소하거나 현지의 인민정부 노동행정기관에 노동쟁의를 신청할 권리가 있다"고 규정했다. 이로 볼 때 1952년 이전까지 기업이 직원 채용과 퇴사 등에 있어 비교적 큰 자율권을 가지고 있었다. 이외에 노동력의 이동을 엄격히 통제하지 않았기 때문에, 1950년대 전반에는 도시의 실직자와 임시직 노동자 그리고 도시로 유입된 노동자들이 노동력의 예비부대의 역할을 했다. 많은 도시의 공공장소에 구식 노동자들이 모여들었고, 일부 단위들은 직원 채용에 있어 노동행정기관의 관리를 받으려 하지 않았다.

사회주의 개조 시기에 다양한 경제적 요인이 병존했기 때문에, 국유제에 속하지 않은 기업들은 비교적 유연하게 인원을 채용할 수 있었고 고정직 직원도 현장 상황에 따라 조정할 수 있었다. 임시직, 계약직, 계절직 등 형태의 고용이 병존했기 때문에 사용자가 직원을 채용할 때 자율적으로 모집, 채용, 퇴사시킬 수가 있고 직원도 퇴사를 신청할 수가 있었다. 국영기업 내에도 일정 수의 임시직이 있었다.

'3대 개조'를 완성한 후 고정직이 직원 채용의 주된 형태가 되었다. 1956년 기준, 전국적으로 3,500만 명의 노동자 가운데 3,200만 명이 고정직이었다. 1956년, 노동부가 류샤오치 주석의 지시에 따라 구소련에 시찰단을 파견했는데, 이들이 귀국한 후 노동계약제도를 시범적으로 시행할 것을 건의했다. 그리고 1957년 4월에 개최된 전국 노동력 배치 업무회의에서 "총괄적 고려, 적절한 배치" 방침의 철저한 이행과 노동계약서 작성, 고정직제도 개선을 지시하고, 노동계약서 견본을 전국 각지에 발송했다. 1958년 3월, 중앙당이 발표한 〈지방 산업 발전에 관한 의견〉에서, 현縣정부 산하 기업의 노동력은 일부 기술직 노동자와 관리자를 정규직으로 채용하는 것 이외에 필요한 노동력을 현지에서 임시직 형태로 채용해야 했다. 같은 해 11월, 노동부는 쓰촨성省에서 새로운 노동제도 추진을 위한 회의를 개최하고, 공업과 농업 부문에서 새로운 채용방식을 보급하기로 결정했다. 하지만 회의에서 결정된 노동제도 개혁은 '대약진'의 영향으로 3년간 우여곡절을 겪다가 결국 중단되었다. 경제가 조정기를 거쳐 다소 호전된 이후 1964년 5월에 공식적으로 두 가지 형태의 노동제도를 전국적으로 확대 시행하기로 결정했다. 1965년 3월, 국무원은 〈임시직 노동자의 사용과 관리에 관한 잠정규정〉을 발표하고, 일시적 또는 계절적 작업은 임시직 노동자를 채용할 것을 지시했다. 1965년 6월 말, 전국적으로 2,500여 개의 시범 단위들이 있었는데, 농한기에는 공장에서 일하고 농번기에 농사를 짓는 사람들이 58만여 명에 달했다.

1968년 이후에 고용제도 개혁이 중단되고 고정직 제도가 극단으로 치달았다. 고정직이란 국가의 각급 노동 및 인사기관으로부터 정식 승인을 받아 채용된 후 전민소유제 혹은 도시의 집체소유제 산하 기관에서 일하는 근무 기한이 정해져 있지 않은 직원을 의미했다. 가장 큰 특징은 '입사는 있어도 퇴사는 없는' 것이었는데, 사용자는 어떠한 경제적 이유로도 이들을 감원할 수 없었다. 1971년 11월, 국무원이 〈임시직, 전환직 제도 개혁에 관한 통지〉를 발표하고, 상시적인 생산활동 및 일자리는 고정직 노동자를 고용해야 하며 임시직 채용을 금지한다고 규정했다. 생산활동과 업무상 반드시 필요한 경우, 본인의 정치이력이 명확하고 나이와 건강이 업무를 지속하기에 적합한 노동자에 한해 다수의 평가와 책임자의 승인을 거쳐 고정직으로 전환될 수 있었다. 당시에 임시직과 전환직 노동자가 900여만 명이었는데, 이 중에서 상시적인 생산활동 종사자는 약 650만 명, 임시적, 계절직 노동자가 250만 명이었다. 이들 중에 600여만 명의 임시직 노동자가 정규직으로 전환했다. 이때부터, 노동형태가 단일화되어 개혁개방 이전까지 유지되었다.

미시적 측면에서 고용제도의 유연성이 임금 결정 체계에서도 나타났다. 계획경제 체계에 맞춰 노동정액제와 등급임금제가 시행되었다. 소위 노동정액제란 일정한 생산기술과 조직 여건하에서 기계설비와 도구의 충분한 활용 및 합리적인 노동력을 통해 일정한 합격품을 완성하는데 필요할 것으로 예상되는 노동 소모량의 기준 또는 규정된 단위시간 내에 완성된 합격품의 수량을 말했다. 차등임금제는 국가가 업종과 등급에 따라 임금 기준을 화폐로 환산한 것이다. 양자의 기본 특징은 임금이 표준화, 고정화되었기 때문에 인센티브적 성격이 부족했다. 하지만 이와 함께 성과급제도가 전국적으로 활용되었는데, 이는 근로소득과 노동생산성이 밀접하게 연계된 임금제도였다. 노동생산성 향상과 경제 생산성을 바탕으로 한 성과급제도가 활발히 보급되었는데, 특히 1956년 전국적으로 제2차 임금제도 개혁이 시행되면서 성과급제도를 시행할 수 있는 직종은 모두 이 제도를 도입해야 했다. 1956년 말 기준, 성과급을 수령한 노동자 비율이 45.41%에 달했다. 노동자의 노동의욕을 고취하기 위해서 1950년부터 평가와 인센티브제도가 시행되기 시작했는데 각종 성과급과 수당 등이 총급여에서 차지하는 비중이 높게는 10%에 달했다. 하지만 극좌사상의 영향으로 1958년에 이 제도가 중단된 후 1959~1966년에 일시적으로 부활했으나 1968년 이후 다시 중단되었다.

4. 특별한 취업 방식: 지식청년의 농촌운동

1956년 1월, 정치국이 작성한 〈1956~1967년 전국 농업발전 요강(초안)〉에서, 도시에서 초·중·고교를 졸업한 후 도시에서 진학 또는 취업하는 경우를 제외하고, 청년들은 국가의 부름에 따라 농촌으로 내려가 사회주의 농촌 건설에 참여해야 한다고 밝혔다. 당시에 중고교 졸업생들이 허난성省 부현에서 농업 협동화운동에 참가했는데, 마오쩌둥 주석이 이에 대해 "중학교와 고등학교 졸업생들이 협동화 작업에 참여한 것은 각별히 주목할 만한 일이다. 농촌으로 가서 일할 수 있는 지식인은 기꺼이 그곳으로 가야 한다. 농촌은 광활한 천지이며, 그곳에서 해야 할 일이 많다"고 언급했다. 1962년부터 노동자와 도시 인구를 꾸준히 줄여온 정부는 조직적으로 도시의 청년들을 농촌으로 내려보내고 책임자와 전담기구를 설립했다. 처음에는 도시의 청년들을 주로 국영농장, 목장, 양어장 등지로 내려보내다가 이후 인민공사 생산대대가 주요한 파견지점이 되었다. 저장성省 자칭현의 감원조치로 퇴사한 노동자와 청년 학생들이 인민공사 생산대대에 참가했는데, 정부가 이 사례를 주목하고 이렇게 결정한 것이었다. 1964년 1월, 중앙당과 국무원이 〈도시 지식청년의 농촌 사회주의 건설 참여와 조직에 관한 결정(초안)〉을 발표하고, 인민공사 생산대대의 활동에 참여하는 것을 긍정적으로 평가했다. 1962년부터 1966년까지 전국적으로 누계 129만 명의 지식청년들이 농촌으로 내려갔고, 이 가운데 87만 명은 인민공사 생산대대로, 42만 명은 국영농장, 목장 그리고 양어장으

베이다황에서 지식청년들이 교량을 놓고 있는 모습.

로 파견되었다.

'문화대혁명'이 시작된 후 1966~1968년까지 많은 학교가 휴교하거나 신입생을 모집하지 않았으며 공장들은 직원을 채용하지 않았다. 1966년, 1967년, 1968년 3년 동안 중고등학교 졸업생들이 도시에서 할 수 있는 일을 찾지 못해 극심한 취업난을 겪었다. 1968년 12월 22일, 〈인민일보〉가 "지식청년들이 농촌으로 내려가 빈궁한 상황에서도 재교육을 받아야 할 필요성이 매우 크다"는 마오쩌둥 주석의 말을 인용하여 보도한 후, 전국적으로 하향下鄕(농촌으로 내려간다는 의미 _역자주)운동이 벌어졌다. 그 수가 1966년부터 1968년까지 누계 467만 명, 1974년부터 1977년까지는 누계 769만 명에 달했다. 하향운동이 초창기에는 일자리 정책 차원이었지만 차츰 일종의 정치운동이 되었다.

1973년 6월, 국무원이 지식청년 하향운동 업무회의를 개최했는데, 이 회의에서 중앙당에서 내려온 〈전국 지식청년 하향 업무회의에 관한 보고〉가 발표되었다. 이 보고서는 농촌운동의 효과를 분석하고, 그것이 지닌 정치적 의미와 농촌으로 내려간 지식청년들이 직면한 어려움과 문제들에 대한 해결책을 제시했다. 이때 발간된 〈지식청년 하향운동의 문제점에 관한 시행규칙(초안)〉에서 하향운동의 대상과 범위를 조정했는데, 그 내용은 다음과 같다.

① 도시 중고교 졸업생의 배치를 경제발전의 필요에 따라 개방하고 도시의 배치 능력을 확대해야 한다. 우선 졸업 후 곧바로 상급학교에 진학하거나 입대 또는 도시에서 취업할 수 있게 한다. ② 광산, 임업지대, 농촌에 있는 기업, 지방 소도시, 일반 현縣 등지의 단위와 비非농가의 중고교 졸업생은 하향운동의 범주에 포함되지 않으며, 현지의 체계나 지역이 자체적으로 배정한다. ③ 하향운동에 동원 대상인 도시의 지식청년 가운데 외동자녀, 부모가 모두 사망한 경우, 해외에서 귀국한 학생, 중국 국적의 외국인 자녀는 모두 제외된다. 다자녀 가정은 선별적으로 남는 것을 허용한다. 1978년 개혁개방 이후 지식청년들이 속속 도시로 돌아오기 시작했다.

도시의 지식청년들이 농촌으로 내려가던 시기에 기업이 도시에서 직원을 채용하는 것이 허용되지 않았기 때문에, 1967년부터 1976년까지 전국 농촌에서 1,300만 명의 직원을 모집했다. 이로 인해서 도시와 농촌 간에 역사상 드문 노동력의 대규모 순환현상이 일어났다. 이처럼 도시와 농촌 간 노동력의 순환은 계획경제 체제하에서 추진된 일자리 정책으로 발생한 현상이었는데, 도시 주민은 대대손손 도시에서 거주하고 농촌인구는 도시로 이주할 수 없었던 상황을 바꿔놓았다. 오늘날의 관점에서 볼 때 좋은 선택이 아니었지만, 낙후된 경제와 도시의 일자리가 부족한 상황에서 높은 자질을 갖춘 청년들이 낙후된 농촌으로 내려가고, 동시에 수많은 농촌 노동력이 도시로 들어올 수 있는 기회를 얻었다. 따라서 하향운동에 대한 평가는 역사적, 총체적 관점이 필요하다.

첫째, 중국의 농촌협력화 운동은 지식과 소양을 갖춘 청년들을 필요로 하고 또한 도시의 취업난이 가중되던 시기에 추진된 운동이었다. 이는 도시의 청년 고용문제를 해결하고 농촌의 낙후된 상황을 변화시키고자 하는 두 가지 목적이 있었다. 도시와 농촌의 다른 상황 속에서 일자리 문제를 해결하려는 적극적인 시도였다. 하지만 후에 정치화 경향이 나타나면서, 장기간 누적된 농촌의 경제와 사회적 낙후성이 더 이상 지식청년들을 농촌에 머물게

하는 이유가 되지 못했다. 이후 이들이 대거 도시로 돌아오면서 새로운 취업난으로 이어졌다.

둘째, 하향운동에 대한 평가는 총체적 관점에서 접근해야 한다. 개별적 시각으로 볼 때 하향운동은 도시의 청년들이 도시에서 발전할 수 있는 기회를 빼앗고 심지어 개인과 가족의 고통을 초래했다고 볼 수 있다. 하지만 국가의 발전이라는 관점에서, 이는 수많은 도시의 지식청년들이 광활한 농촌과 수억 명에 달하는 농민들을 만나고 이해할 수 있었던 기회였다. 이들이 농촌의 기초교육 보급과 협력의료제도의 신속한 발전에 큰 역할을 담당했다. 만약 지식청년들이 농촌으로 내려가지 않았다면 농촌 주민의 교육과 건강 수준이 신속하게 개선되지 못했을 것이고 도농 격차가 더욱 벌어졌을 것이다.

셋째, 하향운동은 그 세대의 사람들에게 정신적 의미가 있었다. 이 운동은 그 시대를 살았던 사람들에게 고된 창업정신과 단체정신을 키워주었다. 그들은 국가의 호소에 호응하여 낙후된 농촌을 변모시키는데 전력을 다하며 나라의 상황을 이해하고 자신의 능력을 키웠다. 그런 지대한 공헌이 있었기 때문에 지금까지 국가 번영과 발전의 토대를 놓은 중견 세대로서 사회적으로 존경받고 있다.

5. 건국 초기 30년간의 고용발전에 대한 간략한 평가

신중국 수립 후 처음 30년간의 노동과 취업을 돌이켜보면, 다음의 특징을 발견할 수 있다.

첫째, 신중국 수립 초기에 실직 노동자들을 구제하기 위해 취한 다각적인 조치들이 민생 보장과 정치적 안정, 경제건설을 촉진하는 역할을 했다. 신중국 수립 초기에 실직자 구제는 사회적, 경제적 그리고 정치적 성격을 지닌 과제였다. 사회적 성격은 민생을 보장하고 실직자의 현실적 어려움을 해소하는 것으로 나타났다. 경제적 성격은 고용안정과 신속한 경제발전으로 나타났으며, 정치적 성격은 사회 안정 유지와 새로 탄생한 정부의 안정적 기반으로 나타났다. 신중국 수립 초기에 경제와 사회의 복잡한 상황 속에서 정부는 일자리 배치와 개인의 자율적 취업을 결합한 고용정책을 추진했다. 기존의 문제와 새로운 취업 문제의 연계, 실직자에 대한 구제와 자구적인 노력의 결합을 통해 비교적 단기간 내에 실직자의 취업과 생활문제를 어느 정도 해결했다. 특히 실직자의 자구 노력, 공공일자리 제공 등과 같은 구제방식은 구제정책과 노동을 상호 연계했다는 점에서 매우 긍정적인 의미가 있었다. 이는 이 시기의 고용 문제를 해결하는데 유의미하고 귀중한 경험이었다.

둘째, 총괄적인 노동력 배치와 취업제도가 전체적으로 계획경제 체제하에서 국가건설을 강력하게 뒷받침했지만, 거시경제 시스템의 영향을 받아 극단적인 방향으로 전개되면서 미시경제 주체의 자율성을 훼손했다. 노동계획과 행정 수단에 기반한 총괄적인 노동 및 일자리 제도는 계획경제 체제의 필연적인 산물이자 주된 표현방식이었다. 계획경제 시기는 방대한 노동력 공급, 낮은 노동력 수준, 미흡한 노동력 시장, 낙후된 취업 서비스로 요약될 수 있을 것이다. 이와 함께 국가의 중공업 우선 정책과 대규모 경제건설로 인해 노동력에 대한 수요가 매우 컸다. 거시경제 체제의 제약과 노동력 수급관계의 영향으로 상명하달식의 통합적인 노동력 배치 방식이 경제건설에 역량을 집중해야 하는 상황과 맞아떨어졌다. 하지만 거시경제 상황의 영향과 경제를 발전시켜야 한다는 조급함에서 비롯된 상명하달식의 노동계획은 미시적 경제주체의 실제적인 요구와 괴리되었고, 노동력 수급과 취업 상황에 큰 변동을 초래함으로써 심각한 실업문제를 야기했다. 또한 진입하기 힘들어진 '철밥통' 직장과 능력에 상관없이 똑같이 먹어야 하는 '한솥밥' 정책이 미시경제 주체인 사용자의 자율성과 생산성 향상에 영향을 미쳤다.

셋째, 노동자의 취업과 권리 보장이 기본적으로 실현되었으며 이는 삶을 유지하는 가장 중요한 원천이 되었다. 총괄적인 취업과 노동시스템 하에서 거의 모든 노동자의 취업이 계획에 따라 이뤄졌다. 정부의 총괄적인 노동력 정책에 '사회주의하에서는 실업이 있을 수 없다'는 인식이 더해지면서 도시와 농촌의 노동자들이 대부분 일자리를 얻었다. 일자리의 질과 수준이 상대적으로 낮았지만, 노동자가 노동을 통해 소득을 얻고 기본적인 가정생활을 영위하며 자기 힘으로 살아가는 것을 자랑스러워하는 사회적 분위기도 형성되었다. 이와 함께 도제제도, 직업훈련 등 제도가 노동자의 기능 향상을 가져왔고, 노동보험제도를 골자로 하는 노동자 권익보장체계도 신속히 자리 잡았다.

넷째, 이원적인 노동 및 일자리 구도가 형성되었다. 우선 도시와 농촌 간 분리인데, 전체적으로 농민들은 엄격한 호적제도에 묶여 농촌에서 농사를 지으며 살았다. 하향운동을 통해 일시적으로 노동력의 순환이 있었지만, 이는 노동자 스스로 선택한 것이 아니었다. 또한 도농 간 담장이 허물어진 것도 통일된 노동시장이 형성된 것도 아니었다. 따라서 농촌의 잉여 노동력과 드러나지 않는 실업문제가 심각했다. 다음으로 도시의 노동자와 간부 간 분리였다. 당시에 노동자와 간부는 직업적 구분만이 아닌 신분의 상징이었다. 기업 내에서 책임자와 전문대학 졸업자들 대부분이 간부 신분이었다. 임금 기준, 복리 혜택 그리고 승진 경로가 모두 달랐으며, 행정면에서도 노동부와 인사부로 나뉘어 관리했다. 따라서 도시와 농촌, 간부와 노동자, 양자 사이에 원활한 이동과 상승 통로 부족, 노동시장 분리가 심각했다.

결론적으로, 신중국 수립 이후 처음 30년 동안 정부의 취업정책이 일자리 보장과 민생 개선을 위한 기본적인 경로로서 성과를 가져왔다. 하지만 당시는 사회주의 탐색기였기 때문에 불가피하게 문제점들이 나타났고 또한 경직된 경로에 기대는 경향이 강해지면서 사용자와 노동자의 자율성에 영향을 주었다. 이것은 개혁개방 이후에 계획경제 시기의 노동과 일자리 정책을 강력히 개혁한 원인이 되었다.

2. 노동과 취업 개혁의 40년

　　개혁개방의 위대한 여정은 크게 전통적인 사회주의 계획경제에서 중국 특색의 사회주의 시장경제로의 전환의 여정이었다. 이 과정에서 노동력의 시장적 속성이 강화되고 노동시장이 형성 발전되었다. 하지만 다른 요소들과 달리 노동시장은 주체가 사람이며 물질 자원에 비해 노동력 자원이 훨씬 복잡하다. 노동력 자원의 투입 대비 회수률이 비교적 높기 때문에 인적 자원이 경제발전의 가장 중요한 동력이 된다. 한편, 노동자의 유동성이 가정, 환경 등 다중적 요소의 영향을 받기 때문에 단순히 가격 메커니즘만으로 지역 내에서 완전한 유동성과 균형을 이룰 수가 없다. 노동자 이동의 경제적 동인과 그로 인한 일방성 그리고 전반적인 경제의 균형과 지속 가능한 발전 간에는 모순이 존재한다. 따라서 개혁개방 후의 일자리 정책은 노동시장 확립뿐만 아니라 시장의 경직화에 대처하기 위한 거시적 조절 정책도 포함되었다. 기본적인 민생과 노동자의 존엄성에 대한 더 많은 관심, 특히 경제의 변동기에 노동과 취업 분야의 거시적 조절 정책이 고용안정과 민생 보장, 더 나아가 거시경제 안정과 사회 안정에 매우 중요한 역할을 발휘했다.

사회주의 시장경제 체제 확립의 핵심은 미시적 경제주체들이 동력을 발휘하고, 손익에 대한 자기 책임, 자아 균형과 자아 발전을 추구하는 진정한 시장의 주체가 되도록 하는 것이다. 노동자를 채용하고 관리하는 것은 미시적 경제주체의 중요한 권리인 동시에 노동자가 자율적이고 다양한 취업 기회와 발전 공간을 갖도록 해주는 것이다. 계획경제 시기에 통합조달방식의 노동정책이 미시적 주체들의 권리를 제약했던 것과는 달리, 시장경제 시기의 노동정책은 거시적인 취업정책 및 제도와 시스템 확립으로 구현되었다. 여기에 미시적 경제주체의 노동과 인사관리도 포함되었다. 따라서 새로운 노동관계가 점차 사용자와 노동자 개인의 선택이 되었다. 계획경제 시기에 형성된 이원적인 노동시장 문제를 해소하기 위해 시장경제 시기의 거시적 고용정책은 농촌 잉여 노동력의 활용에 초점이 맞춰졌다. 하지만 미시적 측면에서, 정부기관과 기업의 인사제도는 여전히 상대적으로 분리되어 있었다. 이런 점을 고려하여, 사회주의 시장경제 체제 확립과정의 중요 시기별로 개혁개방 이후의 노동정책과 그 시행에 대해 살펴보고, 거시적인 고용정책과 미시적인 인사관리 정책을 함께 살펴보고자 한다. 이 가운데 노동정책은 노동력의 시장화, 고용 서비스 체계의 확립, 그리고 특수계층을 위한 거시적 고용정책을 중심으로 고찰하고, 미시적 인사관리 정책은 정부 기관과 기업의 임금, 노동자 권익보장과 노사관계의 변화 등 제도를 중심으로 고찰할 것이다.

1. 1978~1992년: 노동시장의 태동과 노동계약제 추진

중국 공산당 제11차 3중전회에서 국정의 중심을 경제건설에 두면서 경제발전이 개혁개방 이후 가장 중요한 과제가 되었다. 1982년 9월, 제12차 회의에서 경제체제 개혁의 원칙을 '계획경제를 주축으로, 시장 조절을 보조 축'으로 확정하고 이를 철저히 이행할 것을 주문했다. 1984년 제12차 3중전회에서 통과된 <경제체제 개혁에 관한 결정>에서 사회주의 경제는 공유제를 기초로 한 계획적인 상품경제라고 정의했는데, 이는 당시에 노동과 고용시스템 개혁의 거시적 배경이 되었다. 즉, 부분적으로 계획체제의 관성을 유지하되 노동시장 확립의 첫발을 내딛는 투트랙의 특징을 띠었다. 노동력 공급 측면에서 지식청년의 귀환과 60년대에 출생한 베이비붐 세대가 경제활동 연령에 진입함으로써 노동력의 규모가 빠르게 확대되었다. 노동력의 수요의 경우, 경제체제 개혁이 경제주체의 활력을 불러일으키고 다양한 산업들이 활발히 발전하면서 노동수요가 급격히 증가했다. 따라서 이 시기의 노동정책은 계획체제에서 시장체제로 가는 과도적 정책이었다.

1) 노동시장 주체의 탄생: 사용자의 인사 자율권 확립

행정 수단을 통한 계획적인 인력배치에서 시장을 통한 인력배치로의 전환은 미시적 경제주체인 사용자의 자율권을 전제로 했다. 이 시기에 노동시장 확립의 핵심이 미시적 경제주체에게 고용자율권을 부여하는 것이었다. 1979년, 국무원이 <국영기업의 경영관리 자율권 확대에 관한 몇 가지 규정>을 발표하고 국영기업의 경영자율권을 확대했다. 이 가운데 제8조에서, "기업은 국가의 노동계획 지표에 따라 근로자를 선발, 채용할 권리가 있다. 기업은 기업의 실제 상황에 맞게 입사 시험 기준을 마련하고 시험을 통해 근로자를 채용한다. 기업은 근로자의 업무 처리에 근거하여 상벌을 내릴 권리가 있다. 노동규율을 심각하게 위반하거나 규정과 제도를 파괴 또는 여러 차례 지도에도 개선되지 않고 중대한 경제적 손실을 초래한 경우 제명 처분을 내릴 수 있다. 제명 후에 작업장에서 계속 일하는 경우 생활비를 지급할 수 있다"고 규정했다. 1982년, 국무원이 <기업 근로자 상벌 조례>를 발표하고 기업이 소속 근로자에게 상벌을 내릴 수 있는 권한을 규정했다. 1984년에는 <국영기업의 자율권 확대를 위한 잠정규정>을 발표하고 기업 관리자에게 더 많은 인사관리 권한을 부여했다. 그 중, 제8조에서 "기업은 필요한 경우 외부에서 기술인력과 관리인력을 채용할 수 있으며, 자율적으로 보수를 정할 수 있다. 기업은 필요한 경우 근로자 중에서 간부를 선발할 수 있으며, 재직하는 동안 그에 대해 동일 직급 간부로서 대우한다. 공장장(책임자)은 근로자에 대해 진급과 포상, 제명 처분을 포함하여 상벌을 내릴 권한이 있다. 기업은 생산수요와 업종의 특성에 따라 노동기관의 지도하에서 근로자를 공개채용하고 시험을 거쳐 채용할 권리가 있다. 어떤 부서나 개인이든 국가가 정한 규정을 어기고 인력을 채용하는 행위를 거부할 권리가 있다"고 규정했다. 사용자의 인사관리 자율권이 강화되고 노동계획의 구속력이 약화되었다는 것을 알 수 있다. 국영기업 개혁과 함께, 정부는 민간기업, 개인기업, 외자기업 그리고 농촌의 향진기업을 포함한 비非국영기업에 대해 적극적인 지원정책을 폈다. 이 새로운 형태의 기업들은 기존 고용제도의 제약을 받지 않고 보다 유연하고 자율적으로 근로자를 채용할 수 있었다. 공개채용, 자발적 지원, 입사시험을 골자로 하는 채용제도는 기존의 통합적인 인력 배치제도에 대한 중대한 개혁이었다.

사용자의 자율권은 미시적 경제주체뿐만 아니라 정부의 행정 부문에서도 나타났다. 1978년, 제11차 3중전회에서 "관리기관과 관리자의 권한과 책임을 강화하고, 심사, 상벌, 승진제도를 성실하게 시행"할 것을 강조했다. 1982년에 단행된 국무원 산하 기관 개혁은 관리체계와 간부인사제도 개혁이 핵심이었는데, 주요 내용은 다음과 같다. ① 책임자급 간부 종신제를 폐지하고 퇴직제도를 도입했다. ② 부서와 인원을 간소화하여 국무원 산하 기관을 100개에서 60개로 통폐합하고, 인원을 5만 1,000명에서 3만 8,000명으로 줄였다. ③ 간부급의 연령을 낮추었다. 그 후, 중앙당이 〈간부제도 개혁에 관한 의견〉 등 문건을 발표하고 간부 관리 권한 이양, 관리 방법 개선, 분야별 관리, 예비간부제도 도입 등을 포함하여 관리체계를 개혁했다. 구체적으로는 시험을 통한 채용과 민주적 심사와 평가 방법 등이 채택되었다.

이와 함께, 정부는 노무서비스 기업을 활성화하여 취업 관련 서비스를 제공하도록 유도했다. 1979년에 샤먼이 가장 먼저 노무서비스 회사를 설립하고, 1980년에 열린 전국 노동 및 일자리 업무회의에서 이를 적극적으로 소개했다. 노무서비스 기업의 주요 기능은 취업 알선, 일용직 노동자 파견, 생산과 서비스 조율, 직업훈련 등이었다. 1979년부터 1987년까지, 노무서비스 집체기업의 취업자 수가 누계 1,400만 명이었는데, 이 중 다양한 경로를 통해 670만이 외부로 파견되고 730만 명이 남았다. 같은 기간, 다양한 분야의 기술학원을 통해 연인원 1,055만 명이 기술훈련을 받았는데, 이 가운데 60%가 구인 기업에 소개되었고, 15%는 팀을 이뤄 일자리를 구했으며, 5%는 스스로 취업에 성공했다. 1990년 1월, 노동부는 〈직업소개 잠정규정〉을 발표하고, 정치와 기업 분리 원칙에 따라 현縣급 이상 노무서비스 기업 명칭을 직업소개소로 변경했다가 후에 다시 취업서비스국으로 바꾸고 직업소개 등 공공일자리 사업을 전개했다. 이는 중국에서 공공일자리 서비스 기관의 모태가 되었다. 1990년 4월, 국무원이 〈노동 및 취업 업무 추진에 관한 통지〉를 발표하고, 노무서비스 기업의 운영과 일자리 알선기능을 확대할 것을 지시했다. 같은 해 11월, 국무원이 〈노동 및 취업 서비스 기업 관리 규정〉을 발표하고, 노무기업의 성격, 지위, 역할, 기구 그리고 업무 내용 등을 규정했다. 정부가 설립 지원하는 정규 노동시장 외에도, 민간이 자발적으로 만든 비공식 노동시장도 있었다. 예를 들어, 장쑤성省 우시시市가 1986년부터 량시대교 아래에 최초의 민간 노동시장을 만든 이래로, 훼이샹교, 강티에교, 화페이교, 창수교 등 비공식 노동시장에는 매일 100-200명의 사람들이 일자리 기회를 기다렸다.

2) 도시로 회귀한 청년의 취업 문제 해법: '3결합'과 취업의 문

1979년, 지식청년들이 대거 도시로 돌아오기 시작하고 경제활동인구의 증가로 도시의 취업난이 점차 심각해졌다. 통계에 의하면, 1979년에 도시의 취업 대기 인력이 누계 1,500만 명에 달했는데, 노동부에 등록된 도시 실직자만 해도 568만 명이었다. 도시의 공식 실업률이 5.4%에 이르렀다. 따라서 어떻게 단기간에 취업문제를 해결하느냐가 당시 일자리 정책의 최우선 목표가 되었다.

　1980년 8월, 전국 노동 및 취업 업무회의가 베이징에서 개최되었다. 회의가 끝난 후, 〈도시의 노동 및 취업 업무 추진〉 문건을 발표했다. 이 문건은 정부의 총괄적인 계획에 따라 노동부가 일자리를 소개하는 방식, 자발적으로 팀을 만들어 일자리를 찾는 방식 그리고 구직자 스스로 일자리를 찾는 방식의 '3결합' 취업방침을 제시했다. 국민경제와 기업의 긴밀한 연계와 조율, 소유제 구조와 산업구조조정을 통한 취업 경로 확대, 노무서비스 기업의 적극적인 활용을 통해 도시로 돌아온 지식청년 흡수, 지식청년으로 구성된 생산조직 육성 그리고 기업의 농업 생산기지 운영 등이 추진되었다. 구체적으로는 7가지로 요약할 수 있다. ① 손익을 스스로 책임지는 다양한 형태의 협동조합과 협력팀을 대대적으로 육성했다. ② 여건을 갖춘 국영기업이 미취업 청년들이 합작사를 설립할 수 있도록 적극적으로 지원했다. ③ 지식청년을 중심으로 하는 집체소유제 공장과 공·농·상 연합기업을 육성했다. ④ 도시에서 자영업을 발전시키고 지원했다. ⑤ 일부 업종이나 직종은 실제 상황에 따라 채용제도와 노동시간제를 변경할 수 있었다. ⑥ 중등교육제도를 개혁하여 직업기술교육을 발전시켰다. ⑦ 노무서비스 기업을 설립했다. '3결합' 일자리 방침은 당시 노동과 취업 정책의 '투트랙' 성격을 뚜렷이 보여준다. 정부의 역할과 노동 관련부서의 일자리 소개를 강조했다는 점에서 어느 정도 계획경제의 특징이 있었지만, 다른 한편으로 구직자가 자발적인 노력으로 일자리를 찾도록 유도했다. 즉, 노동자에게 시장을 통한 취업을 장려할 만큼 뚜렷한 시장경제의 특징을 가지고 있었다. '3결합' 방침에 힘입어 도시의 취업 문제가 어느 정도 해결되었다. 1979년부터 1981년까지 3년 동안 2,600만 명이 일자리를 찾았으며 1982년에는 24개 성, 시, 자치구의 청년들이 일자리를 찾았고, 도시의 취업 대기율이 1984년 1.9% 수준으로 떨어졌다.

상하이시의 한 주민위원회의가 도시로 회귀한 지식청년들이 일자리를 찾도록 돕기 위해 운영한 뜨개질 공방의 모습.

1981년 10월, 중앙당과 국무원이 <경로 확대, 경기 부양, 도시 취업문제 해결에 관한 결정>을 발표하고, 산업 구조조정, 집체경제 활성화, 개인경제 발전, 노동제도 개혁 그리고 노무서비스 기업 정비 등에 관한 방안을 제시했다. 또한 농촌 노동력의 도시 유입을 통제하는 등 도시 미취업 청년의 취업 문제 해결을 위한 제도적 장치를 마련했다. 주요한 골자는 집체경제와 개인경제를 발전시켜 도시의 고용 문제를 해결하고, 농촌의 다양한 경영 모델과 지역기업을 활성화하여 농촌의 노동력 문제를 해결하는 것이었다. 이와 함께 국영기업의 고용제도를 개혁했다. 이는 경제체제 개혁과 다양한 소유제 정책이 노동과 취업 부문에서 구현된 변화였다. 이것은 양적 개혁의 특징이 있었는데, 다시 말해 비非국영기업의 발전을 통해 경제발전과 고용을 흡수했다.

집체기업의 구직자 배치 방식은 다음과 같았다. ① 국민소유제 기업이 운영하는 집체경제, 속칭 대大집체기업. 이들은 주로 본사의 직원 자녀와 잉여 인력들을 채용했는데, 출자한 국영기업의 자회사이자 사회봉사의 성격이 있었지만, 독립경영, 독립채산, 손익 책임제 원칙에 따라 운영되었다. ② 구역별로 혹은 주민위원회가 운영하는 집체기업, 소위 소小집체기업. 이들은 주로 기업에 속한 근로자가 아닌 주민의 자녀와 기타 취업문제 해결을 담당했다. ③ 주민들이 낸 자금으로 운영되는 집체기업. 이는 민간이 운영하는 기업이었다. 정부가 집체경제를 발전시키기 위해 조세, 임금 지원 등 정책을 폈다. 개인경제는 정책적 지원을 받아 일자리를 창출하는 중요한 통로이기도 했다. 국무원이 1981년 7월 〈도시 비농업 개인경제에 관한 정책 규정〉을 발표하고, 개인 사업자도 사회주의 노동자로서 국가의 보호와 지원을 받아야 한다고 강조했다. 1981년 전국적으로 도시의 개인 사업자가 113만 명이었는데, 1985년에는 480만 명에 이르렀다.

농촌의 잉여 노동력에 대해서는 도시로 이주하는 것을 엄격히 관리하며 주로 농촌경제 발전을 통해 일자리를 창출했다. 동부 연해 지역은 경제체제 개혁이 비교적 신속히 진행되면서 농촌과의 불균형이 한층 컸다. 인민공사 직영 기업에서 시작하여 농촌에 세워진 향진기업들이 비교적 빠르게 발전했다. 국가통계연감에 따르면 농촌 취업자 수가 1978년의 2,327만 명에서 1984년에는 5,208만 명으로 증가했고, 1988년에는 9,545만 명에 달했다. 이는 농촌 고용구조의 근본적인 변화를 가져왔다. 농촌지역에서 농업, 농촌기업, 건설 및 운송업 종사자의 비율이 1980년 91.8 : 6.3 : 1.9에서 1992년에는 77.9 : 13.6 : 8.5로 바뀌었다.

하지만 저개발 지역의 노동력과 토지부문의 갈등이 여전히 해소되지 못했다. 통계자료에 따르면 농촌인구 1인당 농경지 점유 면적이 1949년의 3.28묘(중국식 토지면적 단위. 1묘는 약 200평에 해당된다-역자주)에서 1978년에는 1.84묘로 줄었다. 농촌의 잉여 노동력이 도시로 진입하려는 열망이 여전히 강했다. 이에 따라, 농촌 잉여 노동력에 대한 국가의 통제가 점차 완화되었다. 1981년에 국무원은 〈농촌 노동력의 도시 진입과 농업인구의 비非농업인구 전환과 관련한 엄격한 통제에 관한 통지〉를 발표하고, 호적 및 식량 관리 그리고 노동력의 도시 유입을 엄격히 통제했다. 1982년부터 중앙당이 5년 연속 '1호 문건'을 발간했는데, 농촌에 다양한 경영방식을 도입하여 일자리를 창출하는 방안 이외에도 농촌 노동력을 소도시로 유입하여 일자리를 찾도록 하는 방안 등에 주목했다. 이후에 다시 <농민의 소도시 진입과 정착에 관한 통지> 등 조치를 내놓았다. 1991년부터 농촌 노동력 개발 및 취업 시범사업이 추진되면서 농촌 노동력의 지역 간 이동이 체계적으로 추진되기 시작했다. 하지만, 농촌의 노동력 이동에 대한 규제가 완화되기만 한 것은 아니었다. 공공취업서비스와 교통수송 등의 한계로 인해 여전히 노동력 이동에 관한 규제들이 있었다. 예를 들어, 1989년 3월 국무원이 <농민공 전출에 관한 긴급 통지>를 발표했고, 일부 성省과 도시들은 농촌 노동력의 광범위한 지역 간 이동을 통제하기 위해 타지역 출신 근로자의 고용을 제한하는 규정을 만들었다. 당시에 '도시만의 노동부'라는 조롱 섞인 말이 나올 정도로 농촌 노동력 수준이 낙후되어 있었다.

3) 고용시스템 개혁의 표지: 노동계약제 추진

이 시기 고용시스템 개혁의 가장 두드러진 표지가 노동계약제의 점진적 추진이었는데, 이것은 계획체제에서 총괄적으로 운영하던 고용시스템을 완전히 뒤엎은 변화였다. 1980년, 먼저 상하이시가 방직, 수공업, 경공업, 계측, 기계, 백화점 등 업종의 21개 기업에 대해 노동계약제를 시범 시행했다. 이후 각 업종으로 확대되어 계약직 근로자 3,000여 명이 채용되었다. 1982년, 베이징, 광시, 광동, 허난, 후베이, 안후이, 간쑤 등지로 계약제 시범지역이 확대되면서 계약직 노동자가 16만 명에 달했다. 1983년 2월, 노동인사부는 <노동계약제 시행에 관한 통지>를 발표하고, 노동계약제의 근본적인 목적으로 철밥통 폐지와 '능력에 따른 노동력 분배'라는 사회주의 원칙 시행을 내걸었다. 전민소유제 기업과 집체소유제 기업의 모든 기술직과 일반직에 대해 '신입직원은 새로운 제도, 기존의 직원은 기존의 제도' 원칙을 확대 적용할

상하이 중유공장의 근로자들이 노동계약 서류에 서명하고 있다.

것을 지시했다. 1983년 전국적으로 계약직 근로자 수가 65만 명에 달했다. 1985년 6월 기준, 전국적으로 계약직 근로자 채용인원이 204만여 명이었다. 새로 고용된 근로자들에 대해 노동계약제를 적용하고, 동시에 노동생산성을 높이기 위해서 유휴 고정직 근로자에 대해서도 노동조합 방식을 적용했다.

1986년, 국무원이 〈국영기업 노동계약제 실시 잠정규정〉, 〈국영기업 근로자 채용 잠정규정〉, 〈국영기업 비리 근로자 해고 잠정규정〉, 〈국영기업 근로자 미취업 보험 잠정규정〉(약칭 노동제도 4대 개혁)을 공포하면서 노동계약제가 정식으로 자리 잡았다. 주요 내용을 보면, 신규채용 근로자에 대해 노동계약제 적용, 사회지향적 채용 제도 시행, 기업에 비리 근로자 해고 권한 부여, 미취업 보험제도 제정 등이 있었다. 아울러 은퇴한 부모의 직장을 자녀가 이어받는 제도를 폐지했다. 1992년 2월, 노동부는 〈노동계약제 전면 시행에 관한 통지〉를 발표하고, 노동계약제 시행에 박차를 가했다. 1996년 중국통계연감에 따르면, 전체 근로자 중에서 노동계약제 직원이 차지하는 비중이 1984년 1.8%에서 1994년 25.9%로 높아졌다. 1994년 8월, 노동부는 〈노동계약제 전면 시행에 관한 통지>를 통해, 1996년 말까지 전국적으로 노동계약제도를 시행한다고 재차 밝혔다. 1997년 말 기준, 전국의 도시에서 이미 1억728만 1천 명의 근로자와 기업이 노동계약을 체결했는데, 이는 조사대상 지역 전체 근로자 수의 97.5%를 차지하는 수치였다.

　　노동계약제가 양적 개혁의 원칙을 좇았기 때문에 당시 기업 근로자 대부분이 여전히 고정직 신분으로 남아 있었다. 1990년 기준, 국유기업, 도시 집체소유제 기업 그리고 기타 소유제 기업 근로자의 노동계약제 비율이 13.3%, 8.1%, 26.3%에 불과했다. 그러나 노동계약제의 등장과 전면적인 시행은 상명하달식 노동계획과 총괄적인 분배를 기본 특징으로 하는 계획경제 시기의 고용방식이 완전히 사라졌다는 것을 의미했다. 1990년대 들어 단체노동계약과 단체협상제도가 점차 구축되기 시작했다. 1996년 5월, 전국공회와 노동부, 국가경제무역위원회, 중국기업가협회가 공동으로 <단체협상 및 단체협상제도의 단계적 시행에 관한 통지>를 발표하고, 단체협상과 단체협약제도가 시장경제 여건하에서 조화로운 노동관계를 확립하는 효과적인 기제라고 강조했다. 2001년 8월, 중화전국총공회, 노동사회보장부 그리고 중국기업연합회 및 기업가협회가 <노동관계 협상 3자 회의제도 구축에 관한 의견>을 원칙적으로 채택함으로써, 노동관계 협상 3자회의 제도가 확립되었다.

4) 노동보호, 직업훈련 그리고 노동쟁의 처리 등 정책 기반 확립

　　노동보호 측면에서는 주로 광산 노동자에 대한 보호조치가 강화되었다. 1979년 4월, 국무원은 국가노동총국 등 부처에 <광산 분진 방지 및 방독 작업 강화에 대한 보고>를 전달했다. 같은 해 8월, 보건부 등이 <기업 소음 위생 기준(시행 초안)>을 발표했다. 1984년 7월, 국무원이 <방진 방독 업무 강화에 관한 결정>을 발표했고, 1987년 12월에는 <진폐증 방제조례>, 1991년 2월에 다시 <공장 노동자 사망사고 보고 및 처리 규정>을 발표했다. 1992년 11월, 제7기 전인대 상무위원회 제28차 회의에서 <광산안전법>이 통과되었다.

장애인과 여성의 취업권도 보호받을 수 있게 되었다. 1991년 5월부터 시행된 〈장애인 보장법〉 제4장에 장애인의 노동과 취업에 관한 권리를 명시하고 집중과 분산 방식을 접목한 장애인 고용지침을 밝혔다. 정부는 장애인복지기업, 공립의료기관 등을 설립하여 집중적인 취업 정책을 펴는 한편, 다양한 경제 기관들이 일정 비율의 장애인을 고용할 것을 지시했다. 1988년 7월에 국무원이 〈여성 노동자의 노동보호 규정〉을 발표했고, 1990년 1월에는 노동부가 〈여성 노동자의 금지 노동 범위에 관한 규정〉을 발표했다. 1992년에 통과된 〈여성권익보장법〉 제4장에서 여성의 노동권익에 대해 명시하고, 노동, 임금, 복지, 직무상 승진 등에 관한 기본권리를 규정했다. 제3차 인구총조사 통계에 따르면, 여성의 취업 비중이 농업 46.2%, 제조업 44.1%, 위생·체육·사회복지 분야 48.13%, 교육 문화 예술 분야 35.38%, 국가기관과 당정단체 20.45%로 여성의 취업권에 대한 보장이 비교적 잘 이루어졌다. 이외에 1991년 4월, 국무원은 〈아동 노동사용 금지 규정〉을 통해 아동을 노동력으로 이용하는 것을 금지했다.

직업훈련 부문의 경우, 국무원은 1978년에 기술학교를 국가노동총국에서 관리하게 했다. 이에 관한 주요한 내용을 몇 가지로 요약할 수 있다. ① 기술공업학교가 신속하게 확대 보급되어 1985년에 전국적으로 3,465개 학교가 세워졌고, 재학생 수는 63만 9,000명, 교직원이 18만 7,000명에 달했다. 1979~1985년에 178만 2,000명의 졸업생을 배출했다. ② 실습생 양성의 역할을 담당했다. ③ 직업기술훈련센터를 적극적으로 설립하여 도시의 취업 준비생들을 위한 고용 여건을 창출했다. ④ 재직 노동자 기술훈련을 정규화했다. 1996년 중국통계연감에 따르면, 1992년 말 기준 전국적으로 3,903개 중등기술전문학교가 설립되었고, 재학생 수는 240만 8,000명이었다. 기술공업학교 4,392개 교, 재학생 수 155만 6,000명, 직업중등학교 9,860개 교, 재학생 수 342만 8,000명, 취업훈련센터 2,140개소, 훈련 수료자 269만 2,000명, 훈련기관 2만 4,095개소, 훈련자 3017만 4,000명에 달했다.

노동계약제의 시행과 함께 노동분쟁 처리에 대한 요구가 늘어나면서 정부 차원의 대응책 마련이 필요했다. 1980년 7월, 국무원은 <중외합자 경영기업 노동관리 규정>을 발표하고, 합자기업 노동쟁의 처리 절차를 협상, 중재, 소송 단계로 규정했다. 1986년 7월, 국무원이 내놓은 <국영기업 노동계약제 실시 잠정규정>에서 노동계약 양측 간에 분쟁이 발생하는 경우에 협상을 통해 해결한다고 규정했다. 협상이 무효로 끝난 경우, 현지 노동쟁의 중재위원회에 제소하면 노동쟁의중재위원이 중재할 수 있으며, 중재에 불복하는 경우 현지 인민법원에 제소할 수 있었다. 1993년 6월, 국무원은 <기업 노동쟁의 처리조례>를 공표하고, 노동쟁의 처리 절차를 협상, 기업조정, 노동중재 및 소송 절차로 정했다.

2. 1993년 - 2002년: 노동시장과 퇴직 근로자 재취업 사업

1993년, 중국공산당 제14차 3중전회에서 <사회주의 시장경제 체제 수립에 관한 몇 가지 문제에 관한 결정>이 통과되면서 전면적인 시장화 개혁이 진행되고 노동시장이라는 개념이 정식으로 등장했다. 시장화 개혁에서 국유기업이 우선 대상이 되었는데, 아시아 금융 위기 발발이라는 외부 환경의 영향으로 대량의 국유기업 근로자 퇴직 사태가 발생한 때였다. 이 시기에 노동개혁의 모순이 현저히 두드러졌다. 시장화 개혁의 방향성을 유지하면서 한편으로 개혁과정에서 발생한 대량 해고노동자들을 신속히 재배치해야 했다. 따라서 강력한 정부 개입과 거시적 통제 수단이 절실히 요구되었다. 이 시기의 노동과 취업 시스템 개혁이 복잡하고 갈등적인 상황에서 추진되었기 때문에 전형적인 이원화 특징을 드러냈다.

1) 노동시장 개념의 본격 등장과 공공 고용서비스 체계 구축

1992년 7월, 노동부는 〈전 국민 소유제 공업기업 경영체제 전환 조례〉에서 '노무시장'이라는 용어를 사용했는데, 이는 노동문제와 시장을 연계한 첫 언급이었다.

1993년, 중국공산당 제14차 3중전회에서 〈사회주의 시장경제 체제 수립 및 관련 문제에 관한 결정〉을 확정하고, 노동시장을 시장체계의 주요한 부분으로 하는 노동제도 개혁과 노동시장 구축의 필요성에 관해 밝혔다. 주요한 정책으로 노동력 개발과 활용, 합리적인 배치, 취업 기회 확대, 농촌 잉여 노동력의 비농업 지역 및 비농업 분야 진입, 다양한 취업 유형 발전, 사용자와 근로자 간 양방향 선택과 합리적인 일자리 메커니즘 구축 등이 포함되었다. 같은 해, 노동부는 제14차 3중전회 정신에 입각하여 노동시장 시스템 발전을 위한 〈사회주의 시장경제 체제 수립 시기 노동 개혁에 관한 총체적 구상〉을 수립했다. 1994년 8월, 노동부는 〈노동시장 발전 촉진과 고용서비스 체계 완비를 위한 시행계획〉을 발표하고, 고용서비스 체계 확립 계획을 밝혔다. 즉, 노동자원의 충분한 개발과 합리적 이용을 출발점으로 국가정책과 시장고용 방침에 따라 노동시장 육성 및 발전 가속화, 일자리 연결, 취업훈련, 실업보험, 노무기업을 4대 축으로 한 취업서비스 체계를 정비한다는 것이었다.

일자리 연결의 경우, 노동부가 〈일자리 연결 규정〉과 〈일자리 연결 서비스 프로세스(시범운영)〉를 잇따라 발표했는데, 2001년 말에 전국적으로 다양한 프로그램이 운영되었다. 취업 훈련의 경우, 1998년 국유기업 정리해고 근로자 문제를 해결하기 위해 노동보장부가 '3년 1,000만' 재취업 훈련 계획을 수립했다. 1998~2000년까지 3년 동안 전국적으로 1,000만 명의 실직자를 대상으로 취업 훈련을 시행한다는 계획이었다. 이 시기에 퇴직한 근로자 1,300만여 명이 다양한 형태의 교육에 참여했으며, 교육 후 6개월 내 재취업률이 60%에 이르는 것으로 집계됐다. 실업보험 부문에서는 1999년에 국무원이 〈실업보험 조례〉를 공포하고, 실직 근로자의 기초생활보장제도를 실업보험제도로 전환했다. 노무기업 설립 분야는, 1990년에 국무원이 <노동 및 고용서비스 기업 관리 규정>을 공포했다. 노무서비스 회사가 설립한 집체기업을 취업서비스 기업으로 통칭하고, 경제발전과 고용 확대의 이중적 기능을 가진 집체경제조직으로서의 성격을 명시했다. 또한 중앙정부의 정책 지도, 노동 부문 관리, 주관부서의 체계적 관리 및 지원, 기업의 자율경영, 민주적 관리 운영 메커니즘을 구축했다. 농촌 노동력 이동 촉진과 관련하여 2000년 7월에 노동보장부 등이

2002년 1월, 설을 맞아 베이징 기차역에 나온 귀향객들 모습.

<농촌 노동력 개발 및 취업 시범사업의 추가 전개에 관한 통지>를 발표하고, '도농 총괄적 고용 시범 시행, 통합·개방·경쟁·질서를 원칙으로 하는 도시와 농촌 통합형 노동시장 형성', '적극적인 취업 훈련', '서부지역 농촌 노동력 개발 및 취업 사업' 등 방안을 제시했다.

1998년 6월, 중앙당과 국무원이 밝힌 <국유기업 퇴직 근로자의 기초생활보장 및 재취업 업무에 관한 통지>에서 '근로자의 자율적 직업 선택, 시장에 의한 조절, 정부의 고용 촉진'이라는 취업방침을 명시하고, '과학화, 규범화, 현대화에 입각한 적극적인 노동시장 구축'을 지시했다. 노동보장부는 이와 관련하여 노동시장의 '3화化' 건설 시범사업을 전개했는데, 목표는 초보적 수준의 도시 노동시장 정보망을 구축하고, 통일된 노동시장 관리, 서비스

제도 및 업무 규범을 기반으로 일자리 연결, 취업지도, 실업보험, 직업훈련이 유기적으로 결합된 메커니즘과 서비스 네트워크를 구축하는 것이었다. 2000년 12월, 노동사회보장부는 노동시장 관리규정을 발표하고 구인과 취업, 고용기관의 직원 채용, 직업알선기관의 중개서비스, 정부의 공공일자리 서비스에 관한 규정을 제시했다.

도시와 농촌의 노동력 이동에 있어서도 무조건 이동을 통제하던 것에서 거시적인 조절을 통해 적절한 이동을 장려하는 방향으로 전환하고, 취업카드 관리를 통한 농촌 노동력의 지역 간 이동취업제도가 시행되었다. 1993년, 노동부가 '도농 협력 취업계획'을 발표하고 1994년에는 〈농촌 노동력 성省 간 이동 취업 관리 잠정규정〉을 공표했다. 1995년, 국무원이 〈중앙 사회치안 통합 관리위원회의 유동인구 관리 강화에 관한 의견〉을 하달했다. 1997년에는 〈농민공의 체계적인 이동에 관한 의견〉, 1998년에는 제15차 3중전회의 〈농업과 농촌사업의 몇 가지 중대한 문제에 관한 결정〉, 그리고 2000년에는 〈소도시의 건강한 발전에 관한 의견〉이 잇달아 발표되었다. 이는 모두 소도시에서 향진기업을 적극적으로 육성하여 농촌의 잉여 노동력이 인접 지역으로 이동할 수 있도록 하려는 취지였다. 그리고 1991년에 농촌 노동력 개발 및 취업 시범사업, 1993년에는 농촌 노동력 지역 간 이동 시책을 각각 추진했다.

전반적으로 이 시기의 노동시장은 여전히 이원화되어 있었다. 농촌의 잉여 노동력이 도시로 들어갈 수 있었지만, 그들에 대한 권익보장은 도시 노동자에 비해 현저히 못 미쳤다. 도시의 노동시장도 한층 세분화되었다. 1993년 〈국가 공무원 잠정 조례〉가 공표된 후, 기업체 근로자와 국가 공무원이 공식적으로 분리되어 노동시장의 하위 체계로 편입되었다. 하지만, 양자가 유연하게 연계되지 못했고 기본권익도 균형을 이루지 못했다. 1994년, 중앙당 산하 조직부와 인사부가 〈인재풀 육성과 발전을 가속화하기 위한 의견〉을 발표하고, 사회적으로 다층적이고 다목적의 인재 사회화 시스템을 구축하여 노동시장을 더욱 세분화할 것을 지시했다.

2) 국유기업 정리해고 노동자의 재취업 프로젝트

국유기업 개혁이 경제개혁의 핵심이었는데, 이는 정리해고 노동자의 재취업 프로젝트가 시행된 원인이었다. 1993년, 중국공산당 제14차 3중전회에서 시장경제와 사회적 생산성 향상이 국유기업의 개혁 방향이라는 점을 분명히 했다. 재산권 확립, 책임과 권한의 명확한 구분, 정치와 경제의 합리적인 분리를 기초로 현대적 기업제도를 확립하여 기업이 자주적 경영, 손익에 대한 책임, 자기발전 그리고 자정능력을 갖춘 법인 주체이자 시장경쟁의 주체로 발전하도록 해야 한다는 것이었다. 그러나 오랜 계획경제 체제하에서 국유기업의 인력과잉과 비효율성 문제가 심각했기 때문에, 개혁의 핵심과제 중 하나가 '인력을 어디로 보내느냐'하는 것이었다. 1994년, 국무원은 100개 중대형 국유기업과 3개 국유지주회사를 대상으로 시범적으로 시행하기로 결정했는데, 잉여 인력을 어디로 보낼 것인가 하는 것이 중요한 과제였다. 그러나 엎친 데 덮친 격으로 개혁이 한창 추진 중이던 1997년 하반기에 아시아 금융위기가 터지면서 국유기업들이 더욱 심각한 상황에 직면했다. 1997년 말 기준, 전국적으로 국유기업 정리해고 노동자가 1,274만 명에 달했다. 국유기업의 정리해고 문제가 단순한 경제문제에서 사회 안정과 경제의 총체적 전환 및 발전에 관한 거시적인 중대 사안이 되었다.

1997년 1월, 국무원은 베이징에서 전국 국유기업 직원에 대한 재취업 방안 회의를 개최하고, 그해 3월에 〈국유기업 합병 및 파산 그리고 근로자 재취업 시범도시 운영 방안에 관한 통지〉를 발표했다. 정리해고 근로자의 적절한 배치, 재취업 서비스센터 훈련, 기본생활비 지급, 재취업 훈련을 통해 새로운 일자리를 찾기 위한 방안들이 제시되었다. 1998년 3월, 부처 개혁의 일환으로 노동사회보장부가 신설되었는데, 국유기업의 퇴직 근로자 생활 보장과 재취업이 출범 후 첫 번째 임무로 주어졌다. 1998년 5월, 중앙당과 국무원은 베이징에서 '국유기업 퇴직 근로자의 기초생활 보장 및 재취업 실무회의'를 개최하고, 각급 정부에 대해 정리해고 근로자의 기초생활보장과 재취업 업무를 '기관장'이 책임지고 추진할 것을 지시했다. 같은 해 6월, 중앙당과 국무원이 〈국유기업 퇴직자의 기초생활 보장과 재취업 업무에 관한 통지〉를 발표하고, 여러 지역에 재취업 서비스센터를 세워 퇴직자들을 위한 '3가지 보장선' 즉 기초생활보장제도, 실업보험제도, 최저생활보장제도를 구축할 것을 지시했다. 또한 일반 기업 퇴직자들에게 기초연금을 적기에 지급하고 국유기업 퇴직자들에게는 기본생활비를 지급한다는 내용의 '2가지 보장' 방안을 밝혔다. 1998~2001년, 전국의 국유기업 퇴직자가 누계 2,550만 명에 달했는데, 이들 대부분이 곧바로 재취업서비스센터에 들어갔고 기본생활비가 지급되었다. 이 중, 1,800여만 명이 재취업에 성공했다.

21세기에 접어든 이후 정부는 재취업 문제에 더욱 주목했다. 2002년 11월, 〈실직 근로자 재취업사업의 체계적 추진에 관한 통지〉를 발표했고, 2003년 5월에 국무원 판공청이 〈재취업사업의 신속한 추진에 관한 통지〉를 하달했다. 같은 해 8월, 당정이 전국 재취업사업 좌담회를 개최하고 관계 부처들이 공동으로 40여 개의 패키지 정책 문건을 만들었다. 재취업 정책의 적용 요건과 범위를 한층 완화하여 노동시장에 관한 정책적 틀을 만든 것이다.

재취업사업의 주요 내용은 ① 정기적으로 직업지도간담회를 개최하여 실직자들에게 취업정보와 구직방법 등 안내 ② 실직 근로자, 잉여 인력에 대해 전문훈련 및 전직훈련 적극 참여 유도 ③ 기업과 사회의 실직자, 잉여 인력에 대한 재취업 훈련 지원 ④ 사용자에 대해 실직 근로자 채용 장려 ⑤ 실직자와 잉여 노동력의 자구 노력에 의한 재취업 지원 ⑥ 노무서비스 기업 육성과 생산자활기지 설립 ⑦ 3차 산업, 특히 지역별 특성에 맞는 서비스업 장려 ⑧ 기업 퇴직자 및 잉여 인력 분할 배치 유도 ⑨ 대출지원, 조세감면 등을 통한 재취업 지원 등이 있었다. 1998~2005년, 1,975만 명의 국유기업 퇴직자들이 재취업에 성공했고, 2005년 말 기준으로 국유기업 퇴직자 수가 61만 명으로 줄어들어 도시의 취업난이 기본적으로 해소되었다.

국유기업의 정리해고 노동자 재취업 프로젝트는 21세기로 넘어가는 시기에 중국이 고용노동 분야에서 직면했던 힘겨운 싸움이었다. 계획경제에서 시장경제로 궤도를 수정하는 과정에서 나타난 외부의 경제환경 악화 속에서 정부는 퇴직자의 기본권과 기본생활 보장 그리고 다양한 방식의 재취업 실현에 전력을 기울였다. 이를 통해 수천만 명의 정리해고 근로자들이 기본적인 생활을 보장받았고 정부에 대한 신뢰를 유지할 수 있었다. 국유기업이 몸집을 줄이고 개혁에 박차를 가하면서 경제체제의 대전환을 강하게 뒷받침했다. 동시에 민심 안정과 민생 보장, 사회 안정과 정치적 안정도 확보할 수 있었다. 따라서 이는 국유기업의 정리해고 근로자를 위한 취업 전쟁이자 노동시장 시스템 구축과 정비를 위한 핵심적인 조치였다고 할 수 있다. 이것이 과도기적 성격을 지닌 것이기는 했지만 국가의 발전전략이라는 측면에서 특별한 의미가 있었다. 시장을 통해 일자리 문제를 해결하는 것과 동시에 국가의 강력한 거시적 개입이 필요하다는 점을 보여준 것이다.

3) 노동 및 취업 법률체계의 일차적 구축

위에서 적었듯이 노동과 일자리 문제는 전적으로 시장의 문제만은 아니며, 정부의 거시적 개입과 법적 규제가 필요하다. 특히 글로벌화된 환경 속에서 '강한 자본, 약한 노동자'의 구도가 근본적으로 바뀌지 않았다. 이에 따라 노동시장 확립이 가속화될수록 노동법제의 마련도 그만큼 절실해졌다.

1994년 7월, 제8기 전인대 상무위원회 8차 회의에서 통과된 〈중화인민공화국노동법〉이 1995년 1월 1일에 정식 발효되었다. 이 현행 노동법은 총 13장 107조로 이뤄진 노동고용 분야의 기본법으로서, 고용촉진, 근로계약 및 단체협약, 근로 시간 및 휴무와 휴가, 임금, 근로 안전과 위생, 여성 및 미성년자의 특수근로 보호, 직업훈련, 사회보험과 복지, 노동쟁의 등 내용을 담고 있다. 이후 노동법의 원칙과 틀에 근거하여 관련 분야를 효과적으로 규정할 수 있는 관련 규제들이 쏟아져 나왔다. 1993년 6월 국무원의 〈기업 노동쟁의 처리 조례〉를 시작으로 1993년 8월 노동부의 〈노동감사규정〉, 1994

년 2월 국무원의 <근로자 근무 시간에 관한 규정>, 1994년 10월 노동부의 <최저임금 보장제도 시행에 관한 통지>와 <직업지도방법>, 1994년 12월 <임금지급 잠행규정>, <집단계약규정> 그리고 <미성년 노동자 특별보호규정>, 1995년 5월 <노동쟁의 처리업무 보완에 관한 통지>, <취업등록규정>, <직업소개규정>, 1996년 5월 노동부 등이 공동 발표한 <단체협상 및 단체계약제도의 단계적 시행에 관한 통지>, 1999년 1월 국무원의 <실업보험조례>, 2000년 10월 노동사회보장부의 <임금단체협상 시행법> 등이다. 이 시기에 노동법을 핵심으로 사회주의 시장경제 체제에 부합하는 노동법 체계가 마련되었다는 것을 알 수 있다.

3. 2003~2011년: 적극적인 일자리 정책의 발전

적극적인 일자리 정책이 추진된 배경은 시장화로의 전환이 가속화될수록 노동시장의 수급 불균형이 심각해졌고, 노동력 공급의 '3가지 난제(신규 노동력 흡수력 고갈, 대량의 국유기업 실직자, 방대한 농촌 잉여 노동력 문제), 구조적 실업 등 문제가 나타났다. 일자리가 민생 개선과 개혁, 발전의 안정성을 좌우하는 중대한 과제로 떠올랐다. 과학발전관, 사람 중심의 국정 이념 그리고 '일자리가 민생의 근본'이라는 방침하에서 정부는 적극적인 일자리 정책을 펴기 시작했다. 거시경제사회에서 고용정책의 중요성이 점차 커지고, 고용정책의 대상도 기존의 국유기업 정리해고 노동자에서 전체 노동자로 확대되었다. 이 과정에서 일자리 정책 체계도 점차 갖추어졌다. 시행 과정에서 적극적인 고용정책이 차츰 자리를 잡았다. 2008년에 본격적으로 시행된 <취업촉진법>이 중요한 성과이자 지표라고 할 수 있는데, 이 법을 바탕으로 2008년 금융위기가 몰고 온 위기에 효과적으로 대응하고 전반적인 경제 안정과 충분고용이라는 목표를 조기에 달성할 수 있었다.

1) 적극적인 일자리 정책의 수립과 발전

2002년 9월, 중앙당과 국무원은 전국재취업업무회의를 개최한 뒤, 〈정리해고 노동자 재취업 업무에 대한 통지〉를 발표했다. 취업 및 재취업 정책의 추진 결과를 종합적으로 평가하고, 이를 기초로 일자리와 재취업 정책 방안을 마련했다. 이 정책들은 실직자를 대상으로 한 것이었지만 적극적 일자리 정책의 기본 틀도 확립되었다. 통지문의 요지는 다음과 같았다: ① 경제발전과 내수확대를 통해 3차 산업의 적극적인 발전, 다양한 소유제 경제 발전, 노무수출 촉진 및 고용 유연성 확보를 통한 취업과 재취업 통로 확대 ② 재고용 촉진을 위한 지원책 보완, 세제 혜택과 실업자 대출 보증기금 조성을 통한 자기 주도적 창업과 자활 장려, 3차 산업 기업에 대한 세제 혜택과 사회보험을 활용한 실직자 흡수, 국유 중대형기업의 자회사 분리와 개편을 통해 본사의 잉여 인력 창업 유도 및 3년간 소득세 면제, 정부가 투자한 공공일자리에 고령 구직자 우선 배정 ③ 취업서비스 개선, 재취업 훈련 강화, 여건을 갖춘 대상자에 대한 무료 직업소개 및 재취업 훈련, 노동시장 변화와 산업 구조조정 수요에 맞춰 직업교육과 재취업 훈련 강화 ④ 도시 노동력 표본조사제도 구축, 정기적으로 전국의 도시 노동력 표본조사를 실시하여 실업경보시스템 구축 등이 있었다.

2005년 5월부터, 노동사회보장부가 관련 부서와 함께 다양한 재취업 지원정책의 효과에 대한 평가를 진행했다. 종합평가를 진행한 결과, 각 지역의 적극적인 일자리 정책이 비교적 좋은 효과를 거둔 것으로 나타났는데, 구체적으로 다음과 같다. ① 경제발전과 고용 확대 간에 선순환이 형성되기 시작했다. 지역별로 경제발전을 위한 구조조정과 고용촉진이 긴밀히 연계됨으로써 효과적인 일자리 창출 효과를 가져왔다. 2003~2005년, 도시 신규 고용인구가 2,800만 명에 달했고, 연평균 신규 고용은 과거 5년 동안 연평균 800만 명 미만에서 933만 명으로 늘어났다. 등록실업률이 2003년 4.3%에서 2006년 4.1%로 떨어졌다. ② 재취업 지원책이 긍정적 효과를 낳았다. 근로자, 사용자, 공공일자리 그리고 국유기업에서 분리된 기업에 대한 각종 세금 감면과 보조금 지원 등이 실질적인 역할을 했다. 또한 3년 동안 1,160만 명의 정리해고 노동자들이 여러 경로를 통해 재취업에 성공했다. ③ 초보적인 공공일자리제도가 마련되었다. 도시의 거리와 거주지별로 광범위하게 노동보장 플랫폼이 세워졌다. 2003년 이후 1,300만 명의 실직자에게 무료 취업서비스를 제공했으며, 1,100만 명의 실직자가 재취업 훈련에 참가했다. ④ 실업문제 관리를 강화했는데, 특히 대학생과 농민공의 고용환경개선 사업을 성공적으로 진행했다. 그러나 상술한 정책들의 적용 범위가 좁고, 일부 정책의 경우 운영 절차가 복잡하고 미비한 문제도 있었다.

2005년 11월, 국무원은 <취업 및 재취업 업무 강화에 관한 통지>를 통해, 새로운 고용정책을 적극적으로 시행한다고 밝혔다. 기존의 정책적 틀을 토대로 더욱 내실있게 확대 발전시키겠다는 것이었다. 적극적인 일자리 정책의 효과가 뚜렷하게 나타났는데, 2006~2008년 3년 간 도시의 신규 고용이 3,504만 명, 연평균 신규 고용은 1,168만 명에 달했으며, 도시 국유기업과 집체기업 정리해고 실직자 1,515만 명이 재취업에 성공했다. 그리고 농촌 노동력 취업은 2006년 1억 3,181만 명에서 2008년 1억 4,041만 명으로 증가했다.

2007년, 제17기 전인대 보고에서 창업을 통한 일자리 창출 및 고용 확대 전략이 제시되었다. 제17기 전인대 정신에 따라 국무원은 2008년 2월 <고용촉진업무 개선 방안에 관한 통지>를 발표하고 일자리 정책의 내실을 더욱 강화했다. 이에 따라 적극적인 일자리 정책의 틀이 마련되었는데 내용은 다음과 같다. 고용증대에 적합한 경제정책, 근로자의 주도적 창업과 고용 유연성 확보, 기업의 고용 흡수 장려, 취업에 어려움을 겪는 구직자에 대한 지원, 국유 중대형기업 본사와 자사 분리, 공공일자리 서비스 강화, 직업기능훈련 강화, 취업자금 투입 확대, 실업 관리, 사회보장 및 고용촉진 정책 등이 있었다.

중국의 적극적 일자리 정책에는 몇 가지 특징이 있었다. 첫째, 모두를 일자리 서비스의 대상으로 삼았다는 것이다. 적극적인 고용정책이 국유기업

2005년 12월 7일, 지린시의 국영기업 정리해고 노동자를 위한 민간기업 채용박람회가 지린시 직업소개센터에서 열렸다.

정리해고 노동자의 재취업 프로젝트에서 비롯되었지만, 도시와 농촌의 모든 경제활동 인구를 포괄했다. 따라서 보편성을 특징으로 했다. 특히 2008년 국무원 기구개혁을 통해 인사부와 노동사회보장부를 인력자원사회보장부로 통합했다. 총괄기관을 설립하여 통일적인 기업 인력 관리 및 인력자원 시장을 구축하기 위해서였는데, 일자리 서비스 대상 범위도 확대되었다. 둘째, 모두가 각자 역할을 발휘했다는 점이다. 고용을 확대하는 과정에서 노동자 개인, 사용자 그리고 정부가 중요한 정책 주체였다. 적극적 일자리 정책은 개인의 자립과 창업 장려, 사용자의 고용 창출, 정부의 공공일자리 창출 등 각 주체를 적극적으로 활용했다. 셋째, 정책수단의 다양성이다. 취업 서비스 제공, 공공일자리 제공 등 직접 수단도 있었고, 세제 혜택, 사회보험 보조금 등 간접적인 경제 수단도 있었다. 넷째, 일자리 서비스의 내용이 종합적이었다. 적극적 일자리 정책의 내용에는 취업 능력 향상과 취업 과정에 필요한 서비스부터 실직 후의 보장과 재취업 촉진에 이르기까지 전 과정이 망라되어 있었다. 노동자가 재취업을 하는 과정에서 어떤 어려움에 부딪히더라도 관련 서비스를 지원받을 수 있었다.

2) 노동고용법 체계 정비와 금융위기 대응 과정의 고용정책

2007년 6월, 제10기 전인대 상무위원회 28차 회의에서 <중화인민공화국 노동계약법>이 통과되어 2008년 1월 1일부터 정식으로 발효되었다. <근로계약법>은 총 8장, 98조로 되어있는데, 근로계약의 체결, 이행, 변경, 해제, 중지 및 특별규정에 대하여 비교적 상세한 법률 조항들을 담았다. 2007년 8월, 제10기 전인대 상무위원회 29차 회의에서 <중화인민공화국 취업촉진법>을 심의 의결하고, 2008년 1월 1일에 발효했다. <취업촉진법>은 총 9장, 69조로 구성되어 있으며, 취업 촉진을 위한 정책지원, 공정한 고용, 취업서비스 및 관리, 직업교육과 훈련 그리고 취업 지원에 관한 내용을 담고 있다. 이 법은 일자리에 관한 기준법으로, 적극적 일자리 정책의 법적 근거이자 준칙이었다. 2007년 12월, 제10기 전인대 상무위원회 31차 회의에서 <중화인민공화국 노동쟁의 조정 중재법>이 심의 의결되어 2008년 5월 1일에 발효되었다. <노동쟁의 조정 중재법>은 총 4장, 54조로 되어 있으며 노동쟁의 조정과 중재에 관해 세부규정을 담았다.

2007년은 중국에서 노동과 일자리 관련 입법이 큰 진전을 이룬 해였다. 단 6개월 동안에, 전인대 상무위원회에서 상술한 3개의 노동 및 일자리 관련 법이 통과된 데 이어, 2007년 2월에는 국무원이 <장애인 취업 조례>를 통과시켰다. 그만큼 노동과 일자리 관련 입법의 시급성과 중요성을 보여준다. 이에 따라 <노동계약법>, <취업촉진법>, <노동쟁의 조정 중재법> 그리고 1994년에 공표된 <노동법>이 중국의 노동과 고용에 관한 기본법 체계가 되었다. 이는 중국 특색의 노동 및 고용 법체계가 초보적으로 형성되었다는 것을 뜻했다.

2008년에 글로벌 금융위기가 발발했다. 2009년, 금융위기가 일자리에 영향을 미치기 시작했고, 해외시장에 뛰어든 기업과 외부의 투자 감소가 일자리에 직접적인 영향을 주었다. 여기에 중국 자체의 경제시스템 문제까지 겹치면서 고용문제가 더욱 심각했다. 인사부가 몇몇 성省을 대상으로 진행한 표본조사 결과, 2008년 10월부터 2009년 1월까지 평균 40%의 기업에서 일자리가 감소했고, 모니터링 기업의 일자리는 8.1% 감소한 것으로 나타났다. 2008년 2분기부터 전국적으로 도시의 신규고용이 큰 폭의 감소세를 나타냈다. 위기에 대응하기 위해, 2009년 2월, 국무원은 <현現 경제상황 하에서의 취업업무에 관한 통지>를 발표하고 더욱 적극적인 고용정책, 전방위적인 일자리 창출, 일자리 안정을 지시했다. 관련 부처들이 잇따라서 창업을 통한 일자리 창출, 고교졸업자 취업, 농민공 취업 등 영역별 정책을 내놓았다. 또한 고용안정을 위한 정책을 마련하고, 정부 차원의 실업 비상대책 수립, 창업을 통한 일자리 창출 등 지원 조치를 내놓았다. 적극적인 일자리 정책이 빠르게 효과를 나타냈다. 2009년, 전국적으로 1,102만 개의 신규 일자리가 창출되었고 실직자 514만 명이 재취업에 성공했으며 도시의 등록실업률도 4.3% 이내로 억제되었다. 2009년 3분기부터 인력 수요와 구직자도 꾸준히 늘어났다. 공공고용서비스, 특히 특별훈련 프로그램 수립과 실업급여 지급, 기업의 직원훈련 지원 등이 중요한 역할을 발휘했다.

4. 2012년 이후, 양질의 일자리 시대를 향해

2012년, 제18기 전인대 보고에서 양질의 일자리 확충 방침을 발표했다. 이는 중국의 일자리 정책이 새로운 발전 단계에 진입했다는 의미였다. 이때부터 일자리 정책이 공기업 실직자를 위한 비상대책에서 전체 근로자를 위한 전면적인 고용 실현과 적극적인 고용정책으로 전환되었다. 현재 세 번째 발전 단계, 즉 양질의 고용 실현을 목표로 한 거시정책 단계로 발전했다. 제

2019년, 26세의 장청푸씨는 독일에서 건축 디자인을 전공할 기회를 마다하고 패션사업 창업을 선택했다.

18기 전인대 보고서는 근로자의 자율적 취업, 시장의 고용 조절, 정부의 고용 촉진과 창업 장려 방침을 철저히 관철함으로써 취업 우선전략과 더욱 적극적인 취업정책을 주문했다. 근로자의 취업에 대한 인식 전환과 다양한 경로의 취업을 장려하여, 대졸자를 중심으로 한 청년 취업과 농촌 노동력, 도시 취약계층, 퇴역군인을 위한 일자리 사업을 완수해야 한다고 강조했다. 2017년 제19기 전인대 보고와 2019년 제19차 4중전회에서 고용의 질을 높이는 것이 중요한 정책 목표라는 점을 재확인함으로써 본격적으로 양질의 일자리 시대로 나아가기 시작했다.

양질의 일자리는 적어도 공정한 취업 기회와 평등한 취업 환경, 전체적인 일자리 수와 합리적인 취업구조, 적극적인 취업정책, 경제발전 수준에 상응하는 노동의 대가와 복지, 충분한 직업 안전과 보장, 풍부한 직업능력과 취업 훈련, 취업의 안정성 그리고 조화로운 노동관계 등이 담보되어야 한다. 앞에서 상술한 목표를 중심으로 2012년부터 노동 및 일자리 정책이 새로운 특성을 드러냈다. 첫째, 최초의 재취업사업에서 취업과 재취업, 다시 새로운 시대의 취업과 창업에 이르기까지, 노동과 일자리 정책의 주안점이 달라졌다.

초기에 긴급 대응 성격의 정책에서 적극적인 거시경제 사회정책으로 전환한 것이다. 특히 혁신형 국가의 틀 속에서 창업이 일자리 창출을 위한 새로운 개념과 방안으로 떠올랐다. 둘째, 직접적인 지원정책에서 직접지원과 간접지원 병행 정책으로 전환했다. 이전의 일자리 정책이 대개 직접적인 지원을 채택했다면, 이후에는 다양한 수단을 통해 일자리를 창출하고 기업의 잉여 노동력 흡수를 유도했다. 새로운 시대와 새로운 상황을 맞아서 일자리 정책의 초점이 고용 지원과 평등한 취업환경 조성에 맞춰졌다. 예를 들어, 2018년 인사부 등이 〈전방위 공공일자리 서비스 추진에 관한 지도의견〉을 발표하고, 일자리 서비스는 모든 국민, 전 과정, 모든 지역을 관통해야 한다고 강조했다. 또한 기본 공공일자리 서비스 목록을 제시했다. 셋째, 일자리 정책의 목표 설정에 있어서 양적, 구조적, 질적 측면을 모두 고려했다. 이른바 양질의 일자리란 양적 확대에서 질적 향상으로 전환하며, 다양한 계층을 대상으로 한 일자리 지원과 서비스도 마찬가지였다. 노동력 수급 구조가 근본적으로 바뀐 상황에서, 고교졸업자든 농촌에서 도시로 이주한 노동자든 일자리를 찾기는 어렵지 않았지만, 만족스러운 일자리를 찾는 것은 쉽지 않았기 때문이다.

    새로운 시대에 접어들어 중국은 새로운 국내외 경제사회 환경에 직면해 있다. 산업구조의 지각변동과 인공지능의 급속한 발전으로 인해 기존의 취업방식과 취업이 큰 도전에 직면해 있다. 새로운 유형의 노동관계, 글로벌 자본의 신속한 이동, 여전히 본질적으로 변하지 않고 있는 '강력한 자본, 취약한 노동자'의 상황, 높아지는 노동자의 권리요구 등이 그것이다. 이러한 변화들은 적극적인 일자리 정책의 틀을 기반으로 양질의 일자리를 창출하고 노동과 취업제도를 개선하여 누구나 취업을 통해 자신의 가치를 실현할 수 있어야 한다고 요구하고 있다.

3. 노동과 일자리 발전의 주요성과

1. 전체 고용규모의 지속적 확대와 취업구조의 최적화

신중국 수립 후 70년 동안, 고용 규모가 1949년 1억 8천만 명에서 2018년 7억8천만 명으로 3.3배 확대되었는데, 이 중에서 도시지역 일자리가 4억 3천만 명으로 1949년에 비해 27.3배 증가했다. 개혁개방 이후 도시의 일자리가 연평균 3.9% 늘어났다. 특히 제18기 전인대 이후, 경제의 뉴노멀 진입과 16세~59세 경제활동인구가 감소하는 상황에서도 정부의 일자리 우선 정책에 힘입어 전국적으로 도시지역 일자리는 총 6,300만 개 증가하여 연평균 1,200만 개가 늘어났다. <표 5-1>에서 1952년 이후의 취업자 수와 증가율 추이를 확인할 수 있다.

시장경제하에서 실업은 정상적인 상황이라고 할 수 있지만, 중국은 외부의 복잡한 경제 상황과 내적으로는 경제의 구조조정에 직면하여 적극적인 일자리 정책과 개입을 통해 실업률을 효과적으로 통제했다. 1980년대 중반부

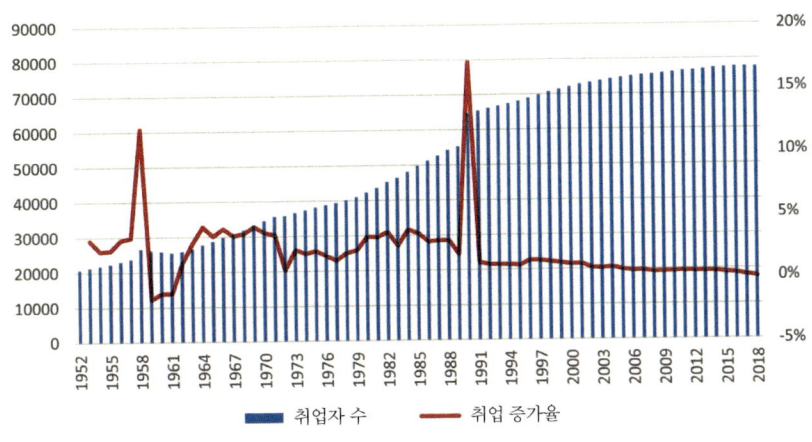

그림5-1　1952~2018년 중국 취업자 수와 증가율(단위: 만/인)

자료출처: 중국국가통계국 데이터베이스

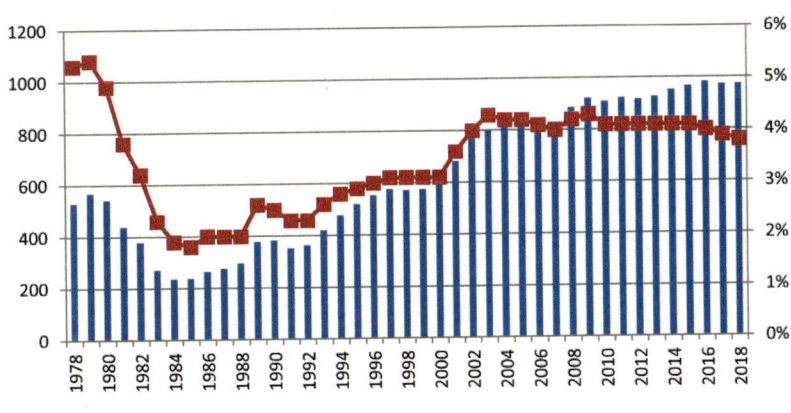

그림5-2　1978~2018년 중국 등록 실업자 수와 등록 실업률

자료출처: 중국국가통계국 데이터베이스

터 20세기 말까지 도시의 등록실업률이 3.1% 이하를 유지했고, 2%대의 낮은 수준을 유지한 해도 있었다. 21세기에 접어들어 도시지역 등록실업률이 4%-4.3% 수준을 유지하다가 2018년에는 3.8%로 떨어졌다. 1978년 이후의 등록 실업인구와 등록실업률은 〈표 5-2〉와 같다. 국가통계국이 2011년부터

329

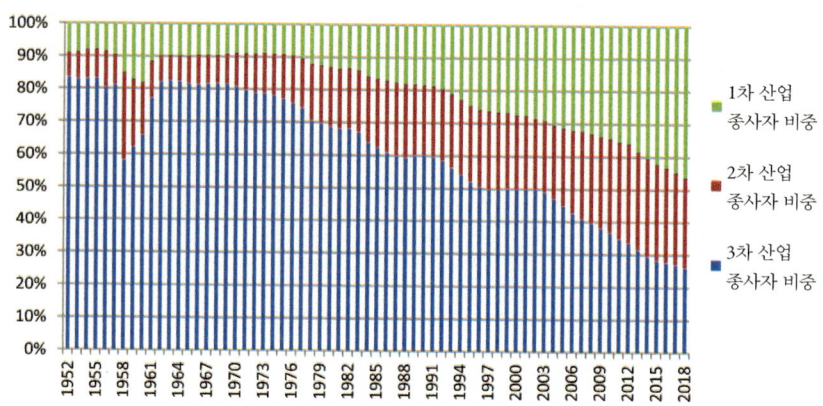

그림5-3 1952~2018년 중국 산업별 취업인구 비율 변화추이

자료출처: 중국국가통계국 데이터베이스

실업률을 조사하기 시작했는데, 2016년 1월 실업률이 4.99%로 같은 기간 등록실업률 수준을 약간 상회했다. 국제노동기구 통계에 따르면, 세계 선진국의 평균 실업률이 6.6%, 개발도상국은 5.5%, 세계 평균 실업률은 5.7%였다. 중국의 실업문제 대응이 세계적으로도 성공적이었다는 것을 알 수 있다.

이와 더불어 취업구조도 계속 변화했는데, 주로 다음과 같은 양상으로 나타났다.

첫째, 도시의 실업률이 꾸준히 높아졌다. 1949년, 전국 도시 취업자 수가 전국 취업자 수의 8.5%에 불과했고, 대부분 향진기업에서 일하다가 실직한 경우였다. 신중국 수립 후, 국민경제의 점진적인 회복, 특히 산업화가 빠르게 진행됨에 따라 많은 농촌지역 노동력이 도시로 유입되었다. 1978년, 도시 취업자 수가 9,514만 명으로 증가하여 전국 취업자의 23.7%를 차지했다. 2018년에는 도시 취업자 수가 4억3,419만 명에 달하여 전국 취업자 수에서 차지하는 비중이 56%로 상승했다.

둘째, 3차 산업이 점차 최대 일자리 창출 산업으로 부상했다. 신중국 수립 초기에 농업인구 비율이 매우 높았는데 1952년에 1, 2, 3차 산업의 취업

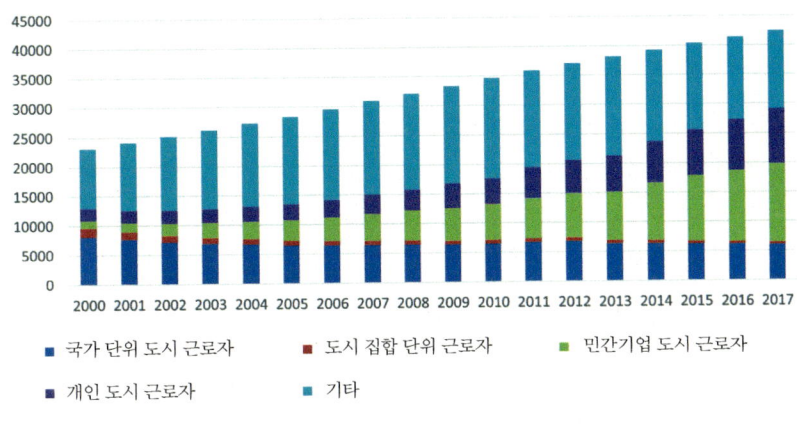

그림5-4 2000~2017년 중국 경제유형별 도시 취업인구 구조

자료출처: 중국국가통계국 데이터베이스

구조비가 83.5 : 7.4 : 9.1이었다. 산업구조 개편이 지속되면서 3차 산업은 가장 중요한 고용 창출 산업으로 부상했다. 1994년에 처음으로 3차 산업의 고용규모가 2차 산업을 앞질렀으며, 1997년에는 1차 산업 종사자 수가 처음으로 50% 이하로 떨어졌다. 2011년 3차 산업 종사자 비율이 1차 산업을 앞지르면서 취업자를 가장 많이 흡수하는 산업이 되었다. 2018년 기준으로 중국의 1,2,3차 산업 종사자 비율이 26.1 : 27.6 : 46.3이었다. 1952년 이래 산업별 종사자 변동추이를 <그림 5-3>에서 볼 수 있다.

셋째, 비非공유제 경제가 도시지역 취업의 주요 경로가 되었다. 신중국 수립 당시, 자영업이 국민경제에서 비교적 큰 비중을 차지했는데 자영업 종사자가 도시 취업자의 47.2%를 차지했다. 계획경제 시기에 접어든 후, 공유제 경제 취업자가 절대다수를 차지했으며 기타 소유제 경제 취업자는 상대적으로 감소했다. 개혁개방 이래 비非공유제 경제 취업자 수가 급속히 증가했다. 2000년, 도시지역 국유기업 및 집체조직의 종사자 비율이 도시 전체 취업자의 41.5%를 차지했고, 민간기업과 자영업 취업자 수가 도시 전체 취업자에서 차지하는 비율은 14.7%였다. 2011년, 도시에서 민간기업 취업자 규모가 처음으로 도시 국유기업을 앞질렀으며, 2014년에는 도시에서 자영업 취업자 규모가 도시 국유기업을 앞질렀다. 2018년 민간기업과 자영업 부문 취업율이 56.2%에 달하며 도시지역 최대 취업경로가 되었다. 〈그림 5-4〉에서 2000년 이후 경제유형별 도시 취업인구 구조 변화 추이를 볼 수 있다.

2. 인력자원 배치: 계획에서 시장으로의 전환

개혁개방 70년 동안, 노동과 일자리 정책의 가장 큰 특징은 계획경제에서 시장경제로의 전환과 인력자원의 계획적 배치가 시장에 의한 배치로 전환했다는 점이다. 이를 통해 경제체제의 전환을 뒷받침할 수 있었다. 계획경제 시기에 일자리 계획은 총괄적인 배치가 기본이었고, 이것이 계획경제 체제의 주된 요소였다. 이는 국가 차원의 대규모 건설프로젝트를 추진할 수 있었던 강력한 지지대가 되어 주었고, 지역별 산업별 불공정 해소와 노동자의 권익과 이익 보장에도 효과적인 역할을 담당했다. 하지만 지나치게 집중적인 노동과 일자리 시스템은 경제주체의 적극적인 노동 의욕과 효율성 향상을 불러일으키기에 역부족이었고 사회주의 시장경제의 필요와도 부합하지 않았다. 개혁개방 이후, 인력자원의 배치가 점차 계획 중심에서 시장 중심으로 옮겨 갔고 계획적 방식은 부차적인 역할로 바뀌었다. 나아가 시장이 인력자원 배치의 기본적 역할을 담당했다.

아울러 인력자원은 다른 어떤 생산 수단과도 구별되며, 사물과 달리 사람은 완전한 의미에서 자유로운 이동을 할 수가 없다. 따라서 노동과 고용에 대한 거시적 차원의 통제가 반드시 요구된다. 중국에서 노동과 일자리 제도의 시장화는 거시적 관리의 효율성을 전혀 저해하지 않았다. 농촌에서 도시로 회귀한 지식청년의 취업 문제 해결, 국영기업 정리해고 노동자의 재취업 문제, 금융위기가 가져온 고용압박에 대한 강력한 대응, 소수민족의 일자리 문제 해결 등 다양한 상황에 직면할 때마다 중국은 노동과 일자리 제도개혁, 탄력적인 시장 메커니즘을 통해 최적의 인력자원 배치를 실현했을 뿐 아니라 강력한 거시적 조절을 통해 노동자의 권익을 보호하고 증대했다.

3. 노동자의 권익 보호와 양질의 일자리 보장

신중국 수립 후 70년, 특히 개혁개방 이후에 취업 기회 확대, 취업구조의 최적화 그리고 고용의 질이 점차 중요한 과제로 부상했다. 제18기 전인대 이후 양질의 일자리에 대한 인식이 강해졌고 경제발전과 정책에 힘입어 고용의 질이 현저하게 향상되었다. 구체적으로 다음과 같다.

첫째, 임금 소득이 빠르게 증가하면서 도시 주민의 가장 주요한 수입원이 되었다. 개혁개방 이전까지 평균임금 상승폭이 비교적 완만했다. 1952~1978년 전체 노동자의 평균임금이 445위안에서 615위안으로 증가하여 38.2% 상승했다. 물가요인을 제하면 10.3% 증가에 그쳤다. 개혁개방 이후 도시 취업자의 평균임금이 가파르게 증가했다. 2018년, 중국에서 도시의 비非민간부문 취업자의 평균임금이 8,2461위안으로 1978년에 비해 134배 상승했고, 연평균 증가율은 13%였다. 실제 성장률은 18.3배 증가하여 연평균 7.7%였다. 근로소득이 줄곧 도시주민의 가장 주요한 수입원이 되었는데, 2017년 도시주민 가처분소득에서 임금소득이 차지하는 비중이 61%였다.

둘째, 고용 안정성이 지속적으로 높아졌다. 계획경제 시기에 정규직 제도 때문에 고용 안정성이 매우 높았다. 노동시장이 형성되면서 취업 선택의 자율성이 높아진 반면에 안정성이 떨어지는 문제가 나타났다. 노동계약제가 고용의 유연성과 자율성을 보장할 수 있었다. 인사부에 따르면 2018년 전국적으로 기업의 노동계약 체결률이 90%를 상회했고, 전국적으로 인력자원 및 사회보장부의 심사를 거쳐 유효기간 내에 체결한 단체노동계약 건수가 누계

175만 건에 달했으며 1억 5,500만 명의 근로자가 계약을 체결했다.

셋째, 노동권익이 한층 보장받을 수 있게 되었다. 근로시간이 주6일제 근무제에서 주5일제 근무제로 바뀌었고, 여기에 법정 공휴일과 유급 연차휴가를 합하면 연중 휴일이 120일을 상회했다. 노동보호 측면에서는 직업 안전과 위생 부문이 강화되면서 '예방, 배상, 재활' 삼각구도의 산재보장제도가 초보적인 성과를 나타냈다. 그리고 여성 근로자에 대한 보호제도가 점차 수립되었다. 사회보험 부문에서는, 2018년에 전국 기본양로보험 가입자 수가 1989년 5,710만 명에서 3억 명으로 증가했고, 기본의료보험 가입자 수는 1992년 290만 명에서 3억 1,700만 명으로 증가했다. 실업보험 가입자 수는 1992년 7,443만 명에서 1억 9,600만 명으로 증가했으며, 산재보험 가입자 수는 1993년 1,104만 명에서 2억 3,900만 명으로 증가했다.

4. 도시와 농촌 간 자유로운 인력 이동과 도시화

취업할 지역과 취업할 분야를 자유롭게 선택하는 것은 취업권의 중요한 내용이자 노동시장 확립의 중요한 목표 중 하나이다. 계획경제 시기에 도시와 농촌을 분리하는 이원적 제도하에서 농촌의 노동력은 호적제도의 제약을 받았다. 자유로이 도시에서 일자리를 찾을 수가 없었기 때문에 농촌에서 잠재적 실업문제가 나타났다. 개혁개방 이후에 농민공 정책이 엄격한 관리에서 점차 완화되는 방향으로 전환하며 제도화의 과정을 거쳤다. 농촌의 잉여 노동력이 점차 산업화의 일꾼으로 부상하면서 도시화를 추진하는 주된 방식 중 하나가 되었다. 〈표 5-5〉는 2008년 이후 중국의 농민공 수와 그들의 평균 임금수준의 추이를 보여준다. 현재 농민공 수는 2억 8천만 명 정도를 유지하고 있으며, 월평균 임금이 2008년 1,340위안에서 2018년 3,721위안으로 증가하여 1.78배 상승했

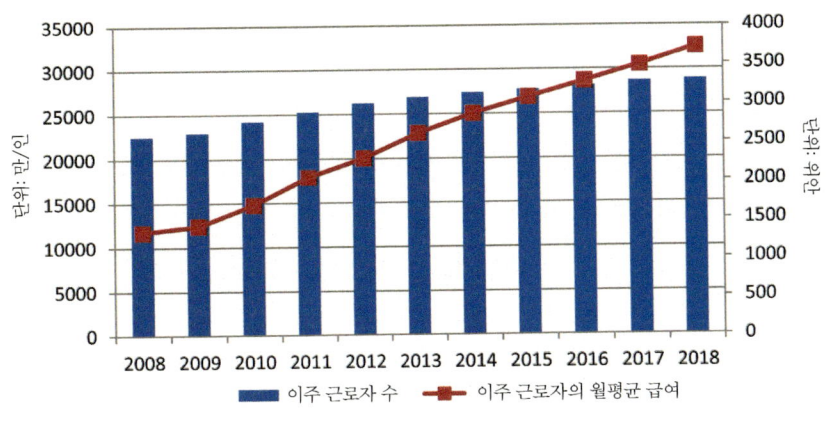

그림 5-5   2008~2018년 중국 농민공 수와 월평균 임금

자료출처: 역대 농민공 모니터링 조사자료

다. 농민공의 소득수준 향상은 농촌의 빈곤문제를 완화하고 도시와 농촌의 빠른 발전을 가져왔다.

5. 취업서비스 시스템의 발전과 내실화

계획경제 기간에는 통합적인 배치제도가 시행되어 엄밀한 의미의 취업서비스가 존재하지 않았다. 계획경제에서 시장경제로 전환한 후 취업서비스의 대상 확대, 서비스 내용의 내실화, 서비스 경로의 다양화 등 노력에 힘입어 근로자들이 더욱 편리하게 양질의 취업서비스를 이용할 수 있게 되었다. 또한 이것이 공공서비스 체계의 중요한 일환이 되었다.

취업서비스의 대상이 처음에는 주로 국유기업의 정리해고 노동자들이었는데 점차 취업난을 겪고 있는 계층으로 확대되고 이후에 다시 도시와 농촌의 모든 노동자로 확대되었다. 이는 다양한 유형의 노동시장 통합을 고려한 조치로서 일원화된 고용서비스 체계가 형성되는 과정이었다. 취업서비스의 내용 면에서는 처음에 간단한 취업정보를 제공하던 것에서 취업정보, 직업훈련, 기능검정 등 취업이 힘든 시기를 대비한 취업서비스로 확대되었다. 현재 취업의 전 과정, 전 분야에 걸쳐 다양한 서비스들이 제공되고 있다. 실업 기간에 이용하는 일자리 복귀를 위한 서비스가 아닌 전면적인 취업지원, 양질의 일자리를 목표로 서비스 체계가 구축되었다. 취업서비스의 경로 측면에서 볼 때, 초창기에 노무서비스 회사를 통한 취업서비스 제공에서부터 정부 부처 산하에 취업서비스국 설치에 이르기까지, 또한 각 성의 도시(향진)와 농촌을 아우르는 5급 공공일자리 서비스 네트워크 구축에 이르기까지 국민이 보다 편리하게 각종 취업서비스를 제공받을 수 있게 되었다. 2018년 말 기준, 전 업종에 걸쳐 3만 5,700개 인력지원기관을 통해 연인원 2억 2,800만 명이 취업이나 전업에 성공했다.

6. 취업관의 중대한 변화

계획경제에서 시장경제로의 전환 그리고 노동시장의 변화로 인해, 사람들의 취업에 대한 인식이 근본적으로 바뀌고 있다. 계획경제 시기에 일괄적으로 노동력이 배치되던 체제에서 개인은 취업 걱정을 할 필요가 없었고 실업에 대한 압박도 없었다. 이러한 상황에서 집단적 분위기와 경제건설의 열정으로 노동과 취업 능력을 높일 수 있었다. 하지만 이는 비능률과 철밥통식式 분배 메커니즘을 초래했고 개인의 자발성이나 적극성을 유발하기가 어려웠다. 경제체제 전환과 분배방식 개혁에 따라 노동을 통한 부의 축적이 취업능력을 높이는 중요한 동력이 되었다. 노동시장 수급에 맞춰 대학 졸업자를 포함한 신규 취업자의 목표와 비전이 이성적으로 바뀌면서, '선 취업, 후 직업 선택'이 일상화되었다. 더 나은 취업 기회와 직업적 발전을 위해 구직자들이 다양한 경로로 자신의 취업 능력과 기능을 향상시키는 등 능동적이고 적극적인 태도로 바뀌었다. 대략적인 추산에 따르면, 1982년에 비해 2018년 취업자 가운데 전문대학 이상 교육을 이수한 비율이 0.9%에서 20.1%로 높아졌다. 고교졸업자의 비중도 10.5%에서 18.0%로 높아지고 중학교 졸업자 비중도 26.0%에서 43.2%로 증가했다. 국민들의 인식 변화는 자발적인 창업에서도 나타났다. 통계자료에 따르면, 2017년 진로 관련 컨설팅을 받은 사람이 총 1,639만 명이었는데, 이 중 창업 컨설팅을 받은 사람이 387만 7,000명으로 23.6%를 차지하며 창업에 대한 높은 의욕을 나타냈다. 결론적으로 노동시장 메커니즘 구축이 적극적인 취업의식과 자질향상에 동기를 부여하는 역할을 했다.

7. 노동과 취업 관련 법률제도의 기본적 확립

노동시장은 특수한 시장이고 노동자원은 특수한 생산요소이다. 일반적인 상품이나 요소의 경우, 가격 메커니즘에 의해 자동으로 수요와 공급의 균형을 이룰 수 있다. 그러나 노동시장은 스스로 수급 균형을 이룰 수가 없고 노동관계에서 태생적인 불평등이 존재하기 때문에 정부의 공적 개입이 필요하다. 따라서 단체 차원의 노사관계가 균형을 이루고 노동관계를 가장 효과적으로 규제하는 방식이 노동 입법이다. 신중국 수립 초기부터 노동 입법의 중요성을 인식하고 실직 노동자 구제 및 노동보험에 관한 규정을 연이어 제정했는데, 이는 노동자의 권익을 효과적으로 보호하는 역할을 했다. 개혁개방 이후, 특히 2000년대 이후 노동 및 취업 관련 법률체계 정비에 박차를 가했다. 1995년 〈노동법〉 시행을 시작으로 2008년 〈취업촉진법〉, 〈노동계약법〉, 〈노동쟁의조정법〉이 차례로 제정되었다. 여기에 〈사회보험법〉, 〈노동조합법〉 등 노동자의 권리보호와 직결되는 법률 그리고 〈실업보험조례〉,

〈장애인고용조례〉 등 국무부의 행정 법규가 더해졌다. 노동과 일자리 분야의 법적 기틀이 기본적으로 갖춰지고 노동시장 주체들의 권리와 의무가 명확히 규정되었다. 이러한 입법 형식을 통해 노동력의 수요와 공급 간 태생적인 불평등 관계를 조율했다. 이는 노동권익을 보호하고 진정한 의미의 자율적인 노사관계 형성 및 노사 간 균형을 실현하는데 기여했다.

8. 효과적인 위기 대응과 안정적인 경제발전

노동력 수요는 일종의 파생적 수요이기 때문에 경제사회 환경의 변화가 노동시장에 직접적인 영향을 미칠 뿐만 아니라 노동시장을 통해서 노동자의 소득과 생활에도 영향을 미친다. 따라서 노동과 일자리 문제는 경제 문제이자 노동자와 그 가족의 소득과 삶에 직결된 중요한 사회경제 문제이다. 따라서 노동시장이 외부의 경제 사회적 요인으로부터 충격을 받을 때마다 거시적 통제를 통해 고용을 안정시키는 것이 매우 중요하다. 지난 70년간 중국의 노동과 일자리가 시기별로 다양한 압박과 도전에 직면했지만, 전반적으로 거시적 일자리 정책을 통해 비교적 효과적으로 리스크를 해소하고 경제발전과 사회적 전환을 뒷받침했다. 우선 신중국 출범 초기에 이전 정부에서 일하던 공직자와 관료자본주의 기업체 고용인들에 대해서 '품는' 정책을 시행했다. 민간 상공업에 대해서는 '공사公私의 병행, 노사 모두의 이익'을 원칙으로 지원책을 시행했다. 그리고 실직자들에 대해서는 '공공일자리', '자력에 의한 생산 활동' 등 조치를 취했다. 이러한 노력을 통해 실직자 구제 문제를 비교적 잘 해결할 수 있었고 새 정부의 안정과 사회주의 건설의 전환을 순조롭게 이루어냈다. 뒤이어 개혁개방 초기에 농촌지역으로 내려갔던 지식청년들이 대거 도시로 귀환하고 도시의 노동력 증가로 취업난이 심각했다. 이에 정부는 개인, 사용자, 정부의 적극적인 노력을 유도하는 한편, 시장 메커니즘 구축과 정부의 거시적 통제 등 '3결합' 정책을 추진했다. 새로운 정책을 시행하면서 도시의 일자리 문제가 빠르게 해소되었다. 1982년 도시의 등록 실업률이 3.2%로 떨어졌고, 전국적으로도 도시로 귀환한 지식청년 실업문제가 기본적으로 해결되었다. 1984년에 도시의 등록 실업률이 1.9%로 다시 하락했고, 귀환한 지식청년들이 경제건설의 주역으로 부상했다. 그 후, 국유기업 개혁과 아시아 금융위기의 영향으로 대규모 국유기업 감원과 정리해고가 발생했다. 정부는 '두 가지 확보'와 '세 가지 보장선'을 골자로 한 국유기업 퇴직자 재취업사업을 추진했다. 정리해고 근로자의 기본권익을 보장하고 시장화된 취업시스템을 점진적으로 구축했다. 1998~2005년에 전국적으로 1,975만 명의 국유기업 퇴직자가 재취업을 실현하며 힘든 시기를 넘기고 경제의 연착륙을 실현했다. 마지막으로 2008년 이후 글로벌 금융위기와 국내 경제의 하방 압박 속에서 취업난과 농촌 잉여 노동력, 대졸자의 취업문제가 심각했다. 게다가 노동력 수급 불균형과 구조적 모순이 존재했다. 복잡한 경제 상황에 직면한 정부는 더욱 적극적인 일자리 정책을 펼치는 한편, 산업구조 고도화, 고용서비스의 질적 향상, 새로운 일자리 창출 분야 발굴, 창업을 통한 취업 증대 등 다방면의 노력을 기울였다. 2013년 이후 전국적으로 도시지역에서 연간 1,300만 명 이상의 고용이 신규 증가했다. 전국 도시지역 실업률이 5% 내외로 안정되고 도시의 등록 실업률도 4% 선에서 유지되었다. 노동과 일자리 사업이 질적인 발전 단계로 진입했다.

 종적으로 볼 때, 70년의 발전과정을 거치며 신중국 수립 초기에 땅을 일구던 농민이 2차 산업과 3차 산업에 종사하는 경제주체가 되었고, 최근에 고용의 질적 향상을 중요한 정책목표로 설정하기까지 중국의 노동과 일자리는 비약적인 발전을 이루어왔다. 이것은 중국의 민생 발전이 걸어온 객관적 지표이다.

4. 노동과 일자리가 직면한 도전과 미래

1. 직면한 문제와 도전

경제발전이 뉴노멀 단계로 진입한 상황에서, 신기술 혁명이 고용에 근본적인 영향을 미치고 출산율이 계속 낮아지는 새로운 경제 사회적 상황에서, 중국의 노동과 일자리는 새로운 문제와 도전에 직면해 있다. 이는 주로 다음 네 가지 측면에서 나타난다.

첫째, 출산율이 계속 하락하고 있지만 노동력의 공급이 여전히 높은 수준으로 유지될 것이며, 취업 압박과 구조적 모순도 여전히 두드러질 것이다. 출산율 저하의 영향으로 새로운 세기로 접어든 이후 중국의 노동력 공급 증가폭이 현저히 감소했다. 2012년 이후, 중국의 16세-59세 노동연령 인구가 연평균 382만 명씩 감소했고, 2018년에는 처음으로 전체 취업자 수가 감소했다. 하지만 이것이 중국의 노동력 수급 구조가 본질적으로 바뀌었다는 것을 의미하지는 않는다. 노동력 공급이 장기간 높은 수준을 유지할 것이고 취

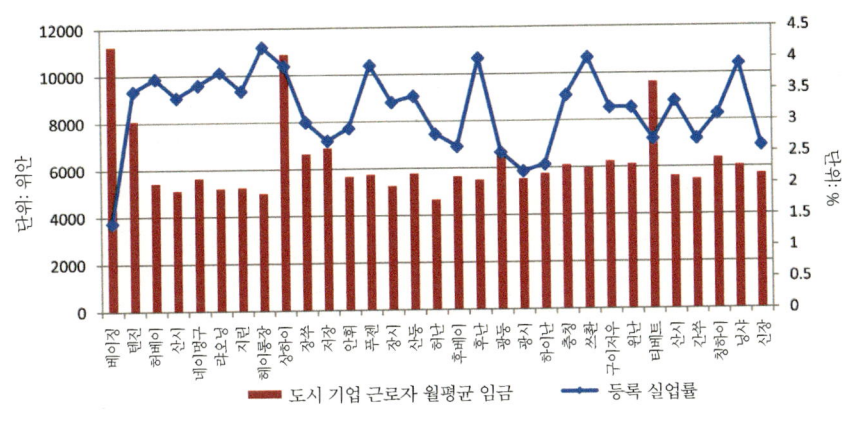

그림 5-6 2017년 성省별 등록 실업률과 도시 근로자의 월평균 임금
자료출처: 〈중국노동통계연감(2018)〉

업 부담도 여전히 클 것이다. 그 이유는 다음과 같다. ① 노동력 공급량의 측정 기준은 사람들의 수명 구조의 변화에 따라 달라진다. 비록 현재 노동력이 감소하고 있지만, 정년 연장, 출산 장려 등 정책으로 감소폭이 어느 정도 상쇄될 것이다. ② 양적으로 노동력 공급 감소가 불가피하지만, 고용의 질에 대한 요구가 높아지고 가계 소득의 지속적인 향상과 소득 창출 경로가 다양화되는 상황 속에서, 신세대들이 일자리에 대한 불만 때문에 자발적 실업이나 간헐적 실업을 선택할 수 있다. 이 때문에 구조적 실업문제가 대두될 가능성이 있다. ③ 지속적인 도시화로 농촌의 잉여 노동력이 계속 도시로 유입되면서 신기술 혁명이 자본의 유기적 구조를 높이고 일부 업종의 노동력 수요감소를 가져오게 될 것이다. 이는 도시지역의 취업 압박을 초래하게 될 것이다. ④ 직업교육의 상대적 낙후로 인해 노동자의 취업 기능과 고용 간의 간극, 노동시장의 구조적 모순, 구인난과 취업난의 장기화 등 문제가 나타날 것이다.

둘째, 현저하게 산업별, 지역별 차이가 드러나고 있는 취업구조의 최적화가 시급하다. 다른 요소 시장과 유사하게 중국의 취업구조도 현저한 업종별, 지역별 차이가 존재한다. 〈그림5-6〉에서 2017년 중국의 성省별 등록 실

341

업률과 도시 근로자의 월평균 임금 실태를 볼 수 있는데, 지역 간에 차이가 매우 크다는 것을 어렵지 않게 발견할 수 있다. 등록 실업률이 가장 낮은 베이징은 1.4%에 불과하지만 가장 높은 헤이룽장은 4.2%에 달했고, 월평균 임금은 베이징이 11,249위안으로 가장 높고, 가장 낮은 허난은 4,666위안에 불과했다. 두 지표의 차이가 각각 약 2배와 1.5배로, 노동시장의 상황이 지역별로 큰 차이를 보이는 것을 알 수 있다.

표 5-1 2017년 도시 업종별 근로자 평균 연봉 (단위: 위안)

업종	평균연봉	업종	평균연봉
농림목어업	38,139	부동산업	70,608
광업	70,300	리스 및 비즈니스 서비스업	80,925
제조업	64,402	과학연구 및 기술 서비스업	109,595
전력, 가스, 수력 발전 및 공급업	91,749	수리, 환경, 및 공공시설 관리업	56,698
건설업	56,384	주민서비스, 유지보수 및 기타 서비스	51,464
도소매업	71,640	교육	85,472
교통운송, 창고 및 우편	81,332	보건 및 사회복지	91,838
숙박 및 요식업	47,456	문화, 체육 및 오락업	88,974
정보전달, 소프트웨어 및 정보기술 서비스업	134,278	공공관리, 사회보장 및 사회복지조직	83,321
금융업	150,426		

〈표 5-1〉은 2017년 중국의 도시지역 업종별 근로자 평균임금 상황이다. 2017년 전국 도시지역 근로자의 평균임금이 76,121위안이었는데, 그중 가장 낮은 농림어업은 38,139위안, 가장 높은 금융업은 150,426위안에 달하여 업종 간 임금 격차가 상당히 크다. 자유도가 높은 노동시장이라면 실업률이나 임금수준이 지역 간, 업종 간에 일치하는 경향을 보이거나 격차가 감소하는 경향이 나타나야 한다. 따라서 중국의 노동시장이 지역 간, 산업 간에 괴리가 여전히 심각하며 시장화 정도도 꾸준히 높여야 할 필요가 있다는 것을 알 수 있다.

셋째, 신기술 혁명이 고용 방식에 큰 충격을 주는 가운데 고용 형태도 한층 다양해지고 있다. 인터넷과 인공지능으로 대표되는 신기술 혁명이 전통적인 취업 방식에 매우 큰 도전을 가져왔다. 구체적으로, 인공지능의 등장으로 자본의 유기적 구조가 더욱 향상되고 많은 직종에서 기계가 인력을 대체할 수 있게 되었다. 일부 단순한 직종에서 직접적인 대체효과가 나타날 수 있다. 하지만 동시에 컴퓨터 분야에서 새로운 일자리 수요가 크게 증가할 것이다. 생산활동과 일상생활에서 인터넷이 보편적으로 활용되면서 인터넷을 플랫폼으로 하는 새로운 취업 형태가 출현했는데, 카헤일링 운전기사, 택배기사가 대표적이다. 이들의 노동 과정은 인터넷이 제공하는 정보와 밀접한 연관이 있고 근무시간이나 근무지의 유동성이 매우 높다. 전통적인 노동관리 수단이 작동하지 않기 때문에 노사관계 설정과 권리와 책임의 구분을 분명히 해야 할 필요가 있다. 현재 중국에서 신新경제와 새로운 유형의 비즈니스 발전이 매우 빠르게 진행되고 있어서 새로운 일자리를 창출하겠지만, 동시에 전통적인 노동과 취업 관리 시스템에는 큰 도전이 되고 있다.

넷째, 일자리의 질과 취업 서비스 체계를 꾸준히 개선해야 한다. 적극적인 일자리 정책에 힘입어 일자리 수량이나 취업 규모가 끊임없이 확대되고 있지만 일자리의 질이 여전히 높지 않고 실제 노동 현장의 요구와도 비교적 큰 괴리가 있다. 구체적으로 다음과 같다. 우선, 임금 수준이 전반적으로 낮아서 임금인상의 여지가 여전히 크다. 다음으로, 상황에 맞는 맞춤형 근로자 복지프로그램 설계가 미비하여 실효성 있는 혜택을 제공하지 못하고 있다. 세 번째로 일부 업종의 경우 노동권익 보호와 직업병 예방이 제대로 이루어지지 않고 산업재해 문제도 여전히 해소되지 않고 있다. 네 번째로 노동시장의 성차별과 학력차별, 불공정한 고용 환경 등 문제들이 상존한다. 고용의 질을 높이려면 일자리 서비스 체계를 확립하는 것이 핵심이다. 현재 전국의 일자리 서비스 체계가 공급능력 부족, 서비스 내용의 획일성, 맞춤형 및 예측성 부족 등의 문제가 있다. 서비스 내용이 주로 취업 정보와 기능교육 위주인데,

취업 정보는 시장의 수요를 따라가지 못하고 교육 콘텐츠는 실효성이 떨어져 신세대 근로자의 개성과 차별화된 요구를 충족시키기에 부족하다. 또 주요 서비스 항목과 내용이 모두 취업에 어려움을 겪고 있거나 이미 일자리를 잃은 근로자를 대상으로 하고 있어서 예측성과 예방적 성격이 부족하다.

2. 노동 및 일자리의 향후 발전

신중국 수립 후 70년 동안, 중국의 노동 및 일자리 사업이 주목할 만한 성과를 거두었다. 농민이 대다수를 차지하던 상황에서 다양한 취업 형태로 질적인 변화를 이루었다. 새로운 시대의 도전 앞에서, 노동과 일자리 분야도 질적인 발전을 목표로 발전방식과 산업구조의 최적화를 통해 신기술 혁명이 몰고 온 도전에 적극적으로 대응해야 한다. 이를 통해, 노동과 일자리가 국민의 소득 창출의 주된 방식뿐 아니라 자아실현의 경로가 될 수 있어야 한다.

우선, 고용 창출 효과가 큰 산업을 육성하여 실업률을 효과적으로 억제하는 '고용 우선' 전략을 지속적으로 추진해야 한다. 고용은 근로자가 경제발전에 참여하여 발전의 성과를 공유하는 기본적인 방식이다. 신중국 수립 이후 70년 동안 추진해온 노동 및 일자리 정책은 고용 창출과 경제 성장을 긴밀하게 연계하는 방식으로 이루어졌다. 더 많은 일자리 창출을 통해서 근로자가 경제활동에 참여하여 발전의 성과를 합리적으로 공유하고, 경제발전으로 더 많은 일자리를 창출하여 취업 문제를 효과적으로 해결했다. 구체적으로 살펴보면, ① 고용상황을 경제사회 발전의 중요 평가지표로 삼았다. '고용 우선' 전략을 일관되게 유지함으로써 더 많은 일자리를 흡수할 수 있는 산업을 적극적으로 육성했다. ② 산업구조를 개편했다. 1차와 2차 산업의 기계화 수준이 계속 높아지고 있는 만큼 3차 산업이 일자리 창출의 가장 주요한 분야가 되어야 한다. 앞으로 양로, 건강, 양육 등의 사회적 서비스와 각종 기본

공공서비스를 대대적으로 발전시켜, 이를 일자리 창출의 가장 주된 영역으로 삼아야 한다. ③ 비非공유제 경제의 발전을 적극적으로 지원하고, 특히 민영기업, 중소기업, 마이크로기업의 발전이 고용을 창출하는 주요한 경로로서 역할을 발휘할 수 있도록 해야 한다. 동시에 창업을 통한 일자리 창출의 시너지 효과를 발휘해야 한다.

둘째, 고용의 질적 향상을 근본 목표로 하여 거시적·미시적 두 가지 측면에서 양질의 고용을 실현해야 한다. 거시적 차원에서 양질의 고용이란 공정하고 개방적인 고용 환경을 조성하고 각종 차별 행위를 제거하는 것을 의미한다. 노동시장의 건강한 발전과 자원 분배에서 시장의 역할을 더욱 강화하여 지역별, 업종별로 고용의 공정성을 높여야 한다.

마지막으로, 노동 입법을 보완하여 새로운 고용 형태에 적극적으로 대응하고 노동자의 권익을 확실히 보호해야 한다. 인터넷과 인공지능의 발달, 신세대 근로자들의 취업에 대한 요구 그리고 새로운 비즈니스 모델의 출현 등 변화로 인해, 기존의 안정적인 장기적 노동관계에 기반을 둔 고용법 체계가 중대한 도전을 맞게 될 것으로 예상된다. 이에, 과학적인 판단과 고용 형태의 본질에 대한 분류가 필요하다. 특히 '새로운 형태의 취업 방식'을 이유로 근로자의 권익이 침해되는 것을 방지해야 한다. 예를 들어 현재 대량의 플랫폼 일자리들이 사실 여전히 자본과 노동의 결합으로 고용관계의 본질은 바뀌지 않았고, 이론적으로 여전히 전통적인 고용형태에 속해 있다. 하지만 현재 이 업종에서 일자리의 질이 비교적 낮기 때문에 이들에 대한 권익보호를 강화해야 한다.

결론적으로, 약 40년 동안, 특히 최근 몇 년간의 발전을 거치면서 일자리가 민생의 근본으로 자리 잡았을 뿐만 아니라 양적인 추구에서 질적인 추구로 비약적인 발전을 이루었다. 앞으로 충분한 취업과 양질의 일자리를 통해 국민의 소득과 생활 수준이 더욱 향상되고 중국의 민생 발전이 새로운 단계로 진입하게 될 것이다.

06

사회보장은 민생의 안전망이자 더 나아가 강제성을 지닌 공유 메커니즘으로서 삶의 걱정을 덜어주고 전인적 발전을 추구하는 중대한 책임을 지는 것이다. 이는 사회주의적 요소를 자연스럽게 구축하는 제도적 장치이다. 여러 가지 병폐에도 불구하고 자본주의 국가가 존재할 수 있었던 것은 공유를 강제하는 사회보장제도를 도입함으로써, 자본주의 사회에서 나타나는 첨예한 노사갈등을 해소하고 국가 발전의 성과를 일반 국민도 일정부분 공유할 수 있도록 했기 때문이다. 따라서 신진국은 예외 없이 사회보장제도가 건강하게 작동한다. 중국에서 현대적 사회보장제도가 중화인민공화국이 수립된 후 국가 발전과 함께 꾸준히 발전해 왔다. 신중국 70년의 발전 속에서 사회보장제도는 무에서 유를 창조하는 과정이었다. 주로 도시주민을 대상으로 하던 것에서 전 국민을 아우르는 제도로 발전해왔다. 이는 국가발전의 성과를 모든 국민이 공유하는 강력한 제도적 보장이자 중국 특색의 사회주의 제도가 지닌 우월성의 표현이다. 비록 여전히 개혁과 발전이 진행 중이지만, 새로운 시대에 맞춰 전면적인 중국 특색의 사회보장체계 건설이라는 목표와 실천 방안이 일찌감치 자리를 잡았다. 이렇듯 중국 실정에 맞는 새로운 사회보장체계의 구축에 힘입어 세계 인구의 약 19%를 차지하는 중국이 앞으로 안정과 행복을 체감할 수 있는 사회주의 복지사회로 진입하게 될 것이다.

사회보장 :
소수의 특권에서 전 국민 복지로

2008년 4월 29일, 간쑤성甘 리현縣의 한 농민이 정부의 정책이 가져다준 '선물'이라며 활짝 웃고 있다.

　　1949년 10월 1일, 중화인민공화국의 수립이 현대적 사회보장제도의 서막을 열었다. 이전의 국민당 정부가 사회보험 입법을 추진했지만, 현대적 의미의 사회보장제도를 구축하지는 못했다. 이는 당시에 세계 여러 나라에서 현대적 사회보장제도가 잇달아 구축되던 것과는 대조를 이룬다. 신중국 수립 후, 현대적 사회보장제도가 빠르게 형태를 갖추었다. 70년 동안, 중국 특색의 사회주의 건설 목표가 더욱 구체화되는 과정에서 사회보장제도도 크게 두 차례의 발전 단계를 거쳤다. 1950년대에 만들어진 전통적인 사회보장제도에서 개혁개방 이후에 점차 확립된 새로운 사회보장제도에 이르기까지, 초기에 주로 도시주민의 '특권'에서 출발하여 오늘날 모든 국민이 국가 발전의 성과를 공유하는 기본적인 제도적 보장이 되었다. 민생 개선과 사회권익 확대뿐 아니라 더 나아가서 중국의 경제사회 변혁과 발전을 고스란히 엿볼 수 있다.

1. 전통적인 사회보장제도의 수립과 발전: 저소득 복지국가

신중국의 사회보장제도는 1949년과 1950년에 정부가 이재민과 실직 노동자를 대상으로 대규모 사회구제 활동을 벌인 것에서부터 시작되었다. 1951년 <중화인민공화국 노동보험조례>의 시행이 대표적인데, 그 이후 계획경제 체제에 상응하는 사회보장 제도가 꾸준히 제정되었다.

1. 긴급구제에서 사회보장의 제도화로

신중국이 수립될 무렵, 전쟁의 불씨가 여전히 꺼지지 않았고 나라도 국민도 가난과 굶주림에 시달리던 때였다. 빈번한 자연재해로 인해 전국적으로 이재민이 4,000만 명에 달했으며, 이 가운데 '먹을 것조차 없는' 상황에 놓인 이재민이 700~800만이었다. 도시의 경우, 1949년 말 전국적으로 노동자의 절반에 해당하는 약 400만 명이 실직으로 생활고에 시달렸다. 이런 상황에서, 신생 정부는 발 빠르게 대규모 구제 활동에 나섰다. 1949년 12월, 정무원이 <생산 및 재난 구호에 관한 지시>를 발표했는데, 이것은 신중국 수립 후에 발표된 최초의 사회보장정책 문건이었다. 아울러, 중앙재해구제위원회를 발족하여 전국적으로 재해구제사업을 진행하고 이재민들에게 대량의 구호식량을 지급했다. 1950년 9월까지, 중앙정부가 지급한 구호식량이 22조 4,200만 근에 달했다. 1950년 6월, 정무원이 <실직 노동자 구호에 관한 지시>를 발표하고 이렇게 밝혔다. "현재 실업 사태가 가장 심각한 상하이, 난징, 우한, 충칭, 광저우 5개 지역에서 실직 노동자 구제위원회와 실직 노동자 구제처를 만들어 구제책을 마련하고, 구제계획과 예산을 책정한 후 정무원에 보고 및 승인을 거쳐 시행한다." 같은 해 7월, 노동부가 <실직 노동자 구제 잠정 시행법>을 발표했다. 정무원은 이를 위해 4억 근의 식량을 실직자 구제 기금으로 할당하는 한편, 실직자 구제사업을 진행하는 지역의 모든 기업과 재직 노동자들에게 일정액의 실업구제금을 납부하도록 지시했다. 그리고 공공일자리, 실직 노동자의 자구 노력, 전업 훈련, 구제금 지급 등 대책을 통해 실직 노동자 지원활동을 펼쳤다. 1952년까지 전국 152개 도시에서 120여만 명이 상시로 구제 혜택을 받았고, 겨울철에는 그 수가 150여만 명에 달했는데 이는 전체 도시인구의 20~40%를 차지했다. 대규모 긴급구제활동을 통해 이재민과 실직 노동자의 생존 위기에 신속히 대처하여 재해지역과 주요 도시의 사회질서를 안정시켰다. 이전에 국민당 정부가 이재민의 생존과 실직자의 어려움을 외면했던 것에 비하면, 신중국 수립 후 출범한 새 정부의 조치들이 본질적인 차이가 있었다. 이에 따라 1949~1950년의 대규모 구제사업과 1950~1956년의 대규모 실직 노동자 구제사업이 비록 긴급구제 차원의 조치였지만, 새 정부가 전국적인 범위에서 시행한 적극적인 사회보장정책이었고 이로써 중국에서 현대적 사회보장제도의 서막을 열었다.

1) 도시 사회보장제도의 수립과 발전: 노동보험제도

1951년 2월, 정무원이 〈노동보험조례〉를 발표한 후에 1953년과 1956년 두 차례의 수정을 거쳐서, 도시 노동자들에 대한 노동보험제도가 전면 도입되었다. 도시의 정부기관과 정부 사업장을 제외한 모든 기업체 노동자들을 대상으로 했다. 노동보험의 제반 비용은 모두 사측이 부담했고 개인은 납입할 필요가 없었다. 주요한 보장내용은 산업재해, 의료, 노후, 사망 시 장례비, 직계 존비속 위로금, 기타 근로자 복리후생 등이 포함되었다. 노동자들에게 가장 큰 어려움을 야기하는 생로병사, 상해와 장애 등 위험에 대한 제도적 보장이 마련되었다. 이 조례에 따르면, 중화전국총공회가 노동보험의 최고 집행기관으로서 전국의 노동보험 시행을 총괄하고, 일선의 공회는 이 제도의 구체적인 집행자였다. 노동부는 전국 노동보험 업무의 최고 감독기관으로서 노동보험조례의 시행과 노동보험의 집행 상황을 점검하는 책임을 졌다. 1953년 3월 말 통계에 의하면, 전국적으로 4,400여 개 기업이 노동보험을 시행했고, 가입 노동자는 350여만 명에 달했다. 노동보험 조례를 시행하지는 않았지만 단체 노동보험 계약을 체결한 기업이 전국적으로 4,300여 개 업체, 노동자 수는 70여 만 명에 달했다. 1953년, 전국적으로 480만 명의 노동자가 노동보험의 혜택을 받았다.

노동보험이 광범위하게 시행되고 노동자의 가족들도 혜택을 받을 수 있었기 때문에, 사실상 대다수의 도시주민들이 안정적인 사회보장을 기대할 수 있게 되었다. 이는 1931년 중화 소비에트 임시정부가 제정한 〈중화 소비에트 공화국 노동법〉과 1948년 동북해방구에서 시행된 〈동북 국영기업 전시 임시 노동보험 조례〉에서 유래했다. 이것은 신중국 수립 후 가장 중요한 통합형 사회보장제도였는데, 1950년대부터 시작하여 1990년대에 와서야 새로운 사회보험제도로 대체되었다. 따라서 1951년에 수립된 노동보험제도는 중국에서 현대적 사회보장제도의 중요한 시작점이었다.

1952년 6월, 정무원은 〈전국 각급 인민정부, 당파, 단체 및 소속 사업 단위의 국가 사무직 국비의료 예방에 관한 지시〉를 발표했고, 1955년 12월, 국무원은 전인대 상무위원회의 비준을 거쳐 〈국가기관 사무직 퇴직처리 잠정 시행법〉을 공포했다. 1958년에는 다시 〈퇴역 장교 퇴직처리에 관한 잠정 시행법〉 등 법규를 공포했다. 이 법들은 기관 및 사업단위 근무자와 장교 등을 위한 국비의료와 퇴직제도, 위로제도 등으로 구성된 공직자 사회보장제도였다. 이 가운데, 국비 의료제도는 보건행정부에서, 퇴직제도는 인사행정부에서 각각 시행했다. 1953년, 전국적으로 국비의료 지원을 받은 국가기관 종사자와 교육 종사자가 529만여 명에 달했다.

    같은 시기, 중앙정부나 산하 기관들은 생활고 지원, 겨울철 난방 수당, 친지 방문 지원금, 교통 보조금, 휴가 요양비 지원을 포함한 직원복지, 사회복지사업, 복지공장(장애인 대상), 생활고 지원 등에 대한 일련의 정책 문건들을 발표하는 한편, 어린이집, 유치원, 식당, 목욕탕, 의무실을 설립했다. 대형 국유기업들은 직원들의 자녀를 위한 학교(초·중학교는 물론 전문대학 등)도 세웠다. 기업이나 기관이 사실상 모든 것을 관리하고 담당하는 작은 사회였다는 것을 알 수 있다. 또한 국가가 도시주민들을 위해 무상교육, 복지 주택, 식량 및 부식품의 가격보조금 등을 제공했고, 도시의 1인 가구, 아동과 장애인을 위해서도 상응하는 복지제도를 마련했다. 전국적인 재해 구제, 사회복지 사무는 중앙정부 산하 내무부가 담당했다.

    신중국 수립 후 불과 몇 년 만에, 긴급 이재민 구제 및 실직 노동자 구제에서 출발하여 전국 도시지역 주민을 대상으로 하는 완전한 사회보장제도가 마련되었다는 것을 알 수 있다. 도시의 노동자와 그 가족들까지 포함되었으며, 도시주민의 생활 전반에 걸쳐 모든 비용을 국가 재정이나 기업이 부담했기 때문에 개인은 납입의무를 지지 않았다. 경제적으로 극히 낙후된 상황에서 이렇게 포괄적 복지보장제도가 만들어졌다는 것은 중국 사회주의의 본질적 요구가 반영된 것이었다.

2) 농촌의 집단복지제도 설립과 발전: '5보五保'와 협력의료제도

농촌의 사회보장은 집체화의 산물이었다. 이는 실질적으로 농촌의 집체조직 구성원들이 서로 조력하는 형태였고, 중대 자연재해를 당한 경우에 한하여 정부가 구제에 나섰다. 정부가 의도적으로 농촌 주민을 등한히 한 것이 아니라 신중국 초기부터 농촌 토지개혁을 단행하여 많은 농민들이 토지를 소유하고 형편이 빠르게 개선되었기 때문이었다. 또한 국가의 취약한 재정상황도 도시지역 사회보장을 농촌으로 확대할 여력이 없었다. 1956년 6월, 제1기 전인대 3차 회의에서 〈고급 농업생산 합작사 시범 규정〉이 통과되었고, 1960년 4월에 열린 제2기 전인대 2차 회의에서는 〈1956~1967년 전국 농업 발전 요강〉이 통과되었다. 이 두 법률 문건을 근간으로 농촌 '5보五保' 제도가 마련되었는데, 이는 최초의 중국 특색 농촌 집체복지보장제도였다. 그 기본 내용을 보면, 노동력도 의지할 곳도 없는 독거노인과 고아를 대상으로 한 제도였다. 지정된 생산조직이 그들에게 할 수 있는 일을 적절히 안배하여 생산 활동에 참여할 수 있게 하고, 생활에 필요한 양식과 의복, 연료, 교육(어린이와 소년), 장례 등도 보장하도록 했다. '5보五保' 제도는 농촌지역의 취약계층에게 최저 보장을 해줌으로써, 그들이 다른 사회구성원들과 동일한 기본생활보장을 누릴 수 있도록 한 제도였다.

협동화 운동과 함께 농촌 협력의료제도도 시행되었다. 1956년 채택된 〈고급 농업생산 합작사 시범 규정〉에서 합작사가 공무상 질병을 얻은 구성원의 치료를 책임지며, 근무일 수에 따라 지원한다는 규정을 두었다. 이 규정은 처음으로 농촌의 집체조직에게 구성원의 질병 치료에 대한 책임을 부여한 것이었다. 1960년에 위생부가 작성한 〈인민공사의 위생업무에 관한 몇 가지 문제점에 관한 의견〉 보고서와 그 부속 문건이 발표되었는데, 이때부터 합작의료가 농촌지역 보건위생제도가 되었다. 1965년 6월에 마오쩌둥 주석이 발표한 유명한 6·26 담화에서, "위생부가 전국 인구의 15%를 차지하는 도시인구만을 위해 일하고 있다"며 잘못된 방식을 강하게 비판하고, "보건위생사업의 중점을 농촌에 두라"는 지시를 내렸다. 이때부터 농촌지역 보건위생사업이 추진되었다. 이 기간에 무상 의료보장제도가 농촌까지 확대되지는 못했지만, '맨발의 의사'와 상호부조에 힘입어 농촌 주민에 대한 질병 치료가 이루어졌다. 여기에 정부가 농촌 의료제도 구축에 적극적으로 개입함으로써 농촌 주민에 대한 초보적인 의료보장이 가능해졌다. 이는 농촌 주민은 물론이고 국제사회로부터 긍정적인 평가를 받았다. 특히 개발도상국이 국민의 질병 치료 문제에 대해 저비용으로 좋은 효과를 거둔 성공 사례가 되었다.

이외에, 농촌에서 무상 기초교육제도가 세워지면서 '5보'제도, 합작의료제도와 함께 농촌의 초보적인 사회보장체계가 마련되었다. 농촌에서 자연재해가 발생하면 국가 차원의 재난구제 제도를 통해 곧바로 지원할 수 있는 기능을 발휘했다. 전체적으로 볼 때, 신중국 수립 후에 세워진 농촌지역 보장체계는 농촌의 집체소유제 경제를 근간으로 한 것으로, 초기의 농업합작사, 그 이후의 인민공사, 생산대대, 생산소대 조직이 중심이 되어 농촌 주민을 위한 제한적인 수준의 복지보장 기능을 담당했다.

2. 1968~1970년: 단위(또는 집체)보장제도의 강화

1968~1970년은 중국에서 기존의 사회보장제도가 획기적으로 탈바꿈한 시기였다. 국가가 여전히 정책의 제정자로서 최후의 보장책임을 졌지만, 조직 방식과 실제 시행에서 변화가 나타났다.

1) 사회보장 행정관리 시스템의 중대한 변화

1968년에 재해 구제와 사회복지 업무를 관장하던 내무부가 폐지되었는데, 이는 지방정부에도 영향을 미쳤다. 재해 구제 및 사회복지 업무를 중앙정부 차원에서 통일적으로 추진되던 방식에서, 지방정부의 책임과 국민의 자구 노력이 한층 강조되는 형태로 바뀌었다. 다른 한편으로, 노동보험 업무를 담당하던 중화전국총공회가 마비 상태에 빠지면서 사실상 전국의 노동보험 업무를 총괄하기가 어려워졌고, 노동 행정 부서로서의 기능도 약화되었다. 이렇게 되자, 도시 단위의 사회보장 업무관리 책임이 한층 강화되었다. 따라서 1968년 이후 중앙 차원의 사회보장관리체계에 큰 변동이 발생했다. 전국의 사회보장정책이 여전히 통일적으로 조정되기는 했지만, 기업이 도시의 사회보장 업무를 담당하는 구체적인 시행자가 되었다. 이는 도시의 사회보장 제도 시행에 일정부분 영향을 미쳤고, 정상적인 정년제도에도 혼란을 야기했다.

2) 노동보험의 탈바꿈: '기업보험'

1969년 2월, 재정부가 〈국영기업 재무 업무의 몇 가지 제도에 관한 개혁 의견(초안)〉을 발표하면서, 노동보험 자금조달 메커니즘에 중대한 변화가 일어났다. 모든 국영기업이 노동보험금의 인출을 일률적으로 중단하고, 기존에 노동보험금에서 지출하던 노동보험 비용이 기업의 영업외 항목에서 지출되도록 바뀌었다. 동시에 국가정책에서 정한 기준에 따라 집행하되, 필요한 비용을 모두 기업이 실비 정산하도록 변경되었다. 아울러, 기업의 보건의료비, 복리후생비, 인센티브를 기업근로자 복지기금에 통합하도록 규정했는데, 임금 총액의 11%를 일괄적으로 갹출하고 기업의 비용지출에 반영했다. 만약 이 항목의 기금이 부족할 경우, 기업이 세후 이윤에서 갹출하여 보전하게 함으로써 기업의 책임이 한층 강화되었다. 이로써, 노동보험이 사회적으로 통합 관리되던 성격을 상실하고, 그 중심이 국가에서 기업이나 사용자로 이동했다. 노동보험이 기업보험으로 탈바꿈한 후 나타난 직접적인 문제는 도시의 기업이나 사업자가 직원과 그 가족의 사회보장 업무를 도맡는 현상이 만연하면서 사회보장의 상당 부분이 기업과 사업자 중심의 폐쇄적인 형태로 바뀌었다. 하지만, 국가가 여전히 도시주민 복지보장의 최종 책임을 졌는데, 만

약 국영기업이 결손으로 인해 직원과 가족의 사회보장을 감당할 수 없게 되면 국가 재정에서 보조금을 지원하는 방식으로 고용보험과 직원복지제도가 유지되었다.

3) 농촌 집체복지보장의 발전

이 시기의 사회보장제도가 도시에서는 여러 가지 어려움에 봉착했지만, 농촌에서는 점차 자리를 잡기 시작했다. 1968년, 마오쩌둥 주석의 높은 관심과 직접적인 지휘하에서 보건당국은 '도시 나리들의 위생부'라는 이미지를 털고 농촌으로 눈을 돌렸다. 동시에 도시의 지식청년들이 대거 농촌으로 내려감으로써 농촌합작의료에 필요한 중요한 인력자원이 되었다. 농촌의 '5보' 제도가 안정적으로 시행되고 농촌합작의료도 빠르게 발전하였다. 1976년까지, 전국적으로 농촌지역 생산대대의 93%가 협작의료제도를 시행했다. 국가 보건위생 부문 재정의 65%가 농촌에 배정되었고, 예방, 의료, 보건 기능을 모두 갖춘 3단계(현, 인민공사, 생산대대) 보건서비스 구조가 형성되었다. '작은 병은 마을 밖을 나갈 필요가 없고 큰 병은 고향을 떠날 필요가 없다'는 말이 현실이 되면서 농촌지역의 취약한 의료 문제가 기본적으로 해결되었다. 이는 개혁개방 이전 농촌 주민의 건강 여건이 크게 개선될 수 있었던 중요한 요인이었다.

1968~1970년의 큰 변혁기를 거치는 동안, 중국의 사회보장제도는 다음과 같은 뚜렷한 특징을 보였다. 우선, 국가가 사회보장제도의 확립자이자 보증자로서의 역할을 담당했지만, 각 단위가 자금조달, 운영, 시행의 주체자가 되었다. 국가와 단위 간에 상호보완적인 구도가 형성되었다. 둘째, 구성원들이 각 단위(도시에서는 다양한 기관들과 사업장 및 국유 또는 집체소유제 기업이 단위였고, 농촌에서는 인민공사와 생산대대가 단위였다)로 분리되어, 자신들이 속한 기관이나 단위와 긴밀히 연계되어 이를 통해 무상복지 혜택을 누렸다.

따라서 신중국 수립 시기의 사회보장제도는 전형적인 국가 단위 보장제

1974년 5월, 산시성陝 옌안지구 난닝완 인민공사 산하 의료소에서 '맨발의 의사'가 위생원들에게 교육을 진행하고 있다.

도였다. 이러한 제도하에서, 국가 재정을 기반으로 사회보장제도의 각 단위가 존재하고 노동자는 대개 한 조직 내에 고정되었다. 사회보장이 주로 공적 자금으로 운영되었기 때문에, 사회보장은 개인의 납입에 따라 정해지는 것이 아닌 국가와 기관의 보장에 따라 누리는 혜택이었다.

3. 전통적인 사회주의제도 하의 저소득 복지국가

개혁개방과 함께 전통적인 사회보장제도도 1980년대 중반부터 전면적인 변화기에 접어들었지만, 새로운 제도가 자리를 잡기까지 이전의 제도가 상당히 오랫동안 공존했다. 2014년까지 기존의 기관 단위 퇴직연금제도가 기업 근로자와 동일한 사회연금 제도로 전환하면서 비로소 전통적인 사회보장제도가 역사의 무대에서 완전히 사라졌다. 따라서 역사적으로 이러한 제도가 60여 년간 지속되었는데, 다음과 같은 몇 가지 논리를 발견할 수 있다.

1) 전통적인 사회주의제도가 전통적인 사회보장제도의 정치 사회적 배경이 되었다

신중국 수립 시기에 중국은 자연스럽게 세계 최초의 사회주의 국가 구소련의 방식을 좇아서, 공유제를 기반으로 국가-집단-개인의 이익을 '동일시하는' 전통적인 사회주의 시기로 진입했다. 이후에 중소관계가 악화되면서 관련 제도를 다소 조정하기는 했으나 사회주의 건설이라는 기본이념과 제도는 변함없이 유지되었다. 정부는 소수 약자의 생존문제가 아닌 국민 전체의 기본적인 생존과 발전을 어떻게 보장하느냐 하는 문제에 집중했다. 이러한 정치 사회적 배경 하에서, 국가와 단위 또는 집체가 구성원의 생활을 보장하는 것이 사회주의 제도가 갖추어야 할 내용이자 우월성의 구현으로 간주되었다. 그리고 개별 집체나 단위에 의한 노동력 분배와 노동자와 그 가족의 생활과 관련하여 분배와 재분배라는 단일 시스템이 구축되었다. 저임금, 다양한 복지, 평등 추구 등 사회분배 메커니즘이 형성되었고, 사회보장은 그 가운데 중요한 위치를 차지했다. 이러한 과정은 마오쩌둥 시대의 사회주의제도 발전에 대한 끊임없는 탐색 속에도 내재했다.

2) 생산요소 공유제와 계획체제가 전통적인 사회보장제도의 제도적 기반이 되었다

전통적인 사회주의 제도하에서, 생산요소 공유제(생산요소가 전체 인민 또는 노동자 집체소유였다)가 사회주의 제도를 지탱하는 경제적 기반으로 간주되었다. 이로 인해 전통적 사회주의 제도가 가진 사회보장과 생산요소 소유제 구조 간에 불가분의 관련성이 존재하게 되었다. 도시에서는 전민소유제 기업이라는 단위가 주체가 되고, 여기에 소수의 집체소유제 기업이 더해졌다. 이들은 경제사회의 조직이자 사회보장 및 공공서비스 조직이었다. 도시의 노동자들은 계획에 따라 일자리를 얻고 기업으로부터 임금을 받았으며, 또한 가족들도 모두 공유제 하의 여러 가지 생활복지를 보장받았다. 농촌의 경우,

집체소유제를 기반으로 한 인민공사, 생산대대, 생산소대가 기본적인 특징이었다. 이들은 생산단위이자 정부 산하의 최하위 일선 조직으로서 거의 모든 일을 담당했다. 생산활동과 관련된 일 외에도 구성원의 복지 관련 사무를 관할했으며, 농촌 주민의 소득과 복지보장도 거의 집체 조직의 분배를 바탕으로 했다. 다른 한편으로, 전통적인 사회주의 제도하에서, 고도로 집중적인 계획경제 체제가 국가와 사회의 기본 통치방식이 되었다. 생산활동과 일상의 삶이 모두 국가적 계획의 범주 속에 있었으며, 도시에서는 한층 더 각종 계획에 따라 경제사회 관련 사업이 진행되었다. 도시 노동자에 대한 여러 가지 보험과 복지를 포함한 일자리 배치가 계획경제에 의해 총괄적으로 이루어졌다. 각종 보조금과 복지시설도 모두 국가의 일괄적인 계획에 의해 시행되었다. 농촌지역 주민들은 집체노동에 참여하고 분배를 받았고 집체경제를 토대로 평등하게 복지를 누렸다. 생산요소 공유제와 계획경제 체제가 점차 강화되면서 도시의 다양한 조직 단위와 농촌의 집체체제가 장기간 공고히 자리 잡았다. 이렇게 전통적인 사회보장제도가 견고한 조직 기반과 재원을 갖추게 되었고, 구성원 전체가 정도는 다르지만 안정적인 복지를 기대할 수 있었다.

3) 이원적 분리가 전통적인 사회보장제도의 기본적 특징으로 자리 잡았다

계획경제 체제에 더하여 취약한 산업기반과 국가의 재정 능력의 한계로 도시의 사회보장제도가 농촌으로 확대될 수 없었다. 여기에 엄격한 호적제도, 직업에 의한 신분 관리 그리고 도시 호적에 부여된 각종 복지정책, 이 모든 것들이 도시와 농촌의 이원화, 단위와 집체의 이원화를 더욱 고착화했다. 더 나아가 기업의 사회보장, 정부 기관 단위의 사회보장 그리고 농촌 집체의 사회보장 등 서로 다른 제도가 만들어졌다. 이 중에서, 기업의 사회보장은 소속 노동자들에 대해, 정부 기관 단위의 보장은 산하 직원들에 대해 그리고 농촌의 집체 보장은 모든 농민에 대해 각기 사회보장의 책임을 졌다. 도시와 농촌, 기업과 정부 기관, 간부와 일반직 그리고 농민 간에 구분이 명확했다. 이뿐 아니라, 각 단위나 집체는 소속 구성원에 대해서만 책임을 졌기 때문에, 전통적 사회보장은 단위 혹은 집체의 조직적 성격, 도시 또는 농촌의 호적 그리고 노동자의 직업에 따른 이원화된 체계였다. 오늘날의 시각에서 볼 때, 이런 제도적 구조는 사회구성원을 서로 다른 단위나 집체로 묶어서 자유로운 이동과 인력자원의 최적화된 활용을 제약한 것이었다. 또한 기존 국유기업 직원들의 연령대가 높아짐에 따라서 단위나 집체별로 부담의 편차가 커졌기 때문에 개혁개방 이후에 주된 개혁 대상이 되었다.

4) 전통적 사회보장제의 시행과 '낮은 수준의 복지국가'

경제가 낙후된 상황에서, 정부는 전통적인 사회주의적 평등 추구를 기반으로 노동의 대가보다는 평균주의적 복지와 분배의 비중을 높이는 전략을 채택했다. 도시의 경우, 노동자 간 임금 격차가 극히 적었고 노동자와 그 가족에 대한 복지혜택은 보편성과 평등이 기본 특징이었다. '요람에서 무덤까지'라고 할 정도로 도시주민의 생로병사, 교육, 주택 등 모든 방면을 망라했다. 농촌의 집체조직에 기반한 수익 분배는 노동에 따른 분배와 1인당 평균 분배 방식을 절반씩 혼용했다. 전자는 낮은 수준이지만 상대적으로 평등한 노동소득이었고, 후자는 보편적이고 평등한 복지 소득과 집체 복지시설의 평준화된 혜택으로 나타났다. 복지 분배의 비중 확대를 통해 평등을 추구하는 방식이 가져온 직접적인 효과는 주민들 간 최종 소득의 격차가 크지 않았다는 것이었다. 평등화 수준이 매우 높은 (혹은 불평등 정도가 매우 낮은) 사회가 형성된 것이다. 개혁 이전에 중국 도시의 지니계수가 0.2 이하, 농촌은 0.21-0.24였는데, 기타 개도국의 도시지역 지니계수는 0.37-0.43, 농촌은 0.34-0.40이었다. 하지만 이러한 평등화는 낮은 수준의 평등화였다. 1981년 중국의 도시와 농촌 주민의 엥겔계수가 각각 56.7%, 59.9%였는데, 이러한 평등화가 가져온 것은 근근이 살아가는 정도의 생활에 불과했으며, 계획경제 시기의 중국은 소위 '낮은 수준의 복지국가'였다는 것을 보여준다.

 결론적으로, 전통적인 사회주의 제도와 계획경제가 맞물려서 민생 보장이라는 중요한 역할을 발휘했다. 개혁개방 후에 개혁의 대상이 되었다고 해서 이 점을 부정될 수는 없다. 하지만 복지형 분배의 비중이 지나치게 높아서 당시의 경제발전 수준으로는 감당하기 어려웠다. 더 나아가 지나친 평등의 추구가 부를 창출할 수 있는 동력을 저해했다. 따라서 이 시기의 사회보장이 이전에 비해 월등히 개선되었고 의도도 좋았으나 객관적인 결과가 좋지 못했다는 점을 교훈으로 받아들여야 할 것이다.

2. 개혁개방 후 사회보장제도의 전면적 개혁

1. 사회보장제도의 변혁: 보조금 증서와 사회 변혁

낙후된 경제, 어려운 민생의 현실 그리고 전통적 사회주의 국가가 직면한 곤경, 뒤이어 불어 닥친 급격한 변화에 직면하여, 1978년 제11차 3중전회가 어려움에 처한 국민의 보편적인 염원에 따라 개혁개방의 서막을 열었다. 지난 40여 년 동안에 국민의 행복 추구라는 근본적인 취지가 변함이 없었지만, 사회주의의 본질에 대한 인식이 한층 명확해졌다. "가난은 사회주의가 아니며, 사회주의는 빈곤을 소멸해야 한다. 생산력을 발전시키지 않고, 인민의 삶을 향상시키지 않는 것은 사회주의의 요구에 부합한다고 말할 수 없다...(중략)...사회주의의 본질은, 생산력을 해방하고 생산력을 발전시키며, 착취를 소멸하고 양극화를 해소하며, 궁극적으로 모두가 부유해지는 것이다." 이는 덩샤오핑 주석이 한 말이다. 바로 이러한 발전된 인식을 시발점으로, 중국의 통치이념이 더 이상 정치나 계급투쟁이 아닌, 경제를 중심으로 효율성 지향적인 정책으로 선회했다.

농촌에서 도급책임제 토지개혁을 전면 단행한 후, 정부는 도시의 국유기업 개혁을 신속하게 추진함으로써 경제구조를 획일화된 국유경제에서 공유제 경제, 사유제 경제, 혼합 소유제 경제 등으로 다원화했다. 노동과 취업 부문에서도 도시와 농촌으로 엄격히 이원화, 획일화되었던 것에서 자유로운 이동과 취업을 선택할 수 있게 했고, 따라서 사회구조의 심층적 변화가 나타났다. 도시주민은 '단위'가 아닌 '사회'에 속한 인간으로, 농촌 주민은 '집체'에 속한 인간이 아닌 '자유로운 인간'으로 바뀌었다. 이로써, 사람과 사람 간의 사회적 관계가 더욱 다차원적으로 변화하고 사회구성원의 가치 추구도 한층 다원화되었다. 중국이 전통적 사회주의에서 중국 특색의 사회주의를 향해 나아가게 된 것이다.

경제개혁과 사회 전환 속에서 국유기업은 더 이상 대마불사가 아니었으며, 노동자도 더 이상 한 조직에 평생 고정된 존재가 아닌 시장경쟁의 참여자가 되어 적자생존의 법칙을 받아들여야 했다. 농촌에서는 인민공사와 생산대대를 중심으로 하던 구조에서 개인 농가제로 바뀌면서 집체경제가 기반을 상실하게 되었다. 국가, 조직 그리고 개인의 이익을 동일시하는 것이 아닌, 다양한 이익 주체로 분화되었다. 전통적 사회보장제도가 기대왔던 단위별, 집체별 보장과 물질적 여건이 더 이상 존재할 수 없게 되었다. 또한, 사회보장의 책임 주체가 단일화되어 있었기 때문에 정부의 부담이 가중되었고, 기업은 기업대로 모든 사회적 역할을 짊어져야 했기 때문에 생산활동에 힘을 집중하기가 어려웠다. 게다가 노동자의 연령대가 계속 높아지면서 감당하기 어려운 상황이 나타났기 때문에, 많은 노후 기업들이 이미 전통적 사회보장제도를 정상적으로 운영할 수 없는 지경에 직면했다. 전통적 사회보장제도가 점차 수명을 다해가고 있었다. 따라서 중국의 사회보장제도 개혁은 경제개혁과 사회 전환이 낳은 결과이자, 동시에 제도 자체가 더 이상 버티기 어려운 부득이한 상황에서 취한 선택이었다.

2. 점진적 추진: 사회보장제도 변혁의 출발점

최근 40년 동안의 중국 사회보장제도 개혁 과정을 돌이켜 보면, 사회보장 전반의 변화와 주요 보장항목을 포함한 제도변혁에서 다음과 같은 맥락을 찾아볼 수 있다.

1) 전반적 맥락: 기층의 자발적 차원에서 국가적 차원으로 진화

국가 차원의 제도변혁과 관련 정책의 기본 방향성에서 볼 때, 중국의 개혁개방은 1978년 제11차 3중전회에서 시작되었다는 것을 알 수 있지만, 사회변혁이 정치와 경제변혁에 비해 지체되는 경우가 많고 기존 제도에 대한 의존성이 강했기 때문에 사회보장개혁이 상대적으로 늦어졌다. 이는 다음의 몇 단계로 나눌 수 있다.

(1) 1978-1985년 개혁 준비단계: 중국은 기존의 사회보장제도를 전반적으로 부활 내지는 유지하는 쪽으로 정책 방향을 잡았으나 현실적 어려움으로 인하여 부득이하게 새로운 길을 모색해야 했다. 1978년 6월, 제5기 전인대 상무위원회 2차 회의의 비준을 거쳐 국무원이 〈노약한 간부의 배치에 관한 잠정 시행법〉, 〈노동자 휴·퇴직에 관한 잠정 시행법〉 두 법률 문건을 공표했다. 이 규정의 취지는 원래의 휴·퇴직 제도를 복원하기 위해서 기업체 간부와 노동자의 퇴직금과 퇴직 후 생활비는 여전히 해당 기업에서 지급하고, 정부 기관이나 단위 소속 간부의 퇴직금과 퇴직 후 생활비는 소속 기관이 책임지도록 하는 것이었다(타지에 배치된 경우는 관리의 책임을 진 조직, 인사부서 그리고 현縣 정부의 민정부가 별도 예산을 편성하여 지급했다). 여전히 단위별 보장제였다는 것을 알 수 있다. 하지만, 1980년대 이후, 일부 국유기업들이 증가하는 의료비 지출을 감당하기 어려워지자 직원들이 일부를 분담하는 방향으로 변화를 시도하기 시작했다. 또한 일부 지역에서는 기존 국유기업들이 퇴직 노동자들에게 연금을 지불할 여력이 없자 모든 단위가 총괄적으로 비용을 부담하는

방법을 모색하기 시작했다. 이는 사실상 단위별로 책임지던 노동자 의료보험과 퇴직연금제도가 책임분담과 사회화로 나아가는 초보적 시도였으며, 제도변혁을 위한 준비로 볼 수 있다.

(2) 1986~1992년 완만한 성장기: 기존의 사회보장제도가 여전히 중심에 있었지만 새로운 제도가 등장하기 시작했다. 1986년은 중국의 사회보장제도가 본격적인 개혁의 시대로 접어든 상징적인 해였다. 이 해에 발생한 중요한 사건을 살펴보면 다음과 같다. 제6기 전인대 4차 회의에서 통과된 <중화인민공화국 국민경제와 사회발전 제7차 5개년 계획>에서, 처음으로 사회보장 개혁과 사회화 문제에 관해 단독 규정을 두었고, 국무원이 <국유기업 노동계약제 실시 잠정규정>, <국유기업 노동자 실직보험 잠정규정>, <노동제도 개편에 관한 4개 규정에 관한 통지>를 발표했다. 계획경제 시기의 일자리 종신제가 시장경제 체제에 맞는 노동계약제로 대체되고, 처음으로 실직 노동자를 위한 실업보험제도가 수립되었다. 동시에 노동계약제 노동자의 퇴직 후 노후에 대해 사회적 관리제도가 시행되었다. 또한 노동인사부는 <외국인 투자 기업의 직원 채용 자율권과 노동자 임금·보험·복지 비용에 관한 규정>을 발표하고, 납입형 사회보험제도를 시범 도입하기 시작했다. 이런 일련의 정책들은 사회보장이 단위 중심에서 사회화로 나아가기 시작했으며, 상대적으로 소극적인 여건 속에서도 새로운 사회보장제도의 요소가 등장하기 시작했다는 것을 의미한다. 이 시기에 사회복지가 사회화로 나아가기 시작했는데, 복지복권 발행 등이 사회복지 재원 마련의 중요한 통로가 되었다. 하지만, 당시 개혁의 주된 배경은 국유기업 개혁이었고, 사회보장 개혁은 국유기업 개혁에 부수적으로 포함된 것에 불과했다는 지적을 피하기 어렵다.

(3) 1993~1998년 급격한 제도적 변혁기: 이 시기에 기존의 사회보장제도와 새로운 사회보장 시스템이 양립했지만 새로운 제도로의 대체가 이미 예견되어 있었다. 1993년 11월, 제14기 전인대 3중전회에서 <사회주의 시장경제 체제 수립에 관한 약간의 문제에 관한 결정>을 채택했다. 경제개혁의 목

1992년 4월 13일, 상하이시市가 인민광장에서 처음으로 대규모 고용박람회를 개최했다. 사진은 한 외국계 기업의 채용관 및 지원자들의 모습이다. 1992년, 많은 국유기업에서 정리해고가 진행되자 상하이시市는 재취업의 길을 넓히기 위해서 여러 경로를 통해 새로운 일자리를 마련했다.

표가 사회주의 시장경제라는 점을 분명히 했을 뿐 아니라, 사회보장을 시장경제의 정상적인 운영 및 유지를 뒷받침하는 5대 지주 가운데 하나로 확정했다. 또한 '다층적인 사회보장체계 구축'과 '도시 노동자의 노후와 의료보험금의 단위와 개인 공동 부담, 사회적 통합과 개인 계좌 연계'라는 정책 방향을 처음으로 제시했다. 사회보장개혁이 국유기업 개혁의 부수적인 영역으로 취급되던 것에서 탈피하여 시장경제 개혁에 걸맞게 효율 지향적인 방향성을 명확히 드러냈다.

(4) 1998~2008년 독립적인 제도 확립: 이 시기에 사회보장의 형평성이라는 특징이 한층 분명해졌다. 기업과 단위 이외의 사회보장체계 구축, 자금 조달 경로 다변화, 관리 서비스의 사회화가 새로운 제도 확립의 목표가 되었다. 1998년, 국무원은 노동사회보장부를 신설하고 전국사회보험의 관리책임을 일임했는데, 이로써 여러 부처가 관할하던 사회보험 관리체제가 일원화되었다. 동시에 퇴직자가 적기에 연금을 수령하지 못하는 문제, 국유기업 개혁에 따른 정리해고 노동자들의 급격한 증가, 도시의 새로운 빈곤인구 증가 등

현실적인 문제에 직면하여 정부는 '2가지 확보, 3가지 보장선' 정책 그리고 기업 퇴직자에 대한 사회적 관리 방안을 시행했다. 2000년, 국무원이 사회보장전략 준비기금인 전국사회보장기금을 설립하고, 전국사회보장기금 이사회를 신설하여 관리책임을 맡겼다. 이 기금의 재원은 국가 재정지출, 국유자산 전환, 복권의 공익자금 편입 등이었다. 같은 해, 국무원은 다시 랴오닝성省에서 종합사회보장개혁 시범사업을 시행했는데, 이때부터 단일적인 개혁에서 종합계획과 전반적인 개혁으로 바뀌기 시작했다. 이렇게 주요한 정책들을 통해 사회보장 개혁이 사회적 공정과 정의를 유지하는 효율적인 기재로 작동하면서 새로운 사회보장제도가 빠르게 발전했다.

(5) 2009년 이후 전면적인 사회보장을 추진하기 위한 새로운 제도들이 정착하기 시작했다. 미국 서브프라임 모기지(비우량 주택담보대출) 사태가 가져온 글로벌 경제 위기가 국내 경제에 미치는 심각한 영향에 대응하기 위해서, 중국은 2009년에 전 국민 의료보험과 전 국민 연금 수령을 목표로 '3년 의료개혁' 방안을 시행했다. 동시에 농촌에서 노인연금보험 시범사업을 시작하고 도시에서는 보장형 주택 건설 사업을 대대적으로 추진했다. 이것은 중국의 사회보장 개혁이 본격적인 발전 단계로 접어들었다는 것을 의미했다. 도시와 농촌 주민의 부담 해소, 사회보장 수준의 전반적인 제고 그리고 주민의 구매력 향상을 통해, 국민경제의 지속적인 발전에 필요한 새로운 동력을 확보하는 것이 목표였다. 2010년 10월, 전인대 상무위원회가 <중화인민공화국 사회보험법>을 제정하고 이듬해인 2011년에 정식으로 시행했다. 이는 새로운 사회보장 체계가 권리와 의무로 이루어진 사회보험체계라는 점을 분명히 한 것이었다.

<중화인민공화국 사회보험법>은 신중국 역사상 처음으로 국가의 입법기관이 제정한 사회보장 전문법률이다. 이 법의 시행은 각종 사회보험제도에 관한 규정뿐 아니라 보험료 납부, 권리와 의무에 상응하는 사회보장체계를 확립한 것이었다. 사회보험의 입법화 과정은 10여 년에 걸친 긴 여정이었

다. 1993년, 제8기 전인대 상무위원회에서 사회보험법 입법계획이 발표되었고, 1994년 노동부가 논의를 거쳐 1995년에 초안을 내놓았다. 하지만 최종적으로 입법화되지 못했다. 1998년, 제9기 전인대 상무위원회가 다시 사회보험법을 입법계획에 포함시켰으나, 아시아 금융위기 발발과 더욱이 정부의 대대적인 국유기업 개혁과 맞물려 사회보험의 입법화 개혁이 다시 보류되었다. 국무원이 '2가지 보장, 3개의 보장선' 방침을 강력하게 추진하면서 실업보험, 사회보험료 징수와 도시민 최저생활보장 등 세 가지 행정법규가 잇달아 공표되었다. 2005년, 제10기 전인대 3차 회의에서, 사회보험법을 입법계획에 포함시켰다. 각계의 지지에 힘입어 노동부가 2006년 7월 법률 초안을 내놓았다. 2007년 11월 28일, 국무원 상무회의가 심의를 결정하고 같은 해 12월 6일에 전인대 상무회의에 심의를 요청했다. 2007년 12월 23일-26일, 제10기 전인대 상무회의 31차 회의에서 국무원이 제출한 사회보험법 초안에 대한 첫 심의가 진행되었고, 상임위원회 구성원들이 다양한 의견을 내놓았다. 2008년 12월, 제11기 전인대 상무회의 6차 회의에서 대폭 개정된 사회보험법 2심 초안을 심의하는 한편, 사회적으로 다양한 의견을 수렴하기로 결정했다. 한 달 동안 사회 각계에서 70,501건의 의견이 발의되는 등 입법에 대한 관심이 높았다. 하지만 그해 미국 서브프라임 모기지 사태가 촉발한 글로벌 경제 위기의 영향으로, 중국에 투자하고 있던 대만, 홍콩, 호주를 포함한 일부 외자기업들이 사회보험 입법에 우려를 표시하면서 입법 속도가 둔화되었다. 2009년 12월까지, 전인대 상무위원회가 사회보험법 3차 심의를 진행하고, 상무위원들이 연이어 의견을 제시했다. 2010년 10월, 사회보험법 초안이 전인대 상무위원회의 4번째 심의를 거쳐 채택되었고, 통과된 〈중화인민공화국 사회보험법〉이 2011년 7월 1일에 정식 발효되었다. 〈중화인민공화국 사회보험법〉의 제정과 시행은 사회보험제도의 법적 근거로서 사회보험 개혁에 큰 발전을 가져왔다. 하지만, 당시의 입법 상황과 여건에 한정되어 있었고 더욱이 사회보험 개혁 자체의 미비점으로 인해 법률로서의 수준이 높지 않았다. 조문의 일부 내용이 사회보험개혁의 속도를 따라가지 못한다든 가 보류되기도 했고 몇몇 원칙적인 규정들은 지금까지도 실현되지 못하고 있 다. 따라서 신속한 법률 개정이 절실히 요구된다.

이후에 사회보장의 개혁과 발전 속도가 현저히 빨라졌다. 2011년에 <중화인민공화국 군인보험법>이 제정되었고 2016년에는 <중화인민공화국 자선법>이 제정되는 등, 일련의 사회보장법규들이 연이어 나오면서 사회보장제도가 신속하게 제정되었다.

2017년 10월, 제19기 전인대 보고에서, 시진핑 주석이 "도시와 농촌의 전 국민을 아우르는 적절하면서도 지속적인 다층적 사회보장 시스템"을 구축해야 한다는 의견을 피력했다. 새로운 시대를 맞이하여 중국의 사회보장 개혁과 발전에 분명한 목표와 방향을 제시한 것이었다. 2018년 3월, 국무원 조직 개혁안이 제13기 전인대의 비준을 받았다. 이 국무원 조직 개혁안에서 사회보장 관리체계 개혁이 매우 중요한 부분을 차지했다. 이것은 새로운 기구 구성과 기존의 기구 간 기능 조정으로, 사회보장에 더욱 초점을 맞추었다는 것을 보여준다. 장기적으로 사회보장 개혁과 발전을 제약하는 구조적 장애물을 제거했다는 점에서, 중국의 사회보장 관리 체계가 과거의 이원화 구조에서 집중적 최적화라는 새로운 단계로 나아갈 수 있게 되었다. 한편으로, 이때의 국무원 기구개혁을 거쳐 정부 직속 기관 8곳, 산하 기관 7곳이 줄었고, 민정부, 인력자원 및 사회보장부는 그대로 유지되었다. 사회보장 사무와 밀접한 관련이 있는 퇴역군인 사무부를 신설하여 국무원 산하에 두고 국무원 직속의 국가의료보장국을 신설했다. 전자는 원래 민정부의 퇴역군인 위문업무, 인력자원부 및 사회보장부의 퇴역장교 전업 사무 그리고 중앙군사위원회 정치공작부와 후방보급보장부가 하던 관련 업무를 통합한 것이었다. 후자는 인적자원 및 사회보장부가 맡고 있던 도시 근로자 및 도시주민 기본의료보험과 출산보험, 시범사업 단계에 있던 장기요양보험의 관리, 국가위생건강위원회의 농촌 합작의료 관리, 국가발전개혁위원회가 담당하던 의약품 및 의료서비스 가격관리, 민정부가 담당하던 의료구호 관리에 관한 책임을 하나로 통합한 것이었다. 국무원 직속기구인 국가의료보장국이 통일적으로 관리하게 된 것인데, 동일한 업무나 사무는 하나의 부서가 일괄적으로 관리한다는 원칙에 따른 것이었다. 이렇게 사회보장 기구 신설은 이것이 정부의 사무와 관리책임에서 중요한 위치를 차지한다는 사실을 보여준다. 그만큼 사회보장에 대한 관심이 높았다는 객관적 지표이다. 한편, 신규 부서와 관련 부서의 직무 조정으로 사회보장 관리체계의 최적화가 이루어졌다. 예를 들어, 퇴역군인 사무부, 국가의료보장국의 설치는 퇴역장교와 사병의 의료보장을 별도로 처리하던 행정관리의 벽을 허문 것으로, 공정성과 효율성을 높인 합리적인 조처였다. 또 다른 예로, 전국사회보장기금이사회를 국무원의 재정부 산하에 귀속시킨 것은 기금의 운영, 유지 및 가치증대에 대한 책임을 지고 있던 이 기구의 성격과도 부합된다. 기구의 본래 역할에 맞게 귀속시킨 것이었다. 이외에도, 민정부가 담당하던 재해구제업무와 국가재해감소위원회의 책무를 신설한 비상관리부에 귀속시키고 재해구제 체계 구축의 책임을 부여했다. 이는 정부의 재난구조가 비상조치 성격의 행정조치라는 점에서 제자리를 찾아간 것이었다. 선진국의 경험에서 보듯이, 정부의 재난구조는 재해가 발생한 시기와 발생한 이후의 긴급구호로서 사회적 역량을 긴급히 동원해야 하는 일이기 때문이다. 더욱이 사회적 역량을 총동원하여 비상관리업무 관계를 설정하고 긴급구호업무와 상시적 구호업무를 분리하는 것이 여러 점에서 유리했다. 그러므로 국무원 기구개혁은 최적화, 조화, 고효율의 원칙에 입각한 것으로, 다양한 부서의 직무 관계를 더욱 명확히 설정한 것이었다. 이를 통해, 사회보장정책의 통일성 확보, 행정능률 향상, 객관적인 법칙에 맞게 관련 제도를 발전시킬 수 있게 되었다. 나아가 공정한 사회로 발전하는데 실질적인 촉매제 역할을 할 수 있게 되었다. 또한 동일한 계층의 사람들을 대상으로 하는 동일한 성격의 사회보장업무가 하나의 부서에 귀속되어 통일적으로 관리될 수 있게 되면서, 여러 부서가 중복적으로 업무를 담당한데 따른 책임

소재 불분명의 문제를 해소하고 집중적인 관리책임과 책임소재를 구분할 수 있게 되었다. 예를 들어, 의료보장업무가 제대로 관리되지 못했을 경우에 국가의료보장국이 전적으로 책임을 져야 하고, 퇴역군인 관련 문제가 발생하면 퇴역군인사무부에 책임을 물을 수 있게 된 것이다. 따라서 2018년의 사회보장 관리체제 개혁은 새로운 시대 중국의 사회보장 발전에 있어 의미 있는 중대한 변화였다. 궁극적으로 중국 특색의 사회보장체계가 전면적으로 구축될 수 있는 강력한 조직구조가 마련된 것이었다. 2009년 이후 10년 동안의 발전 과정에서, 중국 특색의 사회보장체제가 비록 최종적인 틀을 갖추지 못하고 여전히 개혁이 요구되지만, 앞에서 적었듯이 그 성과들을 비추어 볼 때 과거의 실험적 개혁에서 점차 성숙한 단계로 발전하고 있다는 것을 알 수가 있다.

2) 주요 보장항목의 제도적 변천 과정

양로보험, 의료보험, 사회구호, 주택보장 등은 현대적 사회보장체계의 기본 골격을 이루고 있으며, 중국의 사회보장 개혁도 주로 여기에 방점을 두고 힘겨운 탐색의 과정을 거쳐왔다.

① 연금보험제도가 기존의 비非납입 방식에서 납입 방식으로 바뀌었지만 개인계좌정책이 초래한 문제가 지금까지도 남아있다. 1984년을 전후하여 퇴직자에 대한 연금지급의 책임을 감당할 수 없게 된 국유기업들이 부득이하게 해당 업종별로 총괄적 방식을 시도했다. 1986년 국무원은 〈노동제도 개혁의 네 가지 규정에 관한 통지〉를 발표하고, 노동계약제 노동자의 퇴직연금을 기업과 노동자의 분담 납부(납부율은 각각 약 15%와 3% 이내), 퇴직금 상호 공제를 시행함으로써, 중국의 연금보험 개혁이 첫발을 내디뎠다. 1991년 6월, 국무원이 〈기업체 직원 연금보험제도 개혁에 관한 결정〉을 발표하고, 국가 차원에서 기업근로자의 사회연금제도를 수립한다는 방향성을 밝혔지만, 구체적인 방안이 분명하지 않았다. 관리책임의 경우, 도시와 농촌, 기업과 정부기관 단위, 국유기업과 집체기업으로 이원화되어 노동부, 인사부, 민정부 및

인민보험공사가 각각 담당하는 등 계획경제의 흔적이 여전히 남아있었다. 1995년 3월, 국무원이 〈기업체 직원 연금제도 개혁 강화에 관한 통지〉를 발표하고, 사회적 통합과 개인계좌를 연계한 연금제도 시범 모델을 확립했다. 그 결과 각지에서 다양한 계좌 결합 방식이 쏟아져 나왔고, 개인계좌의 비중을 어떻게 정할 것인가가 개혁과정에서 쟁점이 됐다. 1997년 7월, 국무원은 각지의 시범사업을 종합 검토한 후 〈통일된 기업체 직원 기본연금제도의 수립에 관한 결정〉을 발표하고, 개인계좌 규모를 직원 본인이 임금의 11%를 납입하도록 통일했다. 2005년 12월, 국무원은 〈기업체 직원의 기본양로보험제도의 개선에 관한 결정〉을 발표하고, 기업과 직원의 납입비율을 각각 20%와 8%로 정하고 개인계좌는 모두 개인 부담금으로 충당하기로 확정했다. 시행 결과, 보험 가입자들이 자기부담금과 퇴직자의 연금을 모두 부담하기가 쉽지 않았다. 국유기업이 집중되어 있는 지방에서 자금 부족으로 퇴직자들이 연금을 제때 받지 못하는 상황이 발생하는 바람에 연금제도의 신뢰와 정부의 신뢰가 타격을 입는가 하면, 또 다른 곳에서는 누적 연금액이 점점 늘어나는 곳도 있었다. 1998년까지 정부는 '2가지 확보'를 강력하게 밀어붙이는 한편, 연금이 부족한 지역에 대해 중앙 재정에서 지원하는 방법으로 연금제도의 신뢰를 회복했다. 그러나 실제적인 관리를 해당 지역에 맡겼기 때문에 중앙 재정으로 지역의 배를 불리는 결과가 초래되었고, 진정한 의미의 성省정부 차원의 통합은 제자리걸음이었다. 지역별로 기금 보유 상황의 불균형이 심화되는 가운데, 2018년 중앙조달금제도를 과도기적으로 채택하면서 기초연금제도를 전국적으로 통합할 수 있는 단초가 마련되었다. 기업체 직원의 연금보험 개혁을 축으로 2009년에 농촌주민연금보험 시범사업, 2011년에 도시 비취업 주민연금제도가 시행되다가, 2014년에 이 둘을 도농주민연금제도로 통합했다. 모두 사회적 기금과 개인계좌를 상호 연계하는 방식을 취했는데, 사회적 기금 마련은 정부가 전적으로 책임지고 개인계좌는 가입자의 납입금과 정부 보조금으로 구성되었다. 2015년 1월, 국무원이 〈기관 사업 단위 근무자의 연금보험제도 개혁에 관한 결정>을 발표했는데, 이는 비납부형 기관 사업 단위 퇴직금제도의 폐지를 의미했다. 그동안 골칫거리였던 퇴직연금 '투 트랙' 제도가 역사 속으로 사라졌다. 이로써 도시 근로자 연금보험, 기관 사업 단위 근로자 연금보험, 도시·농촌 주민 연금보험 3대 제도를 축으로 한 중국의 사회연금보험 완전체가 구축되었다. 하지만 제도 변화의 후유증이 여전히 해소되지 않았고, 진정한 의미의 다층적 연금제도 체계 구축과 자금조달 책임의 합리적 분담 등 양로연금제도의 개혁 과제가 여전히 남아있다.

② 의료보험이 기존에 있던 노동의료보험, 국비의료 그리고 농촌협력의료를 전면 대체했다. 최초의 개혁 실험이 1980년대에 시작되었는데, 일부 기업이나 지방정부가 노동의료보험 제도를 지속적으로 시행하기 어려워지면서 근로자의 책임분담과 사회적 통합을 시범적으로 추진했다. 1994년, 국무원이 장시성省의 주장시와 장쑤성省의 진장시를 사회통합의료보험 개혁 시범지역으로 지정했는데, 사회통합과 개인계좌를 연계하는 방안에 관한 시범사업이었다. 같은 기간, 선전시와 하이난성省 등도 시범적으로 의료보험개혁안을 내놓았다. 1998년 12월, 국무원은 <도시 근로자 기본의료보험제도의 수립에 관한 결정>을 발표하고, 도시의 모든 사업단위가 반드시 참여하도록 명시했다. 사용자와 근로자의 납입비율을 각각 6%와 2%로 정하고, 이 가운데 전체 개인 납입금과 사업자 납입금의 30%를 개인계좌에 불입하여 근로자의 외래진료비로 활용했다. 나머지 사업자 납입금은 사회통합기금에 불입하여, 규정에 따라 환자의 입원비 지급에 사용되었다. 이에 따라 기존의 노동의료보험, 국비의료는 기본의료보험으로 전면 대체되었다. 2003년 1월, 국무원이 위생부, 재무부, 농업부 등이 제정한 <신형 농촌 협력의료제도 수립에 관한 의견>을 발표했는데, 일명 '신농합'으로 불리는 이 정책은 농촌 기본의료보험의 출발점이 되었다. 2004년 1차 시범 현縣이 310곳에 달했는데, 그 후 매년 확대 실시되다가 2008년에 전면 개편되었다. 2007년 7월, 국무원은 <도시주민 기본의료보험 시범 실시에 관한 의견>을 발표하고, 직장인 건

2009년 12월 14일, 후베이성훕 이창시 시링구의 마을위원회 직원이 마을 농민들을 대상으로 2010년도 신농촌 협력의료사업을 진행하고 있다.

강보험제도 적용 대상자를 제외한 모든 도시주민에게 의료보장을 시행했다. 의료보험의 수준이 낮은 문제가 있었기 때문에, 2015년에 국무원은 다시 도시와 농촌 주민을 위한 중대질병보험제도를 내놓았다. 2016년 1월에 <도시와 농촌 기본의료보험제도의 통합에 관한 의견>을 발표한 이후, 2019년에 마침내 제도의 통합을 기본적으로 완수했다. 이에 따라 중국의 새로운 의료보험제도가 직장인 기본의료보험과 주민 기본의료보험(중대질병보험은 그 연장선이었다)으로 체계를 갖추었다. 전 국민 의료보험의 목표가 기본적으로 실현되었고, 여기에 정부가 제공하는 의료지원이 더하여져 누구나 혜택을 받을 수 있게 되었다. 하지만 두 의료보험제도의 양립, 직장인 개인계좌의 존재, 낮은 수준의 사회적 통합관리, 자금조달 책임의 불균형, 의료보험과 의료기관 간의 유기적 협력 부족 등 문제가 여전히 존재한다. 국민의 질병치료, 특히 중대 질병 치료의 과중한 부담이 아직 해결되지 않고 있다는 점에서, 지속적이고 심층적인 제도개혁이 요구된다.

③ 초기에 최저생계보장에서 출발한 사회구호가 점차 포괄적 제도로 전환되면서 도시와 농촌 간 통합이 이루어졌다. 계획경제 시기의 빈민구제제도는 수입, 경제활동 능력 그리고 법적 부양자가 없는 '3무無' 주민에게 초점이 맞춰져 있었다. 개혁개방 후, 사용자가 더 이상 빈곤 상황에 놓인 직원에 대한 구제업무를 담당하지 않게 되었고, 더욱이 시장경쟁에서 낙오한 도시 빈민 인구의 증가로 인해서 전 국민을 대상으

2007년 8월 30일, 쓰촨성四川 화젠시의 기초생활보장 대상자가 물가보조금을 수령하고 있다.

로 하는 새로운 사회구조제도가 수립되었다. 1993년 상하이시가 최초로 도시주민을 대상으로 한 최저생계보장제도를 만든 후, 1997년에 전국으로 확대되었다. 1999년 9월, 국무원은 〈도시주민 최저생계보장조례〉를 공표하고, 이 조례를 법률규범으로 격상시켰다. 2007년 7월, 정부는 농촌 주민을 대상으로 한 최저생계보장제도를 제정했다. 이 외에, 도시의 유랑민 구제, 의료구제, 교육구제, 주택구제, 취업구제 등 취약계층 구제사업을 잇달아 수립했다. 여기에 이미 오래전부터 시행해오던 재해구호와 극빈자 구호제도가 더해져 최저생계보장제도를 중심으로 하는 통합적 사회구호체계가 확립되었다. 2014년 2월, 국무원은 〈사회구호 잠정시행법〉을 공표한 후 도시와 농촌의 사회구조제도를 통합하고 매년 수천만 명의 취약인구를 지원했다. 통합형 사회구조제도의 확립과 발전으로 도시와 농촌 저소득 가정이 생계 위기에 빠지는 것을 막고 사회안전망을 구축했다. 하지만, 제도의 시행이 여러 부처

에 분산된 문제, 사업의 중복, 자원 활용의 비효율, 비전문성 등 개선해야 할 문제들이 있다.

④ 주택보장은 복지 차원의 분배에서 주택의 상품화를 거쳐 적정 수준의 보장으로 안착했다. 1980년대 이전, 중국은 도시지역에서 계획경제 체제에 상응하는 공공주택제도를 수립하고 주택분배제도를 시행했다. 농촌 주민은 정부가 정한 규정에 따라 허가를 거쳐 자율적으로 집을 지을 수 있었다. 하지만 정부가 도시주택제도를 총괄하는 방식은 비효율성과 분배의 불공정 문제 등 현상을 초래했고, 주거 여건과 질적 개선 등 일련의 문제가 야기되었다. 1994년, 국무원은 <도시주택제도 개혁 강화에 관한 결정>을 발표하고, 처음으로 주택 실물 분배제도를 바꾸어 '중저소득자에게는 경제형 주택', '고소득자에게는 분양 주택'을 골자로 한 주택공급체계와 공적기금제도를 수립했다. 1998년에는 <도시 주택개혁 강화 및 주택건설 가속화에 관한 통지>를 발표했는데, 전면적인 자가주택보유제 시행, 즉 탈복지화가 핵심이었다. 이는 국민 스스로 주거 여건을 개선하는 내적 동력을 불러일으키고, 부동산 시장의 급속한 성장을 촉진했다. 또한 주택공급량이 크게 늘면서 비좁은 집에서 살던 사람들이 대부분 자기 소유의 집을 보유하고 주거환경도 날로 개선되었다. 하지만 주택개혁과 탈복지화가 부동산 시장의 거품을 유발하고 중저소득 계층이 집값 폭등을 감당하지 못하는 등 주택이 사회문제가 되었다. 이에, 1995년에 정부는 중저소득 가구의 주거문제를 해결하기 위해 '내 집 마련 사업'을 시작했다. 1999년에 임대주택제도가 도입되었지만, 물량이 한정되어 있어서 극소수의 도시 저소득가구에게만 혜택이 주어졌다. 2009년에 저소득 취약계층을 위한 보장성주택 지원정책이 수립되었고, 석탄채취지구, 임업지구, 농경지역 판자촌을 대대적으로 개발하고 안전 문제가 있는 농가주택 리모델링 사업을 진행했다. 2011년에 제정된 <국민경제와 사회발전 제12차 5개년 계획 요강>에서 정부 주도의 기본주택보장, 다양한 수요를 충족하기 위한 시장 중심의 주택공급체계 방침을 명시했다. 주택개혁이 정부 주도의 복

지형 제도에서 개인 사유제 단계로, 이어서 저소득 가정을 위한 복지화 단계로 진입했다. 통계에 의하면, 2011~2017년에 각급 정부의 보장형 주택건설 누적 예산 규모가 3조 6250억 위안을 넘었는데, 2010년 1755억 위안에서 2017년 6552억 위안으로 연평균 32% 이상 증가했다.

　이와 같은 맥락에서 볼 때 최근 40여 년 동안 중국의 사회보장개혁이 힘겨운 탐색의 과정을 거쳐왔다는 것을 알 수 있다. 수동적 변화에서 능동적 변혁으로, 상명하달 방식에서 아래로부터 위로의 추진으로, 지역별 시범운영에서 포괄적인 확대 보급으로, 개별적 개혁에서 통합적 개혁으로, 경제개혁의 부수적 차원에서 독자적이고 체계적인 발전으로, 효율성을 우선하던 차원에서 사회의 공정성을 추진하는 방향으로 발전해 왔다. 비록 중요한 개혁성과를 거두면서 모든 국민이 혜택을 받고 있지만, 제도들이 여전히 객관적 결함을 안고 있어서 제대로 틀을 갖추기까지는 아직 거리가 있다. 이는 개혁 과제가 새로운 시대 앞에 놓여 있다는 것을 의미한다.

3. 중국 사회보장의 발전성과와 제도개혁의 경험

　　40여 년 동안 각고의 제도개혁을 거쳐, 중국의 사회보장은 이미 계획경제하의 '국가 보장'에서 시장경제 체제에 맞는 '국가-사회 보장'으로 전환했다. 연금보험, 의료보험, 최저생계보장, 주택보장 등을 골격으로 하는 새로운 사회보장체계가 기본적으로 확립되었고, 사회구성원들이 단순히 국가에 의존하기보다는 책임분담의 원칙을 받아들임으로써 단일책임이 다원화된 책임주체로 대체되었다. 사회보장 프로그램의 시행도 더 이상 단위나 집체조직이 아닌 사회적인 전문 기관에 의한 운영 체제로 바뀌면서, 과거에 각 단위나 집체조직에 의해 폐쇄적으로 운영되던 상황을 완전히 탈피했다. 노동력의 자유로운 이동이 가능해졌을 뿐 아니라 복지권의 손상을 초래하지도 않았으며, 호적제도에서 비롯된 복지의 중첩 효과가 현저히 감소했다. 이러한 제도적 변화들은 분명 인류의 사회보장사史에서 전례 없는 개혁성과들이다.

1. 사회보장 발전의 성과: 전 국민 사회안전망 구축

사회보장제도의 전반적인 전환과 더불어, 국민경제의 빠른 성장에 힘입어 국력과 정부의 재정 능력이 현저히 향상되었다. 사회보장에 대한 공적 투입의 지속적인 증가, 각종 보장제도의 신속한 보급, 보장 수준의 부단한 향상에 힘입어 도시와 농촌 주민들이 보편적인 혜택을 받게 되었다. 예를 들어, 2009년 사회연금제도가 도시에서 농촌으로 확대 시행되기 시작하여 2012년에는 모든 국민에게 적용되었다. 2018년 말 기준, 기본연금보험 가입자 수가 9억4,293만 명에 이르렀는데, 이 중 도시 가입자 수가 4억1,902만 명, 농촌 가입자 수는 5억2,392만 명에 달했다. 가입자 가운데 양로연금을 수령하는 퇴직자가 1억1,798만 명이었고, 주민양로연금 수령자가 1억5,898만 명에 달했다. 도시와 농촌의 모든 노인인구가 매달 금액별로 다양한 양로연금을 수령하고 있으며, 금액이 꾸준히 늘어났다(표 6-1참고). 중국의 모든 노인인구가 양로연금을 받는 시대에 진입한 것이다.

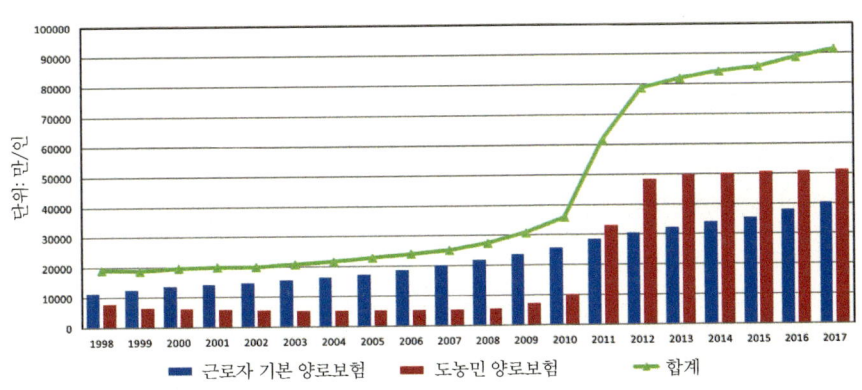

그림 6-1 1998~2017년 기본양로보험 가입자 추이

자료출처: 국가통계국, 〈2018중국통계연감〉, 중국통계출판사, 2018년.

표 6-1 2010~2018년 월평균 1인당 기본양로연금 증가 추이> (단위: 위안/월)

연도	직장인 기본양로연금	도시와 농촌 주민기본양로연금
2009	1225	55
2010	1362	55
2011	1511	90
2012	1686	82
2013	1856	82
2014	2050	90
2015	2240	117
2016	2362	117
2017	2636	125
2018	2800	150

주: 1. 도시와 농촌의 주민기초연금은 정부가 지원하는 기초연금, 가입자 납입금과 정부 보조금으로 가입한 개인계좌연금 두 부분으로 나뉘었다. 하지만 2009년 시범사업을 기점으로 정부가 규정한 기초연금이 월 55위안이었고, 일부 지역은 정부 기준에서 상향되었지만 구체적 수치는 분명하지 않다. 2012년 평균이 하향한 것은 이 제도가 전국적으로 확대되면서 모든 농촌 노인인구가 연금을 받게 되었기 때문이며, 2014년부터 조금씩 상향 조정되었다.
2. 연금 수준이 지역별 차이가 비교적 컸는데, 특히 도시와 농촌의 주민기초연금 간 격차가 컸다. 예를 들어, 상하이시의 2018년 도농 주민기초연금이 1인당 월평균 1,000위안이 넘었지만, 서부와 동북부 성省들의 최저기초연금은 1인당 월평균 100위안에도 못 미쳤다.
자료출처: 직장인 기초연금 통계는 인력자원 및 사회보장부의 사회보험사업 관리센터 <중국사회보험 연간 발전 보고>를 바탕으로 했다(중국노동사회보장출판사). 도농 주민기초연금 통계는 인력자원 및 사회보장부의 농촌사회보험사 자료를 바탕으로 했다.

의료보장의 경우, 2003년에 의료보험제도가 도시에서 농촌으로 확대된 후 10여 년의 과정을 거쳐 전 국민 의료보험 목표가 기본적으로 실현되었다. 2018년 말 기준, 전국 기초의료보험 가입자 수가 13억 4,452만 명이고, 가입률은 95%가 넘었다. 이 중 직장의료보험 가입자는 3억 1,673만 명으로 연인원 19억 8,000만 명이 혜택을 받았는데, 입원비 지급률이 80%에 달했다. 주민의료보험 가입자 수는 10억 2,779만 명으로 연인원 16억 2,000만 명이 혜택을 받았으며, 정부의 정책 범위 내에서 지급된 입원비 지급률이 80%에 달했다. 전 국민 의료보험이 기본적으로 실현된 것이다.

표 6-2 2006~2018년 기초의료보험 가입자 수(단위: 명)

연도	직장인 기초의료보험		도시와 농촌 주민 기초의료보험	합계
	재직 가입자	퇴직 가입자		
2006	1.16	0.42	4.10	5.68
2007	1.34	0.46	7.26	9.06
2008	1.50	0.50	9.33	11.33
2009	1.64	0.55	10.15	12.34
2010	1.78	0.59	10.31	12.68
2011	1.89	0.63	10.53	13.05
2012	1.99	0.66	10.77	13.42
2013	2.05	0.69	10.98	13.72
2014	2.10	0.73	10.51	13.34
2015	2.14	0.75	10.47	13.36
2016	2.17	0.78	7.24	10.19
2017	2.23	0.80	10.07	13.10
2018	233	0.84	10.28	13.45

주: 1. 이 자료의 도농 기본의료보험에는 합병 이전에 독립되어 있던 농촌협력의료와 도시주민 기본의료보험이 포함되어 있으며, 이하도 동일하다. 2016년 이전 농촌협력의료보험 가입자 통계는 〈2017년 중국위생 및 가족계획 통계연감〉에서 가져온 것이다. 2016년부터 두 제도가 통합되었으며, 가입자 통계에도 비교적 큰 폭의 변동이 있었다.
2. 직장인 의료보험제도는 1998년 말에 수립되어 2000년 이후부터 각지에서 잇달아 시행되었다. 중국의 국비의료와 노동의료보험제도가 점차 기본의료보험으로 전환되면서 국비의료와 노동의료 보장을 받는 사람들이 점차 기본의료보험제도로 통합되었지만, 2006년 이전까지 직장의료보험, 국비의료 그리고 노동의료보험제도가 공존했다.
3. 도시와 농촌의 기본의료보험 가입자 수가 2014년 이후부터 해마다 감소했는데, 주로 두 가지 원인이 있었다. 첫째, 일부 가입자들이 직장기본의료보험으로 전환했다. 둘째, 과거에 도시주민 기본의료보험과 농촌합작의료제도에 중복 가입하는 현상이 있었기 때문에, 두 제도를 통합한 후 전체 보험 가입자 수가 감소했다. 기본의료보험 총가입자 수도 따라서 감소했다.
자료출처: 본 표의 통계는 국가통계국이 발간한 역대 〈중국통계연감〉, 중국 인력자원 및 사회보장부가 발표한 〈인력자원과 사회보장사업 발전 통계 보고〉 그리고 국가위생 및 가족계획 위원회가 발표한 〈2018년 전국 기본의료보장사업 발전 통계 보고〉에서 가져왔다.

사회구조救助의 경우, 2007년 최저생계보장제도를 도시에서 농촌으로 확대 시행한 이후에 여러 가지 구조프로그램들이 더해졌고, 2014년에는 〈사회구조 잠정시행법〉이 전면 시행되었다. 도시와 농촌으로 이원화되어 있던 벽을 허물고 도시와 농촌을 아우르는 통합형 구조제도로 변신했다. 2018년 말 기준, 전국적으로 4,528만 명이 최저생계보장을 받았다. 농촌에서 455만 명이 극빈자 구조제도의 혜택을 받았고, 긴급구조와 의료구조를 받은 인구가 각각 연인원 1,075만 명, 연인원 3,825만 명에 달하는 등 기본적으로 구조가 필요한 국민들이 최대한 혜택을 받을 수 있게 되었다. 최저생계보장 상황은 <표 6-3>에서 볼 수 있다.

표 6-3 2000~2017년 도시와 농촌 최저생계보장의 개괄적 상황

연도	도시 최저생계보장			농촌 최저생계보장		
	가입자 수 (만 명)	월평균 기준 (위안/명)	재정지출 (억 위안)	가입자 수 (만 명)	월평균 기준 (위안/명)	재정지출 (억 위안)
2000	402.6	157.0	27.2	300.2		
2001	1170.7	147.0	54.2	306.8		
2002	2064.7	148.0	108.5	407.8		
2003	2246.8	149.0	151.0	367.1		
2004	2205.0	152.0	172.7	488.0		
2005	2234.2	156.0	191.9	825.0	76.0	
2006	2240.1	169.6	224.2	1593.1	70.9	
2007	2272.1	182.4	277.4	3566.3	70.0	109.1
2008	2334.8	205.3	393.4	4305.5	82.3	228.7
2009	2345.6	227.8	482.1	4760.0	100.8	363.0
2010	2310.5	251.2	524.7	5214.0	117.0	445.0
2011	2276.8	287.6	659.9	5305.7	143.2	667.7
2012	2143.5	330.1	674.3	5344.5	172.3	718.0
2013	2064.2	373.3	756.7	5388.0	202.8	866.9
2014	1877.0	410.5	721.7	5207.2	231.4	870.3
2015	1701.1	451.1	719.3	4903.6	264.8	931.5
2016	1479.9	494.6	687.9	4576.5	312.0	1014.5
2017	1261.0	540.6	640.5	4045.2	358.4	1051.8

자료출처: 중화인민공화국 민정부 2000~2017년 <중국 민정사업 발전 통계 공보>와 <사회서비스 발전 통계 공보>

사회복지 분야에서 양로 서비스와 보장형 주택 등 복지사업도 도시와 농촌 간 통합이 진행되었는데, 2018년 말 기준 전국 사회복지형 병상이 782만 4,000개였다. 이 중 양로 병상이 746만 3,000개, 아동 병상이 10만 4,000개였다.

종합해 볼 때, 기존의 사회보장제도에서 새로운 사회보장체계로의 변혁을 통해 도시 주민의 '특권'이었던 사회보장이 전 국민이 발전의 성과를 함께 누리는 제도적 보장으로 발전했다.

2. 중국 사회보장제도의 변혁 과정

중국의 사회보장 개혁과 발전성과가 세계의 주목을 받았는데, 2016년에 국제사회보장협회가 수여하는 '사회보장 걸출한 공헌상'을 받는 등 국제사회의 인정을 받았다. 40여 년 동안, 특히 최근 10년간 중국의 사회보장 개혁과 발전과정은 주로 다음과 같이 요약될 수 있다.

1) 민생 중심의 발전 방향

40여 년 동안 사회보장제도의 변혁은 주로 시장경제에 맞게 진행되어왔지만, 국민의 행복을 도모하고자 하는 취지와 다 같이 잘 살아야 한다는 사회주의의 본질은 바뀐 적이 없었다. 이는 중국의 개혁과 발전 방향이 민생을 최우선으로 할 수밖에 없다는 판단에 따른 것이었다. 정부는 사회보장 개혁 과정에서 손해를 입게 될 계층에게 상응하는 보장을 제공하는데 힘을 기울였다. 예를 들어, 1980년대에 실직이 예상되는 근로자들을 위해 국유기업 실업보험제도를 만들었고, 90년대 말 퇴직 근로자들이 적기에 양로연금을 받지 못하는 문제, 국유기업 개혁 과정에서 나타난 대규모 정리해고 그리고 도시 빈곤 인구의 증가 등 문제에 대해, 정부는 '재정수지 투트랙 전략', '2가지 확보, 3가지 보장선' 정책을 강력하게 추진했다. 이러한 사회보장 정책들이 어려운 계층의 생계 위기를 효과적으로 해소한 것은 물론이고 행여 야기될 수 있는 사회적 위기를 미리 방지함으로써 개혁과제를 원활하게 추진할 수 있었다. 이뿐 아니라, 도시와 농촌의 모든 노인에게 기초연금을 지급하고, 모든 주민의 기본의료보험에 대해 본인 납부금의 2배 이상을 재정에서 지원했다. 이는 중국의 연금보험과 의료보험제도가 신속하게 전 국민에게 혜택을 미칠 수 있었던 근본 원인이자 민생 지향적인 발전을 보여주는 사례이다.

2) 경제성장과 사회보장의 상호작용

개혁개방 초기에 모든 역량을 경제건설에 집중했는데, 하루빨리 빈곤 상태에서 벗어나 민생을 개선하는 것이 경제성장의 목적이었다. 2000년대에 들어선 후, 정부는 민생 보장과 민생 개선을 경제사회 발전의 출발점이자 지향점이라는 사실을 더욱 명확히 했다. 이러한 이념을 바탕으로, 경제의 지속적인 고속 성장에 발맞추어 더 많은 발전의 혜택이 민생에 미칠 수 있도록 하기 위해서 사회보장 및 관련 서비스에 대한 공적 투입을 꾸준히 확대했다. 예를 들어, 직장인 이외에 지역주민에게도 재정으로 기초연금을 지급하는 한편, 도시와 농촌 주민들을 대상으로 하는 기본의료보험에 재정 보조를 해주었다. 또한 취약계층이 연금보험과 의료보험에 가입하도록 지원함으로써 연금보험과 의료보험이 신속하게 전 국민에게 확대 적용될 수 있도록 했다. 사회구조의 범위를 확대하고 저소득계층의 생활고를 해결하기 위한 제도적 뒷받침을 마련했다. 이러한 정책들은 경제개혁과 경제성장에 필요한 안정적인 사회여건을 조성했으며, 이전소득의 증대를 통해 국민의 소비능력을 지속적으로 높임으로써 경제발전에 활력을 불어넣었다. 개혁개방 초기에 중국의 도시화율이 18% 미만이었는데, 실제로 사회보장의 혜택을 누린 것도 이들이었다. 2018년에 중국의 도시화율이 59.58%로 높아졌는데, 사회보장이 도시에서 농촌으로 확대되면서 전 국민 복지로 바뀌었다. 이러한 중국의 발전 경험은 한 가지 중요한 사실을 증명했다. 바로 경제발전이 민생 보장과 개선의 기초이자 전제이며, 이것이 경제발전의 목적이자 동력이라는 사실이다. 양자를 유기적으로 결합하여 선순환을 이루어야만 비로소 사회보장이 장기적인 발전을 실현할 수 있다.

3) 점진적인 개혁과 소득증대 대체 전략

개혁개방 이후, 기존의 사회보장제도에서 새로운 사회보장체계로 발전하기까지 이는 탐색과 전진의 과정이었다. 이는 먼저 시범사업을 진행하고 점차 확대하는 안정적인 이행 전략을 채택한 결과였다. 즉, 사회보장제도 개혁 하나하나가 먼저 어느 지역을 선정하여 실험적으로 시행하고 그 경험을 기반으로 정부 차원의 개혁방안을 마련한 후, 정부의 주도로 본격 시행했다. 이렇게 함으로써, 사회보장제도 개혁의 과정에서 얻은 경험과 교훈을 바탕으로 끊임없이 개혁안을 수정 보완할 수 있었고, 서구 국가들이 특정한 사회보장 개혁을 전국적으로 시행하는 과정에서 직면했던 막대한 사회적 리스크를 피할 수 있었으며 이해관계자들에게도 새로운 제도에 적응할 수 있는 완충기를 줄 수 있었다. 다른 한편으로, 어떠한 사회보장 개혁이든 기존의 이해관계를 변경시키는 것이기 때문에, 필연적으로 일부 계층의 실익과 충돌할 수밖에 없다. 만약 소득이 증가하지 않는 상황에서 복지를 삭감한다면 결과적으로 사회 구성원의 손해를 야기하게 될 것이고, 손해를 입은 사람들이 불만을 제기하거나 심지어 사회의 안정을 위태롭게 하는 행동을 취할 수도 있다. 이러한 현상은 서구 국가에서 흔히 보아왔다. 중국의 사회보장 개혁은 거의 모든 사람의 이익과 맞물려 있었는데, 개혁의 대상자들은 무료 연금과 의료보장을 받던 권리를 잃게 되었으며 더욱이 납부의 책임을 져야 했다. 그럼에도 불구하고 개혁이 광범위한 불만을 불러일으키지 않았다. 이것은 경제성장 과정에서 도시 근로자의 임금이 꾸준히 상승했고, 농민들은 토지도급책임제를 통해 토지를 부여받았을 뿐 아니라 도시로 나가서 일할 수 있는 기회가 크게 늘어났기 때문에 소득대체 효과가 발생한 덕분이었다. 2014년에 임금인상을 통해 정부 기관 근로자의 무료 퇴직금제도를 납입형 연금제도로 전환한 것도 '돈으로 제도를 산' 경우에 속했다. 이는 이해당사자들의 기존 사회보장제도에 대한 의존도를 낮추었고, 사회보장 개혁에 적응하고 수용하도록 만드는 직접적인 효과를 가져왔다.

4) 제도적 우위와 가정 보장의 역할

사회주의 국가인 중국은 당의 집중형 리더십과 바둑판같은 통치 구도에 힘입어 통일적이고 강력한 실행력을 발휘할 수 있었다. 장기적인 국가발전 전략이 '5개년 계획'을 단위로 진행됨으로써, 지도자와 정부의 교체로 인해 정책과 방침이 중단되거나 변질되지 않았다. 이러한 제도적 우위가 사회보장 개혁 과정에서 여지없이 발휘되었다. 예를 들어, 사회보장제도의 발전 목표와 중대한 개혁 조치가 모두 중앙당의 결집된 지혜와 각계의 광범위한 의견 수렴을 거쳐 정해졌으며, 이에 따라 중앙정부는 통일적이고 구체적인 정책 수립과 대규모 이전지급을 통해 사회보장 개혁을 강력하게 조율하는 역할을 했다. 또한 각급 정부는 정책수행의 일관성에 입각하여 연금보험, 의료보험, 사회구조 등 중요한 제도들을 시행했다. 개혁이 추진되는 과정에서 우여곡절이 있었고 후유증도 남겼지만, 사회보장정책의 목표와 개혁의 방향성이 한층 분명해질 수 있었다. 또한 중국에서 가족 보장은 강한 유대감을 바탕으로 하기 때문에, 정부는 입법과 정책을 통해 이러한 전통적 보장 기제가 유지될 수 있도록 뒷받침했다. 개혁 과정에서 사회 구성원이 위기에 직면했을 때, 대개 가족 간 상호보장에 기대어 난관을 헤쳐 나갈 수 있었다. 이를 통해 개인의 위기가 사회의 위기로 전이되는 것을 막을 수 있었다.

위에서 서술한 경험들이 반드시 보편성을 지닌다고 할 수는 없지만, 이는 중국적 사회보장의 미래 발전이라는 점에서 중요한 의미가 있으며, 다른 나라들 특히 개발도상국의 사회보장 개혁과 발전에 유익한 시사점이 될 수 있다.

4. 중국 특색의 사회보장체계의 본격적인 확립

　　새로운 시대로 접어든 중국은 더욱 높은 출발선 위에 서게 되었다. 제19기 전인대 정부업무보고에서 국가의 현대화 과정에 대한 분명한 계획이 제시되었다. 새로운 시대를 맞아 주요한 사회적 갈등에도 역사적 변화가 발생했다. 다시 말해, 과거에는 물질 문화에 대한 국민적 요구와 낙후된 사회 현실 간에 갈등이 존재했다면, 이제는 날로 증가하는 질적인 삶에 대한 국민의 요구와 불평등한 사회발전 간 갈등으로 바뀌었다. "질적인 삶에 대한 요구"가 과거의 "물질 문화에 대한 요구"를 대체했다는 것은 중국의 민생이 질적인 단계로 올라섰다는 것을 의미한다. 따라서 사회보장이 국민의 질적인 삶을 충족시켜야 할 중대한 책임을 지고, 국가 현대화 전략에 맞춰 개혁에 박차를 가해야 할 필요성이 대두되었다. 제19기 전인대 보고서의 요구에 맞춰 수준 높은 중국 특색의 사회보장체계를 구축하는 것이 새로운 시대에 사회보장제도의 목표가 되었다.

1. 국가 상황에 부합하는 발전관 확립

생각이 행동을 이끈다. 사회적 대전환, 제도의 대개혁이 필요한 시대를 맞이하여, 국정에 맞는 앞선 사고가 있어야만 비로소 합리적인 제도를 설계할 수 있고, 합리적인 제도의 틀을 갖추어야만 뛰어난 기술적 방안들이 제대로 역할을 발휘할 수 있다. 그렇지 않으면 전혀 상반된 결과에 직면할 수 있다. 이것은 중국의 사회보장제도 70년 역사의 경험이자, 더욱이 사회보장제도 발전의 보편적 이치이다. 선진적인 사회보장 발전개념은 시대적 요구, 국가 상황과 서로 상응할 수밖에 없다. 하지만, 현재 한 가지 현상이 존재한다. 제도를 변혁하는 과정에서 종종 경제지표에 지나치게 치중함으로써 사회보장제도 구축이 추구해야 할 사회적 공정, 분배의 정의, 문명의 진보라는 발전 목표를 잃어버리는 것이다. 구체적으로는 개인의 이해득실에 치중한 나머지 사회보장제도가 마땅히 고수해야 할 상호구조와 공익의 본질을 망각하는 문제, 당장의 문제에 대응하느라 사회보장제도의 발전과정에서 중시되어야 할 역사적 경험과 장기적인 안정에 대한 기대가 경시되는 문제, 국부적인 문제에 치중되어 사회보장제도가 현실적으로 발휘해야 할 기능과 효과가 외면당하는 문제 등이 있다. 정부가 모든 것을 알아서 해주기를 원하는 '포괄적 복지'에 비해 개인이 스스로 책임지는 것을 '반反 복지'로 인식하는 극단적인 성향도 존재한다. 이는 필연적으로 사회보장제도에 대한 인식과 평가에 직접적인 영향을 미치고, 제도의 변화에도 복잡한 영향을 가져올 수 있다. 이는 현행 제도에 존재하는 불균형 구조, 불공평한 권익 보호 등의 문제를 은폐함으로써, 정부, 시장 및 개인 간 책임의 경계를 모호하게 만드는 결과를 초래한다든가 사회보험과 민간보험 간 역할의 혼돈을 야기할 수도 있다. 이는 모두 사회보장체계의 건전한 발전을 저해하게 된다. 발전의 개념이 이미 명확한 상황에서, 모호한 사회보장 개념에서 속히 벗어나야 한다.

새로운 시대적 발전의 요구와 목표에 따라서, 국가 통치의 이념과 헌법

정신을 바탕으로 중국 특색의 사회보장체계의 길을 꾸준히 걸어가야 한다.

1) 중국 특색의 사회보장체계 구축의 출발점: 국민의 행복

세계적으로 볼 때, 현대 사회보장제도의 탄생과 발전은 정치집단, 정당(특히 여당), 정치 지도자의 의지와 밀접한 연관성이 있다. 독일의 경우, 1883~1889년에 세계 최초로 현대적 사회보장제도가 수립되었는데, 당시의 정치 지도자들, '철혈재상'이라 불린 비스마르크와 그가 이끄는 정치집단의 의지가 큰 역할을 했으며, 그 이후의 발전은 독일 사회주의당을 비롯한 정당들의 주장과 밀접한 관련이 있었다. 미국에서 1935년에 사회보장제도가 만들어진 것은 당시 루스벨트 대통령과 민주당의 정책 방향과 관련이 깊었다. 영국이 1940년대 말에 가장 먼저 복지국가의 틀을 만든 것도 노동당의 정책, 애틀리 총리 등의 노력과 무관치 않다. 서구 선진국에서 사회보장제도의 확립과 발전, 그리고 이미 사회보장제도를 수립했거나 현재 수립 중인 개발도상국들의 상황이 예외 없이 그 나라의 정당(특히 여당)과 정치 지도자의 의지가 반영된 결과였다. 따라서 집권당의 정책 방향과 정치 지도자의 의지가 곧바로 사회보장제도의 수립과 개혁의 이념적 바탕이 되어 사회보장제도의 실행을 견인했다. 중국에서 사회보장제도의 확립과 발전의 이념적 토대가 된 것은 중국공산당의 방향성이었다. 일찍이 1921년 7월, 제1기 전국대표자대회에서 채택된 첫 번째 강령과 결의에서, 사회주의와 당黨의 목표는 "국민을 위한 봉사"임을 명확히 밝혔다. 시진핑 주석은 제19기 전인대 보고에서 "당黨의 초심과 사명은 중국 국민의 행복이고, 중화민족의 부흥"이라고 밝혔다. 국민의 행복이 국가 통치의 최종 목표라는 것을 밝힌 것이다. 바로 이러한 추구를 통해 사회보장을 실현하기 위한 제도의 필요성과 중요성이 제자리를 찾을 수 있었다. 사회보장은 국민이 생활에서 직면하는 어려움을 해소하고 지속적인 복지와 사회의 공정성을 증진하는 것이 본연의 임무이기 때문이다. 이는 국민에게 안정감, 성취, 행복, 인간의 존엄성을 가져다주기 때문에 실제로 국민 행복의 초석이 된다. 따라서 새로운 시대에 중국 특색의 사회보장체계의 건설과 발전은 국민의 행복 추구를 근본적인 출발점으로 삼아야 한다.

2) 사회주의제도의 본질, 공동의 부富와 발전의 토대

사회주의는 중국의 근본 제도이며, 그 본질은 공동의 부富의 추구이다. 따라서 이것이 중국 특색의 사회보장제도의 기본 원칙이 되어야 한다. 사회보장제도가 제대로 마련되어야만 모두가 다양한 보호장치를 통해서 발전의 성과를 공유하고 궁극적으로 공동의 부富를 향해 나아갈 수 있다. 마오쩌둥 시대에, 사회주의가 추구한 '공동의 부富'는 주로 전 국민 소유제와 집체소유제 그리고 그에 따른 복지정책을 통해서 권리와 생활을 보장하는 것이었다. 비록 당시에 인식의 한계로 지나치게 '인민공사' 일변도의 정책을 펼치기는 했지만, '공동의 부富'의 추구가 사회주의의 본질이라는 사실을 보여주었다. 또한 이것이 사회주의 확립 시기에 사회보장제도에 결정적인 영향을 미쳤다. 개혁개방 시대로 접어든 후, 등샤오핑 주석은 여기에서 더 나아가 "사회주의의 본질은 생산능력을 발전시켜 착취를 없애고 양극화를 해소하는 것이며, 궁극적으로 공동의 부富에 도달하는 것"이라고 천명했다. 시진핑 주석은 중국 특색의 사회주의는 반드시 공동의 부富의 길을 가야 한다는 점을 재차 강조하며, 중국이 처한 시대와 발전상황에 맞추어 발전의 공유라는 새로운 개념을 제시했다. 발전의 공유, 공동의 부富는 모두 사회적 부를 재분배하기 위한 일련의 제도적 설계를 통해 이루어져야 한다. 이것이 중국 특색의 사회보장체계 구축의 중요한 사명이 되어야 한다.

3) 사회보장과 인권보장에 관한 헌법정신 실현과 의지

헌법은 국가의 근본법이며, 또한 국가 의지의 최고의 표현으로서 최고위법의 효력을 가지고 있다. 이는 중국 특색의 사회보장체계 발전의 중요한 이념적 바탕이다. 현행 헌법에서 밝히고 있는 사회보장에 관한 조항을 보면, 제

14조 "국가는 경제발전 수준에 상응하는 건전한 사회보장제도를 수립한다", 제33조 "국가는 인권을 존중하고 보장한다", 제44조 "국가는 법률이 정하는 바에 따라 기업의 근로자와 국가기관 종사자의 퇴직제도를 시행한다. 퇴직자의 생활은 국가와 사회의 보장을 받는다", 제45조 "중화인민공화국 국민은 노쇠나 질병 또는 노동능력을 상실했을 때 국가와 사회로부터 물질적 도움을 받을 권리를 가진다. 국가는 인민이 이러한 권리를 누리는데 필요한 사회보험, 사회적 구조救助, 보건의료 사업을 발전시킨다. 국가와 사회는 상이군인의 생활을 보장하고, 의사자의 유족에게 물질적 지원을 해주며, 군인 가족을 우대한다. 국가와 사회는 맹인, 농아 그리고 기타 장애가 있는 공민의 노동, 생활, 교육을 계획하고 돕는다"라고 명시하고 있다. 헌법의 이러한 조항들 중에서, 제14조, 33조는 포괄적 조항이고, 제44조, 45조는 구체적인 내용을 담은 조항이다. 이 조항들은 사회보장, 국가의 인권보장과 국민의 사회보장권을 명시하고 있으며, 중국 특색의 사회주의 체제 건설 속에서 구체적으로 실행되어야 한다.

4) 중국 특색의 사회보장 발전의 길

국제노동기구ILO는 "2030년까지, 지속 가능한 발전 목표 아젠다의 일환으로서 세계 각국이 자국 상황에 맞는 전 국민 사회보장제도(최저기준)를 실현함에 있어 중대한 진전을 이루기 위해 노력할 것을 약속했다"고 밝혔다. 중국은 세계적 영향력을 가진 국가이자 5천 년의 문화와 3천 년의 사회보장의 역사를 가진 나라로서, 중국 특색의 정치, 경제, 사회제도와 지금까지 계승해온 역사와 문화를 바탕으로 중국의 실정에 맞는 사회보장제도를 제정했다. 전통적인 가족 간 보장, 이웃 간 상부상조 그리고 사회적 구조제도를 유지해야 할 뿐만 아니라, 신중국 수립 이후 축적해온 경험도 지속적으로 발전시켜야 한다. 중국의 의료보장제도가 70년 간 변천해 오는 동안, 예방 중심, 일차적인 보건위생 그리고 적은 투입으로 높은 효율성을 도출했던 모든 과정이 일련의 역사적 경험이었다. 동시에, 국제적인 사례를 참고하는 과정에서 함정에 빠지지 않도록 주의해야 했다. 예를 들어, 세계은행이 주장했던 개인계좌를 핵심으로 하는 공적연금 사유화 개혁안의 경우, 이를 채택한 선진국은 한 나라도 없었으며, 이 주장을 수용한 38개 개발도상국 중에서 21개 국가가 이미 폐지했고 나머지 아직 폐지하지 않은 국가들도 어려움에 직면해 있다. 이는 세계은행의 주장이 사회연금보험의 상호부조 규칙에 위배된다는 것을 보여주는 사례였지만, 이 주장이 중국의 현행 연금보험과 의료보험 제도의 설계와 발전과정에 큰 영향을 미쳤다. 이것은 새로운 시대에 중국 특색의 사회보장체계를 본격적으로 구축하는 시점에서 되새겨야 할 교훈이다.

2. 신속한 현행 제도의 최적화

지금의 상황과 발전 추세를 보면, 중국의 사회보장제도는 저출산 고령화로 인한 가족 보장 기능의 약화, 지역발전 불균형, 대규모 인구이동과 급속한 산업화, 도시화, 사회구조의 변화 그리고 새로운 비즈니스 모델의 출현 등 여러 가지 외부의 도전에 직면해 있다. 또한, 점진적인 개혁과정에서 종합적인 고려와 톱 레벨 정책설계의 부족 등으로 인해 현행 제도에 많은 결함이 나타났고 지역별로 개혁방안이 제각각인 상황을 가져왔다. 일부 계획들은 장기간 자리를 잡지 못한 채 시험단계에 머물러 있고, 제도 설계에 있어 공평성과 효율성의 부족, 책임 소재의 모호함, 필수 복지항목 증가와 재정 기반 약화 등, 이 모든 현상이 사회보장제도가 전반적으로 제대로 자리 잡지 못했다는 것을 보여준다. 사회보장제도의 공신력과 지속가능성에 대한 국민의 의문이 여전히 존재하고 있고, 기존 이익구조의 고착화, 변화를 두려워하는 강한 경로 의존성 등으로 인해 개혁이 더욱 어려움에 직면해 있다.

세계 여러 나라의 경험으로 볼 때, 사회보장제도의 성패를 평가하는 세

가지 핵심 지표가 있다. 하나는 안전에 대해 안정적인 기대를 할 수 있느냐 하는 것이다. 만약 사회보장에 대한 기대가 안정적이라면, 사회 구성원들이 합리적이고 질서 있게 생계를 꾸려갈 수가 있다. 설령 보장 수준이 당장 높지 않더라도 앞으로 지속적으로 향상될 수가 있다. 반대로 안정적이지 못하다면, 사회 구성원들이 생활의 위기에 직면했을 때 대응하기가 어렵다. 두 번째는 사회적 형평성을 추구하느냐 여부이다. 사회보장제도가 사회적 형평성을 촉진하면 민생의 체감도도 높아지지만, 그렇지 않으면 반대 현상이 나타나기 쉽다. 세 번째는 지속가능한 발전을 이룰 수 있느냐 여부이다. 제도가 지속적으로 발전하면, 매년 보장 수준이 조금이라도 향상되고 국민이 희망과 신뢰를 가질 수가 있다. 그 반대가 되면, 의구심을 불러오고 후대에까지 여파가 미칠 수 있다. 새로운 시대의 사회보장체계는 반드시 상술한 목표들을 실현할 수 있어야 한다. 즉 모든 국민이 안정된 기대를 가질 수 있고 사회적 형평성과 지속가능한 발전을 지속적으로 촉진할 수 있어야 한다.

1) 국가 통치 차원의 사회보장: 상호구조, 공유, 다층적인 발전

인간 자체가 가진 취약성, 시장 기능의 마비 그리고 사회보장의 기본인권적 속성으로 인해 사회보장은 국가의 통치 시스템과 통치 능력의 현대화 범주에 속하며, 따라서 이것이 어떠한 기능을 할 것인지도 명확해진다. 다른 한편으로 사회보장 개혁은 반드시 객관적인 법칙과 발전 흐름에 순응해야 한다. 첫째는 상호부조의 규율을 준수함으로써 이익집단과 개인주의가 사회보장제도의 본질을 왜곡하지 못하도록 막아야 한다. 상호부조는 사회보장의 가장 근본적인 규율로, 이 규율에 따라 모두가 안정망을 기대할 수 있다. 이 법칙을 벗어나면 이론적으로 납득할 만한 설명을 할 수 없을 뿐만 아니라 제도의 변질을 초래한다. 여러 가지 위험이 존재하는 삶에서 개인이 혼자서 대처하기가 어렵고 피난처의 역할을 하는 가정도 저출산, 고령화 그리고 사회 구조의 변화로 인해 기능이 약화되었기 때문이다. 여러 사람이 힘을 모아야

만 개체의 위기를 해소할 수가 있다. 따라서 사회보장은 개인주의가 아닌 비非개인주의를 구현하고 개인적 성향이 아닌 상호부조의 정신을 강조할 수밖에 없다. 상호부조의 원칙으로 현행 사회보장제도의 우열을 가늠해야 한다. 둘째는 함께 만들고 함께 누리는 규율을 따름으로써, 개인의 권리와 의무가 괴리되는 것을 방지해야 한다. 함께 만드는 과정이 없으면 사회보장은 뿌리 없는 나무가 되고 함께 누리지 못하면 차별, 불균형, 불공정한 사회로 전락할 수밖에 없다. 권리와 의무가 유기적으로 결합함으로써 모두가 참여하고, 함께 책임지고, 다 같이 누리는 것이 바로 중국 특색의 사회보장체계의 정확한 지향점이다. 셋째는 사회보장체계를 다층화하여 정부의 기능이 제대로 작동하지 않는 상황을 피해야 한다. 이것은 사회보장 개혁과 발전의 세계적 추세이며, 중국도 예외일 수 없다. 다층적인 보장체계를 마련해야만 시장 주체와 사회 각계의 참여를 적극적으로 유도할 수 있고 더 나아가 전체 사회보장체계의 물질적 기반을 계속 확대할 수 있기 때문이다. 이렇게 될 때 정부가 사회보장의 책임을 도맡는 상황을 피하고 사회보장의 책임을 합리적으로 나누어 다양한 계층의 다층적인 요구를 만족시킬 수 있다.

2) 중국 특색의 사회보장체계의 톱 레벨 설계

현대의 사회보장제도는 거대한 제도이자 시스템이기 때문에, 과학적인 톱 레벨 설계가 없으면 다른 제도나 시스템과 충돌이 발생하여 리스크헤지 효과를 발휘할 수가 없게 된다. 내부의 각 서브 시스템도 구조적 균형이 깨지기 쉽고 종합적인 시너지 효과를 떨어뜨리게 된다. 중국의 현행 제도는 과학적인 톱 레벨 설계 미비로 인해 공적 자원의 배치 불균형 문제가 비교적 자주 나타나고 있다. 예를 들어 의료보험, 보건의료 서비스, 의약 공급 간에 오랫동안 존재해온 불협화음, 의료보험 사기, 과잉 의료, 약가藥價 거품 등 고질적인 문제들이 있다. 노후보장의 경우, 연금보험의 발전에 치중한 나머지 양로 서비스의 확립이 미흡하다. 사회적 양로 서비스의 부족 내지는 수급 불균형

2005년 12월 3일, 시안시市 베이다 거리에 있는 의약품 소매 판매점에 내걸린 '약가 거품 제로'라고 적힌 간판이 시선을 끈다.

으로 인해, 경제 여건이 양호한 노인들도 스스로를 돌볼 힘이 약해지면서 생활의 질이 저하되는 현상에 직면하고 있다. 따라서 사회보장체계의 톱 레벨 설계의 중요성을 인식할 필요가 있다. 거시적 측면에서, 전체 사회보장체계를 전면적인 개혁과 국가 통치체계의 현대화라는 종합적인 구도 속에 두고, 사회보장체계 구조 및 그 기능, 제도의 발전 방향과 과정을 과학적으로 설정해야 할 필요가 있다. 이리하여 사회보장시스템, 경제시스템, 공공재정시스템 등이 효과적으로 작동할 수 있게 해야 한다. 아울러, 사회구조救助, 사회보험, 사회복지 3가지 기본 제도를 통합적으로 고려해야 하며, 사회보장 차원의 시장화 및 사회화의 관계 설정을 합리적으로 해야 한다. 법에서 정한 보장 항목들이 기본적 보장을 제공하고, 동시에 시장과 사회역량이 역할을 할 수 있도록 공간을 마련해 주어야 한다. 또한 시장 주체와 사회조직이 각각의 규정에 맞게 중국 특색의 사회보장체계 구축에 참여해야 한다. 거시적인 측면에서 톱 레벨 설계를 통해 사회보장제도의 종류나 주요 항목의 구조, 기능과 자원분배 방식 그리고 관련 제도와의 관계를 명확히 설정해야 한다. 미시적인 측면에서는 보장 항목의 구조를 최적화하고, 항목별로 자체적인 조절 기능을 부여하여 합리적인 책임분배, 제도의 공정성, 운영의 효율성 그리고 지속성을 확보해야 한다.

3) 최적화된 제도 설계: 성숙한 중국 특색의 사회보장제도 확립

첫째, 전국적인 신속한 통합, 책임과 부담의 균형, 공정성 확보, 다층적인 시스템 구축 등 조처를 통해 연금보험제도의 현대화를 실현해야 한다. 둘째, 의료보장제도에서 상호부조의 기능을 심각하게 저해하는 개인계좌를 가능한 한 빨리 폐지하고 점진적으로 정부, 사용자 그리고 개인 간 재원 조달 책임의 균형을 이루어야 한다. 또한 지급방식 개혁을 통해 보건의료 서비스와 의약품 공급 간 선순환이 이루어지도록 해야 한다. 최저생계보장에 있어서 사회구조제도와 다른 구조사업 간에 중복 보장 문제를 해결하고 소득공제 등 조처를 통해 효과를 극대화해야 한다. 넷째, 양로 서비스의 경우, 노인의 의사가 충분히 반영되지 못하는 문제, 서비스 체계가 재가 서비스보다 양로 기관에 치우쳐 있는 문제, 질적인 기준보다 양적인 기준이 더 중요시되는 현상들을 바로 잡고, 다층적인 서비스를 제공함으로써 서비스 이용자의 필요를 만족시켜야 한다. 다섯째, 아동복지는 고아와 장애아만을 대상으로 하던 것에서 전체 아동을 대상으로 어린이 우선 전략을 수립하고, 제도가 정착하는 과정에서 가정의 책임, 정부의 책임, 사회적 책임 간에 균형을 찾아야 한다. 이를 통해, 인구의 균형발전을 이루고 초고령화에 효과적으로 대응할 수 있는 효과적인 제도적 장치를 마련해야 한다. 여섯 째, 군인에 대한 보장의 경우, 관련 제도를 신속히 마련하여 현역 및 퇴역군인 그리고 상이군인과 유족들이 공평하고 합리적인 혜택을 받을 수 있도록 해야 한다. 산재보험, 실업보험 등 기타 사회보장 항목의 예방 기능을 강화하고, 산업재해, 실업 그리고 보험수령자의 능력 회복이 중심이 되어야 한다. 이외에도 사회보장 관리체계와 운영 메커니즘을 최적화해야 한다. 전자의 경우, 주로 2018년 정부 기구 개편에서 사회보장관리 체계를 기반으로 부처 간 책임과 협력을 한층 강화했고, 후자는 시장과 사회역량의 활용, 발전된 정보기술 이용, 사회 구성원의 이용 편리성 그리고 운영의 효율성을 출발점으로 해야 한다.

3. 사회보장의 전면적인 법제화

성숙하고 정형화된 사회보장제도는 반드시 법제화를 기반으로 한다. 이는 입법을 통해서만이 권리와 책임을 명확히 정할 수 있고, 엄정한 법 집행을 통해서 제도의 공정성과 운영의 질서를 확보할 수 있기 때문이다. 이는 세계 각국이 보편적으로 지켜온 규율이다. 중국이 이미 〈중화인민공화국 사회보험법〉, 〈중화인민공화국 군인보험법〉, 〈중화인민공화국 자선법〉 등 관련 법률들을 제정했지만, 전반적으로 볼 때 사회보장제도의 법제화와 상당한 거리가 있다.

사회보장 영역에 여전히 많은 입법 공백이 존재하고 있으며, 기존 입법의 수준도 대개 높지 않다. 더욱이 대부분 행정 법규와 부처의 규정 차원에 머물고 있어서, 법제화의 부재가 제도의 공신력과 운영의 효율성을 떨어뜨린다. 한편, 사회보장의 실행 과정에서 법 집행의 미숙함과 선택적 법 집행이 보편적으로 존재하며, 이것이 사회보장제도의 준엄성과 지속가능성을 심각하게 위협하고 있다. 따라서 중국 특색의 사회보장체계를 전면적으로 구축하기 위해서 사회보장의 법제화가 시급하다.

1) 사회보장의 신속한 법제화

사회보장의 법제화와 관련하여, 전인대와 상임위에 관련 입법을 강화해야 할 큰 책임이 있고 행정부의 관련 기관들도 사회보장 입법을 적극적으로 추진해야 할 책임이 있다. 사회보장은 국제사회에서 기본권으로 인식되고 있으며 다양한 제도 마련은 모든 사회 구성원의 실질적인 이익과 관련이 있다. 가장 큰 책임이 정부에 있지만, 개인과 가정은 물론이고 사회조직, 시장 주체들도 모두 사회보장제도의 참여 주체이다. 그러므로 사회보장제도는 행정부서 차원의 입법(행정법규, 규정) 위주로 진행되던 현행 방식을 폐지하고, 계획적이고 절차적으로 사회보장 업무의 전면적인 법제화를 추진해야 한다. 이것은 사회보장 법제화의 가장 중요한 요건이다. 현실적인 관점에서 볼 때, 완전한 사회보장체계 확립을 위해서 정부는 수준 높은 〈사회구조법〉, 〈사회복지법〉, 〈군인보장법〉, 〈주택보장법〉, 〈의료보장법〉 등 기본법과 〈아동복지법〉, 〈재해구조법〉 등 일련의 전문법들을 조속히 제정해야 할 필요가 있다. 이러한 중요한 사회보장제도들이 행정 법규나 규정, 심지어 문건으로 정해지는 상황을 하루속히 탈피해야 한다. 동시에, 이미 시대의 요구나 제도발전에 맞지 않는 사회보험법 등을 개정하고 현행 법률의 질적 향상을 조속히 추진해야 한다. 또한 〈중화인민공화국 노인권익 보장법〉, 〈중화인민공화국 여성권익 보장법〉, 〈중화인민공화국 장애인 보장법〉, 〈중화인민공화국 미성년자 보호법〉 등 현행 법률들의 실질적인 내용을 강화하여, '유명무실한 법'이 아닌 구체적인 법 집행이 이루어지는 '실효적인 법'이 되도록 해야 한다.

2) 법의식에 기반한 사회보장제도 운영

법률에 기반한 사회보장제도의 운영은 각급 주관부서, 사용자의 법에 근거한 관리, 그리고 사회 구성원의 법적 권리보호와 의무 이행, 법에 근거한 사회보장제도와 정책의 추진이 무엇보다 필요하다. 현재, 일부 지방정부나 주관부서가 개혁과 혁신을 내걸고 사회보험기금의 사용 범위를 임의로 변경하거나 법정 보험 기준을 임의로 낮추거나, 또는 근시안적인 복지사업 추진, 지역 이기주의적인 선택적 법 집행 등 문제들을 야기하고 있다. 이러한 현상들은 마땅히 엄하게 금지되어야 한다. 일부 사용자들이 법을 어기고 고용보험에 가입하지 않거나, 아예 관련 보험에 가입하지 않는다는 내용의 계약을 고용자와 맺는 등 위법행위들에 대해 특별조사를 진행하여 엄벌해야 한다. 정부는 법 집행의 주체로서 법률제도와 정책을 널리 알리고, 사회 구성원들이 자신의 사회보장 권리, 효과적인 경로와 보장 메커니즘을 분명히 인식하도록 해야 할 의무가 있다.

3) 사회보장법 위반행위에 대한 형사적 제재

이를 위해서 우선 사법기관이 오랫동안 제 역할을 하지 못해온 문제를 해결해야 한다. 현재, 병원이나 의료인이 공모하여 의료보험기금을 수령하는 행위, 노후연금이나 최저생계 보장지원금 편취, 일부 사용자들이 고용자의 사회보험 가입과 관련하여 저지르는 위법행위, 최저생계보장 업무 담당기관이나 담당자의 책임 소홀로 인해 보장 대상자의 권익이 침해를 입는 등 고질적인 문제가 빈번히 발생하고 있다. 이는 모두 법 집행이 제대로 이뤄지지 않아 사회보장 정책의 부실을 초래했기 때문이다. 많은 나라들이 사회보장 관련 사기행위를 심각한 형사 범죄로 다룬다. 홍콩자치구에서는 사회구조 지원금을 편취하는 행위에 대해 형법을 적용하여 징역형을 선고한다. 중국의 형법은 사회보장 지원금을 편취하는 행위에 대해 형사책임을 물으며, 관련 사회보장법률 위반행위에 대해서도 여러 가지 규정을 두고 있다. 하지만, 일부 지방법원에서 사회보장법 위반 사건을 심리하지 않거나 위법 사건에 대해 유야무야하는가 하면 단순한 불법행위로 간주하는 사례가 있다. 실제로 이런 방임이 사회보장법 위반행위를 조장한다. 이에, 사법기관이 본연의 책임에 입각하여 사회보장법 위반 사건을 법대로 판단하고 처벌하는 것이 시급하다. 범죄 행위에 대해 엄격한 형사적 체재를 가해야만 사회보장제도의 준엄함과 공정성을 보장하고 제도의 건강한 발전을 도모할 수가 있다.

07

•

내 집을 마련하는 것은 모든 사람의 오랜 바람이지만 중화인민공화국이 수립되기 전 근대까지만 해도 살 집이 없어 떠돌이로 살아가는 사람들이 많았다. 신중국 수립 후, 정부는 주택문제에 높은 관심을 가지고 도시 공공주택 건설, 농촌 토지개혁 그리고 주택 재분배를 신속하게 단행했다. 이를 통해 대부분의 사람들이 적어도 살 곳을 갖게 되었다. 하지만, 인구 급증과 취약한 경제력으로 인해 도시주민 대부분이 쪽방살이나 다름없는 곳에서 살았다. 개혁개방 후, 중국 국민의 주거 여건이 천지개벽이라고 말할 정도로 큰 변화가 일어났다. 현재 중국은 세계에서 주택 보유율이 가장 높은 나라이다. 국민이 살 수 있는 집을 갖도록 만들겠다는 애초의 목표를 실현했을 뿐 아니라, 살기 좋은 집을 갖는 꿈을 위해 성큼성큼 나아가고 있다. 거주 여건의 빠른 개선이 민생의 질을 현저히 향상시켰다.

주택 :

대대로 살던 낡은 시골집이 번듯한 주택으로

주택문제는 가장 기본적인 민생 문제 가운데 하나이며 사회발전의 공정과 정의를 실현하는 중요한 토대이다. 신중국의 주거발전 70년의 과정을 되돌아볼 때 한 가지 객관적인 사실은 도시와 농촌 주민의 주거 여건이 크게 개선되었다는 것인데, 주택제도도 이 과정에서 중요한 변화가 있었다.

1949년부터 오늘날까지, 도시와 농촌의 주택은 크게 두 가지 발전단계로 나뉠 수 있다. 첫 번째 단계는 1949년부터 1980년대까지로, 이 기간에 신중국의 주택제도가 수립되었다. 신중국 초기 30년과 개혁개방 이후의 일정 기간이 이 시기에 해당된다. 계획경제에 기반하여 도시에서는 주로 정부가 복지형 주택을 공급했고 농촌에서는 토지개혁을 통해 농민들에게 집을 지을 수 있는 토지를 분배했다. 이러한 조치들이 도시와 농촌주민들에게 최소한도의 거주 여건을 효과적으로 보장해주었다.

국가 경제 발전의 필요에 따라, 정부는 제한된 국력으로 공업, 특히 중공업 발전에 집중할 수밖에 없었기 때문에 주택 건설이 급속한 인구 증가를 따라가지 못했고 단순한 계획경제 관리모델도 여러 가지 어려움에 직면했다. 따라서 개혁개방 이후 주택이 매우 중요한 민생 문제로 떠올랐기 때문에 정부도 이에 깊은 관심을 기울였다. 도시에서 주택문제의 심각성이 한층 두드러져 주거 여건의 획기적인 개선이 더욱 절실히 요구되었다. 농촌의 주택문제는 전통적인 방식에 의존하는 한편 농가 소득이 빠르게 증대됨에 따라 주택 여건도 꾸준히 개선되었다. 두 번째 단계로 접어든 후 중국은 사회주의 시장경제 체제에 맞는 주택발전모델을 꾸준히 모색하기 시작했다. 다른 한편으로는 각국의 성공사례(예를 들어 싱가포르의 경험을 참고하여 주택적립금제도를 도입했다)를 벤치마킹했다. 국가적 상황에 따라 '공급 주체의 다변화, 다양한 경로 보장, 주택 임대와 주택 건설 병행'을 골자로 하는 주택제도를 모색했다. 이것이 국민의 이익에 부합하는 올바른 선택이었다는 것이 실제 경험으로 입증되었다. '내집마련' 목표를 실현했을 뿐 아니라 주택의 질적 향상을 위한 기반을 마련할 수 있었다.

베이징 망루에서 내려다본 사합원四合院

2019년 4월 2일, 허베이성河北 랑팡시의 어둠이 내려앉은 주택가에 겹겹이 반짝이는 불빛들. 베이징으로 출퇴근하는 직장인들이 주로 거주한다.

1. 신중국 주택 제도의 수립과 그 이후 30년의 발전

　　1949년 10월 신중국 수립 후, 농촌에서 과감하게 토지개혁이 단행되면서 농촌 주민들이 토지를 가질 수 있게 되고 지주의 주택을 징발하여 가난한 농민들에게 나눠줌으로써 농촌 주민의 주거 여건도 보편적으로 개선되었다. 국가통계청 자료에 의하면, 1957년 전국적으로 농촌 주민의 1인당 주택 면적이 191㎡였는데, 이 수치는 토지개혁이 농촌의 주거를 효과적으로 보장해주었다는 것을 말해준다. 하지만 이 시기에 도시에서는 주택 부족 문제가 오랫동안 존재했는데, 1952년 도시주민의 1인당 거주 면적이 약 4㎡에 불과했다. 따라서 이 시기부터 주택보장제도의 핵심이 도시주민들의 주거 문제 해결이었다. 개혁개방 이전까지 중국 주택제도의 발전과정은 두 단계로 나눌 수 있다. 첫 단계는 '저렴한 임대주택 공급' 단계(1949~1952년)인데, 도시에 다양한 방식의 공공주택을 건설하여 복지 차원에서 최저가 임대료만 받고 주민들에게 공급했다. 두 번째는 '대출이나 공동 출자를 위주로 하되 정부가 이를 지원해준' 단계이다(1953~1977년 개혁개방 시작). 정부는 늘어나는 도시인구의 주택수요을 해결하기 위해서 직장인이 정부와 회사의 지원을 받아 주택을 짓도록 장려하는 한편, 정부가 개인의 주택 임대를 통합적으로 관리하는 방식을 도입했다. 정부가 주택 소유자에게 고정 이자를 지급하고, 다른 한편으로는 임대주택 공급을 늘여 도시주민의 주택난을 해결했다.

1. 제1단계(1949~1952년): 복지와 임대주택 분배

1950년 6월, 정부는 〈중화인민공화국 토지개혁법〉을 통과시킨 후 봉건적 착취를 기반으로 하는 토지소유제를 폐지하고 농촌토지소유제를 시행한다고 밝혔다. 대대적으로 진행된 토지개혁을 통해 도시 외곽의 몰수된 토지 및 징수한 농토들을 일괄적으로 국유화하고, 이를 농민들에게 무상으로 분배하여 농토와 주택문제를 근본적으로 해결했다. 이는 사회주의제도의 우월성을 보여준 조치로 국민의 열렬한 지지를 받았다.

1949년에 1931년 이후 최악의 수해를 당하여 4,000만 명의 이재민이 발생했고 도시에서는 수백만 명의 실업자가 발생했다. 정부는 이재민과 실업자 구제에 막대한 식량과 자금을 쏟아부어야 했는데 이는 재정파탄과 경제위기를 가져왔다. 설상가상으로 1950년 한국전쟁이 발발해 압록강 유역까지 전쟁의 불길이 미치자, 정부는 국토 수호를 위해 대량의 경제자원을 동원하여 지원군을 투입했다. 한정된 재정 능력으로 이재민과 실직자 구호, 여기에 전쟁을 수행해야 하는 상황에서 정부는 도시주민의 주택문제를 돌아볼 여유가 없었다.

신중국 수립 전까지 도시 주민의 주택은 주로 개인주택 위주였다. 1948년 당시, 베이징의 부동산이 120만 호였는데, 이 가운데 사유 부동산이 92만 호(77%)였다. 1953년까지도 사유 부동산의 비중이 67%였다. 신중국 수립 초기에 사유 부동산에 대해 법률적으로 보호하고 개인의 주택임대를 허용했다. 도시의 사유 부동산을 보호하면서도 다른 한편으로는 〈중국인민해방군

복도식 아파트

공고〉, 〈중국인민정치협상회의 공동강령〉, 〈전범, 스파이, 관료, 자본가 및 반혁명분자 재산 몰수에 관한 지시〉 그리고 〈반혁명 범죄자 재산 몰수에 관한 규정〉 등 정치문건에 근거하여 제국주의자, 관료 자본가, 전범, 간첩, 반혁명분자들이 소유하고 있던 토지와 부동산을 몰수하고, 최초로 도시공영주택을 건설했다. 하지만 그 수가 제한적이었기 때문에 이 시기에 도시주민 대다수가 임대주택이나 열악한 판자집에서 살 수밖에 없었다.

시장과 민간임대주택 공급에만 기대어서는 도시 저소득 근로자의 주택문제를 효과적으로 해결하기 어렵다고 판단한 신생 정부는 절박한 민생문제를 해결하기 위해 주택보장의 책임을 정부가 지겠다고 밝혔다. 당시 도시주민에게 공영주택을 공급한 것은 사회주의적 성격의 정책이었는데 주민들로부터 주택 보수충당금을 임대료 명목으로 징수했다. 주택 보수충당금으로 사용된 임대료가 단순히 상징적 의미에 불과했기 때문에, 이 시기의 주택보장제도를 '저가 임대주택'으로 요약할 수 있다. 1951년 1m²당 임대료가 0.18위안에 불과했는데 이후에도 줄곧 기본 보수비용 정도의 낮은 수준을 유지했다. 1955년, 국무원이 <중앙 국가기관 근무자의 공관 사용 임대료 징수에 관한 잠정 시행법>을 발표한 후 1m²당 임대료를 다시 0.12위안으로 낮췄다. 1950년대 중반 집세가 근로자 가구 소득의 15%를 차지했고, 이후에 이 비율이 계속 하락하여 1981년에는 1.4%로 떨어졌다. 따라서 이 시기에 정부의 정책 기조는 전체적으로 사회주의에 입각한 복지형 주택분배였다.

2. 제2단계(1953~1977년): '내 집 마련 지원'과 '공공임대'

1953년에 제1차 5개년 계획을 추진하면서 중국은 빠른 경제 성장기로 접어들었다. 당시에 국내외 상황에 따라 중국은 소련의 사회주의 방식을 벤치마킹하여 계획경제 발전 모델을 선택했다. 이러한 발전 모델 하에서 정부가 모든 경제자원을 통제하고 국가발전계획에 따라 생산계획도 수립되었기 때문에, 기업이 계획에 맞춰 생산하면 제품의 가격과 분배는 정부가 담당했다. 거의 무無의 상태에서 산업화를 진행해야 했기 때문에, 정부는 중공업을 중점 발전시킨 후 중공업이 경공업 발전에 필요한 기계장비를 제공하고, 경공업 발전이 다시 서비스업의 발전을 이끌어 최종적으로 전반적인 현대적 산업체계를 완성하는 발전전략을 취해야 했다. 중공업 우선 발전전략이 필연적 선택인 상황에서 계획경제를 통해 자원을 집중적으로 투입하여 중공업 발전을 신속히 추진했다. 따라서 당시에 계획경제를 채택한 것은 필연적이었다. 월트 로스트의 경제성장론에 따르면 한 나라의 경제가 이륙하기 위해서는 높은 수준의 투자율이 뒷받침되어야 하는데, 중국도 이러한 전략을 선택한 것이었다. 1952년 국가의 기본 인프라 투자가 국내총생산에서 차지하는 비중이 6.7%였는데, 1953년에는 큰 폭으로 증가하여 1952년 대비 108% 높아져 국내총생산에서 차지하는 비중이 11%로 상승했다. 기본 인프라 건설에 필요한 자원을 축적하기 위해서 도시지역은 저임금 모델을 채택했다. 1953

년, 전국 도시의 취업자 수가 2,754만 명, 1인당 연평균 임금은 495위안으로 임금 총액이 국내총생산에서 차지하는 비중이 16.5%였다. 2005년에 전국 임금 총액이 국내총생산에서 차지하는 비중이 37%였던 것과 비교할 때 1953년의 임금 수준이 상대적으로 낮았던 것을 알 수 있다. 이외에도 근로자 임금 수준이 장기간 완만하게 증가하여 1977년에 도시의 연평균 임금이 576위안으로 연간 0.7% 높아졌다. 1977년에 국내총생산 대비 임금 총액이 차지하는 비중이 16.2%로 1953년과 비슷한 수준이었다. 저임금 구조때문에 도시 근로자의 임금소득은 먹고 입는데 필요한 기본적인 생활을 영위할 수 있는 정도였고, 주택을 구입하기 위한 저축을 할 여유가 없었다. 예를 들어, 1957년에 도시주민 1인당 평균소득이 235위안인데 1인당 소비지출이 222위안이었다. 소득 중에서 기본생활소비가 차지하는 비중이 95%에 육박했고 1인당 저축률은 5% 미만이었다. 따라서 정부와 사용자의 도움이 없이는 개인이 주택을 구입할 여력이 없었다.

제1차 5개년 계획 시기(1953~1957년), 대규모 생산시설을 건설하기 위해 신도시 6곳을 조성하고 74개 도시를 대대적으로 확장했다. 도시인구가 매년 평균 445만 명 증가했으며, 도시화율이 신중국 수립 초기 9%에서 1957년에 13%로 높아졌다. 도시화율이 높아짐에 따라 도시(특히 신도시와 확장 도시)의 주택공급 압박이 급격히 증가했다. 새로운 문제에 직면한 정부는 국민이 스스로 집을 짓도록 권장하는 한편 소득수준이 낮은 점을 고려하여 '내 집 마련 지원'을 통해 주택문제를 해결하겠다는 의지를 밝혔다. '내 집 마련 지원'이란 정부, 근로자 그리고 사용자가 모두 '내 집 마련'에 참여하는 방식을 말한다. 정부는 토지 선정과 토지 수용 절차 그리고 건설 기준을 담당하고 근로자는 집을 짓는데 필요한 기본비용을 부담하며, 사용자는 직원이 은행 대출을 신청할 수 있도록 협조하고 토지 비용 및 공용시설 건설 비용을 부담했다. 1953년, 상하이시가 전국 최초로 소위 '마을을 통째로 옮겨오기'라고 불렸던 '내 집 마련' 사업을 시작했다.

1956년, 정부는 사회주의 정신에 입각하여 임대주택사업을 시작했다. 그 해, 당중앙위원회가 비준한 〈현재 도시 사유 부동산 기본상황 및 사회주의 개조에 관한 의견〉에서 주택에 대한 정부의 통제를 강화하고, '전면적 계획, 지도력 강화' 방침에 따라 사유 부동산에 대한 사회주의 개조를 진행할 것을 제안했다. 구체적인 조치를 보면, 정부가 도시의 사유 부동산을 유사類似 매입하는 방식으로 부동산 소유주에게 일정 금액의 임대료를 지불하고, 부동산 소유의 성격을 점차 변경시키는 방식이었다. 사유 부동산의 소유주가 임대할 주택의 관리, 유지보수 및 사용을 정부의 부동산관리부서에 일괄적으로 일임하면, 정부는 이 주택을 임대한 후에 임대료 수입을 주택의 유지보수, 관리, 부동산세, 보험료로 충당하고 주택 소유자에게 일정 금액의 임대료를 지급했다. 각 지역의 실행 상황을 보면, 주택관리부서가 집주인에게 지급한 비용은 전체 임대료의 20%-40%로, 평균 30% 수준이었다. 1964년, 국가부동산관리국의 공식 발표에 의하면 임대한 사유 주택 가운데 70% 이상이 사회주의 개조 범주에 속했다. 전국적으로 자본주의적 성격의 주택임대제도가 사라지고 '사유 주택의 공공임대'가 보편화되었다. 이 방법을 통해 도시의 주택공급을 효과적으로 늘리고 과도한 사유 부동산 임대료를 크게 낮추어 도시 저소득 주민의 주거 여건을 크게 개선하는 효과를 얻었다. 이는 사회주의 국가로서 평등정신의 구현이자 사유 부동산 소유주의 이익도 배려한 정책이었다. 1966년부터 시작된 '문화대혁명'으로 유례가 없을 정도로 이데올로기가 중요시되면서, 도시의 주택과 기본 인프라 건설도 저조기에 접어들었다. 동시에 전국적으로 인구가 급증하여 1966년 7억5,000만 명에서 1977년 9억5,000만 명으로 증가하고, 여기에다가 70년대 중후반에 '지식청년'들이 대거 도시로 회귀하면서 인구 증가가 정점에 올랐다. 정부가 집을 지어 분배하는 방식은 더 이상 국민의 요구를 만족시킬 수가 없었다. 도시의 주택문제가 갈수록 심각해졌고 주거 여건 개선도 더디기만 했다. 이런 엄중한 상황은 주택제도의 전면 개편을 요구했다.

2. 개혁개방 이후의 주택 제도 변혁

계획경제 시기에 중국은 도시에서 완전 복지형 주택정책을 시행했다. 국가와 사용자가 주택 건설 투자를 일괄 책임지고 저렴한 임대료로 근로자에게 주택을 분배하는 정책이었다. 행정화된 주택관리, 뚜렷한 국가복지형 주택제도의 특징을 가지고 있었다. 계획경제 체제하의 주택보장제도가 도시의 주된 주택제도가 되었다. 주택은 시장에서 거래되는 상품이 아니었다. 이러한 상황에서 주택분배는 계획경제 체제를 유기적으로 구성하는 분배 메커니즘의 일부에 불과했다.

1978년 12월, 제11차 3중전회에서 정치개혁의 막이 올랐다. 그 후, 기존의 계획경제 모델이 점차 사회주의 시장경제 모델로 대체되고, 주택보장제도도 이러한 배경 속에서 큰 변혁을 맞이했다. 낡은 제도가 새로운 제도로 바뀌는 점진적인 변화의 과정이었다.

1990년대에 주택제도 개혁은 주로 주택은 상품이라는 인식, 낮은 임대료, 공공주택 우선 분양, 주택 보조금 지급 등 기존의 정책들을 바꾸는 것에서 나타났다. 실물 분배를 점차 화폐 분배로 전환하고 불합리한 주택수요를 억제한 것은 전통적인 복지제도를 완전히 뒤엎은 변화였다. 1994년, 국무원이 〈도시 주택제도 개혁 심화에 관한 결정〉을 발표했다. 주택을 현물 분배에서 임금 형태의 분배로 전환하고, '중하위 소득자 경제주택, 고소득자 분양주택'의 공급체계를 처음으로 제시했다. 상하이시의 시범사업을 기반으로 전국적인 주택기금제도가 구축되었다. 1998년, 국무원이 〈도시 주택개혁 강화 및 주택 건설 가속화에 관한 통지〉를 발표하고, 중하위 소득자를 위한 경제주택 분양, 저가 임대주택 공급체계 확립 및 공공주택 임대료 감면 등 정책 마련에 박차를 가했다. 이를 기점으로, 정부 주도로 공평한 책임분담 원칙에 기반한 저소득 계층을 위한 기본주택보장제도가 확립되기 시작했다. 2017년, 제19기 전인대 정부보고에서 시진핑 주석이 "집은 살기 위한 것이지 투기의 대상이 아니다. 다양한 주체의 공급과 다양한 경로의 보장, 주택임대 및 매매 제도를 통해 인민 모두가 살 수 있는 집을 갖도록 해야 한다"고 강조했다. 이렇게 중국은 70년 가까운 끈질긴 탐색과 실천을 거쳐, 중국의 상황에 맞는 주택제도와 주택보장 모델을 수립했다. '모든 국민에게' 살 수 있는 집을 제공할 수 있는 제도적 장치를 마련한 것이다.

  40여 년에 걸친 중국 주택제도 개혁 과정을 되돌아보면 세 단계로 나눌 수 있다. 첫 단계는 1978년부터 1992년까지로, 이 기간에 주택제도 개혁 시범사업이 시작되었다. 두 번째 단계는 1993년부터 2007년까지인데, 주택제도 개혁이 전면 단행되어 주택 실물 분배가 주택의 화폐화, 상품화로 전환되었다. 세 번째 단계는 2008년부터 2019년까지로, 이 시기에 각급 정부가 보장형 주택을 대대적으로 건설하여 주택난을 해결하는 놀라운 성과를 거두었다. 이로써 '누구나 내 집'이 있는 민생 목표를 실현했다. 따라서 개혁개방 이후, 중국의 도시 주택제도는 복지형 주택분배에서 주택의 상품화, 자유화로 바뀌었고 다시 다양한 계층의 도시주택 수요를 만족시키는 단계로 발전했다. 주택보장은 사회보장체계의 중요한 부분이지만, 정부가 저소득층의 주택보장 책임을 주로 담당했다.

1. 주택제도 개혁 시범사업 단계 (1978~1992년)

통계에 따르면, 1978년 전국의 182개 도시에서 무주택자가 689만 가구로 전체 도시 가구의 3분의 1을 차지했다. 도시주민의 절박한 주택문제를 해결하기 위해, 1978년 주택개혁을 골자로 하는 시범사업을 시작했다. 1980년 중앙당과 국무원은 〈전국 기본 건설 업무회의 보고 요강〉을 비준하고 개인의 주택 건축과 구입 그리고 주택 소유를 허용하며, 주택 상품화 정책을 공식화했다. 각 성省, 시市, 자치구가 잇따라 시범사업을 진행했고, 정부가 총괄적으로 건축한 주택(일명 '정가 주택')을 토목공사비 가격으로 도시주민들에게 판매하기 시작했다. 이때부터 중국에서 도시주택개혁의 막이 올랐다. 1981년, '정가 주택' 시범사업이 전국 60여 개 도시와 일부 현縣으로 확대실시되고, 판매되는 주택도 신축주택에서 구축으로 확대되었다. 당시 근로자들의 임금 수준이 낮아서 개인이 구매할 수 있는 능력이 제한적이었다. 또한 근로자들의 인식도 여전히 정부가 제공하는 저가 임대주택에 익숙했다. 주택 구입에 대해 소극적이었기 때문에, '정가 주택' 시범지역의 주택 분양이 신통치 않았다. 1981년 말, 전국의 시범도시에서 판매된 주택이 3,000여 채에 불과해, '정가 주택' 분양이 곧바로 '보조금 주택' 분양으로 대체되었다. 1982년, 4개 시범도시에서 신축주택에 대해 '보조금 분양'을 시작했는데, 개인이 집을 살 때 대금의 3분의 1을 지불하고 나머지 3분의 2는 지방정부와 근로자가 근무하는 직장이 보조금을 지급했다. '보조금 분양' 주택의 가격이 '정가 주택' 분양가보다 높았지만 주택대금의 3분의 2를 지원받았기 때문에 사실상 근로자의 주택 구입 부담을 크게 줄일 수 있었다. 당시 보통 가구의 약 2년간의 소득으로 신축주택 한 채를 구입할 수 있었기 때문에, 근로자들이 주택 구입에 적극적이었다. 1984년, 국무원이 공영주택인 '보조금 분양' 주택 시범사업을 확대하기로 결정하고 1985년에 전국 27개 성省, 시市, 자치구에서 '보조금 분양' 주택 시범사업을 진행하여 총면적 1,093만㎡의 주택을 판매했다. 하지만

1980년대 초의 '주택 교환' 행사의 모습이다. 먼 출퇴근길, 주말부부, 자녀의 등교 문제 등을 해결하기 위해서 시민들이 '주택 교환' 행사를 벌이기 시작했다. 사진은 한 시민이 다른 사람들이 볼 수 있도록 자신의 집 상황을 적은 종이를 들고 있다.

'보조금 분양' 시범사업 과정에서, 보조금을 기업이 부담하는 곳이 적지 않았다. 이로 인한 기업의 부담이 과중했기 때문에, 일부 지역에서 공영주택의 가격을 임의로 낮춰 판매하는 상황이 나타나기도 했다. 이에 따라, 1986년, 국가건설환경보호부가 〈도시주택 보조금 분양 시범사업 문제에 관한 통지〉를 발표하고, 공영주택의 가격을 임의로 낮춰 판매하지 못하도록 했다. 이로써, '보조금 분양' 시범사업이 기본적으로 중단되었다.

1986년 국무원은 '주택 제도 개혁 지도팀'을 설치하여, 전국 주택개혁 사업의 추진력을 강화하고, 같은 해 산둥성省의 옌타이, 장쑤성省의 창저우, 안후이성省의 벙부, 허베이성省의 탕산 등 도시들을 주택개혁 시범도시로 지정했다. 각 시범도시의 경험을 바탕으로 1988년 제1차 전국주택제도 개혁 실무회의를 개최했다. 또한 2월에는 〈주택개혁 전국 도시 단계별 추진방안〉을 발표하고, 주택개혁 업무를 정식으로 중앙과 지방정부의 개혁 로드맵에 편입했다. 이것은 중앙정부가 내놓은 첫 번째 주택개혁 방안으로, 일명 '임대료 인상분 지원' 방안으로 불린 이 정책은 두 단계로 되어 있었다. 첫 번째는 '임대료 인상' 단계이다. 주택 임대료를 전면 인상하여 근로자가 '임대할 목적으로 주택을 구매'하도록 유도했다. 두 번째는 '보조금' 단계이다. 보조금을 근로자의 임금과 기업의 경영 원가에 계상해 줌으로써, 근로자의 구매력을 높여 주택의 상품화, 사회화, 전문화를 점진적으로 추진했다. '임대할 목적으로 주택을 구매'하도록 유도하는 정책이 일부 시범지역(옌타이, 벙부, 탕산)에서 비교적 좋은 성과를 거두었지만, 시행 초기에 전국적으로 심각한 인플레이션이 발생하여 1988년에 도시 소비자가격지수가 동기대비 20.7% 상승했다. 이 정책을 지속하면 물가가 더 오를 가능성이 있었기 때문에 물가와 민생 안정을 위해 부득이하게 중단했다.

이 시기에 도시주민들에게 공영주택을 판매한 것은 중국 최초의 주택보장제도 개혁 실험이었다. 1990년대 이후 국민경제의 지속적인 발전과 부동산 시장이 가열되기 시작하면서, 국가경제체제개혁위원회가 내놓은 경제개혁에 관한 계획들 가운데 주택개혁이 다시 주목을 받았다. 1991년 6월, 국무원은 <지속적이고 적극적인 도시주택제도 개혁 추진에 관한 통지>에서, 주택개혁을 통해 도시주민의 주거난을 해소하고 주거 여건을 개선하여 주택의 상품화와 부동산 시장의 점진적인 발전을 추진해야 한다고 강조했다. 1991년 10월, 국무원이 <도시 주택제도 개혁의 전면 추진에 관한 의견>을 발표한 후 도시 주택제도 개혁이 새로운 발전단계로 진입했다.

2. 주택개혁 전면 추진 단계(1993~2007년)

1993년 11월, 제14차 3중전회에서 <사회주의 시장경제 체제 수립의 몇 가지 문제에 관한 중앙당의 결정>이 채택되었는데, 사회주의 시장경제가 경제개혁의 목표이며 도시 주택제도 개혁, 주택 상품화 및 주택 건설을 신속히 추진한다고 밝혔다. 1993년, 베이징에서 개최된 제3차 전국주택회의 업무보고에서, 공영주택 분양, 임대, 건설을 중심으로 정책 조율을 통해 주택시장을 발전시킨다는 내용의 주택제도 개혁 기본구상을 밝혔다. 이 구상에는 주택 매입과 임대를 뒷받침하기 위해, 주택적립금제도, 주택저축제도 그리고 정책 모기지제도 추진방안도 포함되어 있었다. 주택적립금제도의 경우, 국무원이 1999년에 〈주택기금관리조례〉를 공포하고, 2002년에 조례를 개정하여 주택적립금의 관리 방법을 다시 보완했다.

〈주택적립금관리조례〉 규정에 의하면 주택적립금이란 국가기관, 국유기업, 집체기업, 외국인 투자기업, 도시의 민간 기업 및 기타 도시의 기업체, 사업자, 민영 비영리단체, 사회단체 그리고 이들 단체에서 일하는 근로자가 납입하는 장기주택적립금을 말한다. 근로자 개인이 납입한 주택적립금과 근로자가 일하는 사업장이 납입한 주택적립금은 근로자 개인의 소유로, 근로자의 주택 구입, 건축, 증개축에 사용되었다. 주택적립금제도를 통해서 근로자가 주

2005년 9월 1일, 베이징에서 열린 국제 금융투자 및 재테크 박람회장에 마련된 베이징 주택적립금관리센터 부스의 모습이다.

택 구입에 필요한 자금을 마련하고, 주택적립금 대출을 통해 주택 구입 대출을 받을 수 있었다. 아울러, 정부는 주택적립금 담보대출 금리를 주택담보대출 금리보다 낮게 책정했다. 2018년을 예로 들면, 주택적립금 담보대출 금리가 3.25%, 주택담보대출 금리는 5.64%였는데, 양자 간의 금리차가 2.39%였다. 상당한 금리우대 혜택을 주었다는 것을 알 수 있다. 30년 만기로 200만 위안의 대출을 신청한다고 가정하면, 일반대출을 신청하는 경우 연간 상환액이 14만 위안인데 반해 주택적립금 담보대출의 연간 상환액은 10만 5,000위안으로, 격차가 25%에 달한다. 주택적립금제도의 도입으로 근로자들의 주택 구입 부담이 실질적으로 줄어들었다. 따라서 적립금제도는 중국 주택보장체계의 유기적인 구성요소였으며, 모든 국유기업 근로자와 정부 기관 및 산하 기관의 직원들에게 혜택이 돌아갔다.

 1994년, 국무원이 발표한 〈도시주택제도 개혁 심화에 관한 결정〉에 도시의 주택제도 개혁에 관한 기본적인 내용들이 망라되었다. 정책 방향에 있어 주택적립금제도의 전면 추진 그리고 경제형 주택과 분양주택 두 가지 주택공급체계를 명시했는데, 이 결정은 중국의 주택보장제도 개혁사史에서 특히 중요한 의미가 있다. 소득별로 다양한 가격대의 주택을 판매한다는 구상이었는데, 중산층 이하 가구에 대해 공영주택을 원가로 판매하는 방안을 처음으로 제시했다. 또한 경제형 주택 건설에 박차를 가하는 한편 부동산 거래시장 활성화를 강조했다. 1995년, 국무원은 〈국가 주거 안정 시행방안에 관한 통지〉를 발표하고, '주거안정정책'을 전국적으로 본격 시행했다. '주거안정정책'은 주로 주택제도 개혁에 발맞춰 사회보장 성격의 경제형 주택 공급체계를 구축한다는 내용이었다. '주거안정정책'에 따라서 향후 5년 동안 기존의 주택건설 계획 이외에 1억 5,000만m²의 주택을 추가로 건축해야 했다. 각급 정부의 적극적인 참여하에서, 1997년 말을 기준으로 전국의 '주거안정' 주택 건설 규모가 7,159억m²에 달했고, 도시지역 65만 가구의 주택문제를 해결했다.

2010년 10월 13일, 허난성省 뤄양시 주택지구에서 거행한 경제형 주택 번호 뽑기에서 한 노인이 번호가 당첨되었다며 환하게 웃고 있다.

재정부가 1994년에 발표한 〈도시 경제형 주택 건설 관리정책〉에 따르면, 경제형 주택은 주택난을 겪는 중저소득 가구를 대상으로 하는 국가주택 건설 기준(별장, 고급아파트, 분양주택 제외)에 따라 건설된 일반주택이었다. 이런 점에서 사회보장 성격의 주택공급체계였다고 할 수 있다. 도시 근로자와 주민의 주거 여건 향상을 목적으로 했다. 정책 문건에 명시된 기준에 따르면, 경제형 주택은 경제성, 적합성, 미관의 원칙을 바탕으로 기본적인 생활의 필요를 충족시킬 수 있어야 했다. 2007년 11월, 건설부, 국가발전개혁위, 감찰부, 재무부, 국토자원부, 인민은행, 세무총국이 새로 발표한 〈경제형 주택 관리정책〉은 경제형 주택제도를 새롭게 보완했다. 경제형 주택은 "도시 저소득 가구의 주택난을 해소하기 위한 보장적 성격의 정책형 주택이며…(중략)…경제형 주택 공급 대상과 저가 임대주택 보장 대상자를 아우를 수 있어야 한다"고 밝혔다. 또한 경제형 주택의 가격은 원금 보전과 저리低利를 원칙으로 해야 한다고 명시했다.

1998년, 국무원이 <도시 주택제도 개혁과 주택건설 가속화 방안에 관한 통지>를 발표했는데, 이는 중국의 주택제도가 복지형 분배제도에서 주택의 상품화로 전면 전환했다는 것을 의미했다. 이로써 도시의 주거제도에 질적인 변화가 일어났다. 이 문건은 주택분배의 화폐화를 개혁의 최우선 목표로 정했다. 고소득, 중저소득, 최저소득의 기준을 확정하고 고소득 가구는 시장의 분양주택 구입 또는 임대, 중저소득 가구는 경제형 주택 구입, 최저소득 가구에 대해서는 정부나 사업자가 제공하는 저가 임대주택을 제공한다는 것이 요지였다. 그 후, 중국의 부동산 시장이 급속히 성장하고 집값도 나날이 상승하여 중저위 소득계층(특히 저소득 계층)이 자신의 경제력으로 주택을 구입하기가 매우 어려워졌다. '주택난'이 점차 가중됨에 따라, 정부는 저소득 취약계층의 주택문제에 역점을 두기 시작했다. 다층적인 주택공급체계를 수립하고 도시 최저소득 가구의 주택문제를 해결하기 위해, 1999년에 건설부가 <도시 저가 임대주택 관리정책>을 내놓았다. 이 정책에 의하면, 도시의 저가 임대주택이란 정부와 사업자가 주택문제에 대한 사회보장적 역할을 담당하고, 도시에 호적을 둔 최저소득 가구에 공급하는 상대적으로 저렴한 임대료의 일반주택을 말한다. 저가 임대주택의 임대료 기준은 정부가 정했는데, 원칙적으로 유지 및 보수 비용과 관리비 두 가지 요소에 따라 정해졌다. 후에 최저소득 가구의 소득수준이 높아짐에 따라 적정선에서 인상할 수 있었다. 2001년 <국민경제와 사회발전 11차 5개년 계획 요강>에서, 저가 임대주택의 공급보장체계 구축, 중국 실정에 맞는 최저소득 가구의 주택보장체계 도입, 도시 최저소득 가구의 주택문제 해결, 주민의 기본적인 요구 보장, 그리고 사회안정 등을 명시했다. 2003년 8월, 국무원이 <부동산 시장의 지속적이고 건전한 발전에 관한 통지>를 발표하고, 저가 임대주택 제도 정비, 정부의 주택보장 기능 강화, 최저소득 가구의 기본주택수요 충족을 강조했다. 2003년 12월, 건설부, 재정부, 민정부, 국토자원부, 국가세무총국 등 다섯 개 부처가 연합으로 <도시 최저소득 가구 임대주택 관리정책>을 발표하고, 임대보장 기준, 보장 방식 그리고 보장 대상을 명시했다. 이는 주택보장제도의 정착과 보완을 위한 중요한 진전이었다. 2007년 8월, 국무원이 <도시 저소득 가구의 주택문제 해결에 관한 몇 가지 의견>을 발표하고, 저가 임대주택제도를 확대하고 다양한 경로의 저가 임대주택을 늘리겠다고 밝혔다. 저가 임대주택제도의 확립은 도시 저소득 가구에게 희망을 주고 기본적인 생활을 보장해주었다. 2007년 12월, 건설부, 국가발전개혁위원회, 재정부, 노동보장부, 국토자원부가 <농민공의 주거여건 개선에 관한 의견>을 발표하고, 농민공의 주거여건 개선을 도시 저소득 가구의 주택난 해소 사업의 주요 과제로 설정했다. 적극적인 정책과 조치를 통하여, 11차 5개년 계획 마지막 해까지 농민공의 주거여건을 점진적으로 개선하는데 역점을 두겠다고 밝혔다.

부동산 시장의 건강한 발전 촉진과 부동산 가격 급등 문제를 해결하기 위해, 2003년 8월 국무원이 <부동산 시장의 건강한 발전 촉진에 관한 통지>를 발표했다. 이 문건에서 국무원은 부동산 시장의 건강한 발전을 지속적으로 추진해야 할 필요성을 강조하고, 부동산에 대한 거시적 통제정책을 본격화했다. 2005년 3월에는 <주택가격 안정에 관한 통지>를 발표했다. 당시에 일부 지역에서 나타난 투기성 주택 거래 급증과 불합리한 주택 공급구조 그리고 개발 비용 상승 등 문제가 주택가격의 급등을 부추기는 상황에 대해 관리 감독을 강화하고 주택가격 안정에 전력을 기울일 것을 지시했다. 이듬해, 정부는 부동산 시장의 건강한 발전과 도시주민의 주거문제를 효과적으로 해결하기 위해서 주택가격의 과도한 상승을 억제하기 위한 다양한 방안을 내놓았다.

3. 주택문제 해결을 위한 다양한 해법들(2008년 이후)

2008년 12월, 내수시장을 확대하고 경제의 안정적인 신속한 성장을 촉진하기 위해, 정부는 보장형 주택건설을 강력하게 추진했다. 국무원은 이를 위해 <부동산 시장의 건강한 발전 촉진에 관한 몇 가지 의견>을 발표했다. 이 문건에서, 정부는 도시 저소득 가구의 주거문제 및 빈민지구 재개발 문제를 해결하겠다는 의지를 밝혔다. 저가 임대주택 건설 및 도시 빈민지구 재개발 추진을 통해 저소득 가구의 주택문제를 해결하고, 다른 한편으로는 각 지역의 상황에 맞춰 경제형 주택건설을 확대했다. 2009년과 2011년에 전국적으로 매년 평균 130만 호의 경제형 주택 신규 건설 계획을 밝혔다. 또한 보장형 주택 건설에 필요한 재원 확대 문제에 대해서는 주택적립금의 사용 효율성을 높이기 위하여, 자금의 안전성을 전제로 해당 지역의 주택적립금 중 여유자금 일부를 경제형 주택건설에 사용하는 방안을 제안했다. 또한, 미국 서브프라임 모기지 사태가 촉발한 글로벌 경제위기가 중국 경제에 미치는 심각한 영향에 효과적으로 대응하기 위해, 향후 2년간 4조 위안을 국민경제의 안정적 성장에 투입하기로 결정했다. 이 가운데, 보장형 주택 건설이 중요한 내용을 차지했다. 이러한 배경하에서 저가 임대주택 보급, 경제형 주택 건설 및 빈민지구 개발이 탄력을 받았고 도시 저소득 가구의 주거여건도 비교적 크게 개선되었지만, 그 과정에서 몇 가지 새로운 문제가 나타났다. 일부 지역의 보장형 주택 보급 저조, 대도시의 분양형 주택가격 급등, 소형 임대주택 공급 부족 등 문제들로 인해, 중위 소득 가구가 주택을 임대하거나 구입하기가 어려워 주택난이 야기되었다. 한편, 급격한 도시화가 추진되면서 근로자들이 주거 비용을 감당하기 어려운 문제가 갈수록 불거졌다. 특히 타지에서 이주한 노동자들의 주거 여건 개선이 시급했다. 이렇듯 새로 드러난 주택문제들을 해결하기 위해, 2009년 대규모로 보장형 주택건설이 추진되었다. 다시 말해, 도시의 중하위 소득 가구의 기본적인 주거수요를 해결하기 위해 공공임대주택을 대규모로 건설하는 한편, 주택 공급 체계 재정비와 주택 임대시장 활성화를 추진했다. 2010년에 <공공임대주택의 신속한 발전을 위한 지도의견>을 발표했는데, 이 새로운 주택시장 개혁 정책에 따르면 공공임대주택이

2011년 3월 3일, 베이징에서 처음으로 착공한 공공임대주택 건설 현장의 모습.

향후 보장형 주택건설의 핵심이었다. 2011년은 중국에서 보장형 주택건설의 분수령이 된 해였는데, 이때부터 공공임대주택이 보장형 주택사업의 중심축이 되었다.

    2012년, 주택 및 도농건설부가 〈공공임대주택 관리 방안〉을 확정했다. 이 방안에 따르면, 공공임대주택이란 도시 중하위 소득 가구, 무주택 신규 취업자 그리고 도시의 구인난 해결을 위해 외지에서 들어온 근로자에게 임대하는 보장형 주택을 말한다. 공공임대주택 보급은 신규 건설, 재건축, 매입, 장기 임대 등 다양한 방식을 통해 이루어졌으며, 정부는 재원을 투입하거나 정책적으로 뒷받침하는 역할을 했다. 공공임대주택의 공급 대상은 도시의 중하위 소득계층 가운데 주택난을 겪고 있는 가구였다. 조건에 부합하는 지역에서는 신규 취업자와 도시에서 안정적인 직업을 가지고 일정 연한 동안 거주한 타지 이주 노동자들을 공급 대상에 포함시켰다. 공공임대주택의 임대료 수준은 시市나 현縣의 지방정부가 주택시장의 임대료 수준과 공급 대상자의 경제력 등을 고려하여 합리적으로 책정하고 해마다 탄력적으로 조정했다. 임대주택 대상 여건에 부합하는 가구는 임대지원금을 신청할 수 있었다. 2016년 6월, 국무원은 〈주택임대시장 육성 가속화 방안에 관한 몇 가지 의견〉을 발표하고, 주택시장을 '구매 위주'에서 '매매와 임대 병행'으로 전환했다. 2017년, 국무원은 주택임대 시장 적극 육성, 공유재산권 주택 시범사업 확대 발전, 다양한 주택공급 체계 마련, 주택임대와 매매 병행제도 구축, 장기적이고 효과적인 제도 발전 등을 강조했다.

2016년 12월, 베이징에서 개최된 중앙경제업무회의는 '부동산 시장의 안정적이고 건강한 발전'을 핵심으로 하는 장기적인 방안 마련에 중점을 두고, '집은 사는 곳이지, 투기의 대상이 아니다'라는 개념을 처음으로 제시했다. 금융, 토지, 세무, 투자, 입법 등 정책 수단을 종합적으로 운용하여 시장 규율에 맞는 장기적이고 효과적인 공급 메커니즘 구축에 박차를 가했다.

2017년 10월, 시진핑 주석은 제19기 전인대 정치보고에서 "집은 사는 곳이지, 투기의 대상이 아니다"라는 점을 재확인하고, 누구나 거주할 집을 가질 수 있도록 다양한 경로를 통한 신속한 주택 공급, 주택 거래와 임대제도 병행의 필요성을 강조했다. 2018년 3월, 제13기 전인대 1차 회의 〈정부업무보고〉에서, 리커창 총리는 공공임대 보장형 주택 건설 적극 추진, 저소득 가구의 주택난 해결, 무주택 신규 취업자와 외지 이주 근로자의 임대주택 대상 포함, 주택임대시장 육성 방안을 밝혔다. 이로써, 중국의 새로운 주택제도가 틀을 갖추기 시작했다.

3. 주택제도 개혁과 발전의 성과

위에서 살펴본 바와 같이, 도시의 주택제도 개혁은 험난한 개혁과 끝없는 노력을 거쳐서 중국의 실정에 맞는 발전의 길을 찾은 것이었다. 농촌의 경우, 주민들이 택지를 분배받아서 자신이 살 집을 직접 짓는 정책을 줄곧 추진했는데, 농촌 소득의 빠른 증가와 더불어 농촌의 주거 여건도 보편적으로 개선되었다. 위험한 노후주택에 대해서는 정부가 주택 개량을 지원하는 방식으로 농촌 취약계층의 주거 여건을 개선했다. 40여 년 동안, 도시주민의 주거 여건도 괄목할 만한 변화가 있었다. 중국 특색의 도시주택보장제도가 자리를 잡음으로써 안정적인 주택 전망이 가능하게 되었다. 중국의 주택보유율과 1인당 주거면적이 모두 세계 상위에 속한다. 주택제도 개혁이 기본적으로 큰 성과를 거두었다고 할 수 있으며, 이는 중국 70년 민생의 거대한 발전이 거둔 중요한 성과이다.

1. 중국 특색의 도시주택제도 체계 구축

2017년, 시진핑 주석이 제19기 전인대에서 밝힌 "집은 사는 곳이지, 투기의 대상이 아니다"라는 말에서 주택이 민생에서 가지는 중요한 의미를 분명히 알 수 있다. 이 자리에서 시주석이 밝힌 "다양한 주체에 의한 공급, 다양한 경로를 통한 보장 그리고 임대와 매매 투트랙의 주택제도를 통하여 모든 인민이 살 수 있는 집을 갖도록 하는 것"이 중국 주택제도 개혁과 발전의 목표이자 기본 방침이 되었다.

70년 동안, 특히 최근 40여 년 동안의 주택보장제도 개혁과 발전을 통해 중국은 기본적으로 저소득 계층을 위한 저가 임대주택제도, 중하위 소득계층을 위한 경제형 주택제도와 공공임대주택제도 그리고 도시 근로자 개인의 저축과 사용자 및 정부의 지원을 골자로 하는 도시 근로자 주택적립금제도를 구축했다. 최근 몇 년 동안, 공공임대 주택제도가 확립되면서 임대주택제도와 경제형 주택제도가 폐지되었다. 이에 따라 현행 중국 특색의 주택보장제도는 공공임대 주택제도와 적립금제도로 구성되어 있다.

1) 저가 임대주택제도

저가 임대주택이란 정부와 사업자가 주택 공급에서 사회보장적 기능을 발휘하여 도시에 호적을 둔 최저소득 상주 가구에 대해 상대적으로 저렴한 임대료로 제공하는 일반주택을 말한다. 임대료 기준을 정부가 책정했는데, 원칙적으로 유지보수 비용과 관리비 두 요소에 따라 결정했다. 최저소득 가구의 소득수준이 높아짐에 따라서 적절히 인상할 수 있었다. 1998년, 국무원이 <도시 주택제도 개혁 심화와 주택건설의 신속한 추진에 관한 통지>에서 저가 임대주택 건설 구상을 밝힌 후, 1999년에 건설부가 발표한 <도시 임대주택 관리방법>에서는 저가 임대주택 공급체계를 기본적으로 확정했다. 2003년에 국무원이 <부동산 시장의 지속적이고 건전한 발전에 관한 통지>

에서 저가 주택임대제도 보완, 정부의 주택보장 기능 강화, 도시 최저소득 가구의 실질적인 필요 충족 등 의견을 밝혔다. 2003년, 건설부가 임대주택정책의 수정 및 보완을 골자로 한 〈도시 최저소득 가구 임대주택 관리방안〉을 발표했다. 2006년 이후부터 저가 임대주택 건설이 빠르게 추진되었다. 2007년에 전국적으로 임대료 규모가 77억 위안으로 역대 누계 임대료 총액보다 많았다. 2008년, 임대주택 지원 내용이 처음으로 〈정부업무보고서〉에 담겼고, 그 해 중앙에서 배정한 보장성 임대사업비가 181억 9,000만 위안에 달했다. 2008년 7월, 건설부, 국가발전개혁위원회, 재정부가 합동으로 발간한 〈2008년 임대사업계획〉에서, 2008년 말까지 현縣급 이상 도시에 거주하고 주거난에 직면한 모든 최저생계보장 계층이 저렴한 임대주택 보장을 받을 수 있도록 해야 한다고 밝혔다. 2009년에는 중앙 재정에서 지출된 보장성 주택 지원금 550억 5,600만 위안을 투입하여 낙후지역에 대한 보장성 주택 지원을 강화했다. 2010년에는 중앙 재정에서 편성된 보장성 주택 특별지원금이 802억에 달했다. 2010년에 사상 최대 규모인 590만 호가 건설되었는데, 이는 중국에서 보장성 주택 건설 계획이 현실화되는 큰 성과를 보여주는 것이다. 전반적으로 저가 임대주택의 공급 대상이 최저생계보장 가구로 엄격히 한정되어 있었기 때문에 공급이 매우 제한적이기는 했지만, 저소득 계층의 주거여건을 실질적으로 개선하는 역할을 했다.

2) 경제주택제도의 발전

경제주택은 주택난을 겪는 중하위 소득 가구를 대상으로 국가의 주택건설기준(고급빌라와 아파트, 주택개발업자가 건설·판매하는 주택 제외)에 따라 건설된 주택을 말한다. 경제주택은 중하위 소득 가구를 대상으로 하는 사회보장 성격의 주택공급 체계이며, 도시의 근로자나 주민의 주거수준 향상이 목적이었다. 경제주택은 경제 수준, 주거 적합성, 미관 세 가지 원칙에 따라 기본적인 생활 요구를 충족시킬 수 있어야 했다.

1991년, 국무원은 <도시주택제도 개혁의 지속적이고 안정적인 추진에 관한 통지>에서, 경제주택제도를 적극적으로 추진하여 무주택자와 주택난을 겪는 가구의 주택문제를 우선적으로 해결해야 한다고 지적했다. 1994년, 국무원이 발표한 <도시주택제도 개혁 심화에 관한 결정>에서 처음으로 중하위 소득 가구를 위한 경제주택 공급을 언급함으로써, 경제주택의 보장적 기능을 명시했다. 1998년, 국무원이 발표한 <도시주택제도 개혁 심화 및 주택건설 가속화에 관한 통지>에서는 경제주택을 주축으로 다층적인 주택공급제도 수립 방안을 밝혔다. 다시 말해서, 고소득자는 주택시장을 통해 공급되는 상품주택을 구입할 수 있게 하고, 중하위 소득자에게는 경제주택을, 최하위 소득자에게는 정부나 단위가 저렴한 임대료로 공급하는 임대주택에서 살 수 있도록 한다는 것이었다. 1998년, 국토자원부, 중국인민은행 등 정부기관이 공동으로 <적극적인 경제주택 공급에 관한 몇 가지 의견>, <경제주택 건설의 신속한 추진 문제에 관한 통지>, <경제주택 개발 대출 관리에 관한 잠정규정> 등 문건을 잇달아 발표하고 경제주택 발전을 제도화했다. 2004년, 건설부, 국가발전개혁위원회 등 관련 부처들이 공동으로 <경제주택관리방법>을 발표했고, 2007년에는 건설부, 국가발전개혁위원회, 감찰부, 재정부, 국토자원부, 중국인민은행, 세무총국이 공동으로 새로운 <경제주택관리방법>을 발표하여 여러 가지 문제들을 효과적으로 해결하고 경제주택제도를 본격 추진했다. 1998년부터 2003년까지, 전국적으로 누계 600만 호의 경제주택이 건설되었고, 2006년까지 누계 1,650만 호의 경제주택이 중하위 소득 가구에 공급되었다. 2011년부터 공공임대주택이 중국에서 보장형 주택사업의 주축이 되면서 경제주택이 점차 자취를 감추기 시작했다. 비록 경제주택이 주택보장체계에서 빠졌지만, 이 주택공급방식을 통해 도시의 많은 중하위 소득 가구가 자기 집을 갖는 기회와 여건을 갖게된 것만은 분명하다.

3) 공공임대주택의 발전

공공임대주택이란 건설기준과 임대료 수준 내에서 정해진 조건에 부합하는 도시 중위소득 가구의 주택난을 해결하기 위해 신규 취업 무주택 근로자와 취업을 위해서 도시로 이주한 근로자들에게 임대하는 보장성 주택을 말한다. 공공임대주택의 공급 대상은 주로 주택난을 겪는 도시의 중위소득 가구였다. 기존의 저가 임대주택제도를 대체하는 제도였지만 대상 범위를 확대한 새로운 주택보장제도로써 사실상 정부 주도의 공공주택제도로 자리를 잡았다.

2010년, 건설부, 국가발전개혁위원회, 재무부, 국토자원부, 중국인민은행, 국가세무총국, 중국은행업 감독 관리위원회가 공공임대주택 발전 방안이 담긴 <공공임대주택 발전 가속화에 관한 지도의견>을 발표했다. 2012년에는 주택 및 도농건설부가 공공임대주택의 분배, 운영, 사용, 탈퇴 및 관리를 통합한 <공공임대주택 관리방안>을 제정했다. 2016년, 국무원은 <주택임대시장의 육성과 발전에 관한 몇 가지 의견>을 발표하고, 주택시장을 '판매 위주'에서 '임대와 판매 병행'으로 전면 전환했다. 2016년 말 현재, 전국 1,126만 가구가 공공임대주택에 입주해 있고 소도시의 기초생활수급자 및 저소득 가구의 주거 보장이 기본적으로 이뤄졌다. 주택난을 겪는 가구의 주거 여건이 크게 개선됨으로써 사회통합과 안정에도 기여했다. 2017년, 건설부는 신속한 공공임대주택 준공과 입주에 중점을 두고 연내에 200만 채의 신규 임대 추택을 완공할 것을 지시했다.

4) 주택적립금제도의 발전

주택적립금은 국가기관, 국유기업, 도시의 집체기업, 외국인 투자기업, 도시의 민간기업 및 기타 도시 내 기업, 사업 단위, 민간 비영리단체, 사회단체 그리고 해당 기관이나 기업에 재직하는 근로자 본인이 적립하는 장기 주택기금이다. 근로자 개인과 근로자가 일하는 직장이 납입한 주택적립금은 근로자 개인에게 귀속되며, 근로자의 주택 매입, 건축, 재건축, 개축에 사용되었다. 주택적립금제도가 처음 제정되었을 때는 적립 주체가 주로 정부 기관과 국유기업이었다가 1999년에 민간기업, 2002년에는 민간비영리단체와 사회단체가 포함되었고, 2005년에는 도시로 이주한 근로자와 자영업자, 임시직 근로자들이 납입 주체 범위에 포함되었다.

1991년 상하이가 싱가포르의 경험을 벤치마킹하여 주택적립금제도를 가장 먼저 수립했다. 1994년, 국무원은 〈도시주택제도 개혁 심화에 관한 결정〉에서 주택적립금제도의 기능을 긍정적으로 평가하고 주택적립금제도의 전면 추진방안을 제시했다. 1996년에 다시 〈주택적립금 관리 강화에 관한 의견〉을 각 지방에 하달하고 주택적립금제도 개혁을 체계적으로 추진할 것을 지시했다. 1999년에 국무원이 〈주택적립금조례〉를 통과시켰고 2002년에는 이 조례를 수정한 〈주택적립금 관리 강화에 관한 통지〉를 발표했다. 2005년, 건설부, 재무부, 중국인민은행이 공동으로 〈주택적립금 관리의 구체적 사안에 관한 지도의견〉을 내놓았다. 건설부, 재정부, 중앙은행이 공동으로 발표한 〈전국 주택적립금 2018년 연차보고서〉에 따르면, 2018년 말 주택적립금을 납입하는 단위가 292만 개에 달했고, 근로자 1억 4,436만 명이 적립금을 납입했다. 주택적립금 납입 총액 14조 5,900억 위안, 납입 잔고는 8,023억 위안이었다. 누계 개인 주택대출 3,335만 건, 금액은 8조 5,821억 위안에 달했다.

2. 국민 거주여건 개선

신중국 수립 시기에 많은 도시 주민들이 무주택자였지만, 오늘날에는 기본적으로 거주할 곳을 갖게 되었을 뿐 아니라 대개 비교적 넓은 거주 공간에서 살고 있다. 도시 주민의 주택 구입 능력의 향상과 1인당 거주 면적 확대가 주택제도 개혁의 객관적이고 중요한 성과이다.

표 7-1 1987~2017년 중국 도시주민 1인당 연도별 주택구입 가능 면적

연도	1㎡가격/위안	평균가처분소득/위안	평균소비/위안	1인당 주택구입지출/위안	1인당 평균 실소득/위안	1인당 구입 가능주택 면적/㎡
1987	408	1002	884	40	158	0.4
1995	1591	4283	3537	250	996	0.6
1998	2000	5425	4331	408	1502	0.8
2003	2359	8472	6510	699	2661	1.1
2008	3800	15780	11242	1145	5683	1.5
2015	7571	31790	21392	4726	15124	2.0
2017	8000	36396	24444	5564	17516	2.2

<표 7-1>의 '1인당 주택구입 가능 면적'이란 도시 주민의 연간 1인당 가처분소득에서 1인당 비주택 소비를 제외한 나머지 소득으로 구입할 수 있는 면적을 말한다(해당 연도 평균주택가격에 근거하여 산정). 1987년을 예로 들면, 그 해 평균주택가격은 ㎡당 408위안, 1인당 평균가처분소득은 1,002위안, 비주택소비지출을 제외한 실소득은 158위안이었다. 1987년 주택면적 제곱미터 당 408위안으로 계산하면, 그 해 도시 주민 1인당 평균 구입 가능 주택 면적이 약 0.4㎡이다. 이후, 해마다 구입 가능 주택 면적이 증가하여, 2017년 1인당 구입 가능 주택 면적이 1987년의 5.5배로 늘어났다. <표 7-1>에서 보듯이, 1987년부터 도시의 주택가격이 해마다 평균 10% 상승했고 도시 주민 1인당 평균가처분소득은 연평균 13% 상승했으며, 평균 실질소득 성장률은 17%였다. 도시 주민의 소득 증가속도가 주택가격 증가속도를 앞질렀기 때문에, 도시 주민 1인당 구입 가능 주택 면적이 꾸준히 증가하여 연평균 증가폭이 6%에 달했다. 따라서, 경제성장과 소득 증가가 도시 주민의 거주여건을 크게 향상시키는 중요한 요인이 되었다.

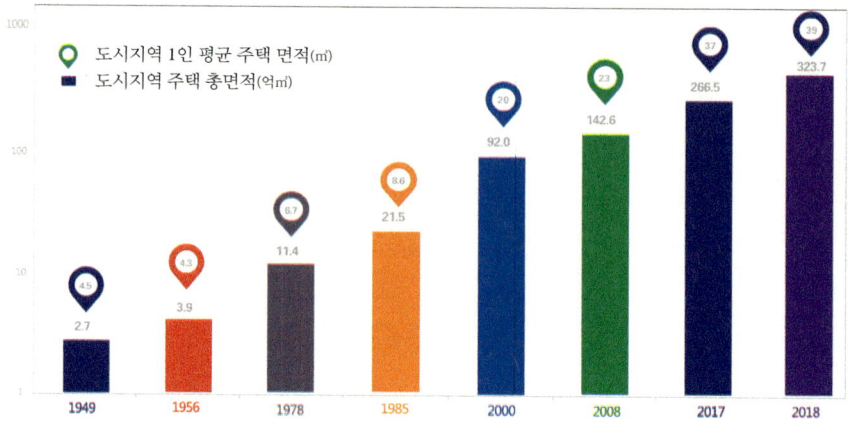

그림 7-1 1949~2018년 중국 도시주민 1인 평균 주택 면적과 주택 총면적 변화추이

자료출처: (1) 1949년과 2017년 도시주민 1인 평균 주택 면적 자료출처: 臧美華,《新中國城市住房發展歷程(1949~2016), 北京古籍出版社, 2017年版. (2) 1956년, 1985년 그리고 2008년 도시주민 1인 평균 주택 면적 자료출처:《新中國60週年系列報告之4:城鄉居民生活從貧困向全面小康邁進》, 國家統計局, 2009년 9월 10일. (3) 2000년 도시주민 1인 평균 주택 면적 자료출처: 중국사회과학원 산하 수량경제 및 기술경제 연구소 순환경제 발전평가 혁신공정 사업팀이 발간한《中國"經濟新常態":內涵與對策》, 中國社會科學出版社, 2015年版. (4) 1978년 도시주민 1인 평균 주택면적 통계 자료출처:《改革開放 40年住房變遷:城鎭人均住房面積從6.7平升至36.6平》, 界面新聞, 2018年12月13日. (5) 도시인구 통계 자료출처: 국가통계국《新中國五十年(1949~1999)》, 中國統計出版社, 1999年. (6) 도시주택 총면적은 1인당 주택면적과 도시인구 수에 근거하여 산출하였다.

<그림7-1>을 보면, 중국의 도시 주민 평균 주택 면적이 1949년 4.5m²에서 2018년 39m²로 증가했는데, 이는 전국 도시인구가 1949년 약 6천만 명에서 2018년 8억 3천만 명으로 증가한 상황에서 나온 결과였다. 도시주택 총면적은 1949년 2억 7천만m²에서 2018년에는 323억 7천만m²로 증가했다. 1949년부터 2010년까지, 전국적으로 도시인구가 10.6배 증가했고, 1인 평균 주택 면적은 7.7배, 도시주택 총면적은 118.97배 증가했다.

판자촌 개발은 중국 정부가 도시의 노후 주택지 개발과 빈곤가정 주택 여건 개선을 위해서 추진한 민생 프로젝트였다. 2009년부터 대규모로 추진된 판자촌 개발이 역사적 성과를 거두었다. 2013년부터 2017년까지 판자촌 지역에 있던 2,646만 가구가 개발되어 6천만여 명의 주민들이 혜택을 입었

다. 개발 물량과 혜택을 입은 주민의 수가 2008~2012년에 비해 모두 두 배로 늘었다. 2018년 말 기준, 전국적으로 1억 명이 넘는 주민들이 판자촌을 벗어나 크게 개선된 주거 여건 속에서 살 수 있게 되었다. 2008년부터 2018년까지, 전국적으로 판자촌 개발사업을 완료하는데 9조 7천 억 위안이 투입되었고, 판자촌 개발 및 관련 산업부문에 투입된 금액이 2017년에 20조 위안을 넘었다.

농촌지역의 주택보장은 위에서 설명한 제도의 대상에 포함되지는 않았지만, 토지 집체소유제를 통해 농촌 주민들에게 주택부지가 공급되었기 때문에 농민들이 주택을 지을 때 토지 구입 비용이 거의 필요하지 않았다. 이것은 중국 특색의 사회주의제도의 장점이라고 할 수 있다. 또한 최근 몇 년 동안 정부가 도시의 위험주택과 판자촌 주거여건 개선 사업을 진행하면서 농촌의 위험주택도 대상에 포함했기 때문에, 농촌의 취약계층이나 재해로 주택을 잃은 농촌 주민도 재정지원을 받을 수 있었다. 따라서 농촌 주민이 살 집을 직접 짓는 방식으로 40여 년에 걸쳐 주거 면적과 주택의 질을 크게 개선했다. 통계에 따르면, 2017년 전국적으로 농촌 주민 평균 주택 건축면적이 1978년 대비 38.6m² 증가했고, 철근콘크리트나 벽돌 조적주택에서 거주하는 비중이 65%였다. 뿐만 아니라, 농촌지역 주거의 질도 눈에 띄게 향상되었다. 2017년, 농촌지역에서 시멘트 또는 아스팔트 도로와 연결된 주택의 비중이 66.3%, 수도 배관이 놓인 주택은 74.6%, 집안에 화장실이 있는 주택 비중은 95.4%였다. 중국 농촌의 거주여건이 나날이 좋아졌다는 것을 알 수 있다.

신중국 건립 초기, 전국 대부분의 가구가 살 집이 아예 없거나 여러 세대가 비좁고 낡은 집에서 살아야 했지만, 2017년에는 주거의 질이 크게 개선되었을 뿐 아니라 오랫동안 꿈꾸던 '내 집'을 누구나 가질 수 있게 되었다. 이것은 중국의 민생 발전이 거둔 위대한 성과이다.

4. 주택제도가 직면한 도전과 발전 방향

　지난 70년간 주택제도 개혁이 거둔 성과를 인정하면서 동시에 여전히 존재하는 문제점과 당면한 도전도 적지 않다는 사실을 직시해야 한다. 그리고 저소득층의 기본적인 주택수요를 충분히 충족시킬 수 있도록 주택 분야의 보장기능이 획기적으로 발휘될 수 있는 주택 제도를 만들어야 한다.

1. 주택보장제도의 미해결 과제

1) 과도한 자가보유율 추종

　중국 주택제도 개혁이 지닌 한 가지 문제는 주택보유율을 지나치게 추종하고 주택을 소유의 대상으로 보는 인식이다. 높은 주택보유율은 개도국은 물론이고 선진국에서도 단기간에 실현할 수 있는 목표가 아니다. 〈그림7-2〉을 보면 EU 국가의 주택보유율이 56%, 미국은 67%인데 반해 2015년 중국의 주택보유율은 95%가 넘는다.

주택보유율은 국민이 자기 능력으로 주택문제를 해결한 비율이며, 누구나 자기 집을 소유할 수 있도록 보장해주었는가를 의미하는 것이 아니다. 주거실태가 반영해야 하는 것은 국민이 살 집이 있는지(임대든 구입이든 또는 정부가 제공하든) 여부이다. 정부가 제시하는 목표도 국민이 '살 집이 있도록' 만드는 것이지 '자기 집을 갖도록' 하는 것이 아니다. 지나치게 주택보유율을 강조하는 것은 주택문제에 대한 정부의 책임을 약화시키고 부동산 시장에 잘못된 신호를 줄 수 있다. 더 나아가 저소득층의 주택문제가 경시될 수 있다. 다른 나라의 경험을 살펴보면, 주택은 가장 비싼 소비재로서 개인의 오랜 노력이 있어야 비로소 실현할 수 있는 목표이며, 이는 점진적인 민생의 목표가 되어야 한다. 그런데 과도하게 주택 보유를 강조하거나 심지어 다양한 계층이 모두 자기 소유의 집을 갖도록 보장하는 것은 개도국의 상황이나 대다수 국

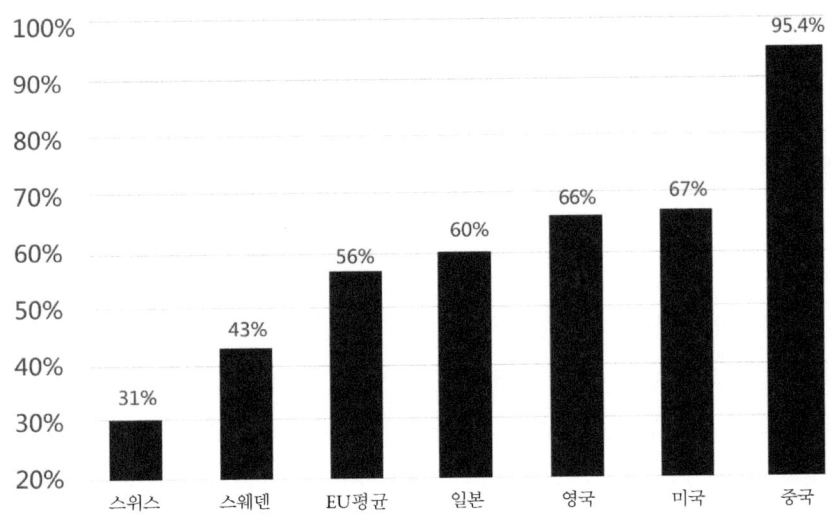

그림 7-2 주요국가의 주택보유율 비교

자료출처: (1) 스위스, 스웨덴, EU 평균, 영국의 수치는 1995년 통계이며, 일본의 수치는 1993년, 미국의 수치는 2006년 통계이다. 鄭功成(2008)에서 재인용했다. (2) 중국의 수치는 2015년 자료이며, 사회과학원이 발간한 2006년에 발간한 〈社會藍皮書〉에서 가져왔다.

민의 능력 범주를 넘어서는 것이다. 일부 젊은 계층이 취업하기가 무섭게 주택을 구입한 후 '하우스 푸어'로 전락하는 상황은 주목해야 할 현상이다.

2) 산업화 및 도시화에 따른 수요 충족 문제

상당히 오랜 시간 동안 중국은 농촌사회에서 성숙한 산업사회로 전환하는 과정을 거쳤는데, 이 때문에 인구이동이 장기간, 대규모로 이루어졌다. 유엔의 예측에 따르면 2030년 중국의 도시화율이 70%에 이르고, 이에 따른 도시인구 규모는 2017년 8억 2천만 명에서 10억 2천만 명으로 증가하여 2017년에 비해 2억 명이 더 늘어날 것이다. 그리고 도시인구가 정점에 이르는 2047년이 되면 2017년에 비해 약 2억 7천 6백만 명이 더 늘어날 것으로 예측했다. 현재 추세를 기준으로 단순 추산하면, 향후 새로 증가하는 도시인구 2억 명 중에서 약 50%가 농촌지역에서 이주한 인구이다. 이에 따라 앞으로 대규모 인구이동이 예상된다. 이렇게 대규모 유동인구에 따른 주거문제를 해결하려면 여러 가지 관련 제도와 공공정책의 정비가 필요하다. 그 이면에는 이해관계와 자원배분의 문제가 자리하고 있기 때문에, 이를 어떻게 적절히 풀어갈 것인가가 미래 주택제도 발전의 주요한 과제이다.

3) 공적기금제도에 존재하는 불공정 현상

앞에서 언급한 임대주택, 공공임대주택, 주택공적기금제도 등 정책들은 모두 공공자원이지만, 이는 선택적인 제도이기도 하다. 진정한 의미에서 국가의 주택보장제도는 공공주택＋주택구제여야 한다. 현재 이 둘이 유기적으로 결합하지 못함으로써 기득권층이 형성되었고 제도와 자원의 융합이 이뤄지지 못하고 있다. 최근 몇 년 동안 임대주택과 공공임대주택을 통합 관리하는 방식으로 기존의 여러 가지 문제를 해결할 수 있었는데, 이것은 중요한 성과이다. 하지만 여전히 공적기금제도의 개혁이 필요하다. 주택공적기금제도는 국유 단위 개혁의 산물이기 때문에 경제구조, 사회구조, 조직구조, 취업구조가 갈수록 복잡해지고 있는 오늘날, 사용자의 부담을 가중시킬뿐 아니라 근로자의 복지자원을 자유롭게 운용할 권리를 제약한다. 수익성이 양호하고 독점적 지위를 가진 기업들은 상당한 규모의 기금을 적립하고 있는 반면에 수익성이 떨어지는 중소기업은 이를 제공할 여력이 없는 것이 현실이다. 예를 들면, 2017년에 적립금을 실제로 납입한 근로자가 1억 4천 4백만 명인데 반해 같은 해 도시 근로자 수는 4억 3천 4백 명으로 기금 납입율이 33%에 불과했다. 이는 대부분의 도시 근로자가 주택공적기금제도의 복지를 공평하게 누리지 못하고 있다는 것을 보여준다. 결과적으로 고소득 근로자가 더 높은 주거복지를 누리도록 만듦으로써 새로운 사회적 분배의 불공정 문제를 유발했다.

2. 주택보장제도의 발전 방향

1) 주택에 대한 올바른 인식 확립

향후의 단계에서 중국의 주택보장제도가 '살 집을 소유'하는 단편적인 인식을 벗어나 '주거 공간의 소유' 개념으로 전환하고, 사람들이 주택에 대한 합리적인 인식을 갖도록 유도해야 한다. 또한 '주택의 소유권 확보'를 목표로 하기 보다는 '다양한 경로를 통한 거주여건 확보'를 추구하도록 유도해야 한다. 자가주택이든 임대주택이든 살 수 있는 집이 있으면 족하다는 사회적 공감대를 형성하고, 동시에 선택할 수 있는 거주여건을 합리적이고 지속적으로 확충해야 한다. 이는 선진국과 개발도상국의 실제 경험이 말해주고 있으며, 더욱이 '내 집'을 소유하기까지 상당히 긴 시간이 필요하고 모두가 이것을 목표로 할 필요도 없다는 객관적 상황에서도 알 수 있다. 이러한 개념과 인식이 확립되면 주택보장제도의 목표가 한층 분명하고 뚜렷해진다. 주거여건에 대한 국민의 기대와 주택 소비도 안정적인 예측 하에서 더 현실적이고 합리적

2012년 2월 27일, 난징시 부동산개발회사의 대형 주택광고 현수막 앞을 한 청년이 지나가고 있다.

으로 변화할 수 있다. 정부는 주택정책 목표의 전환과 더불어 공공자원과 시장자원을 통합하기 위한 제도적 장치를 더욱 합리적으로 조율해야 한다. 다양한 정책 활용을 통해 국민의 주거부담을 덜고 주거여건을 개선해야 한다.

2) '삼위일체' 주택공급체계 구축

'삼위일체' 주택공급체계란 다양한 계층의 요구를 충족하기 위해 공공주택, 시장주도의 분양주택 그리고 사업자가 직원 복지 차원에서 제공하는 주택 등 3단계 주택 공급 체계를 구축하는 것을 말한다. 정부가 주도하는 공공주택은 주택체계의 기초이며 최소한의 주거수요를 충족하는 최저선의 보장이다. 공적 자원이 뒷받침되어야 하는 공공주택은 국가 사회보장체계를 이루는 필수 구성요소이다. 시장이 주도하는 분양주택은 시장을 통해 구입하는 주택과 임대주택 등이 포함되며, 중위소득 이상 소득계층의 주거수요를 충족하고 시장 규칙에 따라 운행되어야 한다. 사용자가 제공하는 주택 복지는 직원복지의 일환으로서 사용자의 자원을 활용하여 근로자의 주거여건을 개선하는 것이 핵심이다. 이는 공공주택과 분양주택의 보완적인 역할을 할 수 있다. 주택을 직접 분배하는 방법, 주택기금을 조성하는 방법 혹은 특별주택지원금제도를 활용하는 방법 중에서 선택할 수 있는 권한이 사용자에게 주어진다면, 사용자가 제공하는 주거복지가 '거주공간 확보'에 주된 보완책이 될 수 있을 것이다.

3) 주택제도 발전에 대한 정부의 책임 강화

정부의 책임은 도시와 농촌 주민이 공평하게 최소한의 거주여건을 누리도록 보장하는데 핵심이 있다. 이를 위해 정부는 주택공급의 '삼위일체' 체계 내에서 정부의 책임을 명확히 밝혔다. 즉, 공공주택 공급에 있어 공적인 토지자원과 재정자원을 활용하여 대규모 공공주택을 공급할 책임을 다함으로써, 저소득 가정의 임대수요를 충족하고 최소한의 거주여건을 보장하는 것이다. 또한 분양주택 공급 부문에서는 시장 규칙에 입각하여 부동산 시장 관리책임을 다하고, 제한된 토지자원의 계획적인 활용, 부동산 시장의 독점행태 타파, 분양주택 시장의 공정한 경쟁 유도, 주택가격과 임대가격에 대한 적절한 개입 등 책임을 다해야 한다. 기업이 주도하는 근로자 주택복지 부문의 경우, 현물 분양금지 규정을 수정하여 이를 보완적인 주택보장체계로 편입하는 방안을 고려할 필요가 있으며, 더불어 정책적으로 필요한 지원을 해야 한다.

다른 한편으로, 정부는 주택입법을 조속히 추진하여 국민의 권익을 보호해야 한다. 주택문제는 정부, 가정 그리고 개인의 책임이자 시장과 사용자가 관련된 매우 복잡한 영역이다. 따라서 책임 주체별 역할 분담을 법으로 규정해야 할 필요가 있다. 주택보장제도와 부동산 시장이 건강하고 합리적으로 발전하기 위해서 관련 법과 제도의 보장이 이루어져야 한다. 주택 분야 입법을 강화하여 주민의 주거권을 확립하는 것이 국민의 기본적인 거주여건과 질적 개선을 이루는 진정한 길이다.

08

•

가족의 관념이 강한 중국에서 노년기와 유년기의 삶은 줄곧 가족의 책임이었다. 하지만 신중국 수립과 더불어 이러한 상황이 바뀌었다. 계획경제 시기, 농촌에서는 일반적으로 독거노인과 고아를 공동으로 돌보는 집체복지제도를 시행했고, 도시는 각 단위들이 노동자 가정의 양로와 육아에 대한 책임을 분담했다. 그리고 도시의 독거노인과 고아들에 대한 돌봄 책임은 복지원을 설립하여 일임했다. 하지만 양로와 육아는 여전히 각 가정이 주된 책임을 졌다. 저출산 고령화 시대로 접어들어서 정부는 사회적 양로정책과 유치원 교육을 본격적으로 추진하기 시작했다. 이를 통해 가정의 양로와 양육에 대한 책임을 덜고, 다원적인 책임분담 메커니즘을 구축함으로써 노년 생활의 보장은 물론이고 유아교육의 발전을 이룰 수 있게 되었다. 따라서, 가족 책임에서 다원적인 분담체계에 이르는 과정에서 중국의 노인과 아이들이 더욱 질 높은 삶을 영위할 수 있게 되었다.

양로와 육아 :
가정 책임에서 다원적인 공동 책임으로 전환

1. 신중국 수립 후 초기 30년의 양로 및 보육정책의 발전

　　인간의 생애주기에서 노년과 유년은 필연적으로 거쳐야 하는 특별한 삶의 단계이다. 이 두 삶의 단계에서는 스스로 삶을 이끌어갈 수 있는 능력이 부족하고 노동을 통해 안정된 경제적 수입원을 획득할 수도 없다. 따라서 물질적, 물리적 측면에서 가정이나 사회의 지원이 필요하다. 유아기는 성장과 발육의 중요한 시기로 국가의 미래가 달려 있고, 노인은 현재 경제활동에 직접 참여하지 않지만 경제 발전의 성과를 누리며 보호와 지원을 받을 권리가 있다.

　　중국에는 노인을 존중하고 어린이를 돌보는 전통적인 미덕이 있다. '내 부모를 모시듯 남의 부모를 대하고, 내 아이를 돌보듯 남의 아이를 돌봐야 한다'는 문화적 유전자와 풍습이 사람들의 마음속에 내재되어 있다. 3천 년 전부터 중국에는 경로사상과 어린이를 돌보는 제도들이 존재했다. 하지만 전통 풍습이나 제도의 측면에서 일차적인 책임의 주체는 가정이었다. 노인과 어린이가 사회의 구성원이라는 개념보다는 가정의 일원이라는 관념이 우선했다. 따라서, 중국 역사에서 가정이나 광의의 가족이 줄곧 노인과 어린이를 돌보는 책임 주체였다.

신중국 수립 초기부터 노인과 어린이 복지제도의 확립과 권리보호가 매우 중요하게 인식되었다. 70년 동안 노인과 어린이 권리보호의 제도적 메커니즘이 개선되어왔는데, 이는 노인부양과 어린이 교육의 책임이 점차 가족 책임에서 다원적인 공동 책임으로 전환되는 무無에서 유有를 이룬 과정이었다. 양로, 경로, 효도의 사회적 분위기가 점차 무르익으면서 노인의 삶의 질이 지속적으로 개선되었다. 또한 어린이가 가정과 사회의 전방위적인 관심과 지원을 받을 수 있게 되었고, 보편적 아동복지제도가 구축되고 있다. 양로와 육아는 민생보장체계의 중요한 부분이다. 사회의 생산방식 변화와 가족구조의 변화에 따라 책임 체계가 점진적으로 구축되고 있다. 이는 신중국 수립 후 70년 동안 이룩한 민생분야 발전의 중요한 성과이다.

광의의 노후보장에는 노인의 소득보장, 양로 서비스 보장, 정신 상담, 무장애 시설 확충 그리고 노인건강보험, 호스피스 등이 포함된다. 한편, 광의의 아동복지에는 아동 돌봄, 건강 관리, 교육 및 아동 보호 그리고 발달 등이 포함된다. 이 책 6장에서 이미 연금보험과 아동복지 등 사회보장에 대해 기술했으므로 본 장에서는 정부, 가정 그리고 여러 기관에서 제공하는 노인과 아동에 대한 생활 돌봄 서비스를 중심으로 기술하고자 한다.

1949년은 신중국 수립과 더불어 대전환의 시대였다. 오랜 전란이 끝난 뒤 경제는 물론이고 사회적으로도 모든 것이 피폐했다. 신중국 수립 후 정부는 서서히 신민주주의에서 사회주의로의 전환을 추진하는 한편 국가 경제 재건에 기반한 계획적인 사회주의 경제건설을 추진했다. 민생의 중요한 구성 분야인 양로와 보육 부문도 정부의 통치이념과 발전전략, 경제운용, 가정과 사회의 구조, 정부의 재원 그리고 전통문화 등 다양하고 복합적인 영향을 받을 수밖에 없었다.

신중국 수립 후 처음 30년간 양로와 보육의 발전과정을 돌아보면, 당시에 잠정적으로 시행했던 사회구제 성격의 양로정책과 보육정책 이외에, 기본적으로 비교적 안정된 가족부양, 단위 별 복지와 집체복지, 전통적인 국가복지 세 부문으로 구성된 양로 및 보육 체계가 구축되었다. 이는 계획경제 시기의 생산방식 및 중국의 전통문화를 근간으로 한 것으로, 경제가 낙후된 상황에서도 노인과 아동의 생활이 보장받을 수 있었다.

1. 역사적 배경과 사회경제적 환경

모든 사회보장제도는 사회의 생산방식과 인구구조의 변화에 대응하는 과정에서 비롯된 필연적 결과이다. 따라서, 경제사회 형태와 가족구조가 양로와 보육 부문 발전의 기본 바탕이 될 수밖에 없다. 신중국 수립 후 초기 30년 동안, 중국의 경제체제는 기본적으로 계획경제와 단위제를 특징으로 했다. 여기에서 말하는 단위란 도시의 기관과 다양한 유형의 기업 단위뿐만 아니라 농촌의 합작사, 인민공사 등 집체경제 조직을 포함하는 개념이며, 사회적 인구구조는 비교적 높은 출산율과 안정적인 가정구조가 특징이었다.

1949년부터 1978년에 이르는 시기는 중국의 경제체제가 기존의 경제 제도를 벗어나 계획경제 제도를 확립한 시기였다. 기본적인 특징을 보면, 국민경제의 생산과 분배를 통일적으로 계획하고 생산원료의 공유화 수준이 지속적으로 높아졌다. 신중국 수립 초기에 물가 안정, 재정수지의 단일화 그리고 토지제도 개혁 등 정책들을 통해서 국민경제가 기본적으로 회복되었다. 이어서 1952년에 사회주의적 산업발전을 추진하기로 확정하고, 1953년에 농업, 수공업 그리고 자본주의 상공업 등 분야를 재정립하기 위한 제1차 5개년 계획을 수립했다. 구소련의 지원하에서 중국의 사회경제 구조와 국민경제의 면모가 획기적으로 바뀌었다. 1958년에 시작된 '대약진 운동'과 인민공사 운동이 국민경제 발전에 일정 부분 좌절을 가져왔다. 1960년, 경제난이 가중되자 정부는 경제 회복을 위해 국민경제에 대한 중앙집권적 관리를 강화했다. 1964년 12월, 저우언라이 총리가 제3기 전인대 1차 회의에서 행한 <정부업무보고>에서 처음으로 '4가지 현대화' 목표가 제시되었다. 하지만, 이 시기의 경제개혁이 여전히 계획경제 체제 내의 제한적인 조정이었기 때문에 악순환의 고리를 끊지 못했고, 어떻게 지속적인 경제성장을 확보할 것인가가 눈앞에 직면한 난관이었다. 이어진 '문화대혁명' 기간에도 정치와 계급투쟁에 매몰되어 경제운용이 무질서한 상황에 빠졌다. 그럼에도 불구하고 사회주의 제도의 근간이 여전히 유지되었고, '3차 5개년 계획'과 '4차 5개년 계획'을 중심으로 사회주의 경제건설이 추진되었다.

계획경제하에서 국민경제의 규모와 수준이 1949년에 비해 크게 개선되었는데, 이는 사회복지 분야, 특히 노인과 아동을 포함한 취약계층의 복지수준을 향상시킬 수 있는 물적 토대가 되었다.

인구구조와 가족구조를 살펴보면, 신중국 수립 이후 생활여건 개선에 힘입어 1949~1957년 전국적으로 인구가 빠르게 증가했다. 출생률과 자연증가

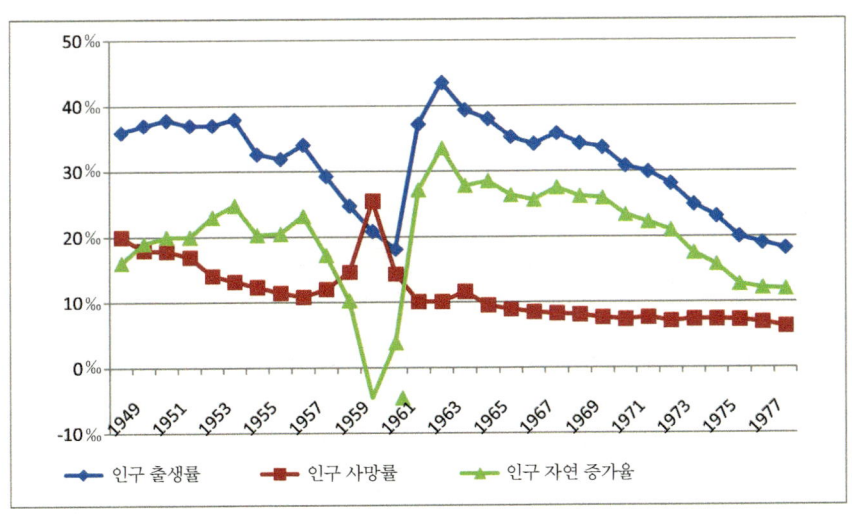

그림 8-1   신중국 초기 30년 기간 출생률, 사망률 그리고 자연증가율

자료출처: 중화인민공화국 통계국 D/B

율이 연평균 35.7%와 20.8%에 이르는 등 1차 인구증가 고조기를 맞았다. 하지만, 3년간 이어진 경제난 동안에 사회요인과 자연적 요인으로 사망률이 높아지고 인구 증가 속도가 둔화되었다. 1962~1973년 동안에 전국 출생률이 30%대를 회복하고 인구의 자연증가율도 20%대를 회복함으로써, 2차 인구 증가 고조기가 나타났다. 1974~1978년에는 연평균 인구자연증가율이 14%로 떨어진 후 차츰 하락세가 이어졌다. <그림8-1>은 신중국 수립 후 초기 30년간 출생률, 사망률 그리고 자연증가율의 추이를 보여준다. 전체적으로 초기 30년 동안 연평균 출생률과 사망률이 각각 31.3%, 11.4%였고, 자연증가율은 19.9%였다.

가구의 규모를 보면, 1953년 4.3명이던 가구당 가족 수가 1965년 이후부터 줄곧 4.5명 이상을 유지하다가, 1973년에 최고치인 4.8명에 달했다. 그 이후 소폭 하락하여 1978년에 4.7명이 되었다. 농촌지역의 경우, 1958년에 가구당 평균 4.6명으로 이후에도 안정적인 추세를 이어오다가 1978년에 4.5명으로 줄었다. 농촌지역에 여러 가구가 함께 생활하는 현상이 존재했기 때문에 1978년에 가구별 상주인구가 5.7명이었다. 결론적으로, 계획경제 시기에 도시나 농촌의 가구 규모가 비교적 컸기 때문에 보장기능을 발휘할 수 있는 토대가 되었다. 이러한 경제사회 구조와 가구 구조하에서 양로와 보육의 주체는 주로 다음 세 가지 유형으로 나뉘었다. 하나는 가족이었다. 전통적인 '효孝 문화'의 영향으로 보육과 양로의 책임을 가족이 모두 졌으며, 이 두 가지 책임이 긴밀히 연관되어 있었다. 자녀 양육과 부모 봉양이 법적 의무였고, 혈연관계의 자연스러운 연장선에 있었다. 더 나아가 이 둘은 상호 조건적 관계에 있었는데, 부모 봉양과 자녀 양육이 노후에 자녀의 봉양을 받을 수 있는 윤리적 기반이었다. 인류학자 페이샤오통費孝通은 아시아 국가의 이러한 가족관계를 피드백 모델이라 명명하고, 이는 서구의 바통을 주고받는 방식과 구별된다고 보았다. 두 번째는 도시의 단위와 농촌의 집체조직이다. 단위는 계획경제 운영의 미시적 기반이자 도시에서 개인과 국가를 긴밀히 연결하는 고리였다. 농촌의 집체조직은 일종의 생산활동 조직이며, 구체적으로 공사와 합작사 등의 형태가 있었다. 단위와 집체조직이 양로와 보육을 담당하며 나름대로 사회적 기능을 수행했는데, 이는 구성원과 조직 간에 밀접한 사회경제적 관계를 구체적으로 보여준다. 세 번째는 정부의 복지정책이다. 신중국 수립 초기에 복지는 구제의 성격을 띠고 있었는데, 전쟁으로 홀로 남겨진 사람들의 생활문제를 해결하는 것이 주된 임무였다. 1950년대 이후, 복지제도가 구호적 성격에서 벗어나 나름의 체계를 갖추게 되었다. 주로 도시지역 '3무(생활 기반, 노동력, 돌봐줄 사람이 없는 상태를 말한다-역자주)' 노인과 고아들을 위한 사회복지시설과 농촌 경로당 등이 포함되었다. 이에 따라서 계획경제 시기에 국가의 책임하에 단위별로 복지제도가 마련되었다.

2. 가정: 양로와 보육의 주된 책임 주체

전통문화의 영향과 대가족 구조에 힘입어 계획경제 시기의 양로와 보육은 주로 가정의 책임이었고, 가정이 가장 주된 보장기능을 담당했다. 가정양로는 가족 구성원이 양로의 책임을 지는 문화와 운영방식을 총칭한다. 이러한 모델이 장기간 안정적인 문화적 특징으로 자리 잡았는데, 그 핵심은 혈연가치 내지는 혈연윤리였다. 중국에서 가정양로는 유구한 역사와 문화적 전통에 기반한다. 선진시대에 형성되어 당대 말에 본격적으로 발전했고, 송대를 거쳐 청대 말에 한층 강화되었다. 그리고 아편전쟁 이후 신중국 수립 이전까지 변화를 거듭하다가 신중국 수립 이후에 점차 현대화된 가정양로로 변모했다.

가정양로는 충분한 자녀 수, 주택 및 안정적인 가계 소득에 기반했는데, 이러한 자원들이 혈연가치에 의해 기능하며 효과를 발휘했다. 그리고 문화와 사회 풍조 등이 소프트 기반이라면 법률과 정책이 하드 기반이 되었다. 소프트 기반과 하드 기반을 바탕으로 혈연적 정서와 혈연의 가치가 추동력이 되었다고 할 수 있다. 자녀의 수가 잠재적 자원이었기 때문에 거주 방식과 자녀의 경제적 여건이 필수조건이었다. 이 모든 것들이 어우러져 양로의 목적을 실현했다. 자녀양육도 마찬가지였다. 계획경제 시기에 가정 내 자녀의 수가 비교적 많았지만, 거주여건의 제약으로 인해 대가족이 함께 사는 것이 보편적이었고 따라서 가정 보육을 위한 비교적 충분한 환경이 갖춰져 있었다.

신중국 수립 후, 이러한 세대 간 양방향 관계가 문화와 윤리의 기반이 되었을 뿐 아니라 법률적으로도 보장되었다. 1950년, <중화인민공화국혼인법> 제4장 제13조는 다음과 같이 규정했다. "부모는 자녀에 대해 부양과 교육의 의무가 있으며, 자녀는 부모에 대해 봉양과 부조의 의무가 있다. 양측은 모두 학대하거나 유기해서는 안 된다." 부모를 봉양하고 자녀를 부양하는 것이 법적 의무로 정해진 것이다. 개혁개방 이후에 가족의 규모가 작아지면서 가정의 보장기능이 약화되었지만, 가정이 여전히 양로와 보육의 일차적 책임 주체였다. 1994년, 57.1%의 노인이 경제적으로 여전히 자녀나 친인척의 봉양에 의지했다. 1995년, 베이징시에 거주하는 노인 3분의 2가 자녀와 함께 거주했다. 이러한 사실들은 가정 양로와 육아의 전통이 두터웠다는 사실을 보여준다.

3. 신중국 수립 초기 사회 구제적 성격의 양로 및 보육정책

신중국이 수립 이전까지, 전란으로 사람들이 살 곳을 잃고 유랑민이 되었고 노인들과 아이들도 형편은 마찬가지였다. 다음은 1949년 11월 9일 <인민일보>에 실린 '신중국 보육사업 궤도에 오르다'라는 제목의 기사 중 일부이다. "이전까지 중국에서 아이를 물에 익사시키고 아이와 부녀자를 팔아넘기는 일이 비일비재했고, 가난한 아이들은 돌봐줄 사람도 없이 거리를 떠돌았다. 통계에 따르면, 1946년 베이징시의 어린이 사망자가 16,634명에 달했다. 1947년 11월, 상하이시에서 한 달 동안 버려진 아기 시신이 1,300여 구에 달했다."

1931년, 중화소비에트 제1기 전인대가 <토지법>을 통과시키면서 노약자, 장애인, 과부 등 노동 능력이 없거나 의지할 곳이 없는 사람들을 구제해야 한다는 규정이 마련되었다. 1948년, 산시, 간쑤, 닝샤 지방에 6~12세 무의탁 어린이를 위한 난민교양원이 세워졌고, 주민들이 6세 이하 난민 고아를 돌봐주는 운동을 펼쳤다. 1949년에는 노인과 어린이를 지원하기 위한 법이 만들어졌다. 1949년에 통과된 <중국 인민 정치협상 회의 공동강령> 제48조에, 국가는 보건위생사업을 펼치고 모자건강을 위해 힘써야 한다고 명시했다. 1954년에 제정된 <중화인민공화국헌법>에도 "중화인민공화국의 노동자들은 늙거나, 병이 들거나 또는 노동능력을 상실했을 때 물질적 도움을 받을 권리가 있고 어린이는 국가의 보호를 받는다"는 조항을 두었다. 대량의 유랑민과 난민 문제에 직면한 신생 인민정부는 사회안정을 지키기 위해 기존의 자선기관들을 개편하고, '무의탁, 무연고, 노동력이 없는' '3무' 상태의 노인과 고아들을 수용하는 등 장기간 방치되어 있던 사회문제를 비교적 효과적으로 해결했다. 1951년 5월, 내무부가 베이징에서 <전국 도시 구제복지 업무회의>를 개최했는데, 회의의 안건 가운데 하나가 노동력을 상실한 노인, 장애인 그리고 극심한 빈곤에 처한 빈민 구제방안이었다. 이들 대부분이 거주할 곳이 없었기 때문에 이들을 집단수용하는 방식을 주로 채택했다. 1953년 말까지 전국적으로 자선기관 419곳 개축, 기존에 있던 1,600여 개 구제단체 재편, 도시 사회구제 복지기관 920곳 설립 등을 통해 무의탁 노인, 고아, 정신질환자 37만 4천여 명을 수용했다. 어린이 구제의 경우, 신중국 수립 이전까지 베이징시에 공립 탁아소 3곳, 사립 탁아소 6곳이 있었고, 이곳에 443명의 어린이들이 위탁되어 있었다. 신중국 수립 초기, 아동복지기관에 수용된 고아와 유아의 수가 20만 명이 넘었다. 전쟁으로 인해 발생한 취약계층의 구제가 사회안정, 통치의 공고화, 민생회복에 중요한 역할을 했다.

4. 계획경제 시기 집단복지 성격의 양로 및 보육제도

신중국 수립 후, 중국은 소련의 방식을 좇아 도시지역은 단위, 농촌지역은 합작사를 기본 생산조직으로 한 계획경제 체제를 수립했다. 단위와 합작사 모두 생산기능과 함께 집단복지의 기능도 담당했는데, 이 중에 양로와 보육도 포함되어 있었다. 도시의 단위복지제도와 농촌의 집체복지제도는 국민과 집체조직 더 나아가 국가와 긴밀하게 연관되어 있었으며, 또한 계획경제 시기 중국의 가장 주된 양로와 보육방식 가운데 하나였다.

① 도시의 단위복지제도. 도시에서, 단위는 계획경제의 기초 조직이자 정부의 책임을 구현하는 미시적 주체였다. 대부분의 단위가 소속된 퇴직 노동자와 현직 노동자들을 위해 양로와 보육을 지원했고 노동보험제도를 통해 물질적으로도 지원했다. 1951년 2월 26일, 정무원이 〈중화인민공화국 노동보험조례〉를 공포하고, 각 기업의 노동조합 산하 위원회가 기업의 상황과 노동자의 필요에 따라 요양소, 요양원, 탁아소 등 노동보험사업을 펼치도록 규정했다. 또한 노동자와 그 직계가족의 의료비용 가운데 절반을 보전해 주도록 했다. 1953년 노동부가 〈노동보험조례 실시 세칙(수정 초안)〉을 공포했는데, 이에 따라 노동보험제도를 시행하는 모든 기업은 영양식단과 탁아소를 설립해야 하고, 노동자의 주택 설비와 임금을 포함한 제반 비용을 기업 또는 사용자가 부담해야 했다. 또한 자녀의 급식비와 탁아비용을 부담하기 어려운 노동자에 대해 노동보험기금에서 보조해 주었다.

이러한 제도와 시스템하에서 유치원과 탁아소는 도시지역 단위별 아동복지 실현의 구체적 매개체였다. 1949년 11월, 중앙정부 산하에 교육부가 설립되고, 초등교육 부문 내에 유아교육처가 만들어졌다. 1950년 제1회 세계

1956년 광산 노동자 요양원에서 마장을 두고 있는 노인들의 모습

어린이날을 맞아, 〈인민일보〉는 아동복지사업에 어린이 보육, 어린이 교육 그리고 중국 소년 선봉대가 포함되어야 한다는 내용의 사설을 실었다. 1951년 정무원이 발표한 〈학제개혁에 관한 결정〉을 보면, 유치원을 유아원으로 명칭을 바꾸고, 만 3세-7세 시기 유아교육을 통해 취학 전 어린이들이 건강하게 성장할 수 있도록 환경을 만들어야 한다고 밝혔다. 1951년 6월 1일 발표한 통계에 의하면, 전국 27개 성省과 도시에 탁아소 1,079곳에서 42,312명의 어린이가 교육과 돌봄을 받았다. 그 전 해에 탁아소 숫자가 541곳이었던 것에 비해 배로 증가했고, 신중국 수립 이전 대도시에 있었던 탁아소 숫자보다는 9배 증가했다. 1950년에는 지역별로 관련 교육기관에서 보육 교육을 시행하여 총 3,593명의 보육교사를 양성했다.

1951년, 교육부가 〈유아원 잠정 규정(시범 초안)〉과 〈유아원 잠정 교육요강(시범 초안)〉을 제정하고 1952년에 전국적으로 순차 시행했다. 1952년 9월, 교육부는 3년의 유예기간 동안 전국 초·중·고교와 유아원 교육을 정부가 관장한다는 방침을 밝혔다. 이에 따라 1954년 말에 전국의 모든 사립 유아원들이 일괄 공립으로 전환되었다.

1956년에 교육부 등 관련 기관들이 <탁아소, 유아원의 몇 가지 문제에 관한 공동 통지문>을 내려보냈는데, 탁아소와 유아원의 발전 방침 및 관리체계와 관련한 내용이었다. '전면적인 체계 확립, 관리 감독 강화' 그리고 '더 많이, 더 빨리, 더 잘, 더 효율적으로'라는 방침에 따라 탁아소와 유아원을 적극적으로 활성화해야 한다는 취지였다. 도시지역의 경우, 광공업, 기업, 정부기관, 단체, 민간의 적극적인 참여를 유도하고, 탁아소는 보건행정부가 유아원은 교육행정부가 각각 총괄하도록 했다. 농촌지역에서는 자발적인 의사를 원칙으로 하되, 생산합작사나 협동조합이 계절 요인에 맞게 탁아소와 유아원을 운영하도록 권장했다. 1958년 9월, 국무원은 <교육업무에 관한 지시>에서 전국적으로 3~5년 이내에 취학 전 어린이 대부분이 탁아소, 유아원에 입학할 수 있도록 기본 여건을 마련할 것을 지시했다.

이러한 방침에 따라 전국적으로 유아원 숫자가 빠르게 증가했다. 1953년의 5천5백 곳에서 1960년에 78만5천 곳으로 늘어났다. 이 중, 교육부가 관장하는 유아원은 1953년 3천9백 곳에서 1960년 1만1천 곳으로 늘어났다. 기타 기관(예를 들어 광산기업, 일반기업 등)이 운영하는 유아원 숫자는 1953년 5백 곳에서 1960년 28만2천 곳으로 증가했다. 구체적으로 보면, 집체조직이 운영하는 유아원이 1953년 1천1백 곳에서 1960년 49만2천 곳으로 늘어났다. 전국적으로 유아원 교사 수도 1950년 1천7백 명에서 1960년 134만4백 명으로 확충되었다. 1960년대 초에 경제가 큰 타격을 입으면서 1965년에 전국의 유아원 수가 1만9천2백 곳에 불과했다. '문화대혁명' 기간 동안, 많은 유아원이 폐쇄되고 시설이 파괴되는 바람에 보육사업이 심각한 타격을 받았다.

양로 부문의 경우, 도시 단위별로 퇴직 노인을 위한 충분한 수의 양로기관이 설립되지는 않았지만, 대다수의 정부 기관과 기업 단위별로 '퇴직처' 또는 '노老간부처'가 세워져 있었기 때문에 단위별로 퇴직 간부와 직원들에 대한 양로 업무를 담당했다. 계획경제 시기에 퇴직은 다만 노동자와 단위의 노동 및 경제적 관계의 종료를 의미했고, 사회적 관계는 긴밀하게 유지되었다. 퇴직자들은 여전히 단위에 대해 소속감을 가지고 있었으며 단위도 퇴직자를 구성원으로 인식했다. 퇴직자들은 이런저런 문제에 직면하면 가족이 아닌 소속 단위에 먼저 도움을 요청했고, 해당 단위는 일정한 도움과 지원을 해주었다. 간단히 말해서 계획경제 시기에 농업생산에서 산업화로 전환하는 동안 노동자들은 어려움에 처하면 땅이 아닌 단위를 의존했다. 〈노동보험조례〉가 공포된 후, 우창방직공장의 한 여공이 이제 먹고 살 걱정이 없다는 의미로 '양로지養老地'를 국가에 맡겼는데, 이는 직접적인 변화를 보여주는 사례이다.

② 농촌지역의 '5보제도'. 농촌지역에 농업합작사 등 경제적 협력조직이 있었지만, 도시의 단위처럼 그렇게 모든 노동자의 자녀와 노인에 대해 관련 보장을 해줄 수가 없었다. 지역 내의 무의탁 노인과 어린이들을 돌봐주는 정도였는데 구체적으로 5보제도를 통해서 이루어졌다.

1956년 1월, 정부는 〈1956~1967년 전국 농업발전요강(수정 초안)〉에서 농업합작사가 관할지역 내에 거주하는 노동력을 상실했거나 무의탁 처지에 있는 구성원들을 포괄적으로 관리하고, 이들이 적절한 노동에 참여하게 하는 등 생활에 필요한 도움을 주도록 지시했다. 생활 측면에서 의식주, 난방, 교육, 장례에 대한 보장을 해줌으로써('5보', 즉 다섯 가지를 보장한다는 의미이다), 생활, 교육 및 사후에 대한 지원을 해주었다. 또한, 청장년이 된 자녀가 노부모를 보살피는 것을 의무로 인식하도록 교육해야 한다고 강조했다. 1956년 6월, 제1기 전인대 3차 회의에서 통과된 〈고급 농업생산 합작사 시범 규정〉 53조에도 유사한 규정을 두었다.

5보제도의 대상 가구는 다음의 적용을 받았다. (1) 어느 정도 노동능력이 있는 경우에 능력에 맞는 일에 종사하거나 적절한 일감을 배정했다. (2) 노동일 수 보조. 노동능력을 상실한 경우, 전체 합작사나 조별로 1인당 연평균 노동일 수를 떼어 5보 가구에 보조함으로써 그들이 다른 구성원들과 함께 분배에 참여할 수 있도록 했다. (3) 물품지원. (4) 일상생활에 불편을 겪는 구성원에게 생활을 지원할 전담 인원을 배정했다. 5보제도를 통해 대다수의 대상 가구들이 생활면에서 비교적 큰 도움을 받았다. 구체적으로 살펴보면, 보육에 있어 생산대대와 1급 합작사 내에 많은 초등학교와 중학교가 있었기 때문에 농촌지역 아동들이 더욱 많은 교육의 기회를 얻을 수 있었으며, 의료보건 분야가 특히 주목받았다. 양로 분야의 경우, 농촌지역의 5보 대상 노인들은 집중 돌봄과 분산 돌봄 두 가지 형태의 돌봄을 받았다. 이 가운데, 집중 돌봄 방식은 도시와 농촌의 경로원이 독거노인들을 수용하고 돌보는 방식이었고, 분산 돌봄은 노인들이 각자의 거주지에서 지원과 돌봄을 받는 방식이었다. 1958년 6월, 전국적으로 농촌지역 413만 가구, 519만 명의 무의탁 노인이나 장애인이 농촌합작사의 5보제도 혜택을 받았다.

경로원은 5보 대상 가구에 대해 돌봄 서비스를 제공하는 일선 기관이었다. 무의탁 노인 문제를 해결하기 위해, 1956년 초에 헤이룽장성省 바이촨현縣 싱화 마을에 최초의 경로원이 세워졌고, 1958년에 마오쩌둥 주석이 허난성省 신샹현縣의 인민공사 경로원을 시찰하기도 했다. 1958년 제8차 당중앙위원회 6차 전체회의에서 채택된 〈인민공사의 몇 가지 문제에 관한 결의〉에서, 경로원을 통해 무의탁 노인들이 비교적 편안하게 노후를 보낼 수 있는 장소가 마련되어야 한다고 지적했다. 그 후 전국적으로 경로원이 신속히 세워졌는데, 1958년 말에 전국적으로 15만 곳의 경로원이 세워졌고, 3백만여 명의 노인들이 이곳에서 노년을 보냈다.

1958년에 농촌지역에 인민공사 설립 열풍이 다시 불면서, 사람들이 식당에서 모여 다 같이 밥을 먹고, 노인은 돌봄기관인 행복원으로 어린이는 탁아소로 보내졌으며 가사노동이 사회화되었다. 이것이 공산주의 체제의 기본생활 여건이자 각지 인민공사의 주된 업무가 되었다. 인민공사는 임금제와 배급제를 결합한 배급방식을 취했는데, 식량 공급과 급식이 여기에 포함되었고

1958년, 베이징 근교 류리하 인민공사 유아원의 아이들

심지어 여러 가지 생활비, 양로와 육아 등 생활에 필요한 기본적인 물품들까지 공급하는 곳도 있었다. 이 때문에, 농촌의 경로원 수가 감소하여 1962년에 3만여 곳으로 줄고 수용 노인 수도 55만 명에 그쳤다. 인민공사 운동으로 농촌지역의 집체화된 양로와 보육의 범위가 모든 노인과 아동으로 확대되었다. 경제 발전 수준을 넘어서는 이러한 분배형 복지방식은 결국 실패로 끝났다. '문화대혁명' 기간에 당시의 큰 솥밥을 나눠 먹는 집단분배형 복지가 여전히 남아있기는 했지만, 5보제도가 쇠퇴하면서 적잖은 5보제도 대상자들이 사방으로 유리하는 상황이 벌어졌다. 5보제도는 중국의 농촌지역에서 협동적 집체경제를 기반으로 가정형편이 열악한 노인과 아동들을 대상으로 시행했던 기초생활 보장제도였다. 이는 당시의 경제 발전 수준과 생산방식 그리고 중국의 전통문화에 맞추어 고안된 제도였다. 전형적인 집단적, 보완적 성격을 띠고 있었으며 계획경제하에서 농촌의 사회경제 상황에 맞게 고안된 집단복지모델이었다.

5. 도시지역의 전통적인 민정복지제도

　신중국 수립 초기의 사회적 구제제도를 거친 후, 1953년에 열린 제2차 전국민정업무회의에서 구제 대상자들에 대해 노동능력에 따라 훈련, 구제 또는 전업을 진행하고 수용된 학령기 아동에 대해서는 일하면서 공부하는 초등교육과 기술교육을 통해 자립 능력을 키워야 한다고 밝혔다. 무의탁 노인, 장애인, 영유아 및 어린이에 대한 국가 차원의 사회복지사업이 점진적으로 활성화되기 시작했다. 1956년, 전국적으로 생산교육원 176곳, 수용인원이 8만 4천 명에 달했는데, 그 가운데 2만여 명이 영유아들이었다. 1959년, 전국 장애인 교육원 370여 곳, 어린이교육원 90여 곳, 정신병원 120여 곳이 각각 종합사회복지원, 전문양로원(경로원), 아동복지원 그리고 정신병 치료원으로 바뀌었다. 이 기관들이 각기 수용 대상에 맞게 맞춤형 업무를 담당했다.

　1958년, 전국적으로 사회복지사업 기관 379곳이 세워져 7만여 명이 수용되었고, 이 중에는 5만여 명의 장애 노인들이 생활하는 장애인양로원 236곳, 유아 1만여 명이 생활하는 영유아복지원 57곳이 있었다. 1963년까지 전국에서 도시를 중심으로 사회복지기관이 1,660곳으로 급속히 늘었는데, 이 중 사회복지원 489곳(수용인원 124,321명), 양로원 237곳(노인43,510명), 아동복지기관 732곳(어린이 52,865명)이 있었다. 사회복지사업이 1950년대 이후 빠른 발전추세를 이어갔다.

　아동복지의 경우, 신중국 수립 초기에 아동복지원이 기존의 '육영당'과 외국인이 설립한 고아원 등 자선기관을 인수했고 여기에 다양한 복지기관들이 혼재해 있었다. 1958년, 정부는 사회복지기관들을 재정비하고 아동복지시설들을 아동복지원으로 통칭했다. 여기에 돌봐줄 사람도 집이나 생활 기반도 없는 '3무' 고아와 버려진 아이들 그리고 장애아동들을 수용했다. 1949~1954년의 통계에 따르면, 전국에 장애노인복지관, 아동복지관 666곳에 총 2만6천 명이 수용되어 생활했다. 또한, 복지기관에 수용된 아동들 가운데 행동이 불량하거나 이전에 불량한 행동을 하며 떠돌던 아이들을 공업학교에 입학시켜 교육했기 때문에, 당시 공업학교도 어느 정도 복지기관의 성격을 지니고 있었다.

3년의 힘겨운 시기를 거치는 동안, 사회적으로 고아와 버려진 아이들이 많아졌다. 1962년, 전국 772곳의 아동복지관에 수용된 영유아와 아동 수가 6만5천 명으로 역대 가장 많은 인원을 기록했다. 1963년에 개회된 전국 민정청 국장회의에서 당시에 고아와 버려진 아이들이 증가하는 상황에 주목하고, 성省, 특구 그리고 도시의 민정 기관들이 이 아이들을 아동교양원에 수용해서 교육하기로 결정했다. 이에 따라 이 시기에 많은 사회복지기관이 새로 지어지거나 증축되었다. 당시에 10만여 명의 아이들이 이들 기관에서 성장했고 4만여 명의 영아들이 입양되었다.

1968년에 내무부가 폐지되면서 도시의 사회복지사업을 포함하여 민정 업무가 마비되는 상황이 벌어졌다. '문화대혁명'이 끝나기 전까지, 전국적으로 사회복지시설 700여 곳 정도가 남아있었고 수용자도 5만 명으로 줄어들어 일부 사회복지 대상자들이 힘든 처지에 놓였다. 아동복지원도 49곳에 불과했고 고아, 버려진 아이 그리고 장애아동을 포함하여 수용 아동 수가 3,665명으로 줄었기 때문에, 적잖은 무의탁 아이들이 다시 길거리로 내몰렸다.

6. 이 시기 양로 및 보육사업의 기본 특징

1) 책임 주체를 보면, 가족이 핵심 주체로서 양로와 보육의 책임을 졌다. 가족이 이러한 책임을 진 것은 중국의 전통 윤리와 문화에 내재된 관념이었고, 더욱이 계획경제 시기에 가족의 규모가 크고 여력이 충분했기 때문에 효과적인 지지대 역할을 할 수 있었다.

2) 정부가 생활 능력이 없고 가족의 지원도 받기 힘든 노인과 아동들에

대한 생계보장의 책임을 졌다. 이것이 신중국 수립 초기에 사회적 구제의 주된 골자였고, 계획경제 시기에는 민정복지의 주된 임무였다. 집권이념의 구현이자 당시 경제발전 수준에 따른 보완적 성격이 뚜렷했다.

3) 도시의 단위와 농촌의 집체가 노인 및 아동복지의 주요한 주체였지만, 도시의 수혜자가 농촌지역보다 훨씬 많았기 때문에 도시와 농촌 간에 현저한 격차가 있었다. 계획경제하에서 생산자원 공유제, 일괄취합 및 일괄지급의 분배방식이 시행되었고, 도시의 단위와 농촌의 인민공사, 생산대대, 생산소대가 각기 이 역할을 담당했다. 하지만, 농촌지역에서는 생산력의 제약으로 무의탁 노인과 아동들에게만 복지혜택이 주어졌다. 이에 비해, 도시의 단위들은 퇴직한 노동자와 현직 노동자의 미성년 자녀들에게도 비교적 다양한 복지서비스를 제공했다.

상술한 세 가지 방식이 중국 계획경제 시기에 양로와 보육 보장체계를 형성하며 상호 교차적으로 지지대 역할을 했다. 예를 들어, 농촌에서 집체가 소유한 토지는 보장의 물질적 원천이었고 가정은 복지보장의 주된 책임 주체였다. 한편 집체 조직은 전체적인 보장 메커니즘이 작동하도록 조절하는 역할을 담당했다. 농민의 양로, 보육 등에 대한 필요가 가정 내에서 해결될 수가 있었다. 하지만 만약 농촌 가정이 예상치 못한 어려운 상황에 직면했을 때, 생산대대와 소대 또는 공사 등 집체 조직들이 나서서 도움을 주었다. 집체 조직이 해결할 능력이 없는 경우, 중앙정부와 각급 지방정부가 최종적인 책임을 졌다. 농촌지역 5보제도 대상 노인들에 대한 돌봄 책임을 정부 관리 하에 있는 경로원이 담당했지만, 필요 경비는 마을의 집체 조직에서 담당했다. 도시지역의 단위는 본질적으로 정부의 연장선에 있었기 때문에, 단위에서 담당한 복지가 일정 부분 국가가 제공하는 것이었다. 예를 들어, 도시의 각 단위가 운영하는 탁아소는 형식적으로 단위가 보육의 책임을 맡았지만, 본질적으로는 소속 노동자를 위해 보육 책임을 져준 것이었다. 아동복지 기관과 가정 간에도 유사한 협력관계가 형성되었다. 아동복지원이 입양을 통해 아이들이 '가정'의 소속감을 느낄 수 있도록 한 것인데, 산시성省 다통의 '유낭촌(유낭은 '젖어머니'이라는 뜻이다-역자주)'이 대표적인 사례였다.

4) 비록 경제발전 수준의 제약으로 인해서 양로와 보육 복지 수준이 상대적으로 낮았지만, 보장내용이 비교적 완전하고 상호 부조의 기본적인 운영 체계가 마련되었다. 노후보장은 기본적인 생활, 주택, 의료 등 내용이 포함되었고, 보육은 탁아소, 기본적인 모자 건강, 취학전前 교육 등을 포함했다. 도시의 단위나 농촌의 집체 조직이 일괄적으로 필요한 비용을 부담했기 때문에 상호 부조의 성격이 있었다.

5) 도시와 농촌 간 이원적 분리를 근간으로 안정적으로 운영되었다. 이 시기의 각종 복지제도는 도시와 농촌이 분리된 이원적 구조를 지니고 있었다. 도시는 '가정 + 단위 + 민정' 보장의 틀을 갖추었고 농촌은 '가정 + 집체' 보장 구조였다. 도시와 농촌 간에 기본적으로 인적 이동이 없었기 때문에, 지역별로 폐쇄적으로 운영되었다. 따라서 비교적 안정적으로 운영되며 도시와 농촌의 노인과 아동들에게 양호한 수준의 기초생활 보장을 제공했다.

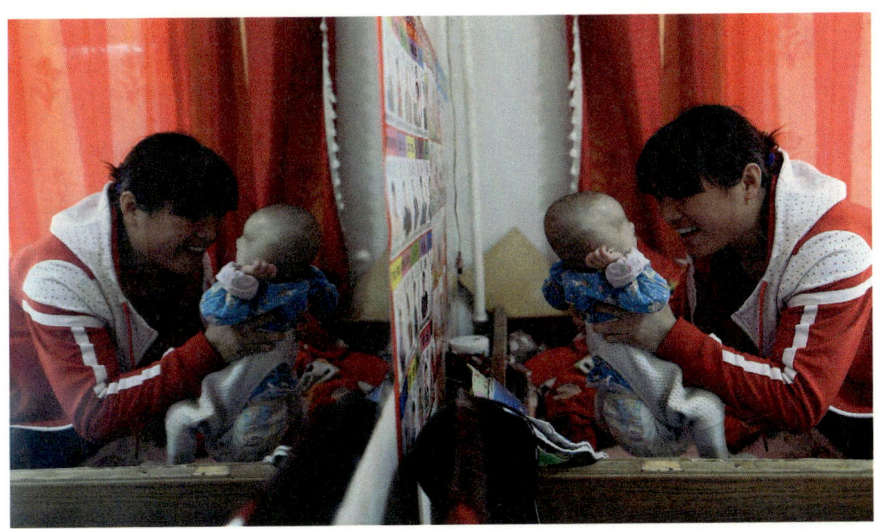

2017년 5월5일, 산시성省 타이위엔 샤주앙 마을에 사는 '젖 어머니' 왕야나씨가 잠에서 깨어 칭얼대는 아기를 달래고 있다. 그녀는 선천성 심장질환을 앓고 있는 아이를 1년 동안 맡아서 돌보았다.

2. 개혁개방 이후의 양로와 보육사업 발전

1. 역사적 배경과 사회경제 환경

개혁개방은 계획경제에서 시장경제로의 전환 그리고 경제사회의 운영방식의 대변혁, 생산과 분배방식, 사회와 가정의 구조, 조직 행태의 거대한 변화를 의미했다. 경제사회 구조의 급격한 변화와 더불어, 계획경제하에서 가정을 주된 책임 주체로 하던 양로와 보육사업도 차츰 다원적인 책임으로 전환되었다.

① 경제와 생산방식의 변화로 인해 집단적 복지의 물질 기반이 약화되었다. 계획경제가 시장경제로 전환했다는 것은 본질적으로 분배방식과 생산방식의 전환이었고, 구체적으로는 미시적 조직 형태와 그 행동 방식의 변화를 의미했다. 농촌지역에서는 주로 도급책임제가 인민공사를 대체했고 이는 집체경제의 쇠퇴로 나타났다. 원래 이를 기반으로 세워졌던 집단적 복지체계의 안정적인 물적자원이 부족해지면서 농촌의 집체조직이 주도하던 5보제도

가 점차 정부 주도로 바뀌었다. 도시에서는 기업의 경영활동에서 이러한 변화가 나타났다. 기업이 경영의 손익 책임을 스스로 지는 진정한 의미의 시장 주체가 되었고, 시장의 수요와 공급 그리고 가치의 법칙에 근거하여 생산과 운영이 이루어졌다. 이러한 변화 속에서 계획경제 시기의 노동자와 사용자 간 장기적이고 복잡한 사회경제적 관계가 고용 기간, 단순한 경제적 교환 관계로 바뀌었다. 유아원 설립과 퇴직자를 위한 관련 서비스를 포함하여 노동자에게 지급되는 보수와 복지가 인건비로 간주되고 기업의 경쟁력에 영향을 미치는 것으로 인식되었다. 이에 따라 기존에 도시의 단위를 기반으로 한 복지가 점차 사회적 복지로 전환되었다.

② 가정의 규모와 보장 능력이 감소했다. 1978년에 개최된 제11차 3중전회에서 모든 정부 업무의 중점을 경제건설에 두고 개혁개방을 추진하기 위한 중대한 결정들이 내려졌다. 농촌지역에서 농가를 중심으로 한 도급책임제가 시행되었는데, 이는 시장경제 체제로의 전환을 골자로 하는 개혁의 서막이었다. 농촌 개혁과 더불어 핵가족이 늘어났다. 시장경제 체제가 산업화와 도시화를 촉진하면서 사람들이 대거 일자리를 찾아서 외지로 나갔고 가정의 보장 능력이 약화되는 결과를 가져왔다. 더욱이 가족계획이 시행되면서 1980년에 '한 가정 한 자녀 낳기' 운동이 벌어졌다. 1982년에는 가족계획이 국정과제로 확정되었다. 출생률이 급감하고 뚜렷한 핵가족화 현상과 인구 고령화가 나타나기 시작했다. 21세기에 접어든 후, 중국은 본격적인 인구 고령화 사회로 접어들었다. 이 때문에 양로 서비스 부담이 가중되고 가정 양로 모델이 심각한 난관에 봉착하게 되었다.

1982년 전국 인구총조사에서 나타난 세대 구조를 비교해보면, 1대와 2대 가구의 비중이 51%에서 82%로 증가했고, 3대 이상이 함께 거주하는 가구는 50%에서 18.79%로 감소했다. 1950년대 이전, 전국의 가구당 평균 가족 수가 5.3명이었는데, 1990년대에 이르러 4명으로 줄었고, 2010년에는 3.1명, 2017년에는 3.03명으로 줄었다. <그림 8-2>는 중국의 총인구부양비, 노

1985년 4월, 쓰촨성省 청두의 거리에 걸린 '가족계획' 홍보 광고

인부양비 그리고 자녀부양비의 전체적인 변화추세를 나타낸다. 간단히 말해서, 출생률의 하락과 경제체제 개혁이 가져온 인구이동으로 인해 가정의 규모가 현저히 줄고, 가정의 보장 능력도 눈에 띄게 감소했다. 이에 비해 공공복지기관의 필요성이 현저히 커지기 시작했다.

③ 사회적 복지의 신속한 발전. 가정과 단위의 보장기능이 축소되면서 사회적 복지사업이 빠르게 발전하기 시작했다. 1984년 푸젠성省 장저우에서 전국 복지사업기관 개혁 및 정비업무 경험 교류회가 열렸다. 이 회의에서 국가, 사회 그리고 개인이 함께 책임지는 사회적 복지 체제로의 전환, 더 나아가 구제가 아닌 복지, 폐쇄형에서 개방형으로의 전환을 골자로 하는 발전 전략과 개혁 방향이 확정되었다. 2000년 광둥에서 열린 사회적 복지사업 전체 회의에서 복지의 사회화를 위한 제도 개혁이 심도 있게 논의되었다. 사회적 복지사업 운영기관 개혁, 지역복지 서비스 확장, 사회적 복지기업의 발전 등이 주요 내용이었다. 사회적 복지가 주로 투자 주체의 다원화, 서비스 대상 확대, 시장화된 운영 체계, 서비스 방식의 다양화, 전문인력과 자원봉사자의

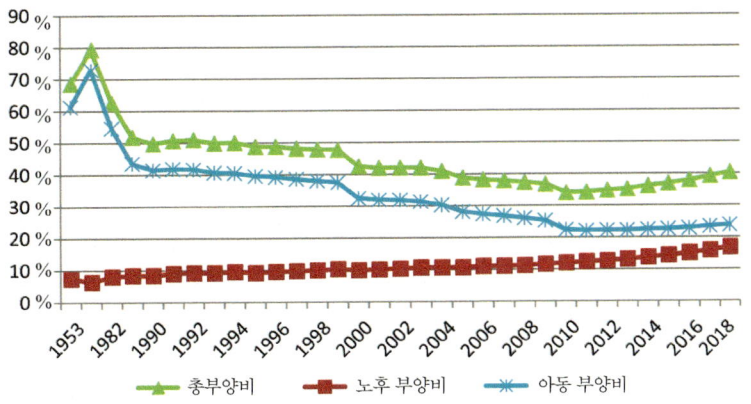

그림 8-2　1953~2018년 중국 총인구(노년인구, 아동인구) 부양비

자료출처: 중화인민공화국 국가통계국 D/B

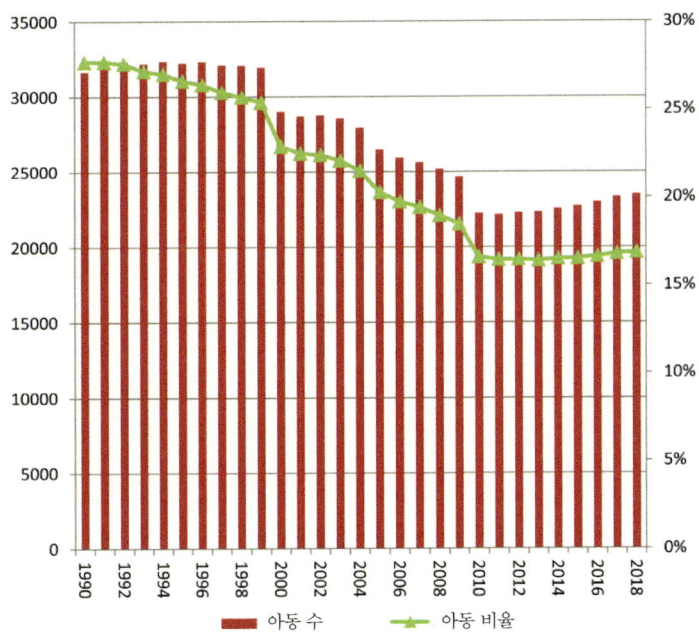

그림 8-2　1990~2018년 중국 아동 인구와 아동 인구 비중의 변화

자료출처: 중화인민공화국 국가통계국 D/B

결합 등으로 구체화되었다.

전체적으로 볼 때, 1978~2012년 양로 및 보육사업은 회복과 발전의 단계였다. 양로 부문의 경우, 핵가족화에 따라 가족의 보장기능이 약해졌고, 단위의 보장기능이 여전히 제도적 관성을 유지하고 있는 상황에서, 사회적 양로 서비스 체계가 초보적인 발전 단계로 진입했다. 보육 부문의 경우, 가족계획 정책이 시행되면서 자녀 수가 상대적으로 감소했는데, 특히 2000년 이후 그 수가 현저히 감소했다(그림8-3참조). 가정 내에서 자녀의 중요성이 그만큼 높아진 상황에서 가정이 여전히 육아의 핵심적인 역할을 담당했다. 단위별로 운영되던 유아원과 탁아소는 시장경제의 도전 앞에서 점차 사회적 발전으로 전환했다. 상황을 단계별로 살펴보면, 2000년이 중요한 시기였는데 이전까지 양로와 보육사업이 주로 회복에 초점이 맞춰져 있었다. 새로운 세기로 접어든 후, 경제의 신속한 발전과 인구 고령화의 가속화로 인해 양로와 보육사업의 사회적 전환도 빠르게 진행되었다. 민정부 산하에 사회복지 및 자선사업 기구가 설립되고 촘촘한 정책들이 마련되었으며, 지역별로도 사회복지 기구가 설립되는 등 서비스 체계가 꾸준히 개선되었다.

2. 집단적 복지의 연속성과 전통적 복지의 회복

사회보장제도 개혁이 흔히 경제체제 개혁의 속도를 따라가지 못했기 때문에, 도시에서는 계획경제 시기에 미시적 주체였던 단위가 독립적인 시장 주체로 전환된 상황에도 불구하고 원래의 '사회적 기능'이 하루아침에 사라질 수는 없었다. 각 단위가 탁아소와 유아원을 운영하는 상황이 일반적이었고, 퇴직 근로자와 단위 간 관계도 여전히 긴밀했다. 이 때문에 시장경제 체제가 수립된 초기에도 집단적 성격의 복지가 비교적 오랫동안 유지되었다. 1990년대 중엽에 와서야 사회적 복지 혹은 복지의 사회화가 점차 주목을 받으며 관련 정책들이 마련되기 시작했다. 농촌지역에서 도급책임제가 시행되면서 집단적 복지의 성격을 지닌 5보제도가 경제적 기반을 잃고 집체복지에서 국가복지로 바뀌었다.

한편, 경제가 지속적으로 발전하면서 과거 민정부 주도의 복지사업으로 회귀했지만, 주된 대상은 여전히 무의탁 고아와 노인 그리고 어려운 처지의 아동들이었다. 따라서 결핍을 보완하는 성격의 복지사업이 여전히 유지되었다.

① 집단적 복지에서 국가 주도의 복지로 전환. 농촌지역에서 농가를 중심으로 도급책임제가 널리 시행되고 인민공사가 와해되면서 5보제도도 변화를 맞이했다. 1978년, '3무' 노인, 장애인 그리고 미성년자를 대상으로 제도가 시행되었고, 민정부가 5보제도 시행에 필요한 경비를 지방 소도시 단위로 총괄적으로 관리했다. 이와 함께 농촌지역에 적극적으로 경로원을 설립했다. 1982년 12월, 전국적으로 총조사를 시행한 결과 5보 대상자가 298만 8천 9백명으로 조사되었고, 그 가운데 노인 264만 7천 8백 명, 고아가 14만 2천 6백 명으로 나타났다. 경제성장과 더불어, 5보 대상자 생활 지원비가 1979년 1인당 57위안에서 1989년 359위안으로 늘었다. 경로원의 수가 1989년에 3만7천 4백 곳에 달했고, 수용인원 45만 2천 8백 명, 1인당 생활비는 548위안이었다. 전국에 8백여 개 현縣 에 속한 소도시마다 경로원이 세워졌다.

하지만, 농촌 집체경제의 와해로 기존의 5보제도가 지속될 수는 없었다. 2004년, 민정부가 발표한 〈농촌 5보제도 부양업무에 관한 통지〉에서, 농촌지역 세제개혁 이후에 농촌의 5보제도 추진비용을 집체 경영 수입에서 지출하는 방식을 유지하고 이외에도 농업세 부가 세수에서 지출하도록 규정했다. 그리고, 촌村 단위 재정에 어려움이 있는 경우, 소도시 재정에서 보조하도록 했다. 농업세 및 부가세를 감면해 준 이후, 원래 농업세 부가 세수에서 지출하던 5보 비용을 소도시 재정 예산에 포함시켰다. 2006년, 국무원이 〈농촌 5보 부양사업 조례〉를 공포하고 농촌의 5보 비용을 지방정부의 재정 예산에 편입한다고 밝혔다. 농촌의 집체 운영 등에서 발생하는 수입은 농촌의 5

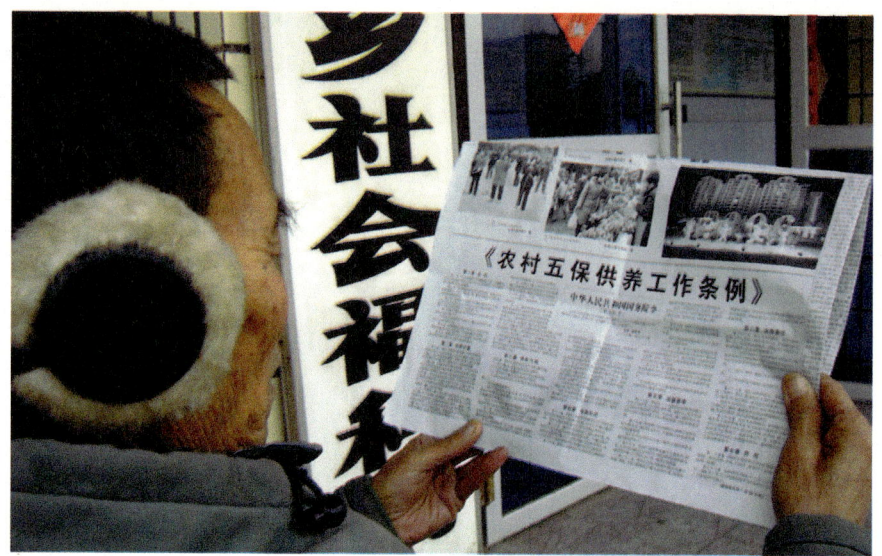

2006년 2월 6일, 후베이성湖 이창시 시링구 요완샹 사회복지원의 5보 대상 노인이 신문에 보도된 〈농촌 5보 부양업무 조례〉를 읽고 있다.

보 대상자 생활 개선에 사용할 수 있었다. 이는 농촌지역 5보제도의 성격이 집단복지에서 국가복지로 전환되었다는 것을 의미했다.

② 보육사업의 지속적 발전. 1979년 교육부, 위생부 등 13개 부처가 참여하는 범정부 보육업무회의가 개최되었고, 같은 해에 당중앙과 국무원이 〈전국 보육업무 회의 요록〉을 발표했다. 이 문건에서 영유아 보건과 교육 강화, 품성과 지력을 갖춘 건강한 다음 세대 양육이 국가와 민족의 앞날과 직결되는 중요한 토대라고 밝혔다. 또한 보육업무의 관리 체계, 인력 육성 제도의 필요성을 지적했다. 이는 비록 회의 요록에 불과했지만, 향후의 장기적인 보육업무 방침, 원칙 그리고 중점 업무뿐 아니라 더 나아가 탁아소, 유아원을 중심으로 보육사업을 발전시키려는 정책 의지가 담겼다.

농촌 보육업무의 경우, 1982년 통계에 따르면 전국의 현縣급 소도시와 농촌지역 유아원 입학자 수가 881만 명으로 전국 유아원 입학자 수의 79.2%를 차지했다. 이는 1978년에 비해 35.7% 늘어난 수치였다. 농촌지역의 취학

1978년, 산시성省 다퉁현縣에 있는 한 유아원의 음악 수업 장면

1년 전 유아반 신설이 빠르게 추진되면서 많은 농민의 호응을 받았다. 전국의 현縣과 농촌지역 유아반 교사 수가 30만여 명에 달했다. 1983년 9월, 교육부가 〈농촌 유아교육 발전에 관한 몇 가지 건의〉를 발표했다. 1986년, 〈중화인민공화국 의무교육법〉이 시행되면서, 학령아동의 의무교육을 받을 권리가 법적으로 보장되었다.

1988년 8월, 국무원은 국가교육위원회, 국가계획위원회 등 부처에 〈유아교육업무 강화에 관한 의견〉을 하달하고 유아교육의 사회적 개념을 한층 강화했다. 동시에 지방정부가 유아원 운영에 있어 각 부처, 기관 그리고 사회적 역량을 활용해야 한다고 강조했다.

1989년 6월, 국가교육위원회가 〈유아원 업무규정(시범안)〉을 발표했다. 같은 해 8월에는 국무원이 〈유아원 관리조례〉를 공포했는데, 이는 중국 최초의 학령전교육에 관한 행정법 규정이었다. 학령전교육 발전과 관리에 대해 지방정부의 책무와 공립유아원의 3세 이상 어린이 수용 방안을 명시했는데, 보육 정책의 범주를 학령전교육으로 좁히고 3세 이하 유아 돌봄 서비스를 제공하는 어린이집에 관한 정책이 기본적으로 사라졌다.

시장경제 체제로의 개혁이 강력하게 진행되면서, 단위를 기반으로 한 복지 차원의 유아원과 탁아소 운영 비용이 점차 부담으로 인식되고 기업의 유아 시설 운영도 현저히 감소했다. 1995년 9월, 국가교육위원회가 <기업의 유아원 운영에 관한 몇 가지 의견>을 발표하고 유아교육의 사회화 추진 필요성을 강조했다. 기업이 유아원 설립 여건을 갖추지 못했거나 유아원을 분립할 수 있는 여건이 아닌 경우, 정부의 지도하에서 현지 교육행정기관이 유아원 운영을 맡는 등 다양한 방식으로 운영될 수 있도록 했다. 1997년 국무원이 공포한 <사회역량에 의한 교육기관 운영 조례>와 1999년 중앙당과 국무원이 발표한 <교육개혁 심화 및 자질교육의 전면 추진에 관한 결정>이 모두 지역사회에 기반한 민관 협력 유아교육 발전 추진의 중요성을 강조했다. 이로써 집단 복지형 유아원이 점차 폐지되기 시작했다.

1990년대에 접어들면서 중국은 세계적인 아동의 권리보호 활동에 적극적으로 동참했다. <유엔아동권리협약>에 가입했고, 1991년에는 리펑 국무총리가 중국을 대표하여 <아동의 생존, 보호 및 발달 세계선언>과 90년대 <아동의 생존, 보호 및 발달 세계선언 행동계획> 두 개의 문건에 서명하고 어린이의 권리보호를 국제사회에 약속했다. 같은 해에 <중화인민공화국 미성년 보호법>이 반포되었다. 1992년 국무원은 <90년대 중국 아동 발달 계획 요강>을 마련하고, 가족계획, 모자보건과 영양, 생활과 환경의 질적 향상, 기본교육과 문맹 퇴치, 지역사회와 가정에 의한 보장, 취약 아동 보호, 아동 권익 보호 그리고 출생, 보육, 교육 등 8개 분야에 걸쳐 체계적인 시행계획을 제시했다. 이것은 최초의 아동 발달 종합계획안이었다.

③ 기존의 민정 복지 부활과 발전. 1978년 제5기 전인대 1차 회의에서 민정부 설립이 의결되고 민정부가 전국 민정업무를 총괄하게 되면서 전통적인 민정 복지가 복원되었다. 1979년에 개최한 전국 도시 사회구제 복지 업무

회의에서 도시 사회복지기관의 복지적 성격을 명시하고 관련 방안과 정책을 수립했다. 이는 복지사업의 전면 개편과 개혁의 시작이었다. 이 시기 양로 및 보육사업이 민정복지의 틀 안에서 다음 네 가지 측면으로 구체화되었다.

우선, 기존 기관 중심의 복지가 본격적으로 발전했다. 1981년, 도시의 사회복지기관이 866곳, 수용인원은 6만 1천명이었다. 1989년에는 전국 도시의 사회복지기관이 1,053곳, 수용 및 돌봄 서비스를 받은 사람 수가 7만 5천 명이었다. 이 중 종합사회복지원이 870곳, 노인과 장애인이 3만 8천 명이었고, 아동복지원은 62곳, 수용 아동 수는 1만 1천 6백 명이었다.

둘째, 복지기관의 서비스 대상이 확대되었다. 1984년, 푸젠성省 장저우에서 전국 도시 사회복지사업기관 개혁 및 정비업무 경험교류회를 개최하고, 사회복지사업에 관한 3가지 방침을 새로이 수립했다. 이 방침에 따라, 일부 지방의 복지원이 맞벌이 가정의 장애인과 퇴직 독거노인 등을 대상으로 유료 돌봄 서비스를 점차 시행했다. 1988년에 전국 도시 사회복지사업장의 유료 돌봄 인원이 1만 7천 명으로 전국 수용인원의 24%를 차지했다.

셋째, 복지기관의 돌봄 서비스가 더욱 충실해졌다. 예를 들어, 아동복지원이 구제에서 복지 중심으로 바뀌고 수용 중심에서 보육, 교육, 재활 등을 병행하는 방향으로 전환되었다. 1982년, 민정부가 9회 연속 아동복지원 재활 훈련반을 개최하는 등 장애아동의 재활사업을 중점적으로 추진했다.

넷째, 사회복지를 적극적으로 발전시켰다. 예를 들어, 베이징시는 '사회복지 발전 네트워크 3년 계획'에서 3년 이내에 1복지공장, 1경로원, 1장애아동보호소, 3센터(노인활동센터, 노인종합서비스센터, 정신병치료센터) 설립안을 제시했는데, 1987년에 계획의 63%가 시행되었다. 1989년, 전국적으로 커뮤니티 서비스 시설이 8만 5천 곳에 달했다. 이 가운데, 새로 설립된 복리원, 경로원, 노인거주지, 노인보호소 등이 1,291곳, 장애아동보호소가 749곳에 달했다.

이 기간에 기존 민정복지의 틀 안에서 양로와 보육사업이 각각 특징적으로 발전했다. 그 가운데, 양로 서비스 대상이 확대되었지만, 보육 서비스는

1994년 3월 11일, 상하이시 고아원에서 생활하는 아이들의 모습

여전히 장애아동으로 한정되어 있었다.

양로 서비스의 경우 1982년에 제1회 고령문제 세계대회가 개최되었다. 1982년 3월, 국무원의 비준을 거쳐 '고령문제 세계대회 중국위원회'가 설립되었고, 그 후 국무원의 동의를 얻어 '고령문제 세계대회 전국위원회'로 명칭이 변경되었다. 1995년에는 명칭을 다시 '중국고령협회'로 변경하고 국무원 산하 사업기관으로서 민정부의 관리 감독을 받았다. 1999년 10월, 중앙당과 국무원이 고령업무위원회 설립을 비준하면서 국무원 산하에 고령업무 전담기관이 설치되었다. 2005년 8월, 중국고령협회가 '전국노령업무위원회'와 통합되었다. 2018년 정부 조직 개편 후, 전국 고령사업위원회의 업무가 새로 설립된 국가위생건강위원회로 이관되었다. 국가계혁위원회, 민정부, 노동부가 공동으로 〈중국 고령업무 7년 발전 요강(1994~2000년)〉을 발표하면서 처음으로 고령화와 관련하여 체계적인 계획안이 마련되었다. 또한 가정과 사회의 양로 책임을 연계함으로써, 물질적인 부양과 심리적 돌봄 서비스를 결합하고 지역별 계층별 맞춤형 서비스 원칙에 맞게 양로 서비스가 이루어질 수 있도록 했다. 1996년, <중화인민공화국 노인권익 보호법>이 공포되었는데, 자녀의 부양의무와 양로 서비스 기관 등에 관한 내용을 규정했다. 이로써, 노인의 권익보장이 법과 제도화의 길로 들어서게 되었다.

보육사업의 경우, 1990년 2월 22일 국무원 산하에 만들어진 부녀·아동 업무 협력위원회가 기존에 있던 전국 부녀연합회를 대신하여 주무 부처로서 역할을 담당했다. 이 위원회는 1993년에 국무원 부녀·아동 업무위원회로 명칭이 바뀌었다. 민정부가 이 위원회의 일원으로서 고아와 장애아동 관련 업무를 주로 담당했다. 1982년, 민정부와 위생부가 공동으로 전국적으로 고아와 장애아동 재활 프로젝트를 시행했는데, 지적장애나 신체장애 그리고 시력장애를 앓고 있는 아이들을 대상으로 재활훈련과 치료가 이루어졌다. 1997년, 민정부 등 관련 부처들이 <고아 및 장애아 복지사업 발전에 관한 통지>를 발표하고, 사회 인프라 건설, 아동복지원에 대한 재정투입, 사회복지기관 수용 아동에 대한 생활비 지원기준 향상, 고아와 버려진 아기에 대한 구조제도 마련, 고아와 장애아 보호 강화 등 필요성을 지적했다. 이 시기에 아동권익 보호 관련 입법도 빠르게 이루어졌다. 1991년 <미성년자 보호법>과 <입양법>이 공포되었고, 1994년에는 <모자보건법>, 1994년 <미성년자 범죄 예방법>이 각각 시행되었다.

3. 양로 및 보육사업의 사회화 전환

① 양로사업의 사회화 전환. 2000년에 실시한 제5차 인구총조사에 의하면, 중국에서 60세 이상 인구가 1억 3천만 명으로 전체 인구의 10.2%를 차지했다. 유엔의 고령화 기준에 의하면, 21세기에 접어들어 중국이 고령화사회로 접어든 것이다. 인구구조의 변화와 경제발전 속에서 중국은 양로 서비스

사회화 전환 문제를 검토하기 시작했다.

2000년 8월, 중앙당과 국무원이 〈양로업무 강화에 관한 결정〉을 발표했다. 이것은 새로운 세기를 맞아 양로업무에 관한 종합적이고 체계적인 원칙을 담은 문건이었다. 이 문건의 핵심 내용은 다음과 같다. 첫째, 향후 자가自家 양로를 기반으로 노인부양의 기본 틀이 커뮤니티 위탁과 사회복지기관의 보완적 역할로 나뉜다. 둘째, 가정 양로와 사회적 양로의 결합, 정부의 선도적 역할과 사회적 운영의 결합, 도덕규범과 법적 구속력의 결합 등을 원칙으로 한다. 셋째, 커뮤니티를 만들어 커뮤니티에 의한 노인 서비스사업을 진행한다. 이를 통해 커뮤니티가 양로 서비스 기능을 담당할 수 있게 한다. 넷째, 양로 서비스사업을 사회화, 산업화함으로써 실버시장을 발전시킨다. 이는 새로운 세기를 맞아 양로 서비스의 사회화 전환이라는 방향성을 밝힌 것이었다.

뒤이어 국무원은 민정부 등 관련 부처에 〈사회복지 사회화의 조속한 실현에 관한 의견〉 문건을 내려보냈다. 여기에 따르면 투자 주체의 다변화, 서비스 대상의 확대, 서비스 방식의 다양화, 서비스 인력의 전문화 등 필요에 맞춰 2005년까지 국가가 운영하는 사회복지기관 시범사업, 기타 다양한 유형의 사회복지기관 육성, 사회복지서비스의 위탁 및 가정 양로를 기반으로 하는 사회복지 서비스 네트워크 구축 등이 포함되었다. 재정부와 국가세무총국도 〈노인복지시설에 대한 조세정책 관련 통지〉 문건을 발표하고, 양로기관 발전을 지원할 수 있는 정책들을 시행했다. 이 시기, 양로 서비스의 사회화는 주로 다음과 같은 차원에서 이루어졌다.

첫째, 투자 주체의 다변화, 즉 정부가 관련 정책을 통해 사회자본이 양로 서비스 영역으로 유입될 수 있도록 유도했다. '10차 5개년 계획'과 '11차 5개년 계획'에 담긴 양로사업의 내용을 보면 우대정책 수립과 사회자본의 유입을 통해 커뮤니티 기반의 다양한 노인 서비스 시설 건설로 요약된다. 2010년, 국무원이 〈민간투자 유치를 통한 건강한 발전에 관한 의견〉에서, 양로 서비스 기관을 포함한 전문화된 사회복지기관 건설에 민간자본 투자를 장려

해야 한다고 밝혔다. 2012년, 민정부도 <민간자본의 양로 서비스 부문 도입에 관한 의견>에서 민간자본의 양로 서비스 분야 도입을 강조했다.

둘째, 커뮤니티 양로와 재가 양로 서비스 시스템의 확충을 발 빠르게 추진했다. 2001년 5월, 국무원은 <'커뮤니티 노인복지 서비스 별빛 프로젝트' 시행방안>을 발표하고, 전국적으로 노인 커뮤니티 서비스를 대상으로 '별빛 프로젝트'를 시행했다. 또한 도시와 농촌의 노인복지 서비스 제도화를 추진했다. 2008년, 중국노령협회 등 기관들이 <재가 양로 서비스 전면 추진에 관한 의견>을 발표했다.

셋째, 투자 주체와 서비스 방식이 다변화됨에 따라 양로 서비스의 대상이 기존의 '3무' 노인에서 모든 노인으로 확대되었다. 이렇듯 서비스 대상의 확대는 사회적 양로 서비스 체계의 확장이자 나아가 전통적인 가정 중심 보장기능의 약화, 단위 중심 복지의 쇠퇴가 가져온 결과였다. 2003년 6월, 중앙당과 국무원이 노동 및 사회보장부 등 관련 부처에 <기업 퇴직자의 사회적 관리 서비스 업무에 관한 의견> 문건을 내려보냈다. 퇴직 근로자 관련 업무를 기업과 분리하여 연금 지급 사회화를 시행하고, 거주 도시와 거주 커뮤니티가 이를 관리하는 속지주의 원칙에 따르도록 했다.

하지만, 이 단계의 양로 서비스 사회화도 하드웨어에 치중되어 있었고 양로 서비스의 질 다시 말해 소프트웨어를 소홀히 하는 문제를 드러냈다. 국가의 관련 계획도 정책 문건도 하나같이 양로기관과 병상 수를 핵심 지표로 삼았다. 예를 들어 중국 양로사업 발전 '10차 5개년 계획'에서 도시 양로기관의 침상 수 노인 1,000명당 10개, 농촌지역의 경로원 보급률 90% 실현을 목표로 제시했다. 양로사업 발전 '11차 5개년 계획'에서는 농촌지역의 양로 서비스 기관 침상 수를 220만 개 더 늘리겠다고 밝혔다. <사회 양로 서비스 체계 구축 특별계획(2011~2015년)>에서는 노인 1,000명당 양로기관 침상 수를 30개로 확충한다는 목표를 제시했다. 이러한 '벽돌 끼워 맞추기' 식의 발전계획이 양로기관의 양적 증가에 치우친 나머지 운영 효율성의 저하를 가져왔다. 따라서, 이 시기에 사회적 양로 서비스 체계 구축이 의제가 되고 부분적이나마 유의미한 탐색이 이루어졌으나, 체계적인 틀과 효과적인 정책체계 구축에는 이르지 못했다.

② 보육사업의 사회적 전환. 21세기에 접어든 후 보육사업이 '아동 발전'이라는 종합적인 구도 하에서 진행되었다. 정부 차원에서 2001년과 2011년에 각각 <중국 아동 발전 요강(2001~2010년)>과 <중국 아동 발전 요강(2011~2020년)>이 제정되어, 아동의 생존, 발달, 보호 그리고 참여권 보장, 아동의 종합적인 소양 발달, 아동의 심신 건강 촉진 등 '어린이 우선' 원칙이 확립되었다. 이 시기, 보육사업과 아동복지 모두 사회화 전환이라는 특징을 나타냈다.

보육사업의 사회화는 주로 사립 유아원 발전을 장려하는 방향으로 이루어졌다. 2003년 3월, 국무원이 교육부 등 관련 10개 부처에 <유아교육 개혁과 발전에 관한 지도 의견> 문건을 전달하고, 공립유아원을 근간으로 하되 사회적 역량을 활용한 유아원 설립, 공립과 사립의 결합, 그리고 정규교육과 비정규교육의 결합을 핵심으로 하는 구상을 밝혔다. 도시와 농촌의 다양한 특징에 맞게 커뮤니티를 기반으로 유아원 설립 시범사업 시행, 다양한 형태의 유아교육을 연계한 유아교육 서비스 네트워크 구축, 그리고 0세-6세 아동 및 학부모에게 조기교육서비스 제공 등이 포함되었다. 2010년 1월, 유아원 입학의 어려움을 해결하기 위해서 국무원이 <현재 학령전 교육에 관한 몇 가지 의견> 문건을 전달하고, 학령전 교육의 공익성과 보편성, 도시와 농촌지역 유아원 확충, 합리적인 학령전 교육 공공서비스 체계 구축 등을 지시했다. 또한, 다양한 형태의 학령전 교육자원 활용 방안을 제시했다. 그 내용을 보면, 공립유아원 확충, 사회적 역량을 활용한 다양한 형태의 유아원 운영, 도시 주택가 내에 유아원 건립, 지역발전계획과 인구 규모에 맞춰 유아원 건립, 농촌지역 학령전 교육자원 확충 등이 있었다.

아동복지의 사회화 전환은 주로 아동복지제도의 보편적 기초를 닦는 것으로 나타났다. 구체적으로 다음과 같다. ① 고아와 장애아동 사업의 가정-사회화 모델 발전을 추진했다. 2003년에 민정부가 <가정 위탁 관리 잠정방안>을 발표했는데, 그 해 복지원에 고아 2만 3천 명이 수용되었던 것에 비해 가정에 위탁 양육된 아동 수는 5만4천 명에 달했다. 가정 입양과 가정 위탁 양육이 고아와 장애아동의 주요한 보육방식이 되었다. ② 지원이 주로 기관에 수용된 고아와 장애아동에게 집중되던 것에서 모든 고아와 장애아동 그리고 에이즈에 걸린 아동으로 확대되었다. 고아와 장애아동 보호의 경우, 2004년 5월에 시작된 '고아와 장애아동 수술 및 재활을 위한 내일 프로젝트', 2006년 3월에 민정부 등 관련 기관이 내놓은 <고아 지원업무에 관한 의견>, 2008년에 시작된 '전국 빈곤가정 구순열 및 구개열 아동 수술 재활 프로젝트', 2009년에 민정부의 <고아 양육 최저기준에 관한 통지>에 따라 시행된 고아 양육 최저기준 단일화, 2010년 국무원의 <고아 지원 보장 강화에 관한 의견> 문건에 따라 이루어진 고아의 기본생활 보장제도 전면 시행 등 정책들이 있었다. 에이즈에 걸린 어린이를 위해 2005년 어린이 에이즈 환자 치료 시범사업이 이루어졌고, 2009년 민정부가 <어린이 에이즈 환자의 사회복지 보장 사업 강화에 관한 의견>을 발표했다. ③ 관리체계에 있어서도 전문성과 집중도가 강화되었다. 2008년 민정부 산하에 아동복지처가 설립되어 아동의 사회복지 관리업무를 전담했다. ④ 아동복지기관의 관리가 한층 체계화되었다. 2007년 1월, 민정부가 '아동복지기관 건설 청사진'을 발표했고, 2013년에는 다시 <아동복지기관 기본 규범>을 내놓았다. 아동 돌봄 서비스의 기준, 인적 관리 등에 대해 구체적인 규정을 제시하고, 아동 돌봄 서비스의 모든 내용과 아동복지기관의 전문화, 표준화 및 체계화를 추진했다.

4. 이 시기 양로 및 보육사업 발전의 특징

첫째, 이 시기의 양로와 보육사업이 가정 주도에서 다원적인 책임 분담으로 전환되는 과정이었지만 가정의 보장 능력 약화, 다른 대체 자원의 부족 등으로 공급과 수요의 불균형 상황이 빚어졌다. 예를 들어, 가정과 커뮤니티의 양로 서비스가 충분히 발전하지 못했고, 일부 대도시에서 '입원난'이 발생했다. 경제발전 방식과 복지 패러다임의 전환이 낳은 필연적인 부작용이었다.

둘째, 양로와 보육사업의 전체적인 방향성이 정확했지만, 일부 일탈적 상황도 존재했다. 양로와 보육사업이 가정의 책임에서 사회적 분담으로 전환되고 노인과 아동복지 수준도 실질적인 향상을 이루었지만, 양로 서비스사업이 지나치게 기관 중심으로 이루어지고 보육사업은 교육적인 면에 치우치는 경향을 띠었다. 이것은 전환 과정에서 발생하는 과도기적 문제였지만, 사회사업의 발전이 정확한 가치 지향성과 개념 정립이 미비했기 때문이었다. 단순히 경제발전모델을 차용한데 따른 결과였다.

셋째, 기존의 복지 제공방식과 새로운 형태의 복지 제공방식이 병존했다. 이는 전환기에 볼 수 있는 특징이었다. 취약계층 노인과 아동에 대해 정부가 직접 운영하는 보장시스템이 여전히 존재했고 일부에서는 단위별 양로와 보육 복지가 제공되었다. 한편으로는 사회자원과 시장자원이 대거 진입함으로써 새로운 형태의 복지 모델이 속속 나타났다. 이 과정에서, 다양한 복지 모델 간에 상호 대체효과가 발휘되었지만 동시에 복지의 사각지대도 나타났다. 예를 들면 사회적 양로 서비스가 전통적인 단위 주도형 복지를 대체했지만, 농촌의 양로 서비스와 도시의 보육 서비스 부족 문제가 초래되었다.

넷째, 인구이동으로 인해 농촌지역 복지서비스 공급부족이 날로 심해지면서 도시와 농촌 간 격차가 여전히 해소되지 못했다. 이 시기에 도시와 농촌 간 인구 대이동이 일어났는데, 농촌의 잉여 노동력이 도시로 유입되면서 농촌의 전통적인 가정구조 붕괴, 가정 보장 능력의 급격한 약화, 농촌에 홀로 남겨진 노인과 어린 자녀 문제 등 여러 가지 문제가 발생했다. 이들에 대한 보장이 충분히 이뤄지지 못한 것은 전환기가 낳은 진통이었다.

3. 새로운 시대의 양로와 보육사업

1. 제18기 전인대 이후 양로와 보육사업의 새로운 진전

　　2012년 제18기 전인대 이후, 시진핑 시대 중국 특색의 사회주의 사상하에서 전국적으로 양로와 보육사업이 큰 진전을 이루었다. 양로 서비스가 양적 확장에서 질적 성장 단계로 진입함으로써 가장 중요한 민생문제가 되었다. 출산정책의 변화와 더불어 '유치원 입학난' 등 보육 문제가 사회적인 주목을 받았다. 어떻게 보육 정책을 통해 가정의 어려움을 해결하고 더 나아가 출산율을 끌어올릴 것인가가 새로운 과제로 떠올랐다. 노인과 자녀를 돌보는 일이 모든 가정이 직면한 문제가 되면서 중국의 사회적 양로와 보육 체계가 신속한 발전 단계에 들어섰다.

1) 새로운 양로 서비스 체계 구축
　　2013년 국무원이 하달한 〈양로 서비스 발전에 관한 몇 가지 의견〉은 양로 서비스에 관한 정책지침이었다. 2020년까지 거주지 기반 커뮤니티와 양로기관을 축으로 양로 서비스 체계 구축, 도시와 농촌을 아우르는 양질의 양로 서비스 제도 확립, 다양한 양로 서비스 상품 개발, 시장 메커니즘 도입, 지속적인 양로 서비스산업 발전 등이 주요한 내용이었다. 또한 6가지 주요 임무(도시 양로 서비스 시설 통합관리, 가정 양로 서비스 네트워크 적극적 도입, 양로 기관 확충, 실제적인 농촌 양로 서비스 강화, 양로 서비스 시장 발전, 의료 및 양로 서비스의 유기적 결합)와 6가지 주요 정책(투융자 정책, 토지공급 정책, 세금우대 정책, 재정지원정책, 인력 육성 및 취업 정책, 사회자선단체의 양로 서비스 업무 지원)에 대해 구체적으로 명시했다. 이는 양로 서비스산업의 본격적 발전을 알리는 신호탄이 되었다.

그 후 몇 년에 걸쳐 주관 부처들이 잇달아 관련 정책들을 쏟아냈다. 예를 들어, 양로 기관 관리(2013년 민정부가 제정한 <양로기관 설립 허가법>, <양로기관 관리법>, <양로 서비스 평가업무 추진에 관한 지도 의견>, 2014년 민정부 등 관련 부처가 만든 <양로 서비스 기관의 책임보험 업무 추진에 관한 지도 의견>, <도시 양로 서비스 시설 건립 업무에 관한 통지>), 노인에 대한 대우와 관련한 정책들(2013년 <노인에 대한 처우 강화 업무에 관한 의견>, 2017년 <노인 돌봄 서비스 프로젝트 제정 및 시행에 관한 의견>), 노인 서비스 인력 양성(2014년 교육부가 제정한 <신속한 양로 서비스 인력 양성에 관한 의견>), 의료와 양로의 연계(2015년 <보건위생 계획 위원회 등 관련 기관의 의료위생 및 양로 서비스 결합에 관한 지도의견>), 양로 서비스 시장 전면 개방(2014년 민정부의 <민정부문 복지복권 공익자금의 사회적 역량 활용에 관한 지도의견>, 2014년 상무부의 <양로 서비스 산업 발전 추진에 관한 시행의견>, <유휴 사회자원 활용을 통한 양로 서비스 발전에 관한 통지>, 2016년 국무무의 <양로서비스 시장 전면 개방 및 양로 서비스의 질적 개선에 관한 의견>, 2017년 민정부의 <양로 서비스 산업 개혁에 관한 통지>, <정부와 사회자본의 협력모델을 통한 양로 서비스 산업 발전 지원에 관한 시행의견>, 2014년 민정부의 <양로 서비스 발전 및 커뮤니티 서비스 정보의 주민 활용 시범 추진에 관한 통지>, 2016년 민정부 등 관련 부처의 <중앙재정 지원에 관한 가정 및 커뮤니티 양로 서비스 개혁 시범사업에 관한 통지>), 공립 양로기관 개혁(2013년 12월에 추진한 제1차 공립 양로기관 개혁 시범사업, 2017년 제2차 시범사업), 양로 서비스 표준화(2017년 민정부 등 관련 부처들이 참여한 〈양로 서비스 표준체계 마련 지침〉) 그리고 장기요양보험 정책 문건들이 있었다. 이 문건과 정책들이 양로 서비스 정책의 종합적인 구도를 형성하는 시작점이 되었다.

2017년, 국무원이 〈제13차 5개년 계획 국가 고령사업 발전과 양로시스템 건설 계획〉을 발표했는데, '12차 5개년 계획'과 비교했을 때 가장 뚜렷한 차이는 양로 서비스 체계의 개념에 대한 정의였다. "자가自家 기반, 커뮤니티 그리고 의료 기관의 상호 결합을 통한 양로 서비스 체계"에서 "자가自家 기반, 커뮤니티, 양로 기관 그리고 의료 기관의 상호 결합을 통한 양로 서비스 체계"로 바뀐 것이다. 이전까지 양로 기관 확충에 치중되던 것을 바로 잡고, 사회적 양로 서비스 체계를 중국의 전통 문화적 특징과 노인들의 필요에 부합하는 양로로 전환한다는 의미였다.

2019년, 국무원이 〈양로 서비스 발전 추진에 관한 의견〉을 발표했는데, 양로 서비스 개혁, 관련 투융자 방안 확충, 양로 서비스 관련 창업 확대, 양로 서비스 상품 다양화, 양로 서비스의 질적인 발전, 양로 서비스 인프라 구축 등 6개 측면에서 핵심 과제와 난제에 대한 28가지 구체적 방안과 건의가 담겼다. 이는 새로운 시대를 맞아 양로 서비스산업의 빠른 발전을 위한 새로운 동력이 되었다.

2) 아동 서비스 체계 구축의 새로운 진전

2013년에 농촌에서 돌보는 사람도 없이 집에 있던 어린이 4명이 농약을 먹고 사망한 사건, 집에 혼자 있던 어린이가 화재로 사망한 사건이 사회적으로 아동복지제도에 대한 관심을 촉발시켰다. 같은 해, 민정부가 〈보편적 아동복지제도 구축 시범사업 추진에 관한 통지〉를 발표하고, 장쑤성省 쿤산, 저장성省 하이닝, 허난성省 뤄닝, 광둥성省 선전 4개 도시를 시범도시로 지정했다. 2014년에 이 시범사업이 46개 도시로 확대되었다. 고아, 에이즈 감염 어린이의 생활보장제도를 기반으로 "보편적 혜택, 유형별, 기준별, 지역별"

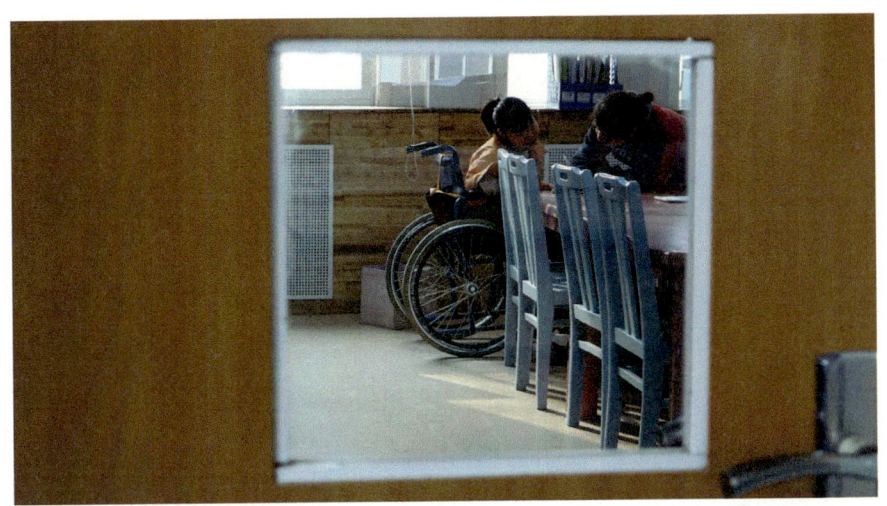

2013년 12월 19일, 정저우 시립 아동복지원 부설 특수학교가 정식 개원했다. 이는 허난성省에서 최초로 교육부의 정식 허가를 받아 복지원 내에 설립된 특수학교였다.

상황에 맞게 적절한 기준과 제도, 보장방안을 마련한다는 원칙에 따라 시범사업이 진행되었다. 또한 중증질환, 중증장애 그리고 적극적인 보호가 필요한 아동들에 대해 유형별 맞춤형 보장제도를 적극적으로 마련했다.

정부는 빈곤지역에서 살고 있는 어린이들의 환경에 각별한 관심을 기울였다. 2014년 국무원이 〈빈곤지역 아동 발전 계획(2014~2020년)〉을 발표하고, 680개 농촌의 특수빈곤지역 아동에 대해 출생부터 의무교육 단계 종료 시기까지 출생 건강, 영양개선, 의료위생, 아동교육, 특수교육, 돌봄 등 영역별로 구체적인 지원책을 마련했다. 이를 통해 2020년까지 특수빈곤지역의 아동발달 수준을 전국 평균 수준에 근접하도록 끌어올리는 것이 목표였다.

제19기 전인대 보고에서 유아교육을 주요 민생 보장 목표에 편입하고 보육사업의 발전 방향을 제시했는데, 이를 기점으로 일련의 정책들이 탄생했다. 2016년 국무원이 내놓은 〈농촌 유수아동 돌봄 사업 강화에 관한 의견〉과 〈취약아동 보호사업 강화에 관한 의견〉, 2018년에 내놓은 〈장애아동 재활 및 구제제도 수립에 관한 의견〉, 2019년에 민정부 등 12개 부처가 공동으로 발표한 〈무의탁 아동보호사업 강화에 관한 의견〉 등이 있다. 이 시기에 정부가 내놓은 정책들은 보호 기준이나 양적인 측면에서 전례가 없었다. 2018년, 국무원 조직 개혁에 발맞춰 민정부 산하에 아동복지사司가 정식으로 설치되었다. 아동복지를 전담하는 부처가 만들어지면서 아동복지사업 발전을 위한 기초가 마련되었다.

최근 몇 년 동안 신속한 발전을 거치면서 일반아동복지와 특수아동복지로 구성된 아동복지체계가 전체적인 틀을 갖추었다. 이 가운데, 일반아동복지에 보육서비스, 모자건강 및 의료보장서비스, 공공교육복지 그리고 아동우대 등이 포함되었고, 특수아동복지에는 아동복지기관을 기반으로 한 아동돌봄, 가정 위탁 및 입양, 무의탁 아동 보호, 비非기관 보호 고아의 기초생활비, 장애아동의 교육 및 재활, 에이즈 감염 아동의 구제와 보호, 빈곤가정 아동복지 등이 포함되었다.

2. 제18기 전인대 이후 양로 및 보육사업의 발전 특징

전체적으로 볼 때, 제18기 전인대 이후 중국의 양로 및 보육사업은 '하드웨어에 치중한 발전, 소프트웨어 발전 미흡'을 특징으로 하던 아동복지제도에서 '하드웨어와 소프트웨어 병행 발전'으로 전환했다. 규모 확장에 편중되던 상황에서 탈피하여 질적인 향상, 도시 위주에서 도시와 농촌 통합 발전 단계로 진입했다.

1) 양로정책: 기관 중심의 단조로운 구도 탈피

새로운 시대의 양로정책은 '양로, 효도, 경로'에 기반한 정책 시스템과 사회환경 조성, 사회적 역량과 가정자원의 양로 서비스 참여, 양로 서비스 본연의 목적 지향으로 요약될 수 있다. 제11차, 제12차 그리고 제13차 5개년 계

2013년 9월 11일, 장쑤성江蘇 난통에 설립된 양로 기관에서 직원이 낮 동안 돌봄 서비스를 받는 노인들에게 과일을 나눠주고 있다.

획 기간에 걸쳐 경제발전 정책, 사회발전 정책, 양로사업의 발전을 면밀히 들여다보면 다음과 같은 특징들이 두드러진다. 우선, 제11차 5개년 계획은 양로사업 발전계획은 '재가 양로 기반, 커뮤니티 위탁, 양로 기관 보완'을 골자로 양로 서비스 체계를 구축해야 한다고 밝혔다. 이 시기에는 시설과 장소 등 하드웨어 구축이 주된 관심사였고 서비스의 질적 측면은 탐색 단계였다. 제12차 5개년 계획 기간의 양로사업 발전계획은 '재가 양로 기반, 커뮤니티 위탁, 양로 기관의 뒷받침'을 골자로 한 사회적 양로 서비스 체계로 전환되었다. 양로에 대한 정의가 제11차 5개년 계획의 '보완'에서 '뒷받침'으로 달라졌고, 양로 기관의 침상 수에 대한 구체적인 목표가 제시되었다. 즉, 1,000명당 침상 수를 30개로 끌어올리는 것을 목표로 했다. 두 차례의 5개년 계획 모두 양로 서비스 시설 확충을 강조했다. 예를 들면 12차 5개년 계획의 목표가 80% 이상의 농촌지역 소도시 그리고 50%의 농촌지역에 양로 종합서비스를 제공하는 서비스 시설을 갖추는 것이었다. 13차 5개년 계획에서는 '재가 양로 기반, 커뮤니티 위탁, 양로 기관 보완, 의료 기관과 연계한 전면적 양로 서비스 체계' 구축을 목표로 제시했다. 이 가운데, 양로 기관의 역할에 대한 정의가 '뒷받침'에서 '보완'으로 다시 바뀌었다. 이는 양로 서비스의 핵심이 시설 확충 위주에서 시설 확충과 서비스를 양립하는 방향으로 바뀌었고, 인력과 서비스 공급, 양로 문화 확립 등 소프트웨어 구축에 집중한다는 의미였다. 양로사업의 발전계획에서 특히 가족의 역할을 강조하고, "가정 양로를 지원하는 정책체계 구축, 성인 자녀가 노부모와 함께 생활할 수 있도록 지원, 부양의무와 돌봄 책임" 등을 강조했다.

2) 보육정책의 복지적 속성 강화

1987년, 교육부가 보육행정 관리 주무 기관으로 확정된 후 교육부 주도로 뚜렷한 교육적 특징을 지닌 다양한 보육정책이 나왔다. 보육개념도 '취학 전 교육'으로 바뀌었다. 이에 반해 장애아동, 유수아동 등 어려운 환경에 놓인 어린이들은 충분한 관심과 정책적 지원을 받지 못했다. 2013년 민정부가 보편적 아동복지제도를 도입한 이래 보육사업이 새로운 단계로 진입하며 빠르게 발전했다. 이전에 보호와 관심이 주로 복지원에 수용된 어린이들에게 집중되었다면 이후에 사회적으로 어려운 환경에 놓인 어린이들에게로 범위가 확대되었다. 또한 보육 서비스의 내용도 단순한 생활 돌봄에서 양육, 의료와 보건, 재활, 교육 그리고 사법적 보호 등 여러 분야로 확대되어 가정의 육아 부담을 효과적으로 덜고 철저한 아동 중심의 보육이념을 실현하는데 초점을 맞추었다. 인구정책의 변화 그리고 가정구조의 변화 등으로 인해, 보육 서비스의 부족과 불균형 문제가 보육사업이 직면한 주된 문제가 되었다. 가정의 보장기능이 약화되고 단위가 운영하는 유아원이 급감하는 상황에서, 공립 보육기관이 광범위한 수요를 충분히 감당하지 못했다. 다른 한편으로, 민간 자본이 운영하는 보육기관의 비용이 지나치게 높고, 보육의 질적 차이가 문제로 대두되었다. 따라서, 아동복지의 개념에 기반하여 보육 서비스의 양적 확충과 질적 향상을 적극적으로 도모할 필요성이 한층 절실해졌다.

4. 양로 및 보육사업의 발전 성과와 전망

1. 양로 및 보육사업의 발전 성과

신중국 수립 후 70년 동안, 당과 정부의 강력한 지원에 힘입어 중국의 양로 및 보육사업이 사회경제적 구조 전환과 맞물려 괄목할 만한 성과를 거두었다. 기본적으로 가정의 책임에서 사회적으로 다원화된 책임으로 전환했다. 가정의 부담 경감, 개인의 자유로운 발전 지원, 사회보장제도의 일반법칙을 지향함으로써, 중국의 노인과 아동의 삶의 질이 현저히 개선되었을 뿐 아니라 국민의 삶과 건강 증진을 가져왔다. 비록 초보적인 단계이나 그간에 미흡했던 복지제도가 보편적 복지제도로 전환했고 수혜자의 범위도 지속적으로 확대되었다. 양로와 보육 분야의 보장내용도 점차 촘촘해지면서 중국 특색의 사회보장제도가 한층 틀을 갖추게 되었다. 아울러 양로와 보육 분야가 국민경제 발전의 새로운 성장동력으로 자리 잡으며 더욱 많은 일자리를 창출하고 사회보장과 경제의 균형 잡힌 발전을 이룰 수 있는 토대가 마련되었다.

1) 노동력의 이동과 권리 보장

　국가 발전의 최종 목적은 국민이 잘 사는 나라를 만드는 것이다. 전통적으로 가정이 사회보장의 기능을 담당할 수 있었던 것은 '부모 살아생전에 멀리 가지 않는다', '자식이 길을 나서면 부모가 잠 못 이룬다'는 전통적 사고에 기초했다. 이는 전통적인 '효孝 문화'와 두터운 혈육의 정을 의미하지만, 개인적 관점에서 보면 개인의 이동과 발전을 제약하고 의존적 관계의 형성을 의미했다. 이런 방식 하에서 만약 노인이 거동할 수 없게 될 경우, 가족 구성원은 부모의 노후에 대한 책임과 자기 일 중 하나를 선택해야 하는 상황에 직면한다. 한편, 자녀가 태어나면, 가족 구성원 특히 여성이 가정과 일 사이에서 균형을 유지할 책임을 떠맡고 때로 육아를 위해 일을 그만두어야 한다.

　과거의 단위보장제 하에서는, 단위가 제공하는 두터운 복지가 노동자의 임금구조에서 중요한 부분을 차지했다. 이는 계획경제에서 사용자와 노동자의 관계가 그만큼 긴밀하다는 것을 의미했다. 양자 간에 형성된 정적이면서도 집단적 관계는 사회주의 생산 관계의 우월함을 보여주는 것이기도 했다. 하지만 노동자가 단위를 떠나거나 소속 단위의 효율성이 저하되는 경우, 노동자에 대한 복지 수준이 현저히 악화되고 이 때문에 노동자와 단위 간에 강한 사적 관계가 형성되었다. 결과적으로, 노동자의 복지 수준과 그가 속한 단위의 효율성이 결탁 관계로 변질되면서 개인의 노력과 성취가 아닌 사적인 결탁이 작용하고 노력해야 할 동기가 현저히 약화되었다. 다른 한편으로, 사용자의 부담 능력을 초과하는 노동자복지 지출이 기업의 시장 경쟁력과 공정한 시장환경에 부정적인 영향을 미쳤다. 예를 들어 기업이 운영하는 어린이집의 경우, 여성 직원의 비율이 많은 방직기업은 비교적 큰 규모의 어린이집을 설립해야 하고 그만큼 비용이 증가했다. 또 다른 예로, 퇴직자 복지서비스 책임을 기업이 맡게 되면, 설립된 지 오래되어 퇴직자 수가 많은 기업은 상대적으로 젊은 기업들에 비해 경쟁력이 떨어졌다. 새로운 사회적 양로 및 보육제도가 단위보장제도 붕괴 이후의 사회적 요구를 일정 부분 해소하고 가족 구성원을 지원하는 역할을 담당함으로써 직접적으로 부담을 덜어주었다. 이를 통해 가정의 보장기능을 효과적으로 지원하고 개인의 자유와 발전을 추구할 수 있는 여건을 조성했다.

2) 노인과 아동의 복지 수준 향상과 사회 발전

노인복지사업의 목표는 노인들이 한층 질 높은 삶을 누리며 살도록 하는 것이고, 보육사업의 목표는 아이들이 더욱 건강하고 즐거운 환경에서 성장할 수 있도록 하는 것이다. 노인과 아동의 복지 수준 향상, 그리고 경제발전의 성과를 나누어야 한다는 사회적 인식에서 신중국 수립 후 70년 동안에 양로와 보육 분야의 발전 양상을 볼 수 있다.

노인의 삶의 질을 살펴보면, 기대수명이 신중국 수립 초기의 35세에서 2018년에 77세로 높아졌다. 2017년 말 기준, 전국적으로 양로기관 1600곳, 노인법률지원센터 2만 곳, 노인인권기관 6만4천 곳, 노인학교 4만 9천 곳, 노인 학습자 수가 704만 명에 달했고, 다양한 노인활동센터 35만 곳이 있었다. 2018년 말 기준, 노인연금 수령자 2,972만 3천 명, 돌봄서비스를 받는 노인 74만 8천 명, 노령연금 수령자는 521만 7천 명이었다. 전국에 각종 양로시설 16만 8천 곳이 설립되었는데, 그 가운데 양로기관 2만 9천 곳, 커뮤니티 양로기관 4만 5천 곳, 커뮤니티와 공동 관리하는 양로시설 9만 1천곳, 각종 양로기관 병상 수가 727만 1천 개였다.

보육 분야의 발전을 살펴보면, 아동의 건강, 교육 그리고 복지 등 다양한 사업들이 모두 크게 발전했다. 아동 건강 부문의 경우, 영아 사망률이 신중국 수립 초기에 200%에 달했는데 2018년에 6.1%로 하락했다(신생아 사망률은 2017년에 4.48%였다). 1991년에 80%에 이르던 임산부 사망률은 2017년에 19.6%로 줄었다. 국민의 건강 수준이 전체적으로 중위소득 국가의 평균을 앞질렀다. 모자보건원이 1949년에 9곳에서 2017년 3,077곳, 침상 수 22만 1,100개로 증가했다. 교육 부문의 경우, 학령아동 순입학률이 1952년 49.2%

였지만, 2018년에 100%로 높아졌다. 1950년부터 2018년까지, 취학 전 교육기관 수도 1,799곳에서 26만 7천 곳으로 늘었고, 취학 전 교육기관 학생 수도 14만 명에서 4,656만 명으로, 교사 수는 1만 명에서 258만 명으로 크게 늘었다. 기본적 민정복지 분야를 보면, 2017년 말 기준으로 아동복지시설 469곳, 침상 수 9만 5천 개, 고아원 수용 아동이 8만 6천 명이었고, 그 밖에 다양한 형태로 수용된 고아의 수가 32만 4천 명이었다. 미성년자 지원센터는 전국에 194곳, 침상 수 8천 개 규모로, 연인원 3만 5천 명의 노숙 미성년자들을 구조했다. 2014년, 총 52만 5천 명의 고아와 에이즈 감염 아동이 고아기초생활지원을 받았는데, 고아원에 수용된 아동과 사회적으로 분산 수용된 아동에 대한 기초생활비가 월평균 1,104.1위안, 762.1위안이었고, 에이즈 감영 아동에 대한 기초생활비는 835.4위안이었다. 24개 성省급 단위에 크게 5가지 유형의 빈곤아동 생활지원제도가 마련되었다. 이렇게 빈곤아동의 생활과 영양상태가 한층 개선되었다. 주로 도시와 농촌의 '5보제도' 하에 편입되어, 2014년에 각 항목의 지원을 받은 아동 수가 990만 명으로 전체 아동 인구의 3.5%에 달했으며, 1인당 평균 지원비는 1,821위안이었다.

3) 가정 책임에서 다원화된 공동책임 메커니즘으로 전환

가정이 보장을 책임졌던 방식은 중국의 문화와 역사적 전통에서 비롯된 것으로, 자급자족, 농업경제 그리고 대가족 제도와 병존했다. 신중국 수립 후 70년 동안, 계획경제 체제에서든 시장경제로 전환하는 과정에서든 양로 및 보육이 기본적으로 경제시스템, 사회의 생산방식 그리고 가정구조의 전환에 맞춰 변화했다. 책임구조의 경우, 가정이 모두 책임지던 방식에서 다원화된 공동책임 구조로 현저히 바뀌었다.

계획경제 시기에 양로와 보육의 책임이 도시에서는 가족이 기초책임을 지고 단위가 주도적인 역할을 했으며, 민정복지는 부족한 부분을 보완하는 역할을 했다. 농촌지역에서는 가정이 기초책임을 지고 집체복지가 보완적인 역할을 했다. 도시와 농촌을 불문하고 모두 자체의 생산활동 방식에 맞게 주체들이 유기적으로 역할을 담당했다. 이를 통해, 경제가 낙후된 상황에서도 도시와 농촌의 노인과 아동의 생활이 비교적 보장될 수 있었다.

계획경제에서 시장경제로 전환하고, 생산과 생활 그리고 사회구조 모든 것들이 조정과 변화를 맞이하면서 중국의 양로와 보육의 책임 체계도 큰 변화를 요구했다. 단위의 보장기능이 부분적으로 사라지고 가정의 보장 능력도 현저히 약화되는 상황에서, 중국의 양로와 보육사업은 약 30년의 개혁과 발전을 거치며 사회적 양로와 보육 체계로 빠르게 재편되었다. 가정, 정부 그리고 사회가 함께 양로 및 보육에 대한 책임을 지는 다원적인 분담 체계가 형성되고 있다. 다원적인 책임 분담 체계와 현대적인 생산방식 그리고 새로운 가족구조가 노인과 아동의 삶의 질을 높이는데 양호한 여건이 되고 있다.

4) 중국 특색의 사회보장체계: 사회적 양로 및 보육사업

사회적 양로 및 보육사업은 오늘날 중국 특색의 사회보장체계 내에서 중요한 구성요소이자, 국민이 발전의 성과를 공유하며 질적인 삶을 누리는 제도적 뒷받침이다. 양로 서비스에 있어, 가정이 기본적인 역할을 맡고 여기에 지역사회와 의료부문이 유기적으로 결합한 양로 서비스 체계가 날로 자리 잡고 있다. 이에 힘입어 도시와 농촌의 노인들 모두 비교적 편리하게 기본양로 서비스를 받을 수 있게 되었다. 가정을 핵심으로 하는 양로 서비스에 대해 사회적 공감대가 점차 형성되고 있으며, 다양한 사회적 역량들이 양로 서비스 체계 확립에 참여하도록 정책들이 수립되고 있다. 이 과정에서 실버산업의 발전이 사회적으로 주목받고 있다. 세계에서 노인인구가 가장 많고 고령화가 빠르게 진행되고 있는 중국에서, 모든 노인을 대상으로 하는 사회연금제도, 노인지원금, 노인 우대, 노인의료보장 그리고 노인 친화적 사회환경 조성 등을 골자로 하는 보장의 기본 틀이 이미 갖추어졌다.

보육 서비스의 경우, 핵가족화와 출산율 하락으로 인해 아동복지에 대한 관심이 나날이 높아지고 있고, 보육 서비스와 미취학 교육의 접근성, 보편성 그리고 서비스의 질적 제고 등 문제들이 사회적 관심사로 떠오르고 있다. 보편적 아동복지제도를 구축하기 위한 시범사업과 발맞추어 아동복지의 대상도 취약계층 아동에서 전체 아동으로 확대되어야 한다. 양육은 물론이고 어린이의 위생, 건강, 교육과 발전, 어린이 보호 그리고 취약계층 어린이에 대한 특별지원을 포함한 어린이 복지체계가 점차 형태를 갖추어가고 있다.

관련 제도와 정책 이외에 노인과 어린이 복지에 대한 관리 체계도 마련되고 있으며, 이는 양로와 보육사업이 건강하게 발전할 수 있는 중요한 토대이다. 2018년 정부 조직개혁으로 민정부 내에 양로 서비스 전담부서와 어린이 복지 전담부서가 설립되었다. 이외에, 양로 서비스 관련 기관으로 국가위생건강위원회와 국무원 산하에 각각 양로건강사司, 양로업무위원회가 설립되었다. 어린이 복지와 관련해서는 국가위생건강위원회와 국무원 산하에 각각 모자건강사司, 여성아동업무위원회가 설치되었다. 이로써 양로와 보육 부문 내에 각각 '사司'+ 국局 + 의사조정기구로 이루어진 행정관리체계가 구축되었다.

5) 소비 주체로서 새로운 경제발전 동력으로 등장

앞에서 기술했듯이, 중국에서 사회적 양로 및 보육사업의 발전은 경제체제의 전환, 생산방식의 변화, 가족구조의 변화에 따른 필연적 결과였다. 사회적 양로와 보육으로의 전환은 계획경제에서 시장경제로의 전환을 떠받치는 강력한 힘이자 전환기 사회의 안정을 유지하는 힘이었다. 계획경제에서 시장경제로 전환하는 과정에서 기존의 단위를 중심으로 한 복지가 존재 기반을 상실했다. 생산자원과 혁신 능력을 갖춘 근로자들은 근로를 통해 소득향상을 이룰 수 있게 되었고, 이는 쇠퇴한 단위 중심의 복지체계를 효과적으로 대체했다. 하지만 이것은 퇴직 근로자와 어린이 등 노동에 참여할 수 없는 계층의 생활 보장 기반이 사라지는 것을 의미했다. 사회적 양로 및 보육제도의 구축과 정비를 통해 양로의 책임이 기업에서 사회로 전환되고, 단위에 속한 노동자의 자녀뿐만 아니라 지역 내 모든 적정 연령의 어린이들이 누구나 보육기관에 들어갈 수 있게 되었다. 이리하여 기업의 부담이 효과적으로 경감되었고 퇴직자와 어린이의 생활도 더욱 효과적인 보장을 받을 수 있게 되었다.

최근 몇 년 동안, 삶의 질과 소득수준이 향상되면서 노인들의 구매력과 소비구조가 근본적인 변화를 맞고 있다. 노인이 가장 큰 소비 잠재력을 가진 계층으로 등장하고 있다. 출산율이 현저히 감소하면서 가정구조 내에서 자녀에 대한 투자와 지출이 가장 중요한 소비로 자리 잡았다. 이에 따라, 실버산업과 보육 관련 산업이 새로운 3차산업으로 등장하고, 더 나아가 소비 진작, 일자리 창출 그리고 경제발전의 새로운 동력이 되고 있다. 실버산업이 지닌 복지효과와 경제효과가 충분히 발휘되도록 할 수 있는 방안이 요구된다.

2. 양로와 보육사업의 발전 전망

1) 현재 양로와 보육사업이 당면한 문제

양로와 보육사업이 많은 발전과 성과를 얻었지만, 국민의 요구를 충족하기에는 여전히 미흡하다. 구체적으로 다음과 같은 문제점을 안고 있다.

첫째, 재원 투입이 충분하지 않고 서비스 내용도 비교적 단조로워서 다양한 국민의 요구를 충족시키기에는 역부족이다. 우선, 가정과 집체가 오랜 기간 기본적인 역할을 담당해왔기 때문에 이 부문에 대한 공공자원의 투입이 현저히 부족했다. 통계자료에 따르면, 2016년, 양로와 보육 부문 사회복지지출이 사회서비스 총지출에서 차지하는 비중이 13.9%에 불과했고, 사회구조 救助 부문 지출에 비해 현저히 적다. 다음으로는 서비스의 질적 수준이 국민의 눈높이를 맞추기에 턱없이 부족하다. 현재 양로복지가 주로 가사와 식사 서비스 등 기본적인 생활 서비스에 국한되어 있다. 의료, 심리적 안정, 사회

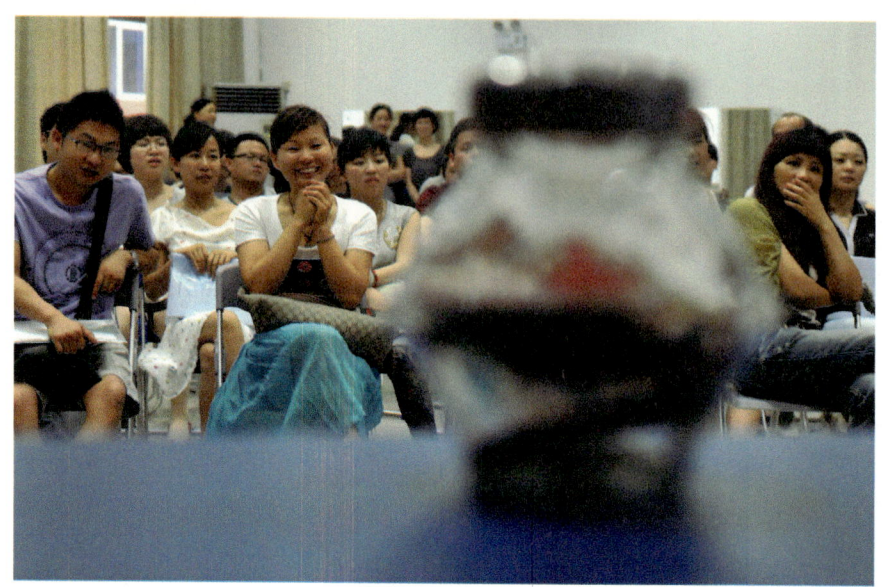
2011년 6월 12일, 저장성쯝 타이저우의 학부모들이 공립유아원 유치원생 선발 결과를 기다리고 있다.

참여 등 비교적 높은 수준의 요구를 충족시킬 수 있는 서비스가 제공되지 않고 있다. 맞춤형 양로 서비스 솔루션은 갈 길이 더욱 멀다. 보육 부문의 경우, 소위 기능형 교육을 중심으로 난맥상들이 나타나고 있다. 그렇다 보니, 어린이의 자립심 함양, 생활 태도 학습 그리고 가정환경 조성 등 질적인 서비스가 매우 미흡하다. 또한, 0~3세 영유아의 복지형 보육 서비스가 공백 상태에 놓여 있다.

둘째, 보편성과 공익성의 보장이 충분하지 않다. 사회보장의 중요한 부분인 기초 노령 서비스와 육아 서비스는 보편성과 공익성이 담보되어야 한다. 하지만 경제체제 개혁과 도시와 농촌 간 이원화된 구조로 인해 기초적인 노령 서비스와 육아 서비스의 혜택이 여전히 제한적으로 주어지고, '지나친 시장화'로 인해 제도의 기본적인 발전 방향과 멀어질 가능성이 있다. 보편성의 관점에서 아동복지가 아직 전국적인 보편적 제도로 자리 잡지 못하고 있는 상황에서 농촌 '유수아동'의 권익보장 문제가 특히 우려스럽다. 자녀를 따라 농촌에서 도시로 이주한 노인들은 거주지에서 기본적인 공공서비스를 누리기 어렵고, 그러한 가정의 어린 자녀들은 유치원에 입학하기 어려운 문제에 직면해 있다. 보편적 복지의 측면에서 양로 서비스산업의 '지나친 시장화'가 한때 매우 심각했다. 심지어 일부 지역에서는 양로 부동산, 양로 금융, 노인 건강식품 시장 같은 말들이 유행처럼 번지기도 했다. 반면에 노인들의 실제적인 필요를 만족시킬 수 있는 질 높은 서비스는 턱없이 부족하다. 보육 부문의 경우 공립 유치원 수가 크게 부족한 문제가 특히 두드러진다.

셋째, 사회적 역량의 참여가 저조하다. 복지의 사회화는 양로와 보육사업 발전의 기본 방향이다. 21세기로 접어들어 중국의 양로 및 보육사업이 사회화를 향한 준비와 탐색의 단계를 거쳐왔다. 초보적이나마 전반적인 전환을 이루었지만, 사회역량의 참여가 여전히 매우 제한적일 뿐 아니라 참여방식과 참여의 정도가 단순하고 충분하지 않다. 안정적이고 장기적인 참여를 유도할 수 있는 정책과 제도적 뒷받침이 필요하다. 사회역량을 공공자원으로 유입함으로써 시너지 효과를 충분히 발휘할 수 있도록 해야 한다. 예를 들어, 사회역량이 양로 서비스 분야에 참여하려면 우선 맞닥뜨리는 문제가 양자 간 접목, 토지 이용, 대출, 운영, 인력 확보 등 다섯 가지 어려움들이다.

넷째, 자원배분 방식과 인구분포 간에 조율이 부재하다. 개혁개방 이후 도시와 농촌 간에 대규모 인구이동이 빈번하게 이루어졌다. 주로 농촌에서 도시로, 저개발 지역에서 발달된 지역으로 이동하는 추세가 이어졌다. 하지만, 기존에 공공복지 자원의 배분이 인구분포가 아닌 행정구획에 맞춰져 있었다. 이 때문에 지역별로 양로와 보육의 공급과 수요 간에 큰 차이가 초래되었다. 인구 순유출이 두드러진 낙후된 농촌지역에서는 관련 공공서비스 자원이 남아도는 반면에, 인구 순유입이 두드러진 도시지역에서는 심각하게 부족하다. 양로 및 보육 부문 공공자원의 공급부족과 지역 간 불균형 문제가 존재한다.

2) 양로 및 보육사업의 발전 방향

양로와 보육 서비스는 중국의 사회복지 체계에서 중요한 부분이며, 따라서 더욱 세심한 정책 메커니즘을 수립함으로써 더 큰 발전을 모색해야 한다. 현재, 양로와 보육 서비스는 각기 다른 발전 단계에 놓여 있다. 양로 서비스의 경우에 종합적인 정책적 틀이 이미 어느 정도 자리를 잡았고 앞으로 질적인 발전을 향해 꾸준히 노력해야 한다. 이에 비해 보육 서비스는 여전히 걸음마 단계에 머물러 있다. 정책의 틀이 형태를 갖춰 가는 중이며, 복지의 하한선 설정, 서비스 대상 확대, 완벽한 정책체계를 수립하는 것이 급선무다. 양로와 보육 서비스가 직면한 공통된 문제를 해결하기 위해서는 다음 몇 가지 사항을 포함한 정책이 수립되어야 한다.

첫째, 노인복지와 아동복지에 관한 새로운 개념 정립이 필요하다. 노인복지시스템을 구축하기 위해서 우선 적극적인 노인복지 개념 정립, 노인의 자주성과 독립성 존중 그리고 노인들의 자립을 돕는 것을 기본 목표로 삼아야 한다. 최근에 고령화에 대한 부정적 효과가 지나치게 강조된 나머지 노인의 능동적이고 주관적인 관점이 상대적으로 경시되는 경향이 있다. 이것은 건강한 노후의 개념에 배치되는 현상이다. 양로 서비스를 제공하는 과정에서 노인의 의사를 충분히 고려하고 노인의 권익과 프라이버시를 보호해야 한다. 또한 노인들이 서비스 설계 과정에 참여하여 적절한 역할을 담당할 수 있도록 지원해야 한다. 보육 서비스 체계를 수립하는 과정에서, 아동복지의 개념을 정확히 세워야 한다. 취학 전 교육의 개념을 아동복지와 교육 두 방향으로 전환해야 한다. 또한 어린이의 건강하고 행복한 성장이라는 기본 목표를 실현하기 위해서 어린이 우선 원칙과 어린이의 생리적·심리적 특징을 진정으로 존중해야 한다.

둘째, 서비스의 대상을 확대하고 서비스 내용을 내실화하여 더욱 많은 노인과 어린이들이 더욱 다양하고 질 높은 복지서비스를 누릴 수 있도록 해야 한다. 양로 서비스의 경우, 거동이 어렵거나 치매를 앓는 노인, 농촌에 홀로 남겨진 노인 그리고 자녀를 따라 도시로 이주한 노인들에게 양로 서비스가 미치도록 역량을 집중해야 하며, 양로 수당과 양로 서비스에 대한 호적 제한을 점진적으로 폐지해야 한다. 사회자원의 충분한 활용, 농촌 독거노인을 위한 혁신적인 서비스 방안 모색, 양로 서비스의 내실화, 의료 확충 및 심리적 안정, 사회적 참여 확대 등 다층적인 필요를 충족할 수 있는 방안을 모색해야 한다. 아동복지의 경우, 다양한 어려움에 놓인 어린이들의 상황에 관심을 기울이고 이를 기초로 적정 수준의 보편적 아동복지제도가 신속히 수립되야 한다. 또한 모든 어린이를 대상으로 하는 지원금 제도 마련, 모든 어린이를 위한 보편적 복지제도와 취약한 상황에 놓인 어린이를 위한 특수복지제도의 이중적 지원 체계 확립, 현금지원과 서비스 제공을 결합한 지원방식 마련, 0세-3세 어린이 보육 서비스 부족 해결 그리고 가정의 경제적 부담 경감 등 구체적인 조처들이 필요하다.

    셋째, 가정복지정책을 통해 가정이 지속적으로 보장기능을 발휘할 수 있도록 지원해야 한다. 가정의 규모가 상대적으로 축소했지만, 경제발전과 함께 가정의 경제 수준이 향상되었고 가족의 부양 능력이 그만큼 높아졌기 때문에 가족 규모의 축소를 어느 정도 보완할 수 있게 되었다. 또한, 가정의 보장기능이 문화적으로나 윤리적으로 깊은 연원을 가지고 있고 여전히 중요한 보장기능을 담당할 수 있다. 양로 및 보육에 있어 가정을 대체하던 방식에서 가정이 역할을 담당할 수 있도록 지원하는 방식으로 전환하고, 가족 구성원이 양로와 보육 서비스 제공자가 될 수 있도록 해야 한다. 예를 들어 장기요양보험 지원의 경우, 가족 구성원이 가족 내 노인에 대한 돌보미 역할을 할 수 있도록 지원할 수 있다. 이를 위해 일과 가정을 양립할 수 있는 환경을 조성하고, 양육자의 양육휴가제도 정착, 경제적 지원 그리고 시간적 지원 등 다양한 수단을 통해 부모가 양육의 책임을 다할 수 있도록 해야 한다.

    넷째, 공공자원이 주도적인 역할을 담당하고 사회적 역량이 양로 및 보육사업에 참여할 수 있도록 해야 한다. 정부의 역할이 직접 서비스를 제공하는 것에서 제도를 시행하고 서비스의 질을 관리하는 역할로 전환해야 한다. 이를 위해 우선 정부의 직접 투입에서 간접 투입으로 전환하고, 지역사회의 양로와 보육 시설 확충 및 운영지원 수준을 높이기 위해 공적 재정자금이 민간투자를 이끌어내는 촉진제 역할을 효과적으로 발휘해야 한다. 정부가 짓고 민간이 운영하거나 PPP(Public-Private-Partnership) 등 다양한 방식을 포함하여 정부와 사회적 자원의 결합을 적극적으로 모색해야 한다. 시장진입, 정부지원, 세수 감면, 토지 사용 보장 그리고 금융지원 등 다양한 우대정책이 현실적으로 정착될 수 있도록 해야 한다. 다음으로, 공공자원과 사회자원의 합리적인 역할 분담을 통해 다층적인 양로 및 보육 서비스 체계를 구축해야 한다. 공공자원은 기초 서비스 제공 및 빈곤과 거동 부자유 등 특수한 상황에 놓인 계층에 집중하고, 사회자원은 기본적인 서비스 제공에 참여하여 도시와 농촌의 주민 맞춤형 서비스 수요에 초점을 맞춰야 한다.

다섯째, 신속한 법제도 마련, 정책체계 정비, 자원배분의 최적화 그리고 공급측 구조개혁을 통해 체계적인 양로 및 보육 서비스 체계를 구축해야 한다. 양로 서비스와 보육 서비스는 신속한 법제도 구축이 필요한데, 특히 〈아동복지법〉의 신속한 제정과 〈노인권익보장법〉의 실행력 제고가 시급하다. 양로 및 보육사업의 인적자원과 장소 자원에 대한 지원을 확대하고, 다양한 수단을 통해 양로 및 보육 분야 전문 인력을 양성해야 한다. 아울러, 이들의 직업 안정성을 높여야 한다. 지역사회의 양로 및 보육시설 건설을 지역사회의 공공서비스 확충 계획에 포함시켜 서비스 접근성을 높여야 한다. 또한 공급측 구조개혁에 발맞춰 양로 및 보육사업이 획기적으로 발전할 수 있는 돌파구를 찾아야 한다. 양로 서비스의 경우, 표준화, 체인점화, 브랜드화, 커뮤니티화 그리고 정보화를 이루는 것이 관건이다. 전문기관과 지역사회의 양로 서비스 그리고 가정 양로의 효과적 결합, 전문 요양기관이 지역사회를 기반으로 지역 내 노인들에게 상주 돌봄, 주간 돌봄 또는 방문 돌봄 등 서비스를 제공하도록 유도해야 한다. 보육 부문의 경우, 종합적인 아동복지시스템을 설계하고 보편적 복지제도와 특수복지제도의 체계적 틀과 내용을 명확히 해야 할 필요가 있다. 무엇보다도 보편적 아동복지제도를 신속히 마련하여 취약계층 어린이를 위한 복지혜택 하한선을 수립하는 것이 시급하다. 아울러, 모든 어린이를 위한 보편적 아동수당을 편성하여 0~3세 아동 보육 서비스의 문제점을 보완해야 한다.

지은이

정꽁청 鄭功成

중화인민공화국 전국인민대표대회 상무위원회 위원, 중국 사회보장학회 회장,
중국인민대학교 교수, 〈사회보장 리뷰〉의 편집장 겸 국무원,
의료개혁전문가자문위원회 위원, 국가 '14.5' 발전계획전문가위원회 위원,
국가감재위원회(減災委員會) 전문가위원회 부주석으로서 민생 분야의 이론과
공공 정책 연구에 종사한다.
이론문장 500여 편을 발표하였고, 제6~7회 고등 교육기관 연구 우수성과상(인문사회과학)
1등상 등 성부급 및 그 이상의 학술상, 도서상 등 20여 개를 수상하였다.
대표적인 저서는『중국 특색 사회보장의 길에 대한 논의』
『중국의 사회보장 개혁과 발전전략 : 이념, 목표와 행동 방안』등이 있다.

옮긴이

채리 蔡莉

중국산동사범대학교 한국어과를 졸업하고 서울대학교 산업 인적자원관리 학과에서
박사학위를 받았다.
2016년부터 중국 산동사범대학교 경영대학 교수로 활동하고 있으며 한국 사람들이 보다
정확하게 중국을 이해할 수 있도록 최대한 많은 노력을 하고 있다.
한국어 저서로『한국과 중국의 대학성인교육 비교연구』
옮긴 책으로『산업정책 : 총정리와 재고찰 및 전망』등이 있다.

한정은 韓正恩

경북대학교 영어영문학과와 한국외국어대학교 통역번역대학원 한중과를 졸업하고
동대학원에서 통번역학 박사 학위를 받았다.
대학 강의와 국제회의 통역사, 번역사로 활동하고 있다.
옮긴 책으로『정판교의 바보경』『장사의 신 호설암』『내 마음에 찍는 쉼표 하나 느낌표 둘』
『위험한 마음』『중국의 거대한 기차』『실크로드 문명 15강』『만화로 만나는 중국 4대 명작』
등이 있다.

중국학총서
06

배고픔과 추위에서 더 나은 삶으로
중국 민생 70년

초판 1쇄 발행 2023년 5월 28일

지은이 정꽁청鄭功成
옮긴이 채리蔡莉 · 한정은韓正恩
펴낸이 홍종화

편집 · 디자인 오경희 · 조정화 · 오성현 · 신나래
　　　　　　 박선주 · 이효진 · 정성희
관리 박정대

펴낸곳 민속원
창업 홍기원
출판등록 제1990-000045호
주소 서울시 마포구 토정로 25길 41(대흥동 337-25)
전화 02) 804-3320, 805-3320, 806-3320(代)
팩스 02) 802-3346
이메일 minsok1@chollian.net, minsokwon@naver.com
홈페이지 www.minsokwon.com

ISBN 978-89-285-1866-1　94820
SET 978-89-285-1595-0

ⓒ 정꽁청 · 채리 · 한정은
ⓒ 민속원, 2023, Printed in Seoul, Korea

이 책은 저작권법에 따라 보호를 받는 저작물이므로 무단전재와 복제를 금지하며,
이 책의 전부 또는 일부를 이용하려면 반드시 저작권자와 출판사의 서면동의를 받아야 합니다.